3·1정신과
'以後' 기독교

3·1정신과 '以後' 기독교

| 변선환 아키브 편 |

3.1정신은 비록 식민 상황에서 발원했으나 인간을 존중하고 평화를 사랑했던 우리들 종교적 가치의 결과물이다. 사람 속에서 하늘과 땅이 하나(人中天地一)라는 자각과 주위를 널리 이롭게 하려는 홍익(弘益)의 정신을 나눠 지녔던 천도교, 불교 그리고 기독교 신앙인들이 민족대표로서 세상에 나설 수 있었던 것이다.

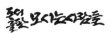

종교, 이념, 신분, 성별 그리고 국적을 떠나
대한 독립과 세계 평화를 위해
자기 몸을 사른 선열들에게 이 책을 바칩니다.

머리말

『3.1정신과 '以後' 기독교』를 펴내며

마침내 2019년이 우리를 찾아왔다. 오래전부터 기다리며 설레던 기해년 (己亥年)에 이른 것이다. 3.1운동 백년을 맞는 그 때가 되면 우리 사회, 분단된 이 나라에 어떤 변화가 생길지 많이 궁금했다. 더욱이 촛불혁명을 통해 민(民)의 주체성, 자발성이 자각된 상태에서 3.1정신이 어찌 이어질까를 내심 기대하며 이 해를 맞은 것이다. 본 책 『3.1정신과 '以後' 기독교』도 이런 기다림 속에서 계획되었고 한반도에 드리운 평화 기운에 일조코자 긴 수고 끝에 출판되었다.

한국 근대사에 있어 '3.1운동'만큼 중요한 사건을 찾기 어렵다. 그렇기에 '운동'을 '혁명'으로 일컫자는 소리도 이/저곳서 들린다. 충분히 그럴 것이나 명칭 변경은 3.1정신을 오늘, 이곳서 소생시킬 수 있는지 여부에 달려 있다. 분단된 이 땅의 현실이 너무도 아픈 까닭이다. 당시 선열들은 식민 상황에서 자주 독립국가임을 세계를 향해 선포했다. 오히려 나라 주권을 앗아간 일본의 앞날을 걱정했고 세계평화를 위한 길을 명백히 제시했다. 이 일로 인해 일본은 대국(大國) 되었어도 우리의 정신적 하수(下手)로서 살아갈 수밖에 없다. 분단 70여 년 만에 한반도에 임한 평화기운--주변국들의 간섭과 방해에도 불구하고--그를 꽃피울 때 '운동'은 의당 '혁명'이 될 것이다.

주지하듯 3.1정신은 비록 식민 상황에서 발원했으나 인간을 존중하고 평화를 사랑했던 우리들 종교적 가치의 결과물이다. 사람 속에서 하늘과 땅이 하나(人中天地一)라는 자각과 주위를 널리 이롭게 하려는 홍익(弘益)의 정신을 나눠 지녔던 천도교, 불교 그리고 기독교 신앙인들이 민족대표로서 세상에 나설 수 있었던 것이다. 국권을 빼앗기는 것을 하늘에 대한 대역(大逆)의 죄라 여겼던 선열들의 각성이 너무도 그립고 죄스럽다. 우리들 정신의 본원인 이 땅의 종교들, 대종교를 비롯하여 의리지학(義理之學)의 유교에 대한 무지도 안타까운 일이다. 당시 민족의 종교였던 기독교가 자기정체성을 망각한 채 분열과 갈등의 진원지 된 것을 백년 지난 이 시점에서 크게 뉘우치면 좋겠다.

민족 독립을 위해 이념, 종교 그리고 신분, 그 어떤 것도 이 가치에 우선하는 것은 없었다. '독립'만이 땅에 존재하는 사람들, 종교, 이념들의 존재이유였던 것이다. 민족주의자와 사회주의자들이 함께 싸웠고 앞서 본 대로 종교차(差)가 벗겨졌으며 반상(班常)의 구별이 온전히 철폐되지 않았던가? 학식의 많고 적음도 독립 앞에서 문제되지 않았고 부자들 역시 자신들 전 재산을 내걸고 3.1정신을 잇고자 했다. 남의 땅에서 노동자로 살면서 받았던 품삯을 독립자금으로 모아준 이들도 부지기수였다. 독립을 위해 빈부(貧富)가 마음을 합쳤던 것이 바로 100년 전의 역사였다. 그러나 지금은 어떠한가? 자본주의 욕망에 휘둘려 사분오열된 못난 모습으로 기해년을 맞고 있으니 걱정이다. 분단체제에 기생했던 독재정권, 그 잔존 세력들이 평화의 기운을 해(害)하고자 지금도 야단법석을 떨고 있지 않은가? 이들의 의지처가 보수 기독교 세력이라 하니 기막힌 노릇이다. 어찌 다수의 기독교가 날개 없는 천사되어 반민족적, 반역사적 세력의 온상이 되었는지 얼굴을 들 수 없다. 이런 몰골로 과거 역사를 팔며 기해년 3.1절에 허세(虛勢)부릴 것 생각하면 분노 이전에 가슴이 터질 듯이 아프다. 오늘 우리가 이 책을 세상에 내놓는 것도 이런 현실에 참회코자 함이다.

이 책은 一雅 변선환 선생님을 기리는 이들의 노력의 산물이다. 선생님 사후 30년 가까운 세월에 걸쳐 사제지간인 海天, 一雅 두 분 선생님들이 전집을 발간했다. 이외에도 변선환 선생님의 설교집을 비롯하여 그의 신학을 기리는 여러 권의 연구서들이 출판되었다. 2017년 가을 루터개혁 500년을 맞아『종교개혁 500년 '以後' 신학- 루터 밖에서 루터를 찾다』를 19명의 저자들과 함께 엮어냈고, 그 가치를 인정받아 올해 우수 학술도서로 선정되었다. 이 모든 작업은 유족들, 특히 신옥희 교수님의 전폭적 후원 하에 세워진〈변선환 아카이브〉가 있었기에 가능한 일이었다. 필자가 감신을 떠난 이후〈顯藏아카데미〉에서 모이면서도 그 뜻을 잊지 않으려고 애를 썼기에 이번 책도 일 년 이상의 수고를 거쳐 빛을 보게 되었다. 종교개혁의 책 '以後 신학'에 걸 맞는 '以後 기독교'를 전해 펼칠 수 있고 선생님 영전에 바칠 수 있어 그의 제자로 알려진 필자에게 큰 영광이 되었다. 2017년에도 그랬듯이 선생님이 살아계셨다면 2019년 3.1 백주년을 어찌 맞았을까를 상상한 결과물이었다.

『3.1정신과 '以後' 기독교』역시 14명 학자들의 글로 구성되었다. 필자가 감신을 떠난 이래로 자기 길 찾아 흩어진 제자들이 여럿이지만 '뜻'으로 뭉쳐준 학자들 덕분에 성사된 작업의 결과물이다. 감신 밖, 이웃 대학, 타교과의 학자들이 함께해 준 것이 많이 고맙다. 강단 신학자는 아니었으나 의지 굳센 목회자들의 참여도 우리를 고무했다. 지난 일 년 남짓한 기간, 필자는 참여자들에게 못된 일을 많이 했다. 어느 때는 안이하게 쓰인 글에 대해 혹독히 비판했고 현실 감각 없이 먹물 먹은 티 내는 학자에게 수모(?)도 안겨주었다. 3.1정신을 주제로 글 쓴다 하면서 학술지 게재를 걱정하는 젊은 학자들이 많이 측은해 보였다. 이들의 현실을 모르지 않건만, 노(老)학자 소리를 듣는 지금, 신학은 그렇게 하는 작업이 아니라 소리치고 싶었다. 신학이 한껏 초라해졌으나 그 현실조차 인지 못하고 업적으로만 평가, 계산하는 학문풍토가 개탄스러웠다. 온 마음을 다해 쓴 글을 몸으로 익혀서(習) 살아내려는 고민이 없는 글쓰기, 그것이 필자의 삶이었고 후학, 제자들의 길인 것을 생각하니 분노가 치민 것이다. 사실 교수 시절, 누구와도 이런 문제의식을 공유하지 못했다. 논문 많이 쓰는 것을 부러워했고 자랑했으니 말이다. 하지만 종교개혁 500년과 3.1선언 백주년을 맞아 그리고 이 땅에 평화의 기운이 싹트는 시점에서 후학들에게 다른 역할을 기대하고팠다. 교세 성장 덕에 3천 명이 넘는 신학자들이 지금 활동 중이다. 크게 보아 다른 어느 분야와도 비교할 수 없을 만큼 많은 숫자이다. 이들에게서 우리는 민족의 미래, 교회의 앞날을 기대할 수 있을까? 그래서 지난 책『종교개혁 500년 '以後' 신학』에서 필자는 '신학자의 반란'을 선동(?)했다. '묵시문학'이란 새로운 신학이 제사장(교회)들에 대한 서기관(신학)들의 반란의 산물인 것을 알게 된 결과였다. 一雅 변선환의 '종교해방신학'도 이런 선상에서 언급된 사상이다.

이런 모진 과정이었음에도 매달 모여 토론하고 생각을 키우면서 나름 훌륭한 글들을 완성시킨 여러 학자들에게 깊이 감사한다. 이 과정에서 이은선 교수는 필자의 독선(?)과 과한 처사를 언제든 지적했고 방향을 바로 잡아주었다. 3.1정신에 대한 포괄적인 큰 글을 써주어 본 책의 가치를 높여 주었다. 지금은 호주에 가있는 최성수 박사는 대전에서 오가며 우리들 토론을 빛나게 했고, 이정훈 목사는 양평에서 한 번도 거르지 않고 참여해 주었다. 멀리 시흥서 목회하는 김종길 목사도 사모님과 함께 맛난 과일을 사들고 와서 종종 우리를 격려했다. 그 외에도 부목으로, 강사로 활동하면서 시간 내어 부암동 '顯藏아카데미'를 찾아준 여러 학자들께 감사한 마음을 전한다. 멀리 프랑스에서 참여치 못해 안타까운 마음을 보냈던 심은록 박사도 생각난다. 글을 제일 먼저 보내주어 큰 힘이 되었다. 이 책 편집 일까지 맡아 수

고한 홍정호, 김광현 두 사람에게도 큰 빚을 졌다. 아울러 종교개혁과 3.1 선언 100주년을 맞아 〈변선환 아키브〉가 기획한 두 권의 책을 연이어 출판 해준 도서출판 모시는사람들에게 깊이 감사의 마음을 전한다.

다소 순서가 바뀐 듯하나 이 책에 대한 소개를 짤막하게나마하면서 머리 글을 마무리할 생각이다. 앞서 말한 대로 이 책은 14편의 글로 구성되었고, 논문의 성격에 따라 4개의 부문으로 나누었다. 먼저 제목에 담긴 뜻부터 언급해 보겠다. '오래된 미래'란 말이 있듯이 3.1정신은 우리가 갈 길이다. 그 속에 우리가 나아 갈 길이 담겨 있다. 종교도, 이념도, 계급도 초월하여 오로지 평화를 염원하는 3.1정신은 지금 여기의 기독교와는 동이 서에서 멀듯 이질적이다. 그렇기에 3.1정신을 '以後' 기독교의 본질이라 일컬을 수도 있겠다. 앞으로 우리 신학자들이 '以後' 기독교를 위해 '3.1정신의 신학'을 공론화할 수 있기를 희망한다. 본제목 하에 네 부분으로 논문들을 배치했다. 첫 부분은 세 편(이은선, 최태관, 최성수)의 글을 모아 '3.1정신과 동북아 평화'로 소제목을 달았다. 이 논문들은 3.1정신의 정신(종교)사적 의미를 밝혔고 그것이 한반도는 물론 동북아 평화를 위해 기여할 것인지를 탐구했다. 두 번째 부분은 네 편(이정배, 노종해, 김종길, 홍승표)의 글들로 엮어졌고 '3.1정신과 좌우 이데올로기'로 제목을 달았다. 3.1정신에 따라 좌우 이념을 아우르려는 독립운동가들을 구체적으로 소개했다. 독립운동에 헌신한 선교사들의 이야기도 이 대목에서 대단히 중요하다. 세 번째 부분에 모아진 네 편(김광현, 홍정호, 신혜진, 이성호)의 글에 '3.1정신과 통일신학'이라 이름 지었다. 3.1정신으로 남남 갈등의 극복은 물론 남북평화의 길을 찾고자 함이다. 외세란 원심력에 좌우되지 않고 주체성을 찾아 이 땅을 평화체제로 만드는 것이 진정한 독립이라 여기는 까닭이다. 이를 위해 DMZ 공간에 대한 이해가 깊어져야 옳다. 이용을 생각하기 전에 이곳의 뜻부터 먼저 깊이 헤아릴 것을 촉구한다. 마지막 부분의 네 편(이정훈, 심은록, 최대광)의 논문은 어느 곳에서도 보기 힘든 내용을 담았다. 민족의 노래 '아리랑'을 심층 소개했고, 미술사를 갖고서 친일 행적을 파헤쳤으며, 이 시대의 참된 독립을 위한 내면적 수행을 요청했다. 이를 통칭하여 부족한 대로 '3.1영성'이라 칭했으니 이 개념 역시 앞으로 곱씹을 가치가 충분하다. 이렇게 생각하니 3.1정신의 신학'은 '3.1영성'에 기초해야 할 것이고 이런 과정을 통해서 '以後 기독교'의 본 모습이 드러날 것인바, 우리들 작업이 민족과 교회를 위해 '새 길'되는 단초이기를 소망한다. 시대 시대마다 부족한 대로 역사적 소임을 다할 수 있도록 기회를 주신 여러분들께 감사드리며 우리들 책을 두려운 마음으로 세상에 내어 놓는다. 많이 읽고 토론해 주실 것을 부탁드린다.

2019년 2월, 입춘을 기다리며
顯藏아카데미에서 이정배 두손모음

차례

3·1정신과
'以後' 기독교

머리말 —— 5

제1부

3.1정신과 동북아 평화

3.1운동 정신에서의 유교 (대종교)와 기독교

— 21세기 동북아 평화를 위한 의미와 시사

이 은 선 / 한국信연구소 소장, 세종대 명예교수

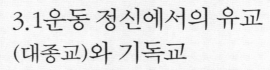

들어가는 글: 3.1독립운동, 촛불혁명, 한반도 평화

올해 8월 일본군 '위안부' 김복동 할머니의 가슴 저리는 회고를 바탕으로 작가 김숨은 『숭고함은 나를 들여다보는 거야』라는 제목의 증언소설을 발표했다. 그 제목이 주는 의미심장함에 더해서 할머니의 증언집은 어떻게 한 인간의 '주체'가 몸은 살아 있어도 그와 같은 정도로 손상될 수 있는지, 그가 받은 결정적인 폭력으로 어떻게 마음의 활동(生理)이 숨을 죽이게 되었는지를 아주 아프게 보여주고 있다. 김복동 할머니는 자신은 '사랑'이 무엇인지 모른다며, "사랑은 내게 그 냄새를 맡아 본 적이 없는 과일이야"라고 한다. 또한 "내 손 잡지 마. 다른 손이 내 손 잡는 거 싫어. 내 머리카락도 만지지 마"라고 하면서 인간에게 보통 자연스럽다고 여겨지는 '사랑(의 마음)'이나 신체적 접촉의 '촉각' 등이 더이상 제대로 작동하지 않음을 드러낸다. "나는 안개 속에 살아… 안개 속에서 잠들고 깨어나지. 안개 속에서 머리를 빗고, 옷을 갈아입지. 보고 싶은 사람이 없어서 시력도 탈이 났고, 외로움 같은 거 안 느껴, 못 느껴" 라고 말한다.[2]

이러한 심각한 주체 훼손의 상태를 불러온 것은 지난 세기 일제 식민지의 시간이었다. 인류 역사가 19세기에서 20세기로 넘어오면서 동아시아 밖에서는 큰 투쟁과 지각변동이 일어나고 있었지만, 당시 조선 사회는 5백여 년 지속된 안정된 체제와 그 속에서 형성된 기득권 세력의 완고와 강고로 그 변화를 잘 감지하지 못했고, 결국 그동안 자신들의 차축이었던 이웃의 큰 나라 중국과 더불어 큰 위기에 빠졌다. 그러한 시간을 이끌어 왔던 유교 문명이 근본적인 도전 앞에 놓이게 된 것이고, 결국 한반도는 그와 같은 세계 문명의 전환을 먼저 감지하고 새 문명의 도전을 받아들이는데 주도권을 잡은 또 다른 이웃 일본의 식민지가 되었다. 36년간의 혹독했던 압박과 설움의 시간 이후, 그러나 계속해서 이어진 6.25전쟁과 남북분단으로 남쪽은 미국의 준(準)식민지가 되었지만, 그럼에도 불구하고 한반도의 남쪽은 오늘 지구상의 어느 곳보다도 서구 기독교 문명이 홍행하는 곳이 되었고, 인류 근대화의 열매들이 향유되는 곳이 되었다.

하지만 오늘 다시 이 한반도에서 인간의 삶이 크게 요동치고 있다. 앞에서 들었듯이 지난 시간 일제 식민지의 상처인 일본군 '위안부' 문제는 여전히 표류하고 있고, 세계인들을 크게 감동시키며 2016년 가을에 점화된 '촛불시민혁명'으로 새 정부가 들어서고 그를 통해서 일촉즉발의 위기까지 갔던 남북 관계가 급진전되어 평화와 통일의 이야기가 한껏 무르익고 있지만 여전히 주변에서 오늘 인류 문명의 최대 강국들인 이웃 나라들은 그 국가적 사적 욕심과 욕망을 쉽게 접지 않는다. 오늘의 평화와 통일 이야기가 언제 전쟁과 식민의 이야기로 다시 반전될런지 알 수 없어 마치 살얼음판을 걷는 모양새이다. 이렇게 이웃나라들과의 국제 외교적 관계가 심각한데, 나라 내부에서는 서로 다른 정치이념과 계급과 성, 세대와 종교와 역사적 신념 등의 차이로 인한 분쟁과 갈등이 참으로 깊어서 사람들의 삶을 크게 위협하고 불안하게 한다. 한반도의 남쪽에서는 세계 신자유주의의 가치가 최고로 구가되면서 거의 모든 사람들이 경제인이 되고 노동자가 되어 인색하고 잔인하게 시간과 공간을 탈취하고 탈취당하며 힘들게 살고 있다. 하지만, 주로 보수 기독교 노년층으로 구성된 반(反)북과 반(反)문재인 정부의 태극기부대 행진에는 자신들의 삶을 계속 보호하고 보존해 줄 수 있다고 여기는 미국의 국기와 심지어는 이스라엘 국기까지 등장하고 있다. 이러한 현실에서 한 개인의 탄생과 성장은 대부분 각종 비리와 비인간성으로 얼룩진 사립 어린이집이나 유치원에서 시작되고 그 마지막은 냉혹하고 차가운 집밖의 노인요양소에서 마무리된다. 이것이 오늘 동아시아 한반도 남쪽에서의 한국인 개개인의 삶과 그 국가 공동체가 놓여 있는 현실이고, 이러한 불안과 불안정과 갈등이 언제 동아시아 전체를 흔들고, 세계 인류의 평화와 안녕을 뒤흔들지 모르는 상황이다.

이러한 가운데 한반도는 내년 3.1독립운동 100주년을 앞두고 있다. 일본은 1876년 조일조규(강화도조약) 이후 조선이 개방되자 점점 더 침략의 야욕을 노골화하면서 청일전쟁(1894-1895)과 명성왕후를 시해한 을미사변(1895), 러일전쟁(1904-1905)과 을사늑약(1905), 통감부 설치(1906)와 동양척식주식회사 설립(1908) 등을 통해서 그 무법과 거짓, 살상의 잔인함을 한껏 드러냈고, 마침내 한국병합(1910)을 자행하며 이어진 식민지 총독정치에서 끔찍한 횡포와 수탈을 자행했다. 이러한 일련의 과정을 추적한 1920년 박은식(朴殷植, 1859-1925)의『한국독립운동지혈사(韓國獨立運動之血史)』에 따르면, 1919년 우리 민족의 3.1독립운동은 세계의 혁명 역사에서 하나의 신기원이 된 사건이다. 그러나 독립운동은 단지 그날에 시작된 것이 아니다. 일본이 러일전쟁을 수행하기 위해서 1904년 대한제국의 국토와 물자, 인력을 마음대로 사용하려고 맺게 했던 한일의정서가 체결된 이후 독립운동은 "하루도 그친 적이 없었고", 3.1독립운동 이후부터는 "남녀노소를 막론하고 나라의 안팎이나 원근의 구별 없이 전체가 활동하고, 일치하여 약동하며, 끓는 물에도 뛰어들고, 불속을 밟으면서도 만 번의 죽음을 불사"했다. 그에 따르면 전에는 이토 히로부미를 쏜 사람이 안중근(安重根, 1879-1910) 한 사람이었지만 이제는 몇 백만 명에 달하는 안중근이 생겨난 것이고, 전에는 이완용을 칼로 찌를 이가 이재명(李在明, 1886-1910) 한 사람이었지만 이후로는 몇 천 명의 이재명이 나온 것이어서 세계의 민족들이 한국 민족을 인식하게 되었고, 독립의 자격이 있다고 하면서 이구동성으로 한국을 거론하였다고 한다.[3]

지난 2016년 가을(10월 29일)부터 그 다음해 3월까지 매주 토요일마다 총 23회에 걸쳐서 연인원 1700만 명의 시민이 함께했던 촛불집회를 통해서 한국 국민은 다시 한 번 세계를 크게 놀라게 했다. 마침내 정권을 교체해냈고, 새로운 민주 정부를 수립함으로써 촛불집회는 촛불혁명이라는 이름을 얻게 되었으며, 인류 역사상 가장 성공적인 혁명이었다는 찬사를 받으면서 2017년 독일 에버트 인권상을 수상하는 쾌거도 이룩하였다. 부패한 박근혜 정부를 퇴진시키고 한국의 민주주의와 법치주의를 한없이 퇴행시킨 국정농단의 실체를 파헤치도록 한 촛불혁명을 거친 시민들은 한결같이 말하기를, 이제 더이상 "주어진 대로 수동적으로 살지는 않겠다"고 한다. 온 국민의 자주의식과 민주의식, 주인의식이 크게 신장한 것이다. 이러한 촛불혁명의 정신사적 뿌리가 3.1독립운동이라고 종종 언급된다. 3.1독립운동의 평화와 비폭력의 민중운동 정신은 제2차 세계 대전 이후에 독립한 나라 중에서 첫 번째로 발생한 시민혁명인 4.19혁명에서 이미 나타났고, 1986년 6월 항쟁을 거쳐 이번 촛불혁명에서 다시 세계적으로 유일한 방식으로 재현되었다는 것이다.[3]

본 논문은 이제 곧 다가오는 3.1운동 100주년을 기념하여 이상과 같은 의미성이 있는 3.1운동의 정신사적 뿌리를 찾으려는 것이다. 그것이 무엇이고, 어떠한 사상사적 맥락에서 가능해졌는가를 주로 유교와 기독교에 초점을 맞추어서 살펴보고자 한다. 이는 단지 3.1독립선언서 한 편이나 한 사건으로서의 3.1운동에 주목하는 것이 아니라, 그러한 사건이 일어난 전후의 맥락과 진행 과정을 살펴서 한국 독립운동을 이끌어 온 종교사상사적 뿌리가 무엇인지를 드러내고자 하는 일이다. 이러한 탐구의 목적은 앞에서도 언급한 대로 우리가 촛불혁명까지 이루어냈지만 여전히 많은 난제가 있고, 특히 남북이 하나되고 소통하는 중차대한 남북통일의 일에서 여러 국내외적인 반주체적, 반자주적 요소가 많이 작용하여 그 진척이 쉽지 않은 것을 보고자 한다. 그래서 다시 한 번 3.1운동의 독립과 자주정신, 주체와 평등정신을 돌아보고 싶었다. 또한 오늘날의 상황에서 다시 '독립'을 말한다는 것이 구체적으로 무엇인지, 세계의 정치 현실에서 자주적이고 평화적으로 선다는 것이 어떤 것이며 어떻게 가능해질 수 있겠는가라는 절실한 물음에 나름의 답을 얻고 싶기 때문이다. 그것은 촛불혁명의 사상사적 모태로 인정받는 3.1운동의 정신에서 당시 식민지의 폭압에 억눌려 있던 대한 사람들이 자국의 독립을 요구하면서도 그 상황에서 어떻게 "동양의 평화와 안위"까지 염려하고, "세계의 평화와 인류의 행복"이라는 큰 이상을 품을 수 있었는지의 질문 등과 연결된다. 본 연구가 한국 유교 전통이 배태한 또 다른 대안과 전개로 보고자 하는 대종교(大倧敎)의 대종사(大宗師) 홍암 나철(弘巖 羅喆, 1863-1916)에 대해서 "종교민족주의"라는 관점에서 수행한 연구가 있는데,[4] 필자는 그 언술을 좋게 여겨 이와 유사한 관점에서 3.1독립 운동 전후의 한국적 삶과 사고를 살펴보고자 한다.

2. 서학(西學, 기독교)과 만나는 조선 유교

18세기 조선의 실학자 홍대용(洪大容, 1731-1783)은 당시 중국 주자학적 성리학에 실체론적으로 빠져서 고사하고 있는 조선 유교 사 회의 정신적 정황에 대해서 다음과 같이 비판했다; "학자들은 입만 열면 성선(性善)을 말하고 말만 하면 반드시 정자(程子), 주자(朱子)를 일컬으나, 재주가 높은 자는 훈고에 빠지고 지혜가 낮은 자는 명예와 이욕에 떨어지고 있었다(『湛軒書』1, 「贈周道以序文」)".[5] 이 비판에서 아주 잘 지적하고 있듯이, 그때까지 조선 사회를 이끌어온 정신적 지주였던 유교는 한편으로는 이웃의 강대국 중국과 그 정신세계에 깊이 종속되어 뼛속까지 사대주의적 모화사상(慕華思想)에 물들어 있거나, 그들이 가장 많이 말하는 것이 돈과 명예(名譽)를 떠난 도(道)와 리(理), 성학(聖學)이었지만, 유교적 관리들과 양반계급의 서민 착취와 가렴주구(苛斂誅求)는 한계를 몰랐다. 그래서 조선 사회는 부패한 보수주의와 우물 안 개구리 식의 허욕에 빠져서 세상이 어떻게 바뀌어 가는지를 잘 알아채지 못했고, 급기야는 나라 전체가 큰 존재의 위기에 빠지게 되었다.

하지만 이 가운데서도 일련의 유자 그룹은 세상과 이웃나라들의 변화를 감지하고 자신들의 오래된 가치 체계인 유교적 세계관과 새롭게 만난 낯선 타자를 서로 연결시켜 보려고 노력하였다. 이 시기에 이들에게 다가온 낯선 타자는 주로 이웃 청나라를 통해서 온 서학(西學)이었는데, 이 만남에서 유자들은 자기 인식을 새롭게 하고 자신들 학의 본원을 다시 정립하려는 노력으로 맞섰다. 이 일의 선두에 선 사람이 조선 후기 영조 시대 유학자 성호 이익(星湖 李瀷, 1681-1763)이었다. 그는 당시 중앙의 정치권력에서 소외된 남인 계열로 서울·경기 지역에서 퇴계의 성학(聖學, how to become a sage)을 깊이 흠모하던 학자였다. 그는 청나라로부터 전해져 오는 서학서 『천주실의(天主實義)』, 『직방외기(職方外紀)』, 『칠극(七克)』 등을 읽으면서 서양인들이 전하는 그리스도교의 가르침이 어떻게 유학자의 도덕성 수양과 백성들의 실제 생활에 도움을 줄 수 있는지에 대해서 주목하고자 했다.[6] 성호는 제자들에게 서학서를 소개하며 유자들이 불교를 쉽게 이단으로 제치듯이 가볍게 보지 말고 진지하게 공부할 것을 권했다. 그러면서 온갖 어려움을 무릅쓰고 먼 곳까지 와서 서학을 전하려고 하는 서양 전교자들을 자신들 유학자와 동일한 목표를 가진 사람들이라고 인정했다. 즉 '사사로움(私)'과는 거리가 먼 사람들로서 나름의 방식으로 '세상을 구제하려 한다'는 것이다. 하지만 그의 제자들은 스승의 말을 순순히 받아들이지 않았다. 특히 신후담(愼後聃, 1702-1761)과 안정복(安鼎福, 1712-1791) 같은 제자는 스승이 강조하는 서학의 '실용적 차원(實)'을 넘어서 서학으로 전해진 천주교와 자신들 성리학을 그 근본 원리와 교리의 차원에서 점검하고자 했는데, 이들이 특히 받아들이기 어려워한 것은 천주교의 영혼불멸설이나 천당지옥설이었다. 이는 인간의 도덕심과 윤리적인 실천의 동기가 천당에 가거나 불멸을 위한 것이라면 이것은 지극히 이기적이고, 사적인 이익(利) 추구의 행위와 다름없는 것이 되기 때문이었다. 자신들의 성리(性理) 이해와 심(心) 이해에 따르면 인간은 궁극적으로 기(氣)로 구성된 존재라서 몸의 죽음과 더불어 그 기가 흩어지는 것은 당연하고, 선한 행위라는 것도 본성의 리(理)를 따르는 행위이지 결코 화복(禍福)이나 내세의 이익을 구하는 행위가 아니라는 것이다. 신후담은 자식 된 자는 오직 부모 섬기는 일에 유념하고, 나라 섬기는 자는 그 일에 몰두할 일이지 서양 기독교에서처럼 '천상에 영원히 존재하는 일(天上永永常在之事)'에 마음을 쓰는 것은 결국 복을 구하는 이기적인 마음이라고 지적했다.[7] 이렇게 서양의 천주학은 모든 것이 사적인 이익을 위한 추구이며, 그런 동기에서 천주(天主)의 존재도 받아들이는 것이지만, 안정복은 자신들의 유학이야말로 진정한 천학(天學)인바, 상제(上帝)라는 말도 "우리 유자가 이미 말하였"고, 현세를 배척하고 내세의 복이나 이익을 위해서 천주를 믿는 것이 아니라 단지 상제가 부여한 '천명(天命)'을 따라서 그 마음을 보존하고 성품을 기르는 것이 자신들의 학이므로 이 유학이야말로 진정한 '천학'이라고 『천학문답(天學問答)』에서 역설했다.[8]

  이상에서처럼 유교는 불교와의 만남에서도 그렇고 낯선 서학과의 만남에서도 그 궁극적인 평가 잣대를 '공(公)'의 추구인가 아니면 '사/리(私/利)'의 추구인가 라는 물음에 두는 것을 볼 수 있다. 성호 자신도 서학이 '세상을 구제하려 한다'라는 말로 그 공공성에 기초해서 평가했고, 그의 제자들은 같은 공공성의 원리를 가지고 서학은 오로지 "한 개인의 사사로움(一己之私)"에서 나오는 것이지만 유학이야말로 참으로 "공명정대한 가르침(公正之學)"이라고 강조했다.[9] 그런데 사실 마테오 리치(Matteo Ricci, 利瑪竇, 1552-1610)의 『천주실의』가 처음 출간될 때(1601/1607) 그 책을 추천하던 당시 유자들의 서문을 보면 리치의 도와 자신들의 유학이 그렇게 다르지 않고, 오히려 '마음에 바탕을 두면서(釋氏本心)' 윤회 등을 말하는 불교야말로 허망한 것이고, '하늘에 바탕을 두는' 유교(儒者本天)와 유사하게 천주학은 마음의 본바탕에서 나온 "실학(實學)"이라고 강조했다.[10] 그래서 그 '실(實)'의 잣대에 따라서 마테오 리치 개인의 인격에 대해서도 평하기를, "자신을 단속하고 마음을 섬김에 엄격하여 … 세상의 높으신 학자라도 그보다 앞섰다고 볼 수 없다"라고 하며 "동양과 서양은 마음도 같고 이치도 같은 것이다"라고 강조했다.[11]

  이처럼 유교는 특히 공(公)과 실(實)을 강조하며 새로 만난 이웃 종교와 자신을 견주면서 어느 편이 더 그 공(公)의 진리와 실(實)의 실행에 다가갈 수 있는지를 논한다. 그러면서 한편으로 '사사로운 이익을 추구하는' 석가모니 도와 유사한 서양 천주의 도를 가지고는 "천하를 바꾸기는 어렵다고 생각됩니다(思以此易天下則難矣)"라고 언술하고,[12] 자신들도 그 본래적인 공(公)과 실(實)의 도에서 상당히 멀어진 것을 반성하며 스스로를 돌아보고 변화를 모색하였다. 필자는 조선 후기의 이벽(李蘗, 1754-1785)이나 다산 정약용(丁若鏞, 1762-1836) 등의 모색도 그러한 변화로 추구한 것이고, 특히 최한기(惠岡 崔漢綺, 1803-1877)가 서양 과학과 심도 있게 대화하며 창출해 낸 자신의 기학(氣學)을 "공학(共學)", "천하공학(天下共學)"이라고 명명한 데서 그 뜻이 분명히 드러난다고 본다. 여전히 유자인 그는 과학과 산업조차도 천하와 관계하며, 천하를 포괄하면서 천하의 사람들이 함께 배우고 전파하고, 천하에 두루 통하는 보편학으로 강조했기 때문이다.[13]

모두가 주지하는 대로 이 유교적 공공적(公共的) 관심이 조선 말기로 오면서 고사하고 왜곡되면서 나라는 큰 위기에 빠지게 된다. 하지만 그 위기를 단지 수동적으로 견디기만 한 것이 아니라 그에 대해 여러 방식의 대응을 보이는데, 심지어는 나라를 고사시킨 주범으로 비판받아 온 '위정척사파(衛正斥邪派)'의 보수적 대응도 사실 유교적 공(公)과 의리(義理)의 원리를 강하게 드러낸 것으로 이해할 수 있다. 여기서 3.1운동 이전에 강력한 의병 운동이 파생되고 주도되었다는 것은 더욱 주목받아 마땅하다. 이 척사의리파를 대표하는 화서 이항로(李恒老, 1792-1868)에 따르면, 그가 주리적(主理的) 입장에서 강조하는 도(道)나 리(理, 진리)는 결코 추상적이거나 공허하지 않고 현실을 떠나서 있을 수 없는 것이다. 따라서 빗나간 현실을 바로잡기 위해서는 이 기준(樞紐)을 다시 바로 세우는 일이 가장 긴요하고, 그런 의미에서 그는 당시 주체를 잃어버리고 방황하는 조선의 정신을 바로 세우기 위해서 척사를 강조한 것이고, 그 기준은 결코 다시 현실을 떠나서 따로 존재하는 것이 아니기 때문에(心統性情)[14] 당시 나라가 위급할 때 그 규준을 다시 세우는 일을 구체적으로 의병과 독립운동을 통해 수행하도록 한 것이다. 화서의 이러한 척사의리사상은 그의 제자 면암 최익현(勉菴 崔益鉉, 1833-1906)과 의암 유인석(毅菴 柳麟錫, 1842-1915) 등을 통해서 강한 척사 의병활동으로 전개되었다. 최익현은 1876년 힘의 약세를 보이면서 "금수(禽獸)와 같은 양인(洋人)으로 변한" 일본과의 강화조약을 강하게 반대하는 것으로 시작하여 단발령을 강제로 시행하려는 친일파 세력에게 목숨을 건 단식으로 맞섬으로써 이를 계기로 각지에서 의병이 일어나도록 하는 전기를 마련했다. 오늘의 시각에서 보면 머리를 자르는 일 자체에 대해서는 여러 가지를 이야기할 수 있지만 당시 사람들에게 머리를 자르는 것은 바로 만사의 근본 도와 규칙이 되는 효(孝)의 원리를 거스르는 일로 여겨져서 그 도체를 허물 수 없다고 생각하여 의병이 전국적으로 일어나는 계기가 되었던 것이다.[15] 여기에 필자는 한국적 유교의 '이기묘합(理氣妙合)'의 특성과 '공(公, 의리)'의 원리가 다시 나타난 것이라고 본다. 즉 한국 유교에서 이(理)와 도(道)는 결코 추상적이지 않고 '효(孝, 親親)'라는 구체적 현실과 몸성에서 표현되고, 자기를 넘어 윗세대인 부모가 선험적으로 존재의 출발이 되고, 그것이 하늘까지 연결되는 깊은 종교의식(警長으로서의 義)을 말하는 것이다.[16]

　유인석은 1895년 명성황후가 시해된 을미사변으로 반일 감정이 더욱 쌓여있는 상황에서 단발령이 내려지자, 전국적으로 의병 투쟁이 폭발하는 가운데 생사를 넘어선 결연한 의지로 위정척사 사상을 실천에 옮겨 국내외의 의병 활동을 선도하여 유림종장(儒林宗匠)이라고 불리었다.[17] 의병은 맨 처음 안동에서 일어났다고 하는데, 주로 지역에서 신뢰를 받고 있던 양반이 의병장이 되었고, 일본이 러일전쟁에서 승리한 후 1905년 을사늑약을 강요하며 대한제국 침략을 가속화하자 더 크게 확산되었고, 1907년 대한제국 군대가 강제로 해산당하자 군인들이 속속 합류했다고 한다. 『한국독립운동지혈사』에서 박은식은, "의병은 민군(民軍)"이며 그것은 나라가 위급할 때 의(義)로써 분기하는 사람들인데, 이 의병의 전통은 우리 민족에게 오래된 전통이고, 일본이 대한제국을 합병하기까지 2개 사단의 병력을 출동하여 7, 8년간 전쟁을 한 것도 의병의 저항이 있었기 때문이라고 서술했다. 또한 이들이 아니었더라면 우리는 짐승이 되었을 것이라고 말했다.[18] 1906년 이후 무장한 의병 피살자가 거의 10여만 명이었고 전라도가 가장 많았는데,[19] 의암 유인석은 유림 의병과 애국계몽 세력을 연합하여 전국 1만 5천여의 '13도의군(十三道義軍)'을 결성하여 도총재(都總宰)로 추대되었다고 한다. 이러한 모든 의병 활동의 정신적 토대가 바로 화서가 강조한 대로 "(천하의) 대본(大本)을 세우는" 일을 중시한 것이고, 이 대본(理/義)을 세우는 일의 출발은 우리 마음의 천리와 인욕을 엄격히 구별하고, 인욕의 사(私)를 제거하는 일에 있음을 다음과 같이 강조했다;

> 공(公)하면 하나가 되고, 사(私)되면 만 가지로 갈라진다. 천하를 의리의 공으로 이끌면 하나 됨을 구하지 않더라도 저절로 하나가 되며, 천하를 이해타산의 사로 이끌면 만 가지로 갈라짐을 기약하지 않더라도 만 가지로 갈라진다. 천하를 하나로 할 수 있는 것은 의리가 아니면 할 수 없고, 진실로 의리로써 하나 되고 공(公)에서 나온다면 비록 천하가 하나 되길 바라지 않아도 하나가 된다.[20]

보통 우리가 쉽게 말하기를 조선 말기의 유교 폐쇄성과 사대주의적 경직성이 결국 나라를 잃게 했다고 한다. 또 3.1운동 당시 33인의 대표 중에 유교측이 부재했던 것을 많이 비난하지만, 필자는 유인석의 언술에서 분명히 드러난 대로 유교의 역할이 의병 활동 등과 더불어 앞으로 전개될 모든 독립항쟁 운동에 밑받침이 되었다고 생각한다. 그것은 앞에서도 밝힌 것처럼 특히 인간 삶의 '공(公/義)'을 강조하고, 사적 이익의 추구를 배격하는 일의 근거와 실천을 '궁극(天)'과 '초월(理/性)'과 연결하여 보면서 위급한 경우 생사를 초월하여 자신을 내어 주는 힘 있는 주체의 능력으로 작용하는 것을 말한다. 물론 이들을 이야기할 때, 특히 위정척사파를 비판하는 언술에서 그들의 주리론적 중화(中華)주의(尊王攘夷, 왕을 존중하고 오랑캐를 물리침)를 많이 거론하지만, 이 중화론과 존양론도 단순한 실체론적 중화사대주의와 비주체성만이 아니라 인간 문명의 궁극적인 지향점과 온 만물을 '큰 통합(大一統)' 안에서 포괄하려는 보편적 문명 추구의 웅지로 볼 수 있다는 것이다.[21] 실제로 의병 운동을 이끌었던 유인석을 비롯해서 한말 척사의리파의 과감한 의리적 행위에서 이런 측면을 간과할 수 없다. 그런 의미에서 필자는 이 힘이야말로 유교의 고유한 종교성과 영성을 드러내는 것이라고 보고,[22] 이 힘이 한말 독립운동 과정에서도 큰 역할을 했다고 여긴다.

지난해 TV에서 인기리에 방영된 드라마 '미스터 선샤인'에서도 주목된 바 있고, 최근 문재인 정부가 그 복원을 결정한 안동 고성(固城) 이씨 종가 임청각의 이상룡(石洲 李相龍, 1858-1932)의 행보도 이런 유교 의리 정신의 종교성이 잘 표현된 것이라고 본다. 이미 잘 알려진 대로 이회영(李會榮, 1867-1932)가와 더불어 이들은 나라가 큰 위기에 처하자 국내 활동에 한계를 느끼고 자신들이 가지고 있던 모든 기득권을 내려놓고 재산을 정리하고 노비를 풀어 주면서 온 가족을 인도하여 만주 간도로 갔다. 거기서 이들은 힘을 합해 교포자치기관으로 경학사(耕學社)를 조직하고 나중에 신흥무관학교(新興武

官學校)를 일으켰으며, 1919년 3.1운동 이후에는 대한민국임시정부 관할하의 서간도 군사기관인 서로군정서(西路軍政署)로 확대 개편하였고, 이상룡은 임시정부의 초대 국무령(1925)을 지냈다. 이들이 이렇게 구체적으로 농업과 교육 등의 민생과 군사와 나라의 독립에 모든 것을 내놓을 수 있었던 것은 바로 '실(實/理)'에 대해 유가적 믿음이 깊어 그 실(實)과 천(天)과 이상(理)이 결코 이 현실(氣)과 인간과 군사와 농업이나 교육 등의 구체와 두 가지로 나누어지지 않는다고 보는 정신적 통찰이 있었기 때문이라고 필자는 이해한다. 석주 이상룡의 다음과 같은 유교 도에 대한 고유한 인식(「孔教微旨」)에서 그 단초를 볼 수 있다;

> 유교의 선비 유자(유라는 글자 儒字)는 인자(人字)와 하늘 천자(天字)를 합성한 것이다.[유(儒)는 옛날에 이(俪)로 썼다.] 상고시대의 학술 사상에는 대개 세 가지의 단서가 있었으니, 첫째는 천도, 둘째는 인륜, 셋째는 하늘과 사람의 상호관계이다. … 또한 다른 종교에 비하여 특이한 점이 하나 있으니 그것은 선조를 존숭한다는 점이다. … 요약하여 논하자면, 유교의 특성은 실제에 대한 숭상을 제1의 의의로 삼는 것이다. 실제를 숭상하므로 인사를 중요시하니 그것이 하늘을 공경하는 일이다. 이 두 가지 모두를 취하여 인륜의 모범으로 삼았다[인륜을 또한 천륜이라 하며, 인도를 또한 천도라 하는 것이다.]. 실제를 숭상하므로 경험을 중시하니 그것이 조상을 존숭하는 일이다. 이 두 가지 모두를 취하여 선례(先例)의 전형으로 삼은 것이다.[23]

'공자교의 은밀한 뜻(孔教微旨)'이라는 제목의 긴 논지까지 펼치면서 참된 유가의 뜻이 무엇일까를 사상사적으로 탐구한 이상룡의 영향은 단지 간도 독립운동 등의 행동적 실천에서만 있었던 것이 아니라 한국 유교 사상의 독특한 지경을 이루어 내는 데도 역할을 했다.[24] 그의 영향을 깊이 받은 안동의 의병 출신 송기식(宋基植, 1878-1949)이 안동에 남아서 공자도(孔子道)를 중심으로 교육 사업을 일으키면서 유교의 종교화(孔敎운동)를 추진한 것을 일례로 들 수 있다. 송기식은 그의『유교유신론(儒敎維新論)』에서 유교의 본원을 '지공무사(至公無私)'와 '대동사회(大同社會)'의 실현으로 보면서 유교가 쇠퇴한 이유가 그 종교성을 부각시키지 못했기 때문이라고 파악하였다. 그는 퇴계가 특히 중시한 유교 '경(敬)' 덕목을 기독교로 대표되는 서양 종교에 필적한 만한 대표적인 덕목으로 들었다. 그러면서 공교의 교회를 설립하고, 경전을 한글로 번역하고, 공교의 시원인 공자에 대한 구체적인 예배일(復日講論)을 두면서 관혼상제 등의 실제 예식과 계급의식도 개혁하는 공교운동을 펼칠 것을 강조했다.[25] 필자는 이러한 측면들이 한국 근대 3.1독립운동 등의 실행 속에서 함께 고려되어야 한다고 생각한다. 박은식도 "의병이란 것은 독립운동의 도화선이다"라고 하면서 그 의병 운동의 성패에만 매달려서 논평한다면 "식견이 천박한 것"이라고 했다.[26] 그 의병 운동에 유교의 '지공무사(至公無私)'를 영적으로 깊이 있게 추구한 기반이 있었다는 것을 부인하지 못할 것이고, 우리 후대는 3.1운동 정신을 보다 적실하게 이해하기 위해서 이러한 조선 유교의 숨은 역할과 정신적 기반을 더욱 헤아려야 한다고 본다.

3. 동학(東學 · 天道敎)을 불러일으킨 기독교(개신교)

1907년 평양에서 안창호(島山 安昌浩, 1878-1938) 선생의 시국 강연을 듣고서 상인으로 활동하던 이승훈(南岡 李昇薰, 1864-1930)이 각성하고 세운 오산학교에서 공부한 함석헌(咸錫憲, 1901-1989)은 그렇게 긍정적으로 유교 전통을 이해하지 않는다. 그는 1930년대 그곳에서 역사 선생으로 있으면서 『성서적 입장에서 본 조선역사』를 썼는데 거기서 조선의 전통 종교 사상에 대해서 많이 언급하지 않았다. 그는 나중에 "유교야말로 현실에 잘 이용된 종교다"라고 하면서 그가 참으로 중시하는 '뜻(志)'이란 "선비(士)의 마음(心)"이고, 선비(士)란 "열(十)에서 하나(一)를 보고, 하나에서 열을 보는 사람"이라고 풀어내기도 했지만,[27] 동양 성인(聖人)의 가르침은 "엄정한 의미의 역사철학을 가지지 못했"고, 기독교와 비교하면서 기독교가 "불교, 유교를 다시 깨워 새 생기를 주는" 일을 해야 한다고 역설했다.[28] 해방 이후 1950년대 그의 기독교 복음이해에서 다시 한 번 깊은 종교다원적 전회가 있었지만, 함석헌은 그럼에도 그 기독교의 핵을 불교의 '각(覺)'과 유교의 '학(學)' 곁에 '믿음(信)'을 강조하는 인격의 문제라는 것을 부각시키고자 했다. 여기서 '인격'을 강조한 것은 그에 따르면 사고를 더욱더 관계적으로 하는 것을 말하는데, "인격은 홀로 생기지 못"하고, "'나'에 대하는 '너'가 있고서야 되"는 것이기 때문이며, 이 인격 관념이 없기 때문에 믿지 못하는 것이라고 설명했다.[29]

여기서 함석헌이 설명하는 논리가 얼핏 보기에 유교적 '인(仁)'과 '공(公)'의 논술과 그다지 다르지 않아 보이지만, 여기서 함석헌이 강조하는 인격적 상대는 특히 초월자 하나님을 말하는 것이다. 또한 "나는 하나님의 아들이다"라고 선언하는 예수라는 구체적 역사적 인물의 믿음과 인격을 통해서 "역사를 인격화했습니다. 세계를 인격화했습니다. 우주에 인격적 질서를 주었습니다. 모든 기계적인, 우상숭배적인, 세속적인 것을 배제했습니다. 하나님은 사랑의 아버지가 되고, 몸은 하나님의 집이 되고, 원수는 이웃이 되고, 죽음은 영원한 생명의 한마디가 되고, 죄는 없어지고, 심판은 구원으로 되고, 일체는 산 하나가 돼 버렸습니다. 그것을 '하늘나라'라 했습니다"라는 의미에서 강조한 것이다.[30] 이 말이 자칫 다시 나중의 기독교 배타주의적 근본주의의 속죄론이나 구속론의 언어와 무엇이 다른가 하는 의구심이 생길 수도 있지만 여기서 함석헌의 참뜻은,

> 예수가 하나님의 아들이 된 것은 우리가 다 하나님의 아들이기 때문입니다. 우리 육의 흙 속에 잠자고 있는 아들의 씨를 불러내어 광명 속에 피게 하기 위하여 입니다.[31]

라는 언술 속에서 분명히 드러난다고 본다. 즉 이 말에서 표현된 대로 함석헌은 기독교가 '궁극(天)'과 '초월(聖)'을 막연한 추상이나 형이상학적 이론 등으로 파악되는 것보다 '인격적("하나님 아버지")'으로 만나면 훨씬 더 구체적이고, 실천력과 함께 현실적이면서 효능적으로 그 궁극과 '관계를 맺을 수 있는 능력'이 얻어지는 것으로 본 것이다. 그 일이 바로 예수라는 사람의 인격 속에서 그렇게 고유하고 진한 농도로 가능해졌기 때문에 그는 의심 없이 스스로를 "하나님 아버지의 아들"이라고 '믿고' 고백할 수 있었고, 우리도 모두 그 예수가 이룬 것처럼 그렇게 훨씬 더 분명하게 자각된 의식을 가진 사람으로 거듭나야 한다는 것이다. 그것이 속죄이고, 구원이며, 그 일이 우리 민족에게 가장 나중에 전해진 '기독교'를 통해서 가능해진 것으로 함석헌은 보았다. 그는 말하기를,

> 어떤 사람들은 속죄라면 예수가 죽으신 십자가에 무슨 마법적인 신비력이나 공덕이 있어서 그것으로 우리 죄가 없어지는 것처럼 생각하여서, 그것을 교리적으로 시인하고 주문처럼 외우려 하나 그것은 분명 미신입니다. … 속죄의 참뜻은 … 자유의 인격을 만드는 데 있습니다. 과거에 지

은 죄과의 값만을 중대시하기 때문에 대속이니, 대신이니 하여 기계적으로 생각하는 잘못을 하게 됩니다. … 속죄의 근본 뜻은 대신에 있지 않고 '하나됨'에 있습니다. … 속죄란 말을 영어로 하면 atonement인데, at-one-ment, 즉 하나됨이란 말입니다. … 예수가 목적하신 것은 "아버지와 내가 하나인 것처럼 너희와 내가 하나가 되자"는 것이었습니다.[32]

라고 자신이 이해하는 '그리스도'의 참뜻을 설명한다. 함석헌은 이렇게 초월과의 관계를 '인격적'으로 이해하면 그를 더 잘 '믿을 수' 있게 된다고 밝힌다. 다시 말하면, 초월의 상대와 더욱 깊이 '관계'하게 되면 그를 더욱 믿고, 알아보게 된다는 것이다. 그래서 그는 거기서 생겨나는 "알아주는 맘"이야말로 예수가 종래의 모든 종교들과는 달리 권선징악이 아닌 "참사랑"의 방식으로 사람들을 변화시킨 방식이라고 말하고, 권선징악이라는 "가장 유치한 방법"을 넘어서 "고래의 모든 성현이 하지 못했던" 사랑의 방식으로 당시 사회에서 낙인이 찍힌 사람들을 개조하는 "공개된 비밀"과 "세기의 그리스도의 방식"이었다고 역설했다.[33] 나는 이 방식이 한말 한반도에서도 통했다고 보고, 특히 당시 신분 차별 속에 억압당하는 사회 약자였던 민중, 그중에서도 여성들에게 큰 역할을 하여서 이들에게 참으로 강력한 방식으로 하늘(天)과 초월(聖)과 자신들이 직접 대면하고 관계 맺을 수 있는 길을 열어 주었다고 본다. 그래서 어떤 다른 종교전통에서보다도 더 폭넓게, 그리고 깊이 있게 "성(聖, 거룩)의 평범성의 확대"를 이루게 되었다고 여기는 것이다.[34] 거기서 일어나는 개인적 삶의 변화와 더불어 특히 당시 점점 더 큰 위기에 빠져드는 민족의 안위를 위해서 자신을 버리고 국가와 민족을 위해 헌신하게 했고, 1919년 3.1운동이 가능해진 데에는 그러한 기독교의 메시지를 통하여 한민족의 의식이 개혁된 것이 큰 역할을 했다고 여긴다.

그런데 여기서 그러한 개신교의 역할 전에 그와 유사한 관점에서 필자가 먼저 언급하고자 하는 종교 그룹이 동학(천도교)이다. 모두가 주지하듯이 1919년 3.1운동은 당시 교인 수가 3백만 명 정도에 달하는 천도교가 주도적인 역할을 담당했고, 3대 교주 손병희(孫秉熙, 1861-1922)가 대표적 지도자로 추대되어서 운동을 위한 각종 자금을 조달했을 뿐 아니라 독립 선언서도 천도교에서 직영하는 보성사(普成社)에서 2만 1천 매를 인쇄하여 사용하였다고 한다.[35] 손병희는 1894년 전봉준(全琫準, 1855-1895)이 주도한 동학농민혁명이 양반 지배층과 일본군이 개입하여 실패한 후, 2대 교주 최시형(海月 崔時亨, 1827-1898)도 피랍되어 사형당하자 일본으로 망명하였다. 그러나 1906년 귀국하여 천도교(天道敎)로 이름을 바꾸고 중앙총부를 경성에 두면서 신흥종교로서 세계 종교사에 유래가 없을 정도로 빠른 성장을 보였다. 그러나 일본 총독부는 천도교를 종교 단체로 인정하지 않으면서 여러 방식으로 탄압하였다.[36]

나는 이렇게 당시 토착 신흥종교로서 한없는 평등과 자주, 박애와 인권의 이상으로 3.1운동을 이끈 동학(東學·천도교)이란 그 이름에서도 드러나듯이 '서학(西學/기독교)'의 도전에 맞서 한국적 유교 문명권에서 나온 고유한 응전이라고 생각한다. 앞에서 함석헌의 기독교 믿음(信)과 그리스도 속죄론을 설명한 논리를 동학의 핵심 메시지에 적용해 보면, 동학도 당시 기층민의 인격적 변화(聖의 평범성의 확대)를 그 이전의 유교나 불교가 하지 못한 급진적인 방식과 정도로 성취한 경우라고 할 수 있겠다. 의미심장하게도 동학은 한때 서학(西學)으로 지목되어 탄압을 받았는데,[37] 동학의 혁명적인 내재적 초월의식과 반봉건적 평등과 인권의식을 당시의 유교 기득권은 서양 기독교에 대한 것만큼이나 용납하기 어려웠던 것이다. 해월 선생이 태백산맥과 소백산맥의 오지로 숨어 다니던 시절 집필한 것으로 알려진 동학의 역사서 『도원기서(道源記書)』에 따르면, 스승 수운 최제우(水雲 崔濟愚, 1824-1864)는 잡히기 전 새벽에 해월을 불러서 "이 도(道)는 유불선(儒彿仙) 세 도를 겸하여 나온 것이다"라고 하면서 "우리 도는 때에 따라 그때그때 알맞은 제례(祭禮)의 방법을 따른다"고 하였고, "용담의 물이 흘러 사해(四海)의 근원이 되고, 검악(劍岳)에 사람이 있어 한 조각 굳은 마음이다(龍潭水流四海源 劍岳人在一片心)" 등의 시를 써서 "그대의 장래 일을 위하여 내린 강결(降訣)의 시"로서 영원히 잊지 말라고 당부했다고 한다.[38] 이러한 깊은 종교적 체험과 수행적 실천과 더불어 가능해졌던 동학농민혁명은 정치와 제도의 정립 면에서는 실패했다고 할 수 있지만, 후기 조선 사회의 "대내외적 문제를 해결해야 하는 책임을 평민이 인수해 일으킨 것"이라는 평가를 받는다.[39] 그러면서 시천주(侍天主)와 대인접물(待人接物)을 설파하는 동학의 이상사회 이념은 일종의 "영적 코뮤니즘의 성격"을 가지고 있고, 이러한 이상은 오늘의 현대적 제도까지도 넘어서는 "평등정신의 초월적 본성"을 잘 보여주고 있다고 지적되었다.[40] 그런 맥락에서 동학도 스스로가 "후천(後天)오만년(五萬年)의 도에 남게 될 것"이라고 자임했기 때문에 이러한 천도교가 3.1독립운동을 이끈 것은 이상한 일이 아니다.[41]

안중근(安重根, 1879-1910) 의사와 김구(白凡 金九, 1875-1949) 선생 등의 전기에 보면 그들이 겪었던 동학운동에 대한 이야기가 나온다. 특히 안 의사는 "동학당"이라는 용어를 써서 그들이 당시 친일 단체였던 "일진회(一進會)의 근본 조상"이라는 서술도 하고, 외국인을 배척한다는 구실로 곳곳에서 관리들을 죽이고 백성의 재산을 약탈했으며, "이때 한국이 장차 위태롭게 된 기초로 일본, 청국, 러시아가 개전하게 된 원인을 지은 병균"이었다는 평가를 했다.[42] 살림이 넉넉한 유학자 집안 출신의 천주교도로서 민중의 봉기인 동학운동이 가지는 민족적·민중적 의미를 잘 보지 못했을 것이다. 그런데 사실 이 동학의 파급력보다도 더 근본적인 전환을 일으킨 것이 바로 비슷한 시기에 시작된 한국 개신교이다. 한국 개신교의 전파는 1870년대 만주와 일본에서 한국인 선교에 뜻을 두고서 성경을 한글로 번역하는 일을 시작한 그룹에서 연원한다. 그리고 그에 이어서 1887년 서울 정동에서 언더우드(Horace G. Underwood, 1859-1916)와 아펜젤러(Henry G. Appenzeller, 1858-1902) 두 미국 선교사의 역할로 본격화되었다. 만주에서 스코틀랜드성서공회 소속 존 로스(John Ross, 1842-1915) 목사와 의주 인삼 상인 이응찬(李應贊)과 서상륜(徐相崙, 1848-1926)은 한반도에 개신교 선교사가 들어오기 3년 전인 1882년에 이미 『예수셩교 누가복음젼셔』를 한국어로 번역 인쇄해 냈고, 주체적으로 한인 신앙 공동체를 시작했다.[43] 1885년 두 미국 선교사가 입국한 것에 이어서, 1888년 한국에 도착한 캐나다 장로교 선교사 게일(James S. Gale, 1863-1937)은 한국학 연구와 한글성경번역에 지대한 공헌을 하였는데(『한영대자전 Korean-English Dictionary, 1897』), 1909년 『전환기의 한국(Korea in Transition)』이라는 한국 입문서를 쓰면서 "한때 무식한 섬나라의 야만인들이라고 생각했던 일본인들 수중에 나라가 떨어지고, 황제가 축출되고 왕비도 무참히 살해되는 것 등을 보면서 한국인들은 하늘을 쳐다보기 시작했다"고 적고 있다.[44] 물론 한국인들은 기독교 복음을 전하기 시작하면 "하나님을 모르는 사람이 어딨어?"라든가 "신을 모르는 사람이 어딨어?"라고 응답했지만, 그 하나님을 "지상의 구유에 내려오시어 의지할 곳 없고 버림받은 사람들과 함께" 한 것으로 전하면 이해하기 어려워하면서도, 특히 여성들에게 지금까지의 신분 차별과 성차별을 무너뜨리는 강한 폭발력을 발휘했다고 그는 전한다.[45]

앞에서 믿음을 함석헌의 인격 관계로 이야기하면서 지적한 대로 하늘(天)을 직접적인 '부모(아버지)와 당신', '구세주' 등의 구체적인 개별성의 인격으로 만나게 되면서 한국인의 자주와 독립, 평등 의식이 크게 신장되었다는 것은 부인할 수 없다. 이것이 그대로 3.1운동을 촉발시키는 영적 근거가 되었다고 말할 수 있다. 북한의 평양에도 1893년 장대현(章臺峴)교회와 남산현(南山峴)교회가 시작되면서 특히 6-7만이었던 평양 인구가 1만 5천으로 줄 정도로 비참했던 청일전쟁 이후로 교회에 대한 주민들의 생각이 긍정적으로 많이 변했다고 한다. 그 이후로 잘 알다시피 1907년 평양 대부흥 운동도 가능하게 되었고, 길선주(吉善宙, 1869-1935), 이승훈(李昇薰, 1864-1930), 손정도(孫貞道, 1872-1931), 안창호(安昌浩, 1878-1938), 김마리아(金瑪利亞, 1892-1944) 등 수많은 기독교 독립운동 사상가들이 배출되었다. '이 세상 모든 사람은 하나님 앞에서 평등합니다'라는 복음을 듣고서 교회에 출석하게 되면서 태어나 이름조차 얻지 못했던 여성들은 이름도 얻고, 글도 배우면서 "이로 보면 조선 여자의 해방은 우리 그리스도교로부터 시작되었다고 할 만하다"라는 말을 듣게 되었다.[46]

　3.1독립운동 정신이 가장 집약적으로 나타나 있다고 할 수 있는 〈3.1독립선언서〉 서명자 33인 중에 기독교인은 16명으로 천도교의 15명과 더불어 다수를 차지했다. 당시 1910년 강제 합병 후 혹독한 무단 식민지 정치를 경험한 한국인들은 미국인 선교사들이 대일본 투쟁을 지원할 것이라는 희망을 가지고 교회로 몰려왔다. 그렇게 되자 박은식도 언급했듯이, 당시 총독부가 기독교를 배일파(排日派)라고 지적하며 온갖 방식으로 기독교의 종교 활동과 사립학교 활동들을 방해했다.[47] 일본은 예수교회가 서양문명을 수입해 와서 한국인들로 하여금 새로운 사조를 북돋우게 하고 신도들은 정세

에 밝고 애국심이 강한 사람들로 만든다고 싫어했다고 한다. 특히 자신들의 학정이 서양인들에게 잘 관찰되고 비판받게 한다고 미국 선교사들을 미워하면서 그들이 독립운동을 선동, 방조한 것으로 지목하고 미워한 것이다.[48] 이러한 상황에서 한국인은 1917년 제1차 세계대전의 종결과 러시아혁명, 미국 윌슨 대통령의 민족자결주의 천명에 기대를 걸고 고종 국상일인 3월 1일에 '민족 대표' 33인을 내세워서 3.1독립선언서를 발표했다. 그런데 이 대표들이 처음 예상한 것과는 달리 선언의 파장은 더 크게 확산되어서 거사 시각이 되자 탑골 공원에 모인 학생 등 민중이 수천이 된 것이다. 그러면서 그동안 9년 동안 그림자조차 볼 수 없었던 태극기가 돌연히 나타나서 하늘 높이 펄럭였고, 수만의 민중이 합세하게 되면서 두 갈래의 시위대가 남대문과 대한문을 향하여 행진했는데, 규중의 부녀자들도 모두 기뻐 날뛰며 앞을 다투어 차와 물을 날라 왔고, 이 비폭력과 무저항의 평화 시위를 보고 평소부터 우리 민족을 깔보고 독립할 자격이 없다고 말하던 서양인들도, 우리 민족의 씩씩하고 질서정연한 시위운동에 찬탄해 마지않았다고 한다. 그리하여 그 서양인들은 "우리는 한민족이 독립할 자격이 있음을 확신한다"고 했다.[49]

이 만세시위는 전국 각지로 퍼져서 5월까지 3개월 동안 세차게 이어졌고, 일제 측의 추산에 의하더라도 1919년 한 해 동안 전체 인구의 10%나 되는 200만 명이 참가했다고 한다. 3.1만세시위는 서울을 비롯해서 개성, 평양, 진남포, 선천, 의주, 함흥, 원산, 대구, 진주, 합천, 남원, 천안, 곡산, 수원 등 전국에 걸쳐서 골고루 같은 날 같은 시각에 거행되어서 일제에게는 "불가사의한 일"이었다고 한다.[50] 다음 날 총독부가 정신을 차리고 군경을 풀어서 수색하여 체포, 투옥시킨 사람도 1만여 명이나 되고, 당시 일본의 만행을 해외로 알리는 소식통에 따르면 3월 28일 일본이 대학살을 시작하여 서울에서 세 시간 동안 시위했을 때 참혹한 죽음을 당한 사람이 1천여 명에 달했다고 한다.[51] 이후 1년 동안 전국적, 전 민족적 항일운동으로 전개된 3.1운동에서 일본 공식 집계만으로도 조선인 4만 6천여 명이 검거되었고, 7천5백여 명이 피살되었고, 약 1만 6천 명이 부상을 당했으며, 수많은 교회와 학교, 민가가 불탔다.[52] 세계사의 큰 흐름에 따라서 민족자결과 자주독립을 외친 3.1운동은 그렇게 온 민족이 하나가 되어서, 민중이 주체가 되어, 일제의 온갖 살인과 학살, 폭력과 고문에도 불구하고 비폭력과 평화의 독립운동으로 역사를 점하게 된 것이다.

4. 민족(기독교)과 세계(유교)를 품고 중흥한 대종교

3.1운동이 일어났을 당시 한국 인구는 1천6백만 정도였다고 한다. 거기서 기독교도는 신도가 3백만을 헤아리는 천도교에 비해 20만 정도의 작은 규모로 천도교의 10분의 1도 되지 못했지만 신도들이 매주 1회 이상 모여서 예배를 드리고 대화를 나눌 수 있었고, 전국에 YMCA와 같은 청년연합회 조직과 서구 주도의 세계정세에 밝은 많은 지식인들이 기독교인들이었기 때문에 3.1운동을 주도적으로 이끌 수 있었다고 지적되었다.[53] 한편 천도교는 1906년 손병희가 일본 망명생활에서 귀국하면서 나라를 구할 방도를 모색하는 가운데 비폭력 독립운동을 피력하면서 우이동에 신축한 '봉황각'에서 전국의 우수한 지도자급 교인들을 모아 기도와 심신수련을 시키는 일에 지속적으로 힘썼다. 그런 가운데 제1차 세계대전이 끝나고 새로운 국제 질서가 전개될 것을 예감하며 거국적으로 독립운동을 일으킬 것을 결심하면서 전체 교인들에게 1919년 1월 5일부터 2월 22일까지 49일 특별기도회를 명했다고 한다.[54] 3.1운동 당시의 상황을 외국으로 타전하면서 긴급 구원을 요

청하는 전신의 내용에는 "무력을 안 쓰고 오직 연설과 선언 등 평화적인 방법으로" 진행되던 운동에는 "여자의 활동이 더욱 치열하다"라는 전언도 있다.[55] 그렇게 정말 불가사의하게 느껴질 수밖에 없는 정도로 그 저항이 민중적이었고 치열했으며 비폭력적이었는데, 널리 알려진 유관순의 경우도 보면 그 안에 한말의 의병장 유인석과 같은 가정적 배경과 더불어 자라서 이화학당 시절 그녀가 다니던 정동교회 담임 목사였던 독립운동가 손정도 목사의 가르침이 있었다. 이렇게 3.1운동은 여러 차원의 깊은 영적 준비와 시대를 읽는 종교 그룹들의 혜안과 신앙적 희생과 헌신이 토대가 되어서 "창세기 이래 미증유의 맨손 혁명으로 세계무대에서 활동한 특기할 만한" 일로 일어난 것이다.[56]

하지만 이처럼 천도교와 기독교의 핵심 역할로 가능했던 3.1운동은 일본의 합병조약 폐기를 이끌어 내지는 못했다. 그러나 이후 한국인들의 민족의식과 해방과 독립운동의 방향이 새롭게 전개되는 데 의미 있는 전환점을 마련해 준 것은 주지의 사실이다. 민족의식과 자주독립의식이 한껏 고양되었고, 윌슨의 민족자결주의와 이어진 파리강화회의 등이 민족의 독립과 해방에 실질적인 힘이 되어 주지 못하는 것을 보면서 국제 코민테른과 연결되는 사회주의 노선의 민족 해방운동이 본격화되었고, 만주와 연해주에서 독립군 조직에 힘을 쏟으며 국외 무장 독립 전쟁을 전개시키는 계기가 되었다. 또한 큰 결실로서 여러 독립운동 세력들이 합세하여 상해에 최초의 공화제 정부인 대한민국임시정부를 수립한 것이 주목받는다.[57] 그런데 필자는 여기서 이러한 한말의 일련의 진행에 고유한 민족 저항과 새로운 시대를 열기 위한 또다른 창조적 모체인 대종교(大倧敎)가 있었음을 부각시키고자 한다. 주지하다시피 대종교는 한말 러일전쟁을 계기로 점점 더 기세가 등등해지는 이웃 일본의 침략에 맞서서 전라도 나주 출신 유학자 나철(弘巖 羅喆, 본명 寅永, 1863-1916)이 중심이 되어서 시작한 것이다. 우리 민족의 역사 속에 면면히 이어져 내려오는 단군 전승 속에 민족의 정신적 보고가 가장 잘 간직되어 있다고 보면서 그것을 '단군신앙'으로 새롭게 '중광'한 것이다. 여기서 왜 중광이라는 말을 썼는가 하면 대종교는 자신들의 현현이 전혀 새로운 것이 아니라, 이미 민족의 시원 속에 담겨져 있던 가르침이 오랫동안 감추어져 있다가 민족 역사의 큰 위기에 처하게 된 그때의 시점에서 다시 전해져 밝혀진 것으로 보았기 때문이다. 전해지는 이야기에 따르면, 나철 대종사는 1891년 29세에 장원급제하여 관직에 나갔지만 당시 관직 세계가 극도로 부패한 데다 나라의 상황이 큰 위기에 빠져드는 것을 보고 관직을 내려놓고 지리산 등지에서 도교적 수련에 집중하였다. 그러나 1905년 을사늑약을 맞게 되자 어떻게든 신의(信義)의 이치에 따라서 일본의 위정자들과 담판하려고 동지들을 모으고 일본을 네 차례나 왕래하면서 애를 쓰는 가운데 1906년 1월 24일 서울 서대문역에서 백두산의 도사 백봉신사(白峯神師)가 보낸 백전(伯佺, 호는 頭巖)으로부터 『삼일신고(三一神誥)』와 『신사기(神事紀)』를 전해 받으면서 결정적인 전환을 맞이한다. 즉 종교 구국의 길로 들어선 것이다. 1908년 11월 네 번째 도일했을 때 12월 31일 백봉신사가 또 보낸 두일백(枓一白)이 찾아와 『단군교포명서』를 건네면서 쓸데없이 시간을 허비하지 말고 단군의 교화를 펼치라는 간곡한 당부를 듣는다. 이에 돌아와서 수도에 전념하여 1909년 조선 말의 반제 반봉건의 투철한 사상가 해학 이기(海鶴 李沂, 1848-1909) 등과 더불어 단군교의 중광을 선포했다. 그러나 중광 다음해인 1910년 7월 30일(양 9월 3일) 교명을 단군교에서 대종교로 개칭했는데, 그 이유는 일제에 의한 병탄 후에 '민족의식을 고취하는 애국 단체'로 보여 잘못하면 폐교도 될 가능성도 있었지만 대종(大倧)의 대(大)가 '한'이고, 종(倧)

이 하느님 신앙의 본래 이름으로 보았기 때문이라고 한다.[58] 1913년 총본사를 만주 화룡현(化龍懸)으로 옮기고 교세의 확장과 교리의 체계화에 힘썼지만 일제의 압제와 핍박을 더이상 피할 길 없자 마침내 1916년 8월 15일 황해도 구월산 단군사당 삼성전에 들어가서 스스로 호흡을 끊는 방식으로 자결함으로써 항거하였다. 이로부터 대한민국의 독립운동은 "불길처럼 번져 나갔다"고 지적되었다.[59]

　철학자 이규성 교수는 대종교 홍익사서(弘益四書)로 불리는『태백진훈(太白眞訓)』,『삼일신고(三一神誥)』,『천부경(天符經)』,『참전계경(參佺戒經)』중에서 특히『천부경』을 중심으로 해서 화서 이항로 계열에서 수학한 선생에게 배운 서우 전병훈(曙宇 全秉薰, 1857-1927)의 정신철학(精神哲學)을 대종교도의 특성을 잘 드러내는 것으로 위치지운다. 그는 전병훈의 철학을 한국현대철학사론 속에 끌어들여 중요하게 자리매김한다. 위서 논란이 많은『환단고기(桓檀古記)』와『규원사화(揆園史話)』등을 통해서 고대사를 회복하고 한민족 고유의 사상을 전파하다 일제에 피살된 계연수(桂延壽, 1864-1920)에 의해 전해진『천부경』을 전달받은 전병훈은 그 정신을 한마디로 천도(天道)와 인도(人道)를 겸해서 함께 이루려는 겸성(兼聖)의 성인(聖人) 추구라고 한다.[60] 그것은 나 개인의 인격을 최고로 고양시키면서 동시에 사회적, 국가적, 우주적인 통일과 이상의 궁극을 함께 실현시키려는 내외쌍수의 추구로서 "하늘과 하나가 된다"는 의미이고, 우리 모두가 그러한 겸성의 성인을 지향하자는 뜻이라고 밝힌다. 전병훈은 "지극한 창조적 자유정신(至神)은 내외를 완성하는 성스러움을 겸한다(至神兼聖)", "'동한(東韓)의 단군 천부경은 겸성철리의 극치(兼聖哲理之極致)', '겸성의 최고 원리(兼聖之至理)'"라고 언명했는데,[61] 단군을 바로 하늘이 내린 겸성지신의 신인(神人)이며, '선성(仙聖)'

의 모형으로 본 것이다. 그의 현현을 근거로 우주의 온 생명은 자아 완성과 세계 변형의 내외 겸성을 지향하는바, 거기서의 창조와 진화와 소통과 순환의 무한한 운동은 "시작이 없는 상태에서 시작하는 것(一是無始一)"이기도 하고, "그 하나가 세 가지 이상으로 무한히 분화한다고 해도 근본이 다함이 없는 하나(析三極無盡本)(一終無終一)"라는 원리를 설명하는 것으로 볼 수 있다.

이러한 『천부경』의 사고를 자신의 것으로 받아들이는 대종교 신앙의 독립운동은 그리하여 인격적 정신의 자유와 세계 변형을, 그리고 그 변형이 단지 한국의 독립과 해방에만 그치는 것이 아니라 전 우주 공동체에 대한 사랑과 하나됨(愛合種族, 勤務産業)을 크게 지향하게 했고, 이렇게 한민족 고유의 불이적(不二的)이고 통합적인 세계관에 근거한 대종교는 만주로 중심을 옮긴 후 빠른 속도로 확산되어 30만의 신도를 헤아리게 되었던 것이다. 자기 수련과 교육 운동 및 민족 해방을 위한 군사적 실천을 병행하는 역동적이고 창조적인 정신운동으로 역할하면서 이후 한국 독립운동을 주도적으로 이끈 것이다.

홍암은 우리 민족이 수천 년 동안 노예 같은 쓰라린 시련을 겪은 이유가 우리의 국조인 단군의 하느님 신앙을 잊어버렸기 때문이라고 보았다. 그래서 백두산에서 활동하던 백봉의 단군 신앙 전통을 받아들여 『삼일신고』와 『신사기』 등을 중심으로 한민족 고유의 하늘 신앙을 회복하려고 애썼다. 그것은 오랜 기간 밖에서 들어온 유교와 불교에 치우치며 사대모화사상에 빠져서 망본배원(亡本背原)하던 역사를 반성하고 '환인·환웅·환검'의 '삼신일체(三神一體)'의 '한얼(신, 神의 古字, 天祖神, 한배검)'에 대한 신앙을 회복하자는 운동이라고 밝혔다. 홍암은 단군을 "대황조(大皇祖)" 또는 "성신(聖神)"으로 여기며 고조선 이래로 단군 전승이 다양한 이름으로 전승되어 왔음을 밝히고, 단군의 가르침인 신교(神敎)의 가르침이 시대와 국가에 따라서 달리 불려 왔으며, 비록 종교의 이름과 전통이 각기 다르나 모두 신교에 근원하여 이루어진 것이며 심지어는 기독교(耶華和)와 이슬람(回回)까지도 포함하여 밝혔다;

十. 도연원(道淵源) 찾아보라 가닭가닭 한배빛
선가(仙家)에 천선종조(天仙宗祖) 석가(釋迦)에 제석존숭(帝釋尊崇)
유씨(儒氏)의 상제림여(上帝臨汝) 야소(耶蘇)의 야화화(耶華和)와
회회(回回)의 천주신봉(天主信奉) 실상은 한 「한배님」[62]

대종교의 『신사기』는 한임·한웅·단군에 대한 역사를 조화기(調和紀), 교화기(敎化紀), 치화기(治化紀)로 나누어 삼위일체적 신관을 보여주고, 대종교 신앙의 틀을 밝힌 홍암의 『신리대전』은 한임·한웅·한검은 "나누면 셋이 되고, 셋이 합하면 하나가 되는 자리(分則三也 合則一也 三一而位定)"라고 보면서 하나는 셋의 체(體)이며, 셋은 곧 하나의 용(用)이라는 체용의 관계로 설명하고 있다.[63] 그는 자신이 발표한 대종교 '의식규례발포안'에서도 천조(天祖)의 삼신일체를 말하며 그 나누어짐은 다만 "분칭(分稱)"이라고 하면서 다음과 같이 강조한다;

세검한몸(三神一體)이신 한배검(天祖神)은 우주가 생성하기 전부터 더 뒤가 없는 으뜸 자리에서 우주를 내시고 만물을 창조하신 조화주 한임(桓因, 한얼님)이요, 인간 세상에 내려오셔서는 만백성을 가르쳐 깨우치는 교화주 한웅이요, 만물과 백성을 기르고 다스리는 치화주이신 한검이다. 그래서 세검(三神)은 한몸(一體)으로 한배검(天祖神)이라 받들어 모신다.[64]

대종교는 이렇게 삼신일체적인 신관뿐 아니라 인간관과 그 구원관(수양론)에서도 삼일론적 입장을 견지하면서 전래의 유가나 불가, 도가 어느 하나와 직접적으로 일치하지 않고, 그것을 고유한 시각에서 "회통한(會三經)" 것으로 보여준다. 대종교의 이러한 삼신일체적 초월 이해와 기독교 삼위일체 사이의 영향사에 대한 논란이 많이 있지만, 나는 대종교의 삼신일체적 초월이해는 서구 유대 기독교적 전통에만 가능하다고 강조되는 '인격적' 신에 대한 이해가 한국 대종교에서도 독자적으로 전개되었음을 보여주는 의미로 해석하고자 한다. 즉 앞에서 함석헌이 '인격' 개념을 가지고 기독교의 고유성과 그와 연결된 실천적 역동성을 설명한 그 특성이 한국의 대종교에도 나름으로 체현되었다고 보는 것이다. 이러한 특성이 전통 유가나 동학에서보다 더욱 분명하게 나타난다는 의미이다. 그런 맥락에서 인상적이게도 대종교의 『신사기(神事紀)』에는 태초의 인간사에서 나반(那般)과 아만(阿曼)이라는 두 남녀가 천하(松花江)의 동과 서에 살다가 결합하여 '오색 민족(황, 흑, 백, 람, 적)'을 퍼뜨린 이야기가 나오는데 나는 그것을 특별히 의미화해서 지적하고 싶다.[65] 즉 유대교 성경 창세기의 에덴동산 이야기를 연상시키는 설화로서 오늘 한국 사람들조차도 인류 태초의 기원 이야기로 유대교 성경 이야기는 잘 받아들이면서도 한민족의 이러한 『신사기(神事紀)』이야기는 쉽게 위서(僞書) 등으로 제쳐놓는 것은 대종교가 그렇게 비판했던 소중화주의나 사대주의로부터 여전히 벗어나지 못한 모습이 아닐까 생각하는 의미이다.[66] 대종교는 단순히 좁은 의미의 민족주의로서 단군을 신앙하는 종교가 아니라 인류의 기원을 생각하고, 우주의 전(全)존재를 포괄하여 그 궁극적 지향과 성취의 과정도 깊이 염려하는 삼신일체적 신앙 체계라는 것을 다시 생각할 필요가 있다고 본다.[67]

이렇게 동학에서도 두드러지지 않고 기독교의 삼위일체 의식과는 유사점이 있으면서도 많이 다른 대종교의 삼일(三一)관은 앞에서도 언급했지만 그의 인간 이해와 세계 구원의 구상에도 잘 표현되어 있다. 나철의 대종교에 따르면 인간의 본성은 '성(性) · 명(命) · 정(精)(정신/영각, 생명, 운동)'의 '삼진(三眞)'으로 구성되어 있다. 이 본성의 가능성은 개별 현실 인간의 삶에서는 '심(心) · 기(氣) · 신(身)'의 '삼망(三妄)' 속에서 발현된다. 우리 인간의 본분과 우주의 나아갈 길이란 삼망을 삼진의 '성(性) · 명(命) · 정(精)'으로 변환시키는 일(三眞歸一)이며, 그 삼진의 각각의 능력인 '큰 덕(大德)'과 '큰 지혜(大慧)', '큰 힘(大力)'을 이루는 일이다. 현실의 삶에서 삼망이 자신을 드러내는 '감(感) · 식(息) · 촉(觸)(느낌, 호흡. 감촉)'의 세 가지 길(三途)을 '지감(止感)'과 '조식(調息)', '금촉(禁觸)'의 방식으로 수련하고 조절하여 이 일을 이루는 것인데, 이것은 결국 '본성과 소통(通性)'하고, '운명을 인수(知命)'하며, '정기를 보존(保精)'하는 일을 통해서 1) 큰 자유와 2) 삶의 소명에 대한 지각과 3) 공동체적 윤리적 행동이 하나로 일치된 삶(會三之一)으로 나가는 이라고 밝힌다.[68] 이것이 최상의 도덕이며, 이 길은 단순히 개인적인 신인(神人)을 향한 구도의 길이 아니라 그 구도가 민족의 자주성을 이루어 주며, 전 우주를 포괄하는 보편적 대덕의 문명을 향한 깊은 연대성의 추구에로 나가는 것이라는 사실을 대종교는 크게 강조한다.

　중광한 지 마흔 해라고 밝히는 해에 발간된 『역해종경사부합편(譯解倧經四部合編)』의 「회삼경(會三經)」도 잘 밝히는 바이지만, 한국의 대종교가 유교 지성인들에 의해서 발현된 것이긴 해도 전통의 유교와 비교해 볼 때 대종교의 삼일의 원리(大倧之理 三一而已)는 인간 이해에서도 그 고유한 특성을 드러낸다. 즉 유가가 강조하는 하늘(天)과 이성(理)보다는 인간(性)과 마음(心/感)이, 지식(知)보다는 덕(德/慧)이 강조되고, 우리 몸의 구체성이 훨씬 중시되어서 감각(觸)과 호흡(息), 정기(精)가 강조되고, 의지(命)가 중요시되는 것을 볼 수 있다. 이것은 대종교에서 훨씬 더 긴밀하게 초월성과 구체성, 정신과 몸, 지성과 감성, 하늘과 부모, 신과 인간 등이 불이적(不二的)이고, 묘합적이며, 역동적인 방식으로 서로 연결되어 있는 한국적 사고의 특성이 드러난 것이라고 나는 이해한다.[69] 그래서 인격성과 실천성의 행위에로의 연결이 과감하고 힘이 있는바, 민족 독립과 자주의 상실 앞에서 대종교의 세 명의 리더인, 나철, 이기, 서일(白圃 徐一, 1881-1921)이 모두 자결로 생을 마감한 것이 지적되었다.[70]

그런 의미에서 인간 내면의 핵으로서 내재되어 있는 하늘 '씨앗(성)'에 대한 깊은 자각(性)과 현실에서의 과제와 명에 대한 뚜렷한 인지(命)와 그것을 용기 있게 실천하는 몸의 실천력(精)의 삼일의 대종교가 한국 자주와 독립 운동에 지대한 역할을 한 것은 어쩌면 당연하다. 『한국독립운동지혈사』를 쓴 백암 박은식, 위당 정인보(鄭寅普, 1893-1950), 상해임시정부 초대 의장 석오 이동녕(李東寧, 1869-1940), 단재 신채호(申采浩, 1880-1936), 대종교의 정신에 따라 한글의 존귀성을 밝힌 주시경(周時經, 1876-1914)도 있고, 생사를 초극하며 독립운동을 치열하게 이끌었던 대종교 리더들에 의해서 1919년 김교헌(金敎獻, 1868-1923), 윤세복(尹世復, 1881-1960) 등 39인이 참여한 가운데 만주 대종교 본사에서 '무오독립 선언(戊午獨立宣言)'이 나와서 3.1운동의 기폭제가 된 일은 더욱 의미화되어야 한다고 여긴다. 또한 종사의 자격을 사양하고 '대한독립단'의 총재로서 무력 저항운동을 이끌었던 백포 서일의 활동으로 1920년 홍범도(洪範圖, 1868-1943)의 봉오동대첩과 김좌진(金佐鎭, 1889-1930)의 청산리대첩이 가능했다고 한다.[71] 백범 김구(白凡 金九, 1876-1949)는 말할 것도 없고, 이시영(李始榮, 1869-1953)이 있으며, 여운형(呂運亨, 1886-1947)이 『천부경』에 대한 찬을 썼다고 하고, 그가 유일하게 번역한 책이 『천부경』인 다석 유영모(柳永模, 1890-1981)와 그 제자 함석헌(咸錫憲, 1901-1989)이 펼친 씨알사상도 대종교의 정신적 계승임이 지적되었다.[72]

5. 유교와 기독교의 만남으로서의 3.1운동 정신

이상과 같이 긴 탐색을 거쳐서 어떻게 3.1독립운동의 정신이 나오게 되었고, 그 가운데서 종교적, 정신적 토대와 근간이 되는 유교, 기독교, 동학, 대종교가 어떻게 서로 연관되어서 각각의 역할을 수행하였는지를 큰 맥락 속에서 살펴보았다. 먼저 보통 3.1운동과는 관련 없다고 여겨지는 유교가 그 이전의 세찬 의병 운동의 정신적 근거였고, 이후 동학, 기독교, 대종교의 등장과 응전에 한결같은 공의(公義)의 원리로서 출발점이 되었음을 말했다. 3.1운동의 직접적인 수행자였던 동학과 기독교, 불교 중에서는 기독교를 중심으로 급진적인 성(聖)의 평범화의 특성 속에서 탈신분제적 평등과 민주, 민권 의식으로 한국 사회와 평민들의 삶을 근본적으로 변화시켜서 3.1운동의 주체로 역할하게 했음을 밝혔다. 이어서 대종교의 민족종교 운동을 통해서는 민족의식에서도 주체의식과 주인의식이 크게 신장되었지만, 그러한 민족의 시조와 기원을 돌아보는 일은 단지 민족적 자주성과 독립성을 치열하게 찾는 일로 그친 것이 아니라 동시에 범인류적 보편성과 우주적 하나됨을 향한 구체적이고 실천적인 지향의 특성을 가진다는 것을 밝혔다.

3.1운동을 주도한 대표자 그룹에 유교 측의 인사가 들어가지 못한 것을 본 유림의 지도자들은 곽종석(郭鍾錫, 1846-1919)과 김창숙(金昌淑, 1879-1962), 김복한(金福漢, 1860-1924) 등이 주도하여 1919년 프랑스 파리에서 개최된 파리강화회의에 대표단을 파견하여 한국 독립을 위해 세계의 도움을 요청하

는 청원서(파리장서)를 보냈다. 보통 제1차 유림단 사건 등으로 불리는 이 사건에 이어서 제2차 유림단 사건은 1924년부터 다음해까지 김창숙을 중심으로 만주의 독립군 기지 건설을 위한 군자금 모집 사건을 말한다. 김창숙은 국내와 국외를 넘나들며 자신의 장남까지 동원하여 비밀리에 군자금 모금을 주도했다. 그의 삶은 을사늑약 소식에 큰 울분을 토했던 매천 황현(黃玹, 1855-1910)에 뒤이어 유교의 "마지막 선비"로 칭해지면서 치열한 항일 투쟁에 이어 해방 후 이승만, 박정희 시대의 민주화와 민족통일을 위한 투쟁까지 계속 이어져서 그 공의를 향한 치열함과 강직함, 저항과 순도(殉道)의 희생정신은 후세대로 하여금 말을 잊게 한다.[73] 제2차 유림단 사건에서 역할을 했던 큰아들 환기는 일경의 고문으로 출옥 후 곧 사망했고, 이어서 둘째 아들 찬기도 1943년 임시정부가 있는 중경으로 밀파되어 독립 전선에서 사망하였다. 그러한 고통과 헌신의 과정에서 지은 다음의 시는 유교적 공(公)을 위한 절의와 순도의 정신이 어느 정도인지를 잘 보여준다;

〈잠 안 오는 밤에〉
나그네 회포
울울(鬱鬱)한데
누굴 향해서 펼쳐 볼고
책상 위에 책을 잡고
펼쳤다 덮었다 한다.

아내는 천리 밖에서
유리(流離)에 시달리고
아들놈은 두 해가 넘도록

고문(拷問)에 울부짖네.

어지러운 시대에
이 한 몸 편안함이
급하다 하겠는가
곤궁한 길에
의리 그르칠까
오히려 두렵구나.

한밤에 등잔불 돋우고
누웠다 일어났다 하며
떨어지는 눈물
금할 수 없네.[74]

만약 기독교계를 대표하는 그가 없었다면 3.1독립선언이 가능하지 않았을 것이라는 말을 듣고, 3.1운동으로 3년 4개월의 옥고를 치르며 민족 대표 33인 가운데 가장 늦게 출옥한 이승훈 선생의 삶에서 기독교 3.1운동 정신의 뛰어난 성과를 본다. 가난한 평민의 아들로 태어나 일찍 부모를 여의고 학업 대신에 상점의 사환과 점원 등으로 어렵게 살면서 자수성가한 그는 인생의 큰 전환을 기독교 신앙을 통해 이루고, 평생 겸허하게 자신을 '심부름꾼'으로 낮추면서 민족과 민중을 위해 헌신과 섬김의 삶을 일관되게 살았다. 그는 사후 자신의 시신까지도 그가 세운 오산학교 학생들의 학습을 위해서 이용하라는 유언을 남겼다고 한다. 그의 다음 말은 어떻게 신분과 학식을 뛰어넘어 진실한 민중의 언어(한글)를 통해서 한 뛰어난 자존과 자립,

자기 헌신의 인격이 출현될 수 있는지를 잘 보여준다;

> 나는 감옥에 들어간 후에 이천칠백여 페이지나 되는 구약을 열 번이나 읽
> 었고 신약전서를 사십 독을 하였소. 그 외 기독교에 관한 서적 읽은 것이
> 칠 만 페이지는 될 터이니 내가 평생에 처음 되는 공부를 하였소. 장래 나
> 의 할 일은 나의 몸을 온전히 하나님에게 바쳐서 교회를 위하여 일하는 것
> 이오. 그러나 일할 교회는 일반 세상 목사나 장로들의 교회가 아니오. 나
> 는 하나님이 이제부터 조선 민족에게 복을 내리시려는 그 뜻을 받아서 동
> 포의 교육과 산업을 발달시키려고 하오.[75]

앞에서 이미 대종교의 세 지도자들이 모두 자결로써 생을 마감하였다는
이야기를 했다. 대종교를 중광하기 전부터 나철과 더불어 을사오적을 처단
할 비밀결사대를 구성하는 등 이미 여러 가지 방식으로 구국 운동을 함께
해왔던 해학 이기(李沂)는 자신의 학문론과 교육론을 겸하는 정치사상을 펼
치면서 어떻게 하면 도탄에 빠져서 기울어 가고 죽어 가는 나라와 민중을
구체적으로 구할 수 있을까를 치열하게 찾았다. 그는 "천하의 천하로서 일
인의 천하가 아니다(天下之天下, 非一人之天下)"라는 만민이 주인이 되는 인민
주권의 '공화지치(共和之治)'의 이상을 크게 품었는데, 이규성 교수는 그러한
해학의 민권론이 바로 그의 집안에서 소장되어 내려온 대종교의 문헌(『태백
진훈』, 『삼일신고』, 『천부경』, 『참전계경』)과 연관되어 있음을 밝혔다. 『대종교
경전』에 들어있는 『참전계경(參佺戒經)』의 한 구절을 살펴보면 다음의 구절
을 만난다;

> 기쁨을 추구하는 것은 인간의 천성(天性)이 원래 타인을 사랑하여 베푸는

것을 기뻐하는 것이다. 인간이 천성에 반하여 타인을 사랑하지 않으면, 외롭게 되고, 베푸는 것을 기뻐하지 않으면 천하게 된다. 간절함을 안다는 것은 타인의 간난(艱難)을 자기가 당한 것처럼 아는 것이다. 타인에게 위급한 간난이 있을 때, 방략을 간구하는 것은 힘에 있지 않고 타인을 자기처럼 사랑하는(愛人如己) 데에 있다. 긍휼의 마음이 발현되는 것은 자애의 마음이 친소도 없고 선악도 없이(無親疎, 無善惡) 오로지 불상함을 본 즉시 발현된다는 것이다. 그러므로 맹수가 달려들어도, 오히려 그를 구한다.[76]

맹수가 달려들어도 타인의 간난을 구하기 위해서 행동하는 것이 자연스러운 것이라는 인간 성품(性)에 대한 큰 믿음을 가지고 있던 그는 당시 유학자들이 "치세에는 나가고, 난세에는 후퇴하여 산림에 족적을 의탁하는" 말만 유가이지 그 진정한 정신은 잃어버린 매우 이기적인 처사라고 세차게 비판하며, 그렇게 어려운 시국에 자신의 평화만 추구하다가 마침내는 망국의 상황을 방관하게 된다고 통탄했다. 그러한 비양심적 학술의 폐단을 비판하면서 그는 유가가 그렇게 비판하는 묵가의 겸애설이 가지는 하층민을 위한 평등정신과 공익정신도 높이 평가하고, 장자의 무소유도 깊게 해석했다. 이러한 해학 이기 사상의 연구에 따르면, 그는 나라를 구할 여러 방도의 개혁을 구상했지만 그중에서 제일 시급하고 중요한 일을 '토지제도'의 개혁문제로 보았다.[77] 그는 전통의 토지제도와 그동안의 여러 개혁 시도들을 살피면서 '토지 공전제'를 주창했는데, 이것은 토지의 사적 매매를 금하고 국가가 토지를 매수하여 점차로 토지 사유제를 소멸시키는 것이었다. 그는 "토지가 국가의 소유가 아닌 지 오래되었다. 비록 사세를 허용할 수밖에 없었지만 그것을 공세보다 많게 하지 않아야 명분과 말이 제대로 올바르게 되어 신민들이 반드시 따르지 않을 수 없게 될 것이다"라고 하면서, 당시 전국의 토지가 부잣집에 집중되고, 민중들이 지주들에게 뺏기는 지세가 그 소출의 반이 되어서 1년 내 농사를 지어도 밥 한 그릇도 제대로 먹지 못하는 현실을 개탄했다. 그래서 그는 이 토지 공전제를 민족과 국가의 명운이 걸린 "생사가 걸린 기회(死生之機)"로 보면서 조선 후기 농민 항쟁의 문제를 실질적으로 해결할 수 있는 정치와 교화의 방책을 여러 가지로 모색한 것이다.[78]

해학 이기는 인간의 원래 마음(性)은 '생(生)의 원리(理)'로서 우주의 무한한 생명 원리이고, 이 생명의 원리를 구체적으로 사회적 선으로 구현해 내는 '성(成)의 원리(氣)'로서의 의지(命)와 힘(精)도 보유하고 있음을 밝힌다. 그리하여 천하를 나누고 독식하지 않는 것이야말로 참으로 자연스러운 삶의 방식이고 요절과 장수를 뛰어넘는 참된 자유의 삶인 것을 역설한다;

> 천하의 사물은 모두 나의 소유가 아니다(夫天下之物, 擧非吾物). 내가 그것을 소유하고(留) 되돌리지(環) 않으면, 그것을 도적이라 한다. 선왕의 법은 소유법을 가장 엄하게 했다. … 납과 수은을 달여서 장수(오래 사는 것)를 기대하는 것은 자연의 조화를 도둑질하는 것이요, 지위를 유지하고 총애를 굳히며, 그 탐애에 안주하는 것은 조정을 도둑질하는 것이고, 금전과 곡식을 축적하고 상품을 전매하여 이윤을 남기는 자는 백성을 도둑질하는 것이다. 사치한 옷을 입고 미식을 먹고 가득찰 때까지 탐식하는 것은 자손을 도둑질하는 것이다. 그런데도 자기 소유라고 하여 반드시 보존하고자 하면, 사려가 있는 곳에 우환이 따르는 법이다. 결국은 그의 의지(志氣)를 억압하고 구금하게 된다. … 세상에 혹 달관한 군자가 있어 옆에서 그것을 보면, 어찌 큰 슬픔이라 하지 않겠는가?[79]

오늘 우리 시대의 독립과 자주, 인권과 자존, 그리고 그것을 통한 진정한 하나됨의 큰 공동체적 삶을 일구기 위해서도 참으로 긴요한 안목과 방식을 가르쳐 주는 해학 이기의 이러한 구체적이고 실질적인 사상은 이후 대종교 『역해종경사부합편(譯解倧經四部合編)』에 들어 있는 『회삼경(會三經)』 저자인 백포 서일에게서 다시 치열하고 웅장한 모습으로 표현된다. 그는 1911년 북간도로 건너가서 명동학교(明東中學校)를 세워 교육운동으로 항일 투쟁을 했고, 나철의 대종교를 만나 깊이 감화받으면서 민족의 정신적 자립과 자존을 위해 교리 연구와 포교, 수도에 힘썼다. 그는 대종교 세 번째 종사로서 교통(敎通)의 전달자로 부름을 받지만 그 수락을 미루고서 독립군 양성과 무력 항쟁을 위해 김좌진 등과 함께 군정부(軍政府)를 만들고 대한독립군단(北路軍政署)의 총재가 되었다. 서일은 아(我)와 대동(大同)의 물음을 치열하게 밀고 나가서 자존(自尊)의 독아(獨我)와 자애(自愛)의 위아(爲我), 자겸(自謙)의 무아(無我)의 원리를 포괄하는 '삼아론(三我論)'을 펼쳤는데, "우주와 인간은 하나의 원리를 공유한다(天人一理)"는 진실의 자각 아래 한얼대도의 큰 하나됨(대동)을 지향하면서 사익으로 공익을 해치는 것에 대해서는 자신을 무로 만들 때까지 대항하고 저항해야 함을 역설했다.[80] 이러한 정신을 가진 사람들이 연합하여 참여하면서 1919년 3.1운동의 기폭제가 된 무오독립선언서(대한독립 선언서, 1918년 2월)가 나온 것이다.

나가는 글: 마무리하는 정리로서의 3.1독립선언서와 21세기 동북아평화

주지하다시피 3.1독립선언서는 일원화(一元化)·대중화(大衆化)·비폭력(非暴力)의 원칙을 강조하는 천도교 손병희의 이름을 필두로 천도교, 기독교, 불교의 민족 대표 33인이 선포한 선언서이다. 이 기미독립 선언서가 나오기 전후로 당시 국내외에서는 놀랍게도 여러 주체들이 유사한 이름의 독립 선언서를 발표했다. 나는 지금까지 우리가 살펴본 대로 유교, 기독교, 천도교, 대종교 등의 핵심 이상과 사상들이 여러 모양으로 서로 연결되고 중첩되어서 복합적으로 표현되어 있는 독립선언서들 속에는 오늘 21세기 3.1운동 100주년을 맞이하는 우리의 상황과 처지에 긴요한 가르침과 안내가 들어 있고, 거기에서 우리가 나아갈 방향을 탐색 수 있다고 생각한다. 왜냐하면 오늘 우리가 놓인 상황이란 앞의 시작하는 말에서도 여러 가지로 언급했듯이 일제 식민지 시절의 잔재인 남북분단의 현실이 아직도 걷히지 않은 상황이고, 그런 상황에서 야기된 강대국들의 억압과 압제, 불의가 여전히 진행형이기 때문이다. 나는 그 선언서들을 보면서 어떻게 당시 그 후미지고, 억압받고, 압제당하던 가난한 식민지 나라의 사람들이 그렇게 웅장한 선언을 했고, 치밀한 논리와 이치로 최고의 평등사상과 인권의식, 전 인류 공동체를 포괄하는 인류애를 설파했으며, 이웃의 잘못을 용서하며 바로 자신이 처한 동아시아의 처지와 상황을 통찰력 있게 파악하면서 평화와 공존, 번영을 위한 대안을 제시할 수 있었는지를 보면서 크게 감탄한다.

3.1독립선언서는 먼저 조선이 독립국임과 조선인들이 자주민임을 선언한다. 곧 이어서 바로 세계만방과 인류 평등의 대의를 말하고, 세계 개조라는 큰 전개에 함께하고 있음을 선언한다. 자신이 지금 놓여있는 처지는 이 '세계 문화의 대조류'에 역행되는 것이며, 그래서 인류 통성과 시대 양심을 불러일으키고, 정의와 인도(人道)를 상기시킨다. 그러나 이러한 선언이 일본의 신뢰 없음과 죄과를 책하는 것을 목적으로 하는 것이 아니라 오히려 스스로를 책려(策勵)하고 가다듬어서 스스로가 다시 서려고 하는 일이라고 밝힌다. 자기 건설을 목적하는 것이지 타의 파괴를 의도하는 것이 아니며,

결코 일시적 감정으로 일본을 탓하고 배척하려는 것이 아니라 일본의 그와 같은 침략주의가 얼마나 부자연스럽고, 불합리한 것인지를 지적하여 일본으로 하여금 다시 본래로 돌아오게 하려는 것임을 강조한다. 그러면서 강압으로 이루어진 양국병합을 계속 위압과 불평등과 거짓으로 강화하고 지속하려는 일이 얼마나 부질없는 일이며, 만약 그렇게 계속한다면 일본이 내세우는 "동양의 영구한 평화"란 결코 보장될 수 없고, 또 그 동양 평화와 안위의 핵심 관건이 되는 4억 중국인들을 자극해서 동양 전체를 비운에 빠뜨리는 일이 된다고 지적한다. 그래서 조선 독립은 오히려 일본으로 하여금 잘못된 길에서 벗어나서 동양의 안정을 위한 참된 지지가가 되게 하고, 중국으로 하여금 불안에서 벗어나게 하며, 그 동양 평화를 한 축으로 삼는 세계 평화, 인류 행복을 위한 계단이 되게 하는 것이고, 그리하여 그 일은 결코 "감정상의 문제"가 아님을 천명한다.

박은식의 『한국독립운동지혈사』에는 기미독립 선언서 다음으로 3.1운동에 민족 대표 48인으로 참여했던 임규(林圭, 1867-1948)가 일본 정부와 의회 등에 한국인의 독립 의지와 선언을 알리기 위해서 전달했던 통고일본서(通告日本書)가 실려 있다. 그런데 거기 서술되고 선언된 병합의 문제점과 그 오류, 일본의 잘못이 무엇이고, 지난 10년간의 시간이 어떠했으며, 왜 병합이 지속될 수 없는지, 그것으로 동양 평화가 어떻게 깨어지고, 한반도가 세계 평화에 어떤 의미가 있는지 등을 분석한 내용은 오늘 21세기의 동북아 현실과 한반도 상황을 너무도 잘 예견한 것이어서 놀라지 않을 수 없다.[81]

지난 병합을 "강제와 기만에 의한 한 조각의 공문서(公文書)"라는 말을 하고, 일본이 어떻게 이전의 약속을 헌신짝처럼 버렸고, 일본은 걸핏하면 우리를 현대 문명에 뒤떨어졌다고 하는데, 그것은 다만 지리상의 관계나 시세, 그리고 오로지 백성들이 실의하게끔 가혹히 다룬 데 책임이 있는 것이라고 조목조목 반박한다. 기미 독립서와 유사한 동양평화론을 역설하는데, "설사 일본이 한국을 영원히 장악한다 할지라도, 그에 따른 이익이 중화 민족의 마음을 잃는 손해를 보상할 수는 없으리라"고 판단하고, 그렇게 한국 병합을 통해서 동양 전체를 분열시키고 상호 반목시켜서 "필경에는 다 함께 백인종의 횡포 아래 쓰러지게 된다면 일본은 실제로 그 과오의 책임을 져야한다"고 밝힌다. 오늘날 동아시아의 상황을 살펴볼 때, 일본은 미국의 준식민지가 되어 있고, 남한도 분단되어 미국의 속국처럼 되었고, 중국이나 북한도 지금 미국 트럼프 대통령의 횡포에 휘둘리는 것을 볼 때 이 예견은 탁월하며, 오늘의 동북아 정세에 일본의 책임이 지대하다는 것을 잘 보여준다. 통고문은 그러한 상황을 "무서운 정세"로 표현하고, "한국으로 하여금 동양 평화의 안전판이 되게도 하고 분화구가 되게도 할 것"이라고 예견하고, 만약 독립을 허하지 않으면 한국은 "과격한 사상의 소굴이 되고 생존과 존영을 위하여 마침내는 어떤 수단이든 감행"하려는 것은 당연한 귀결이라고 지적한다.

여기서 다시 한반도의 이데올로기 분열과 남북분단이 그로부터 야기된 것임을 말할 수 있겠다. 통고문은 일본의 병합 후 '동화'를 말하지만 결코 그렇게 될 수 없는 이유를 거의 열 가지 정도까지 들었다. 대륙성과 섬나라의 차이, 사회의 기초로서 유교와 불교의 차이, 역사로써 5천 년의 기초와 몇천 년에 불과한 차이, 언어 면에서의 현격한 차이, 문학과 포용력에서의 차이, "의식은 한국 문화의 우월과 일본의 저열하기가 본래부터 정평이 있다"는 표현까지 하고, 신문화의 과정에서는 비록 우리 한인이 조금 뒤떨어졌더라도 표현의 수준이 이미 월등히 높으니 결코 동화가 가능하지 않다는 것이다. 그리고 덧붙여서 양국 사이에는 이미 수천 년간 계속된 서로 간의 원망과 미움이 있어서 현재와 미래에 다만 경제적 이해의 충돌이 있을 뿐이라고 말하는데, 오늘 여전히 계속되는 한일 간의 갈등과 문재인 정부의 판문점 선언 이후에도 미국의 간섭으로 남북이 쉽게 다가가지 못하고, 이런 상황에 일본의 역할이 결코 긍정적이지 않은 것을 보면서 이 예견이 지금의 상황과 유사하고, 우리의 현재 처지가 여전히 매우 어려운 이유를 잘 알아볼 수 있다.

그러나 통고문은 "5천 년 역사를 가진 국가가 쉽사리 타인에게 멸망되고, 2천만 문화 민족이 용이하게 이민족에게 동화된 사실이 과연 역사상에 나타난 실례가 있는가?" 하고 물으면서 "태양이 일본을 향하여 서쪽에서 뜨지 않음을 어찌하랴!"라고 언설한다. 그러면서 또한 비록 미국 대통령이 제창한 국제연맹의 보장이 없더라도 세계 대세의 변환을 막을 수 없다는 것을 지적하며 2천 만 마음의 힘이 다 무기임을 내세운다. "시대는 이미 바뀌었으며 한인은 벌써 자각하였도다"라는 것이 그 통고문의 마지막 말이다. 나는 이것이 자립과 자존, 독립과 민주의 의식을 분명하게 표현한 것이라고 여긴다.

그리하여 본 성찰을 정리하면서 지금까지 앞에서 중층적으로 살펴본 3.1운동 정신을 1) '공의(公義)'를 위한 깊은 우환 의식과 헌신, 2) '하늘이 나를 낳았으니 자족할 뿐이다'라는 우리 모두가 하늘과 직접 맞닿아 있음을 아는 민권과 민주의 자주의식, 3) 어떤 어려운 상황이라 하더라도 인내하고 자신을 수련하며 널리 인간을 이롭게 하는 홍익의식과 전 우주 공동체를 향한 사랑과 평화의 호생(好生)과 대동(大同)의 의지를 놓지 않는 신인(神人/信人)의식으로 갈음하면서 우리 앞에 놓인 오늘의 난국을 이 정신과 함께 극복해 나가자고 말하고 싶다. 자기 집 안에 이미 있는 보물을 보지 못하고 밖으로 나가서 거지처럼 온갖 것을 찾아 헤매고 구걸하는 형세를 그만두고 무엇이 참으로 실질적이고 구체적이며 큰 하나됨의 정신으로 우리를 하나 되게 하고 복되게 하는지를 탐구하는 정신의 모형을 3.1정신은 이미 잘 보여주었다고 생각한다.

종교들의 운동으로서
3.1운동의 종교사적 의미

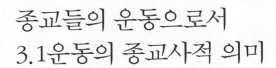

최태관 / 감신대 외래교수

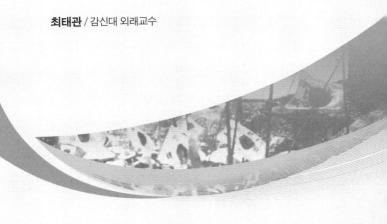

들어가는 글

2019년 3월 1일은 3.1운동 100주년이다. 3.1운동은 우리 민족이 민족적 주체성을 자각하고 일본 제국주의에 맞서 저항하며 민족 해방을 선언한 의미 있는 사건이다. 특히 천도교, 기독교, 불교에 속한 다양한 종교인들이 함께 독립 선언서를 낭독하고 해방운동에 참여한 종교들의 운동이라고 할 수 있겠다. 대부분의 종교인들이 더는 개인적인 종교적 삶에 머물지 않고, 민족 해방이라는 정치적 혁명을 위해서 협력하고 연대했기 때문이다. 20세기 다종교 상황에서 볼 때나 한국 근대사에서 볼 때 전무후무한 '종교들의 운동'이 아닐 수 없다.

당시 한국 기독교는 서구 중심주의의 선봉에 서 있던 것이 아니라, 한국의 정치적 상황에서 책임 있는 정치적 태도를 취했다. 또한 3.1운동은 기독교가 이웃 종교들과 함께 민족문제에 눈을 뜨게 되었다는 큰 의미가 있다. 민족 스스로가 자신의 운명을 결정해야 한다는 윌슨의 민족자결주의의 영향을 받은 종교인들이 자발적으로 결단하여 민족 해방의 길을 모색한 일은, 다른 이웃 국가들과 함께 걸어가야 하는 길임을 분명히 보여준다. 그러나 3.1운동 이후 한국 기독교가 정치적 책임을 외면하면서 사적 종교로 전락하고, 이웃 종교들에 대한 서구적 기독교의 태도를 그대로 답습했던 역사적 흔적들은 여실히 남아 있다. 실제로 변선환이 제기한 기독교의 배타적 절대성, 교회중심주의, 다른 종교에 대한 서구적 편견의 문제는 여전히 해결되지 않은 미완의 문제이다. 그러므로 오늘날 사적 종교로 전락하는 한국 기독교가 공공성을 회복하는 데 3.1운동의 역사적 의미를 살피는 일은 중요하다. 3.1운동에 담긴 종교 간 대화와 협력의 모습은 오늘날 한국 기독교가 잊은 공적 가치를 분명히 보이기 때문이다. 종교 간의 대화에 존재하는 서구 중심주의는 비판의 대상이겠지만, 종교 간 대화의 여정이 계속되었음을 부정할 수 없다.

따라서 필자는 20세기의 한국 종교사에서 괄목할 만한 종교들의 사건인 3.1운동에서 종교들의 연대와 협력을 살펴보려고 한다. 첫째, 본 연구는 3.1운동의 의미를 일제로부터 정치적 해방만이 아니라, 조선 독립과 민족의 역사적 운명을 결정하는 종교적 연대를 추구했다는 점에서 찾으려고 한다. 둘째, 민족 해방의 정치적 표현으로서 '독립 선언서'의 종교사적 의미를 다룬다. 셋째, 종교들의 운동으로서 3.1운동의 종교사적 의미를 다룬다.

1. 종교들의 정치적 패러다임으로서 3.1운동

절대성 이후 종교들은 필수적으로 종교 간 대화의 길에 서게 되었다. 1910년대 이미 '민족'은 중요한 종교들의 주제가 되었으며, 정치적으로 윌슨의 민족자결주의는 민족문제의 인식과 더불어 민족 스스로가 자신들의 정치적 문제를 주체적으로 해결해야 하는 당위성을 부여해 주었다. 트뢸치는 종교적 개성을 지닌 민족 간 연대의 적절한 대안을 제시해주었다. 그의 시각에서 볼 때, 기독교가 유럽의 문화종교이었듯이 동양의 문화종교로서 힌두교 · 불교 · 유교는 아시아 문화의 기반이 된 종교였기 때문이다. 사실상 민족이라는 단일성의 바탕에는 종교가 자리를 잡고 있었으며, 종교는 곧 민족적 정체성의 근간이었다. 그러나 유럽은 이미 기독교의 절대성이 붕괴되던 시기였다. 마치 구한말 유교가 구습으로 가득한 종교로 전락했던 것과 유사하다. 이와 달리, 구한말 한국 기독교는 전통 종교의 구습을 개혁할 수 있는 종교였다. 예컨대 길선주, 최병헌, 전덕기에게 그리스도인이 된다는 것은 곧 종교적이고 사회적인 정치적 구습을 극복하는 정치적 행위였다.

길선주는 그의 『해타론』에서 개인만이 아니라, 민족과 국가의 더 나은 미래를 창출하는 과정에서 창조적 변화를 일으키는 요인으로서 기독교 신앙을 강조했다.[1] 또한 최병헌은 유불선과 기독교의 종교 간 대화를 주제로 하는 『성산명경』을 썼다. 『성산명경』에서 최병헌은 "근대화를 통한 문명개화와 외세 침략으로부터 국권을 수호하는 정치적 기능에서 기독교의 우월성을 주장했다." 왜냐하면 "유교를 통치 이념으로 삼았던 한국과 동양 제국은 오히려 서양 국가들의 간섭과 지배를 받는 것이 당시의 현실성"이었기 때문이다.[2] 전덕기는 나라와 민족 구원에 관심을 가지고, 민족운동을 전개하는 데에 힘을 쏟았다. 그는 기독교 신앙과 민족운동을 공존의 문제로 보았고 기독교 신앙을 토대로 무장투쟁론을 주장하였다.[3] "그는 보수주의 선교사들이 주장하는 정교분리 원칙에 근거한 '정치 참여 불가론'이나 로마서 13장을 근거로 한 세속 정권 복종론을 수긍하지 않았다. 오히려 무자격자가 운전하는 기차의 예를 들어 불의한 집권 세력에 대항하는 정의의 혁명을 옹호하였다."[4]

여기에서 우리는 당시 기독교 신앙이 실존적 차원에 머물러 있는 것이 아니라, 정치적 담론이 되었음을 알 수 있다. 또한 다수의 기독교인들은 외국인 선교사들이 전하는 외래 신앙에 머무른 것이 아니라. 이미 독립적이고 주체적인 기독교 신앙의 길을 모색하였음을 알 수 있다. 그들은 그리스도인으로서 다른 이웃 종교-유교 · 불교 · 도교-와 대화를 시도함으로써 민족적 구습을 극복하려고 했으며 정치적으로는 일제에서 독립해야 하는 당위성을 주장했다. 그들은 개인의 실존적 신앙을 넘어 정치적 태도를 지녔다. 그들의 신앙관에서 주목할 것은 일제의 정치적 상황에서 기독교 신앙의 역할이다. 그들은 기독교 신앙의 한국적 이해와 더불어 정치적 역할을 이웃 종교들과 함께 공유한 것이다. 무엇보다 그들은 종교들의 관계를 더는 배타적 태도가 아니라, 정치적 담론을 중심으로 하는 교제적 관계, 정치적 연대로 보았다. 이러한 태도가 3.1운동의 중요한 토대가 되었다.

1919년 한국 사회에 일어난 3.1운동은 일제로부터 민족 독립을 종교들의 문제로 이해하고 종교 간 대화의 장소를 열었다는 점에서 세계에 유래가 없는 의미 있는 사건이다. 3.1운동은 개인의 실존 차원이나 특정한 종교집단을 중심으로 하는 정치운동이 아니라, 민족의 운명을 위해서 자발적으로 구성된 민족운동이기 때문이다. 또한 3.1운동은 온 민족이 일본 제국주의에 저항하고 민족문제를 스스로 결단하고 해결하려고 한 주체적 운동이었기 때문이다. 3.1운동에 앞서 일본 동경에서 한국인 유학생들이 자발적으로 모여 독립 선언문을 만들고 2.8독립운동을 계획했으나 사실상 실패했다.[5] 이 광수의 독립 선언서에는 기본적으로 한민족이 정당한 방법으로 민족의 자유를 정당하게 추구하겠다는 선언이 담겼고 그 바탕에는 민족자결주의를 표방하는 세계사적 흐름을 전제하고 있었다. 따라서 2.8독립 선언문은 한민족이 자발적으로 자신들의 운명을 결정하겠다고 선언하고, 폭력적으로 저항하겠다는 내적인 결단을 담았다.

이와 달리 3.1운동의 특이한 점은 종교들이 그 중심에 있었다는 점이다. 이윤상에 따르면, "권동진, 오세창, 최린 등이 1919년 1월 20일에 천도교 교주 손병희의 허락을 흔쾌히 받은 다음 대중화·일원화·비폭력 등 3.1운동의 원칙에 합의했다."[6] 그 이후 3.1운동은 자생적으로 확대된다. 각 종교들은 개별적으로 독립운동을 준비하다가 천도교의 제안을 받고 3.1운동을 참여했다. "평안도의 기독교 장로교 계통은 신한청년당의 선우혁이 다녀간 이후 이승훈, 양전백, 윤원삼, 한세환, 함석원 등이 이전의 신민회 세력을 중심으로 독립운동을 준비하다가 자연스럽게 참여하게 된다."[7] 독립 선언서는 천도교의 주관으로 최남선이 작성하였고, 천도교의 손병희의 동의를 받아 완성되었다. 천도교, 기독교, 불교 학생단은 독립 선언서를 배포했고, 각 종파별로 민족 대표가 선출되었다.[8] 그 이후 미감리회와 남감리회, 북장로회, 천도교, 불교가 연합하여 민족 대표들이 독립 선언서에 서명을 하였고 이 선언은 정치적 연대로 나아가는 토대가 되었다. 독립 선언서는 한민족이 자신의 운명을 스스로 결정하고 독립국가를 지향하는 일관된 입장을 드러냈기 때문이다. 사실상 한국 종교들의 공동적인 입장은 우리 민족의 독립과 자유의 쟁취이며 침략주의에 대한 저항이다. 따라서 독립 선언문은 5천년의 한반도 역사에 기대어 자주독립의 동기를 부여하고, 한반도에 다양한 관심과 삶의 배경 속에 살아가는 사람들에게 민족문제로서 '조선 독립'을 선언한다. 물론 당시 수많은 민족 지도자, 지식인들과 학생들이 자발적으로 독립운동을 준비했지만, 독립 선언문은 민족 구성원이 민족의 자주와 독립의 당위성을 깨닫는 데 중요한 단초가 되었다.

1919년 3월 1일 오후 2시 민족 대표들이 태화관에 모여 독립 선언서를 낭독하고 한용운의 선창으로 대한 독립 만세를 외쳤다. 3.1운동은 무저항 비폭력을 지향하는 정치적 해방운동이다. 수많은 학생들과 시민들은 자발적으로 독립 선언서를 낭독하고 '대한 독립 만세'를 외치며 독립운동을 시작했다.[9] "기독교계에서 오산학교 설립자 이승훈 장로가 선우혁과 함께, 의주의 유여대, 김병조, 정주의 이명룡, 선천의 양전백 등의 지지를 이끌어 내었고, 평양에서 길선주, 신홍식, 안세환, 그 후 이갑성, 함태형을 중심으로 형성된 장로교와 박희도를 중심으로 하는 감리교 운동 세력을 규합했고, 서울과 서북 지역과 감리회와 장로회 세력이 연대하는 단일 기독교 전선을 형성하는데 성공했다."[10] 이와 같은 과정에서 3.1운동은 민족문제를 중심으로 하는 종교들의 정치적 패러다임이 되었으며, 전 국민이 참여함으로써 새로운 종교운동의 모델이 되었다.

3.1운동에서 종교들은 '국가'를 한민족의 공적 공간으로 이해한다. 종교인들로 구성된 민족 대표들은 국가의 자주독립을 자신의 운명으로 여겼다.[11] 국가는 민족의 자유와 정의를 실현할 수 있는 민족 고유의 공간이었기 때문이다. 당시 일본의 한반도 지배로 인해 윌슨의 민족자결주의는 상당히 불리하게 작용했지만 지식인이나 일반 시민들과 함께 종교인들은 국가와 민족을 위한 종교적 가치를 발견하고 자신들의 일치된 의견을 적극적으로 표현하였다. 그들은 특정한 종교의 절대적이고 배타적인 가치에 매몰되지 않고 민족의 요구, 즉 일제로부터의 민족 해방과 조선인 독립을 담아 내었다. 그러나 총칼을 가지고 강제적으로 한일 합방을 감행한 일제는 한민족의 정치적 자유를 허락하지 않았다. 게다가 일제는 경제적 수탈을 감행함으로써 국민들의 삶의 지반을 흔들어 놓았다. "정치적으로 총독부를 중앙통치기구로 하고 헌병경찰의 포악한 군사력을 반일 투쟁의 진압에 동원시키며 이들 식민 사업의 추진력으로 삼아 무단정치를 실행한다. 경제적으로 토지 및 산림조사사업을 비롯하여 수탈을 위한 상공업의 독점, 철도, 도로, 항만의 정비와 확장, 재정, 금융의 개편과 같은 식민지적 경제정책으로 그 기반을 구축하였으며, 문화적으로는 식민지 동화정책을 목표로 삼고 한국문화를 말살하였다."[12] 이와 같은 정치적 상황에서 3.1운동은 민족 구성원이 민족적 현실을 재고하고 민족의 운명을 스스로 결단하며 개척해야 하는 현실을 보여주었다. 따라서 한국 종교들은 각자 처한 상황이 상당히 다름에도

불구하고, 하나의 거대한 민족운동의 흐름을 만들어 냈다. 또한 그들은 개인의 자유와 사회정의를 추구하는 독립국가를 꿈꾸었다. 개인의 자유와 사회정의를 위협하는 국가권력은 어떠한 정당성도 요구할 수 없기 때문이다.

독립 선언문에 서명한 한국 종교인들은 포용적이고 개방적 민족의식을 새로운 근대국가의 초석으로 이해했다. 독립 선언서는 자유와 인류 평등과 민족자존의 대의를 싣기 때문이다.[13] 2.8독립선언문이 서구 논리로서 민족자결을 강조하고 있는 반면에, 3.1운동은 포용과 공존, 더 나아가 통합을 바탕으로 하는 대단히 독립적인 민족자존 의식을 바탕으로 한다.[14] 독립 선언문은 제국주의의 지배 논리에서 비롯된 민족 수탈과 식민 지배를 거부하고 모든 민족이 주체적으로 다른 민족과 함께 세계 평화를 지향해야 한다고 강조한다. 무엇보다도 자기중심적 민족주의를 비판하며 새로운 길로 나아가야 한다고 주장한다.[15] 이는 일제의 자기중심적 민족주의에 대한 거부이다. 이에 대해 한국 종교인들은 자신들이 범할 수 있는 자기중심주의, 즉 배타적 태도를 경계하고 포용과 공존의 길로 가려고 한 것이다. 결과적으로 각 종교는 자신의 교리나 교세 확장에만 매몰되지 않고, 민족문제에 눈을 뜸으로써 종교들의 새로운 정치적 패러다임을 연 것이다. 그런 의미에서 독립 선언서는 종교인들에게 커다란 상징적 의미가 있다. 물론 최남선이 독립 선언문을 작성하였으나, 민족 대표들이 공유하고 수용하고 인정함으로써, 독립 선언서는 명실공히 종교들의 문서가 되었기 때문이다.

더 나아가 종교들은 비폭력적으로 저항함으로써 민족들 사이의 평화와 공존의 가치를 실천적으로 나타냈다. 한민족이 추구해야 하는 가치는 평화를 지향하고 차이를 넘어서 협력으로 나아가는 통합이다. 이는 한민족이 추구해야 하는 국가는 평화를 지향하고 차이를 넘어서 협력으로 나아가는 통합의 나라이다. 이는 일제 침략주의를 향한 저항이면서 동시에 윌슨의 민족자결주의에 대한 한민족의 응답이다. 독립 선언서가 낭독된 이후 학생들과 시민들은 '대한 독립 만세'를 외치며 거리로 쏟아져 나왔다. "시위 행렬에는 학생, 신사, 상인, 농민, 도유, 남녀노소 모든 계층이 너 나 할 것 없이 가담하여 서울 시가를 골고루 누비면서 우리나라의 독립을 외쳤다."[16] 하지만 국민들은 비폭력적인 태도로 시위에 참가하였다고 한다. 이와 같은 만세 운동은 개성, 평양, 진남포, 서천, 안주, 의주, 선천, 원산, 함흥, 대구 등 전국적으로 확대되었다. 전국에서 개별적으로 그 운동을 확장시키고 그 명맥을 이어갔다.[17] 일본 경찰들의 과잉 진압에도 폭력에 맞서 국민들은 비폭력 저항의 기조를 이어갔다. 안상훈에 따르면, 3.1운동이 비폭력 저항운동으로 평가받음으로써 일본제국주의의 만행을 알리는 데 크게 기여하였다. 미국 언론과 종교단체는 한국의 독립운동을 지지하고 자신의 나라에 일본 정책의 부당함을 알렸다. 예컨대, 미국 의회는 한국 문제에 관한 토의를 계속하며 한국 독립을 지지하고 찬성하였으나 미국 행정부가 냉담한 반응을 보냄으로써 사실상 성공할 수 없었다.[18] 영국과 프랑스에서도 지속적으로 일본의 무단통치를 고발하고 알리는 비판 여론이 형성되었으나, 한국을 동정하는 여론일 뿐 구체적 성과를 내는 데 성공하지 못했다.[19] 하지만 3.1운동은 자연스럽게 상해를 중심으로 하는 대한민국 임시정부 수립으로 이어졌으며, 대한민국 임시정부는 3.1운동 이후 형성된 정치적 패러다임의 구체적 결실이다.

2. 민족 해방의 정치적 표현으로서 3 · 1독립 선언서

1. 오늘 우리의 이 거사는 정의, 인도, 생존, 번영을 위한 민족 전체의 요구이니 오직 자유와 정신을 나타낼 것이며 남을 배척하는 감정으로 그릇되

게 달려 나가지 말라.

2. 마지막 한 사람까지, 마지막 한 순간까지 민족의 정당한 뜻을 시원스럽게 발표하라.

3. 모든 행동은 질서를 존중하여 우리의 주장과 태도를 어디까지든지 정당하게 하라.[20]

3·1독립 선언서는 '독립 선언문'과 '공약삼장'으로 구성된다. 독립 선언문 말미에 담긴 공약삼장은 한민족이 독립운동을 시작하기에 앞서 국민들이 기억해야 할 정치적 태도를 진술한다. 한국 종교인들은 한민족의 정체성을 바탕으로 새로운 조선 독립을 위해 일제에 맞서 정치적으로 저항할 것을 요청한다. 하지만 그들은 저항 원칙으로 비폭력에 합의했다. 그들은 한민족이 중심이 되는 조선 독립을 위해서 폭력을 써서는 안 된다고 공감하였고, 세계 평화에 위협이 되어 민족적 저항의 정당성을 상실해서는 안 된다고 보았다. 또한, 그들은 한민족이 일제에 맞서 자주독립을 이루기 위한 정치적 자유가 있으므로, 다른 사람에게 배타적 태도를 지양해야 한다고 주장한다. 종교인들은 3.1운동이 지닌 민족들의 공존과 포용적 태도를 지닐 것을 분명히 주장한다. 3.1운동의 기본적 가치인 정의와 인도, 생존, 번영은 다른 사람을 포용하는 태도에서 비롯될 수 있기 때문이다. 이와 같은 독립 선언서의 핵심적 공약삼장은 한민족 모두를 통해서 민족 해방과 세계 평화의 꽃을 피우는 데에 의미가 있다. 공약삼장이 비롯된 독립 선언서의 현재적 의미를 살펴보자.

민족 해방과 자주 국가의 정당성을 주장하는 독립 선언문은 3.1운동을 한민족이 반만년의 역사의 권위를 바탕으로 세계개조운동에 참여하는 정치적 행동으로 선언한다. 현재의 한반도 상황을 되돌아볼 때, 오늘날 한민족의 반만년 역사가 의미 있는 이유는 독립 선언문에 나타나듯이 한민족이 자신의 운명을 스스로 결정해 왔고, 다른 국가를 침략하거나 억압한 역사가 없기 때문이다. 따라서 한민족 모두가 '국가'이며 한일합방 이후 일제의 탄압과 억압에도 자주적 민족이라는 사실을 포기할 수 없었으며, 무엇보다 이와 같은 자주적 전통을 후세에게 물려주어야 하는 책임의식이 있었음을 보여준다. 따라서 "이천만 민중의 충성을 모아서 이를 두루 밝히며 겨레의 한결같은 자유 발전을 위하여 주장함이며 인류가 가진 양심의 발로에 뿌리박은 세계 개조의 큰 움직임에 순응하기 위하여 이를 내세우는 것이니..."[21]라고 주장하는 것은 독립운동이 단지 조선 독립을 위한 민족운동에 머물지 않고 세계 평화를 지향하고 있음을 보여준다.

1910년 이후 무단정치 기간에 조선총독부는 한국 종교인들이 민족운동에 참여하는 것을 막았다. "유교는 사회교화기관으로 만들고 불교를 철저히 관리 감독할 수 있게 하였다. 종교는 신도(shinto), 불교, 기독교로 한정 짓고 정식 종교로 규정되지 못한 천도교, 보천교, 시천교 등은 보안법 적용을 받았다."[22] 이와 같은 일제의 억압에 맞서 독립 선언문은 종교들의 정치적 자기이해와 자기 비판, 상호 변혁의 길을 제시하고 궁극적으로 인류의 보편적 이념으로 나아가는 궁극적 결단을 요청했다. 독립 선언문은 조선 독립과 민족 자주야말로 하늘의 분명한 명령이며 시대의 큰 추세라고 했다. 또한 더불어 살아갈 온 인류와 공감하는 권리로 인식하도록 했다.[23] 그러므로 한국 종교인들은 독립 선언문의 중요한 논제들을 적극적으로 수용하고 자신의 종교적 입장에서 '아전인수'적으로 해석한 것이 아니라, 민족 해방과 자주독립을 자신들의 중요한 종교적 의미로 받아들였다. 그래서 그들은 모든 인류의 평등과 자존의 권리를 주장하는 데 동참할 수 있었다. 그들은 민족의 자주독립을 종교적인 목적보다 먼저 생각했다.

3.1운동이 시작되었을 때, 한국 종교인들은 독립 선언의 정치적 담론의 주체가 되었다. 그들은 일제의 침략에 저항하고 전 인류의 공동 생존권과 세계 평화를 선언한다. 또한 그들은 다른 민족에 대한 배타적인 태도를 지양하고, 그들과의 공존과 책임의식을 갖는다. 그들은 민족들의 불평등 문제를 외면하지 않고 함께 해소하려고 했다. 무엇보다 민족들 사이의 관계가 힘의 논리에 따라 지배와 피지배자의 관계로 규정되어서는 안 되기 때문이다. 역사적으로 볼 때, 한민족은 오천 년의 기나긴 역사에서 다른 민족을 부당하게 침략한 적이 없다. 이와 같은 한민족의 역사가 자유와 평등에 기초한 자주독립의 바탕이 된다고 그들은 믿었다. 예컨대, 함석헌은 한민족의 역사를 참 종교로 나아가기 위한 고난의 수행이라고 주장한다. 함석헌의 주장에 따르면, 독립 선언은 고난 중에 참 종교로 나아가는 첫 걸음이다. "세계 제 1차 세계대전이 일어나고 민족자결주의 원칙에 따라 많은 민족이 해방되어도 우리는 빠졌고 3.1운동을 일으켜 민족의 역사에서 전에 못 보던 용기와 통일과 평화의 정신을 보였지만 그것도 안 되었다."[24]

실제로 3 · 1독립 선언서는 윌슨의 민족자결주의를 한국 전체 역사와의 관계에서 해석하고 민족의 자주적 권리를 찾아가는 정치적 저항을 하늘(天)과의 관계에서 구체화한다. 독립 선언문은, "반만년 역사의 권위를 의지하고 이것을 선언하는 터이며 이천만 민중의 충정을 모아 이것을 널리 알리는 터이니 겨레의 한결같은 자유발전을 위하여 이것을 주장하는 터이며 이는 하늘의 명령이며 시대의 대세이며 온 인류가 더불어 같이 살아갈 권리의 정당한 발동이므로 하늘 아래 그 무엇도 이것을 누르지 못할 것이라." 하고 선언한다. 민족들의 민족 자주를 위한 정치적 결단을 막아서고 억누르는 일제의 정치적 억압은 곧 하늘의 뜻에 역행하는 것이 될 뿐이다. 그래서 한민족은 일제에 대해 무저항의 원칙에 동의한 것이다. 달리 생각해 보면, 우리 민족도 다른 민족이 지닌 독립의 권리를 존중할 의무가 있다는 뜻이다. 민족의 자주성은 다른 민족을 존중하는 민족정신에게서 나오기 때문이다. 이와 같은 독립 선언서에 천도교, 기독교와 불교는 동의하였고 독립선언서를 적극적으로 전국에 배포하였다.

독립 선언문은 시대적 흐름에 역행하는 침략주의와 강권주의의 구습과 적폐를 극복하고 세계 평화의 길로 나가야 함과 인류의 공동 평화를 저해하는 일제의 침략주의와 강권주의에 맞서 민족적으로 저항할 것을 요청하며 선언한다. 한민족은 자신의 생존권과 민족의 존엄과 영예를 상실하고 세계 평화의 물결에 참여할 정당한 권리를 상실했다. 또한 한민족의 자유를 빼앗고 민족들의 불평등을 정당화하는 일제는 그 행위에 정당성을 찾을 수 없다. 따라서 독립 선언서는 두 가지 실천적 자각을 포함한다. 한민족은 민족적 평등을 다만 민족적 정체성을 바탕으로 하는 독립국가를 건설하려는 자기보존의 논리가 아니라, 민족들의 보편적 이념으로서 세계 평화를 지향하는 과정에서 필수적으로 깨달아야 한다.[25] 보편타당한 인류적 양심에서 비롯된 민족적 저항의 정당성을 바탕으로 한민족은 민족의 자기 건설과 새로운 운명 개척의 길로 나아가야 한다. 이는 민족의 생존권만이 아니라, 정신의 발전과 평화를 지향하는 거레의 존엄성을 빼앗은 일제 침략주의와 강권주의에 맞서 비폭력적인 저항으로만 가능하다,

한편으로, 독립 선언문은 "일시적인 지배를 넘어 영속적으로 침탈하려는 대단히 낡은 구습과 적폐를 고발한다. 예로부터의 억울함을 떨쳐 펴려면, 지금의 괴로움을 벗어나려면 앞으로의 위협을 없이 하려면 거레의 양심과 나라의 체모가 도저히 짓눌려 시든 것을 키우려면, 사람마다 제 인격을 올바로 가꾸어 나가려면 가엾은 아들딸들에게 괴롭고 부끄러운 유산을 물려주지 않으려면 자자손손이 완전한 경사와 행동을 길이 누리도록 이끌어주

려면 가장 크고 급한 일이 겨레의 독립을 확실하게 지키는 것"[26] 이라고 선언한다. 이는 일제의 침략주의와 강권주의를 강하게 비판한 것이며, 조선 독립과 민족의 자유를 위해 결단을 촉구하는 것이다. 이에 종교인들은 대단히 구체적으로 자유와 평등으로 나아가는 길에 동의하고 구습과 적폐를 청산해야 한다는 데에 공감한다. 이와 같은 독립 선언문은 오늘날 적폐 청산 앞에 서 있는 후손들에게 정치적 책임과 공적 역할을 분명히 제시한다. 무엇보다 아직도 해결되지 않는 일본의 과거사 청산이 하루빨리 척결되기 위해서 독립 선언서의 민족정신을 기억해야 한다.

다른 한편, 독립 선언서는 한민족이 자신을 되돌아봄으로써 한반도에서 일어나고 있는 적폐를 자각할 것을 요청한다. 선언서가 고발하는 적폐는 자신의 민족적 터전인 한반도를 식민지로 삼고 국민들을 미개한 사람같이 여기는 학자와 정치인들이다. 따라서 한민족은 일제가 아니라, 자기 자신을 비판함으로써 자신의 이익을 위해 지금껏 외면했던 양심의 소리에 귀를 기울여야 한다. 한민족이 일제에 저항하지만 무력으로 타파하는 것이 목적이 아니라, 민족의 진정한 해방이 '나'에게서 시작된다는 사실을 자각하는 데에 있다.[27] "오늘 우리의 할 일은 다만 자기 건설만이 있을 뿐이요. 결코 남을 파괴하는 일에 있는 것이 아니로다. 엄숙한 양심의 명령으로써 자기의 새로운 운명을 개척할 것이요 결코 묵은 원한과 한때의 감정으로써 남을 시기하고 배척하는 것이 아니로다. 낡은 사상과 낡은 시대에 얽매여 일본 정치가들의 공명심에 희생된 부자연스럽고 불합리한 그릇된 상태를 고쳐서 바로잡아 자연스럽고 합리적인 비판의 길, 큰 으뜸으로 되돌아오게 함이로다."[28]

독립 선언문은 한민족이 불합리하고 잘못된 현실을 바로잡아 민족적 자주의 길로 되돌아가야 한다고 주장한다. 그것이 곧 적폐 청산이다. 따라서 한민족은 잘못된 길, 즉 남을 탓하고 자신의 잘못을 돌아보지 않는 길로 가서는 안 된다. 지금까지 잘못된 길, 울분과 원한에 빠진 사람이 자신을 돌아보고 올바른 길, 즉 자기 변혁의 길로 나아가야 하는 것이다. 이 과정에서 한민족은 올바른 역사성과 정치의식으로 적폐 청산의 길에 나설 수 있는 것이다. 그러므로 한국 종교인들은 그 길에 앞장섰고 조선 독립을 한민족의 정신적이고 육체적인 해방에서 찾았다. 그렇게 하지 않으면 한반도의 재앙으로 일본과 중국이 함께 망하는 결과를 맞이할 수밖에 없음을 심각히 경고했다. 한민족의 독립과 그에 따른 민족적 자기 회복이 곧 동북아시아의 평화를 공고히 할 수 있음을 독립 선언문은 분명히 밝힌다.

더 나아가 독립 선언문은 한민족에게 새로운 시대, 즉 조선 독립의 시대, '새 천지'를 선포한다. 한민족이 나아갈 길을 정확히 말했다고 해도 과언이 아니다. 아직도 한반도는 정복자들의 정치적 욕망이 들끓고 있다. 현재 계속되는 북한 개방을 앞두고 미국, 중국, 러시아, 일본의 정치적 속셈들이 여실히 드러나고 있어 짐작해 볼 수 있다. 그런데도 한국의 정치인과 언론인, 학자들은 여전히 시민들을 아무것도 모르는 존재로 취급한다. 결국 시민들이 촛불혁명을 통해서 정권교체를 이루어냈고, 적폐 청산을 이어가길 희망하고 있음에도 말이다. 이것이 독립 선언문의 정신을 이어가는 우리의 자랑스러운 현실이 아닌가? 이제 울분과 원한을 장래의 발전을 위한 창조적 원동력으로 바꾸어야 할 때이다. 당시에 요원했던 그 시대는 새로운 시대, 즉 더는 힘이 지배하는 시대가 아닌, 도의가 지배하는 시대이다. 한반도에서 살아가는 누구나 남녀노소의 차별 없이 누구나 자신의 능력을 마음껏 펼칠 수 있는 시대이다. 한국 종교인들은 공약삼장에서 화창한 미래로 나아가는 민족은 항상 양심과 더불어 진리와 함께 그 길을 나아가야 한다고 주장한다. 또한 그들은 하늘과 땅에 새로운 기운이 도래하는 때에 한민족은 동양의 항구적 평화와 민족들의 정당한 삶과 번영을 추구하며 나아가야 한다고 주장한다. 화창한 미래로 나아가는 민족은 항상 양심과 더불어 진리와 함께 그 길을 나아가야 하기 때문이다. 그런 의미에서 공약삼장은 그 길로 나아가는 구체적인 실천 과제를 담았다. 인도, 생존, 존영을 위한 민족의 요구를 표현하되 배타적 태도를 지양할 것을 요구하며 마지막 순간까지 민족의 정당성을 표현할 것을 요청한다. 다른 한편, 독립 선언은 비폭력 저항이어야 하며 공명정당한 민족 행위여야 함을 요청한다.[29]

3. 종교들의 운동으로서 3.1운동의 종교사적 의미

미완의 혁명으로서 3.1운동이 한민족에게 미친 영향은 무엇일까? 성공은 하지 못했지만 3.1운동은 일제가 한민족의 민족적 저항에 놀라고 그들의 식민지 정책을 강화하는 계기가 되었다. 그 후 일제는 한반도의 통치 기조를 문화통치를 변경하였고 이전보다 더 악랄하게 민족정신을 훼손하였다. 그럼에도 한민족은 식민지정책을 중심으로 하는 자기중심적이며 우월적인 민족주의를 거부하고 자기 성찰적 민족주의를 지향했다. 일제강점기에 끊임없이 반복적으로 일어난 독립운동과 임시정부 수립 더 나아가 독립군과 광복군 창설이 이를 입증한다. 특별히 민족과 문명이 서로 충돌하는 시기에 3.1운동은 상당히 독창적인 의미의 민족운동이었다. 한국 종교인들이 시작함으로써 한민족 전체가 남녀노소를 가리지 않고 오랜 시간 동안 참여했으며 죽음을 두려워하지 않고 담대한 마음으로 일제에 저항했기 때문이다. 그뿐만 아니라 후에 수많은 만세 운동과 독립운동으로 계속 이어지면서 3.1운동은 역사적인 하나의 사건이 아니라, 끊임없이 민족 독립에 목마른 사람들에게 정신적 지주가 되는 사건이 되었다. 무엇보다 3.1운동이 상해임시정부 수립에 지대한 영향을 미쳤다.

"1914년 세계대전이 발발한 이후에 상해에 민족주의자들은 국권 회복의 길로 삼고 대한제국 망명정부 수립을 추진하기 시작하였다. 이들의 계획은 독일 정부의 보증하에 중국과 한국 망명정부 사이에 군사동맹을 체결함으로써 독립전쟁에 대비하려고 했지만 실패로 끝나고 만다. 1917년 그들은 대동단결선언을 제창함으로써 공화주의에 입각한 국민주권설을 주장했다."[30] 이는 한민족이 단결하여 고종 황제가 포기한 주권을 상속하며 임시정부를 세우는 계기가 되었다고 한다. 이와 같이 3.1운동은 임시정부의 설립에 영향을 미쳤고, 민족 구성원의 합의에 따라 독립국가를 설립하려는 일에 정당성을 주었다. 3.1운동이 일어난 이후 국민대표를 중심으로 임시정부 수립과 민주공화정이라는 국가 체제를 추구하는 국민회의가 결성되었다. 실제로 민족 대표 33인은 상해임시정부를 수립하는 과정에서 상당한 기여를 했다고 한다.[31]

3.1운동은 종교들의 정치적 연대를 통해 민족의 자유와 평등이라는 풀뿌리민주주의 가치를 보여준다. 외세로부터 '조선 독립'과 '자유'와 '평등'은 국가나 특정한 정치집단이나 종교집단이 아니라, 민족 스스로가 지켜야 하고 구현해야 하는 정치적 가치이다. 민족이 곧 국가의 주체라는 것이다. '조선 독립과 자유와 평등이라는 정치적 담론을 중심으로 종교들이 정치적 패러다임을 형성하고 공동적으로 선언할 독립 선언문에 합의함으로써 자신의 종교적 울타리를 넘어 종교들의 공적 역할을 다했다는 데에 중요한 의미가 있다. 거기에 머무르지 않고 종교인들은 3.1운동이 발화되자 전국적인 운동으로 확산시켰다. "1919년 6월 보고에 따르면 충청도를 제외한 대부분의 지역은 대체적으로 기독교, 천도교, 불교 등 종교인들이 시위를 주도한 것으로 나타난다. 즉 경기도는 기독교, 천도교, 불교가 연합하였고, 전라남북도, 경상남북도, 평안남북도, 함경북도는 기독교가 주동하고 천도교가 협력하

였으며, 강원도와 함경남도는 천도교가 주동하고 기독교가 협력하였으며, 불교는 경상도와 전라북도에서 협력한 것으로 나타난다."[32]당시 한국 종교인들에게 정치적 연대는 민족의 시련을 극복하고 조선 독립으로 나아가는 정치적 역할을 공유하고 분담하는 정치적 행위였다. 또한 정치적 연대는 종교들을 중심으로 조선 독립과 민족 해방의 정당성을 민족 전체에 알리고 저항에 동참하도록 이끌었다. 그러므로 3.1운동은 종교들의 운동을 토대로 형성된 '풀뿌리 저항운동'이다. 3.1운동을 통해 한민족은 민족적 정체성을 자각하고 민족의 운명과 미래를 스스로 결정하는 민족 자주의 길로 나아갔다. 그래서 일제강점기 동안 일제에 대한 저항은 계속해서 진행되었고 임시정부 수립과 독립군 창설을 통해서 민족 해방의 길을 이어나갔다.

3.1운동 이후 기독교를 포함한 다수의 종교들은 분열의 길과 비종교화의 길을 걸었지만 종교의 공적 역할을 위한 종교 간 연대의 맥은 계속해서 이어진다. 6.10만세운동(1926), 광주학생운동(1928), 4.19혁명 (1960), 광주민주화운동(1980), 6.10민주화운동(1987), 촛불혁명(2016)에 이르기까지 한민족은 저항해 왔고, 자유와 평등이라는 민주주의의 가치를 지켜왔기 때문이다. 기나긴 세월동안 한민족은 민족의 가치에 머물지 않고 해방 이후 여전히 민주주의를 위협하는 정치권력과 한국 사회에 고난 받는 자들을 양산하는 다양한 권력에 저항했다. 그러면서 끊임없이 억압당하는 자들이 있음을 깨닫게 되었다. 그 가운데에서 종교들은 함께 연대했다. 예를 들어, 변선환은 명맥을 1970년대 종교들의 대화와 협력에서 찾았다. 그에 따르면, "불교와 기독교가 교리와 제도의 차이를 넘어서 한국의 민주화라는 인권을 축으로 하는 공동 과제를 위하여 열린 종교 간의 대화와 협력의 광장을 열어 나가게 된 것은 박정희 정권의 유신체제에 반대하여 항거하기 위하여 민중신학과 민중불교가 제창되었던 70년대부터였다."[33] 민중신학과 민중불교는 70년대

의 정치적 상황에서 자신들의 종교적 전통에서 '해방'의 원리를 모색하였고 민중의 자유를 억압하는 정치권력에 저항을 시작하였다. 변선환은 이와 같은 종교적 저항운동을 종교 간의 대화를 토대로 이해했다. 종교 간 대화는 종교들의 정치적 실천, 즉 공적 역할을 감당하는 것이다. 종교 간 대화에서 비롯된 종교들의 연대는 상이한 종교들 사이에 나타나는 일방적인 교리들의 만남이 아니라, 민중 해방을 지향하는 종교적 근거를 함께 찾아내는 구체적인 종교적 실천이다. 민중신학자들과 민중불교인들은 민중 해방의 당위성에 공감하였고, 무엇보다 피지배자인 민중을 부당한 정치권력에서 해방시키는 일을 종교들의 공적 역할로 인식하였다. 따라서 하비 콕스가 주장한 바같이, 그는 종교의 차이, 교리의 차이라고 하는 것은 절대적인 장벽이될 수 없다고 보았다. 오히려 종교들은 종교적 차이를 넘어 열린 대화로 나아가고 함께 일하는 공적 장소를 만들어야 한다고 주장했다. 이와 같은 종교 간 대화의 흐름에서 변선환은 종교적으로 종교 해방과 정치적으로 민중 해방의 흐름이 합류할 수 있음을 인지했다. 한국 사회에 새로운 정치신학의 길을 제시하는 종교 해방신학이다. 그의 종교 해방신학은 메시아주의를 근거로 종교 해방과 민중 해방을 지향하며 연대하는 정치신학의 길이다

이와 달리, 함석헌은 부끄러운 고난의 역사를 말한다. 3.1운동은 민족의식의 부재에서 비롯된 민족의 운명적 고난을 구체적으로 드러내기 때문이다. 함석헌에 따르면, 민족의식의 부재로 한민족은 고난을 당한다. 왜냐하면 한민족이 스스로 독립하지 못해서 자유를 잃어버리기 때문이다. 그래서 반만년 동안의 고난의 역사가 존재했던 것이다. 그러므로 함석헌은 스스로 자신의 종교를 가짐으로써 형성되는 민족의식을 강조한다. 그는 "한민족의 본 바탈인 인(仁), 용(勇), 지(志)를 정말 바로 키워 그 아름다움을 드러내면서 반드시 이 큰 잘못을 고치지 않고는 안 될 것이다. 무엇보다 네 종교를

가지라."[34] 라고 했다. 하지만 함석헌이 말하는 종교는 천도교, 기독교, 불교와 유교와 같은 이방 종교가 아니라, 자신의 종교를 넘어 탈종교성으로 나아가는 길이다. 그 길은 한민족의 고난의 종교성이 무르익어 스스로 자존하는 길이다. 1910년 한일합방 이후 민족 지도자들, 지식인들, 학생들은 민족의 고난 앞에서 민족의 주체적 독립을 깨닫게 되었듯이, 한국 종교인들은 자신의 종교를 넘어 다른 종교와 함께 저항의 길로 나아갈 수 있었다. 일제강점기의 역사적 현장이 곧 민족 스스로 자신의 운명과 미래를 결정하는 주체적 장소이다. 3.1운동의 현장이 한민족의 비극적 운명을 고발하면서도 스스로 한걸음씩 독립으로 나아가는 역사적 장소인 것이다. 따라서 후세들은 3.1운동을 바라보며 민족의 주체성으로 인도하는 고난의 현실성을 바라보아야 한다. "지존하지 못하면 자유가 없다. '스스로' 라는 것이 생명의 원리 아닌가? 자유 없이는 모처럼의 일도 얼빠진 것에 지날 것이 없고, 그 좋은 평화주의도 못난 것이 될 수밖에 없고, 그 장한 용맹도 짐승에 다를 것이 없다."[35] 그럼에도 한민족은 3.1운동을 계기로 고난을 통해 형성된 자신의 민족성을 깨닫게 되었다. 민족의 자각이 3.1운동의 중요한 종교사적 의미가 된다.

더 나아가 3.1운동은 부당하게 고난당하는 현재의 소외된 자들의 소리를 들려준다. 일제강점기의 역사 왜곡으로 잊히고 있는 피해자들의 고난이다. 종군위안부와 일제 강제징용 피해자들이다. 1965년 채결한 한일청구권협정으로 피해 보상이 끝났다고 주장하는 일본 정부는 일제강점기 피해자들에게 단 한마디의 제대로 된 사과 없이 잊을 것을 종용한다. 예컨대 "2015년 졸속적으로 체결된 한일 위안부 합의 이후에 일본 정부가 불가역적 합의를 운운하며 민족 간 화해를 요구하고, 그 책임에서 벗어나려고 온갖 악행을 다하고 있다."[36] 심지어 그들은 교과서 왜곡을 통해서 일본인들의 역사의식을 망가뜨린다.

흐르는 시간 속에 일제강점기 피해자들의 고통은 점점 잊혀 간다. 그러나 "어떠한 경우에도 일제강점기에 벌어진 피해자의 역사는 왜곡되거나 잊혀서는 안 되고 반드시 기억되어야 하며 가해자인 일본 정부는 분명히 책임을 져야 한다."[37] 그렇지 않으면 가해자의 역사는 반복될 수밖에 없다. 그런 면에서 독일인들의 역사 청산에 관한 생각은 의미가 있다. 독일 희망의 신학자로 불리는 몰트만은 행악자의 역사를 반드시 기억해야 한다고 주장한다. 실제로 "속죄하시는 하나님의 현존 속에서 화해는 과거를 기억하는 것을 의미한다. 과거는 결코 망가져서는 안 된다."[38] 하나님의 용서에도 행악자에 대한 기억은 사라지지 않는다. 그러므로 행악자는 피해자의 고통을 되새기며 살아가야 하고, 마지막 순간까지 죄악의 고통을 잊어서는 안 된다.[39] 그래서 독일인들은 유대인들에게 한 자신들의 악행을 잊지 않고 지금까지 나치 전범을 재판정에 세우고, 처벌함으로써 그 역사적 책임을 다하려고 한다. 거기에 독일 민족의 희망을 전 세계인들은 본다.

새로운 한민족의 미래는 일본의 역사 왜곡에 저항하고 독도영유권을 주장한 일본 정부에 저항하는 데 있다. 그러나 여전히 일본정부는 일제강점기의 역사 왜곡을 통해서 가해자로서의 역사를 지우려 한다. 그러나 어떠한 경우에도 피해자의 역사는 왜곡되거나 잊혀지지 않으며 오히려 되살아나 마지막 울음 그 한 방울까지 토해 내고야 만다. 최근에 일본 대사관 앞에서 위안부 소녀상을 지키는 청년들의 처절한 저항이 바로 마지막 울음의 그 한 방울까지 지키고자 하는 몸부림이 아닐까 한다. 그러기에 마음 깊이 울려오는 부끄러움을 그대로 몸으로 받아 안고 살아간다. 언제가 될지도 모르는 끝을 묵묵히 지켜 나가는 한 청년의 얼굴에서 한민족의 미래를 볼 수 있었다.

나가는 글

지금까지 3.1운동과 독립 선언서의 종교사적 의미를 살펴보았다. 우리는 여전히 고난의 역사로 기억하면서 새로운 민족과제 앞에 서 있다. 우리 앞에 해결되지 않은 문제들이 놓였기 때문이다. 또한 함석헌의 말처럼 해방이라는 것이 하나님의 은총같이 갑작스럽게 찾아왔고, 세계열강 때문에 분단의 현실을 직면하게 되었다. 함석헌은 이 모든 고난의 목적이 '씨알'의 해방에 있다고 보았다. 모든 민족이 진정한 자유에 이르는 길, 그 길이야말로 우리 민족이 풀어야 하는 민족의 숙제이다. 그 숙제를 위해서 우리는 우리 주변에 발생하는 사건들에 주목하고 적극적인 관심과 실천이 필요하다. 특히 조금씩 그 실체적 진실을 드러내는 세월호 참사와 한국 사회에 불어닥치는 소수자들과 난민 문제는 아직도 우리민족의 갈 길이 멀었음을 보여준다. 그럼에도 불구하고 고난을 주체적으로 극복하려는 마음은 바로 고난당하는 사람들의 현실에서 비롯된다는 분명한 진실을 백여 년 전의 3.1운동이 현재의 우리에게 일깨우는 시점이라 하겠다.

3.1정신과 3.1영성 그리고 한반도 평화

― 자주적인 평화 선언의 실천을 위한 소고

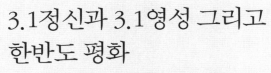

최성수 / 호주 Heritage Reformed College 교수

들어가는 글

기미독립 선언문은 일본 제국주의(이하 '일제') 주도로 전개되는 한반도 주변 정세에 비추어 볼 때 말잔치로 끝날 수 있었다. 그럼에도 그 효과는 결코 미미하지 않았다. 3.1운동을 추동했을 뿐 아니라 그 후의 항일운동 및 민족 운동을 이끄는 강력한 원동력이었다. 민족 대표 33인은 독립 선언문을 통해 조선이 독립국임과 조선 민족이 자주 민족임을 선언하면서 선언의 의의를 다음과 같이 밝혔다.

> 이는 하늘의 명령이며, 시대의 대세이며, 온 인류가 더불어 같이 살아갈 권리의 정당한 발동이므로, 하늘 아래 그 무엇도 이것을 막고 누르지 못할 것이라.

일제에 의한 식민 통치의 현실을 염두에 둔다면, 독립에 대한 열망을 국가적인 관심사를 넘어 세계사적인 맥락으로 확장하고, 심지어 그것이 인류 발전을 위해 정당하다고 여긴 일은, 제1차 세계대전이 끝난 후 전개되는 세계사적인 흐름에 대한 통찰을 필요로 했다. 그 후로 중국과 인도와 베트남 등 주변의 여러 국가들에 선한 영향을 미칠 수 있었던 것도 이런 혜안에 따른 실천 운동이었기 때문이다. 앞서 인용한 부분은 선언문 가운데 조선의 자주독립을 위한 근거인데, 이것을 필자는 3.1정신과 3.1영성으로 각각 생각해 보고자 한다.

한편, 우리 민족의 근대사에서 일대 전환기를 가져온 3.1운동은 한일 강제합방 이후 다양한 양상의 항일운동 및 민족운동을 밑거름으로 해서 일어났다는 것은 공히 인정되고 있는 사실이다. 이와 더불어 대한민국헌법 전문에 명시되어 있듯이, 대한민국은 3.1운동으로 건립된 임시정부의 법통을 계승하며, 이것을 가능하게 한 정신은 앞으로 우리 민족이 항구히 펼쳐나가야 할 전통의 핵심이다. 그뿐 아니라 이미 3.1운동이 전 세계에 미친 영향에서 볼 수 있었듯이, 동아시아와 전 세계의 평화를 구축하기 위한 내러티브가 될 수도 있다. 그렇기 때문에 3.1운동은 단지 역사적인 사건으로서 종결지을 것이 아니라, 함석헌의 주장대로, "현재적으로 전개시켜야"[1] 마땅하다. 3.1운동이 성공했는지 혹은 실패했는지를 떠나, 그리고 사건 이후 그 운동이 지속되었는지 아니면 일시적인 현상으로 끝나 버렸는지를 떠나, 3.1정신이라 함은 일제와 세계무대를 상대로 조선의 자주와 독립을 선언하게 하고, 항일운동 및 민족운동으로서 3.1운동을 추동한 힘이며, 그리고 일제의 무단통치가 보여준 불의하고 반인도주의적이며 반역사적인 행태에 저항하는 정신을 가리킨다.

이 글은 먼저 기독교적인 맥락에서 3.1운동을 하나님의 뜻으로 이해할 때, 무슨 근거로 그렇게 말할 수 있는지를 탐색해 보고자 한다. 기미독립 선언문과 3.1운동이 3.1정신에 따른 것이었다면, 이것을 하나님의 말씀과 행위에 대한 조선 민족의 반응으로 볼 수 있게 하는 것을 필자는 '3.1영성'으로 이해하고자 한다.[2] 이것은 특별히 기독교인들로 하여금 세계사적인 흐름을 독자적으로 통찰하여 하나의 신앙 운동으로서 3.1운동에 참여할 수 있게 한 원동력이었다고 말할 수 있다. 독자적인 통찰을 강조한 이유는, 유래를 찾아보기 어려울 정도로 거족적이고 자발적인 실천 운동으로서 3.1운동에 대해 선교사들조차도 놀라워했을 정도였기 때문이다.

또한 이 글을 통해 필자는 '선언의 형태'로 민족의 자주와 독립을 강하게 역설했던 3.1정신이 한반도의 평화와 화해를 구축하는 일에서 다시금 추동력으로 작용할 가능성을 성찰해 보고자 한다. 3.1영성을 발전적으로 이해하여 기독교인으로서 한반도의 평화와 화해를 구축하는 일에 어떻게 기여할 수 있는지를 살펴볼 것이다. 물론 그 단서는 남북대화와 세 차례 정상회담의 결과로 나온 선언문(7.4. 6.15, 10.4, 4.27)들에서, 특히 2018년 9월 남북정상회담에서 발표한 "평양선언"에서 찾아볼 수 있다.

방법론에서 이 글은 궁극적으로 '기미독립 선언문'과 '남북 간의 각종 선언'에서 한반도의 화해와 평화를 위한 단서를 모색하려고 한다. 이를 위해 필자는 먼저 기미독립 선언문을 매개로 앞서 언급한 '3.1정신'과 '3.1영성'을 말할 수 있는 이유들을 살펴본 후에 여러 선언문에 담긴 공통점을 매개로 분단국가의 화해와 평화를 위해 기여할 수 있는 단서들을 살펴볼 것이다. 이 논문에서 다룰 중심 테제는 다음과 같다: 우리는 거족적인 참여를 가능케 한 정신과 영성이 남북 간 화해 및 평화를 구축하기 위한 실천 운동에 기여할 수 있도록 3.1운동을 현재적으로 전개해 나가야 한다.

1. 기미독립 선언문에 담긴 3.1정신

1) '선언'으로 표현된 3.1정신

3.1운동의 거사를 준비하는 과정에서 몇 가지 일로 열띤 토론이 있었다. 그중 한 가지는 일본에게 독립을 청원하자는 기독교 측 인사들의 주장과 그

들에게 독립을 선언하자는 천도교 측 주장이 팽팽히 맞선 것이다. 독립청원론자들은 일제의 실체와 권위를 인정하고, 그들로부터 독립의 허락을 얻어내자고 주장했다. 물론 여기에는 천도교와의 합작이 교리적으로 수용하기 어렵다는 인식이 함께 작용하였고, 그래서 기독교 인사들은 이승훈의 중재가 있기 전까지 '조선독립허가청원서'를 일본 정부에 제출하기로 합의하고 기독교만의 독자적인 행동을 준비하려고 했다.

　실제로 당시 한일합방은 단순히 한국과 일제 사이의 문제만은 아니었다. 한반도는 이미 세계열강의 각축장이었는데, 일본의 강압에 의해 한일합방이 성사되었을 때에도 세계열강은 자국의 이익이 침해되지 않는다는 이유로 한국인들에게 유익한 것이라고 평가했다. 한국인들이 어떤 학정에 시달렸는지를 인지하고서도 그들은 자국의 이익 앞에서 눈을 감았다. 이렇듯 한일합방은 이미 세계열강으로부터 공인된 현실이었던 것이다. 게다가 윌슨의 민족자결주의는 패전국의 식민지에만 해당되는 것이었다. 당시 승전국에 해당하는 일본의 식민지 입장에서 민족자결주의에 의거하여 행동하는 건 누가 보더라도 무리였다. 다수는 이것을 몰랐지만 일부는 이미 숙지하고 있었음에도 일제하의 조선에게도 독립이 가능하다고 생각하여 행동한 것은 현실적으로 볼 때 분명 오판이었다. 그리고 이미 1911년 신민회 사건(소위 '105인 사건')에서 볼 수 있듯이 일제는 사건을 조작하고 공포 분위기를 조성하여 많은 애국지사들을 탄압하였고, 특히 러일전쟁이 끝나고 1905년 이후 많은 지식인들과 지도자들은 몸을 사려 피신하거나 항일운동의 거점을 외국으로 옮긴 상태였다. 그러니 독립을 선언하는 것이 아니라 청원하자는 주장도 어느 정도는 일리가 있었다. 이들을 '예속자본 계층'[3]이라고 보는 시각도 있으나, 그것은 당시 정황에 따른 고육지책이었다. 청원론자의 대표자로 알려진 길선주를 연구한 허호익도 같은 생각을 표명했다.[4] 그러나 이승훈의 중재로 기독교 측에서 천도교의 주장을 받아들여 민족 대표는 최종적으로 독립을 '선언'하는 방향을 선택했고 그것을 독립 선언문 첫 문장 속에 담았다.

> 우리 조선은 이에 우리 조선이 독립한 나라임과 조선 사람이 자주적인 민족임을 선언하노라.

청원과 달리 선언은 일제의 강압적인 한일합방의 효력을 인정하지 않고 실행하는 일이다. 민족 대표들이 '선언' 형식을 선택함으로써 청원의 형식으로는 감히 할 수 없는 것들을 표현할 수 있었다. 곧 3.1운동은 일본보다 더 큰 인류라고 하는 주체를 겨냥하여 행하는 운동이라는 의미를 부각시켰고, 고종 황제의 승인 없이 체결된 조약은 무효임을 선언하였으며, 인간으로서 또 국가와 민족으로서 마땅히 누려야 할 천부의 권리가 일제의 야욕에 의해 방해되었음을 폭로하였다.

한편, 선언은 공식적으로 표명하는 행위를 일컫는다. 주체의식을 기반으로 하는데, 선언의 주체는 개인으로부터 국가 혹은 국제적인 기구에 이르기까지 모두를 총괄한다. 선언 행위에서 관건은 당당한 주체의식을 갖고 자신의 입장을 널리 알리는 것에 있다. 선언은 다툼의 여지가 많고, 그간에 있었던 각종 선언들이 어떤 이유에서든 지켜지지 않은 사례도 많다. 선언한다고 해서 그것이 반드시 현실로 이어지는 건 아니다. 그러나 청원과 달리 선언은 듣는 자가 누구든 듣고 수긍하고 받아들일 것을 전제한다. 수용 여부와 상관없이 주체적인 입장은 변하지 않으며, 선언하는 순간부터 구체적으로 행동할 근거를 얻는데, 설령 수긍하지 않는다 해도 그렇다. 선언은 선언하는 주체 자신에 의해 무의미해지거나, 혹은 듣는 자들이 선언의 내용을 부정할 수는 있어도, 그것에 관한 논쟁을 허락하지 않는다. 선언은 입장 표명이며, 당당한 요구이며, 하늘과 땅 사이에 있는 자신의 확고한 위치에 대한 의식 있는 주체 행위이다. 이런 점에서 기미독립 선언문은 비록 일제의 불의와 만행을 경험하면서 일깨워졌다 말할 수 있다 해도 이미 주체적인 의식을 갖고 작성된 것이며, 한편으로는 조선을 대표해서 조선을 향한 외침이고, 다른 한편으로는 조선의 자주와 독립을 인정하라는 외침으로 일제와 세계를 향한 것이었다.

이런 맥락에서 필자는 청원이 아닌 선언의 형태에서 3.1정신이 더욱 구체적으로 드러났다고 생각한다. 곧 선언 행위는 3.1정신이 3.1운동 후 민족정신 및 항일정신으로 거듭나는 중요한 동기를 부여하였다고 보는데, 여기에는 몇 가지 이유가 있다. 첫째, 청원이 아닌 선언을 채택함으로써 민족 대표들은 조선의 독립과 자주의 의지는 물론이고 그것이 엄중한 현실임을 세계에 널리 알릴 수 있었다. 둘째, 인류의 보편적인 가치와 의미를 부여하는 대범한 주장을 할 수 있었다. 셋째, 바로 이런 정신과 태도에 힘입어 상하이에 임시정부를 구성할 수 있었으며, 넷째, 비록 평화적인 비폭력 형태가 끝까지 유지되지는 않았다 해도 이를 기반으로 꾸준히 민족운동과 항일 투쟁에 임할 수 있었다.

3.1운동 이전부터 그랬지만 그 후 일제를 향한 모든 외침(총 33종)은 대부분 선언의 형태를 띠었다. 모든 선언이 현실로 이어지진 않았고, 무엇보다 임시정부 수립 후 지도부가 미국에 위임통치를 청원하는 방식으로 재차 독립을 호소한 것은 선언의 정신을 무색케 한 일이었으며, 심지어 이로 인해 신채호는 임정을 떠났을 정도였다. 그래서 선언문으로만 본다면 3.1운동은 실패한 운동이었다고 볼 수 있다. 특히 선언문이 유식 계층을 겨냥한 국한문 혼용으로 기록된 것은 민중이 3.1정신을 공유할 수 없게 만들어 결국 적

극적인 참여를 제한하게 하는 요인이었다.

그러나 중요한 것은 처음 선언의 형태를 채택한 근거이며 정신이고 또한 선언의 정신에 따른 지속적인 행동으로 실행했느냐이다. 3.1정신에 주목하는 이유는 이 정신이 우리 역사를 거쳐 면면이 이어져 내려왔기 때문이다. 그래서 함석헌은 비록 실패했음에도 그 후 결코 후회하고 풀이 죽어 버린 사람이 없었다는 사실은 매우 주목할 만한 점임을 강조하였다.[5]

2) 독립청원론의 기독교적인 배경

기독교가 벌인 항일 투쟁은 다양했으나 근본에서 신앙 운동이었으며 비폭력적이었다(기도회를 포함해서 시위와 무장투쟁, 조세저항운동, 국채보상운동, 탈환회운동, 감선회운동 등). 하나님의 정의에 근거하여 강대국이 약소국을 침탈하는 행위에 분노한 결과였다. 한일합방 이후 교회와 사립학교에 대한 일제의 탄압은 점점 심해졌는데, 기독교 인사들은 이에 대해 신앙에 바탕을 둔 다양한 항일운동을 통해 반응했던 것이다. 독립 청원 역시 기독교적인 신앙에 바탕을 둔 비폭력적인 항일운동의 한 방식이었다. 이처럼 기독교가 항일운동 및 민족운동에 참여하는 모티브와 방법은 처음부터 신앙 운동의 성격을 띠었다.

이와 관련해서 청원이 주로 기독교 인사들(길선주, 김창준, 박희도, 신응식, 양전백, 이갑성, 정춘수)에 의해 주장되었다는 사실은 결정 과정에 신앙이 어떻게 작용했는지에 대한 궁금증을 유발한다. 그들은 어떤 이유로 일제에게 자주독립을 청원할 것을 생각했던 걸까? 당시 청원은 자치권을 요구하는 것이며, 가장이 재산을 떼어 주어 자립케 하도록 요구하는 것으로 이해되었다. 일제에 붙잡힌 기독교 인사들이 옥에서 심문을 당할 때 했던 말들을 통해 확인할 수 있다. 이것은 조선과 일제의 관계에서 조선에 대한 일제의 지배권을 기정사실로 인정한 결과였다. 아무리 식민 통치의 현실이 그렇다 하더라도 그것을 공개적으로 인정하는 건 분명 다른 문제이다. 관건은 기독교 인사들이 제기한 청원 주장에서 기독교 신앙이 작용했다는 것이다. 결정적인 특징은 민족 구원의 신앙이다. 이것은 국가보다 신앙을 우선하는 태도로 나타났다.

기독교 역사학자들은 한말 기독교 사회운동 및 민족운동의 신학적 배경과 관련해서 이구동성으로 보수적이었다고 말한다. 중심 이유는 선교사들의 신앙과 신학이 청교도적 경건주의에 영향을 받았기 때문이었다. 최대 교인 수를 가지고 있었던 장로교단은 국가(일제)에 대한 충성을 공식적인 입장으로 여겼다.[6] 또한 선교사들은 기독교 사회운동 및 민족운동은 성경 연구에 두었다. 성경을 읽고 가르치는 일을 매우 중시했는데, 당시 네비우스 선교 방법에 따른 성경 공부는 문자적인 이해가 지배적이었다. 선교사들과 당시 한국 목사들은 교회와 국가의 관계를 말하는 성경 구절들을 문자적으로 이해해 국가(일제)에 복종할 것을 설교하였다.

이런 배경에서 청원을 요구한 가장 중요한 이유로 고려해 볼 수 있는 것은 첫째, 일제강점의 원인을 자기 스스로에게서 찾은 회개의 모티브이다.[7] 이것은 3.1운동에 참여하는 기독교인을 대상으로 하는 〈독립단통고문(獨立團通告文)〉에 수록된 일주일간 성경읽기 표를 보면 알 수 있는데, 주로 나라의 멸망과 고난 그리고 회개의 관계를 다룬 본문들이다.[8] 이 본문들은 민족의 고난이 하나님의 징벌의 결과이며, 고난받는 민족으로서 필요한 건 인내와 기도임을 말하고, 또한 구원에 대한 하나님의 약속을 담고 있다.

둘째, 회개 운동과 연계되어 기독교인들은 신비적인 종교체험을 하게 되었고, 이를 통해 식민지 현실을 비판적으로 보면서도 초월자와의 관계에서 현실을 어느 정도 인정하고 그것의 의미를 모색하려는 움직임이 있었다. 특히 1907년의 평양대부흥운동은 기독교가 급격하게 내면화되는 계기였다. 그러나 이런 초월적이고 신비적인 신앙을 통해 암울한 시기에도 천국에 대한 소망을 바탕으로 자주독립의 희망을 잃지 않을 수 있었다.

셋째, 일제강점 이후 시행한 일제통감부의 정교분리 정책 및 이것에 대한 선교사들의 공감 그리고 교회가 겪는 혼란과 핍박으로부터 교회를 보호할 목적에서 시도한 비정치화였다. 정교분리의 원칙은 일제의 요구에 따라 선교사들이 수용한 결과이지만, 선교사 스스로 교회의 본질이 정치적인 사안으로 인해 왜곡되는 것을 피하기 위해 적극 주장하였다. 결과적으로 청원론자들은 정치적으로는 일제에 의한 강점의 현실을 인정하고, 문제가 된다면 다만 차별적이고 폭력적이며 비인도주의적인 행위일 뿐이라고 보도록 만들었다.

독립청원론자의 신앙 및 신학적인 배경과 관련해서 필자는 선언을 가능하게 한 추동력이며 3.1운동을 통해 표출된 정신을 '3.1정신'으로 이해하는 데 한 가지 질문을 갖게 된다. 민족 대표들은 이미 실질적으로 주권을 상실했고 또 다수가 독립 청원을 원하는 기독교인이었음에도 불구하고 도대체 어떤 근거에서 죽음을 각오하고 선언할 수 있었을까? 3.1정신과 관련해서 기미독립 선언문에 나타난 네 가지 근거들을 통해 선언을 하게 된 이유를 살펴보도록 하겠다.

3) 독립 선언의 네 가지 근거들

첫째, 역사 인식에 근거한 자주 민족의 정체성.

　　반만년 역사의 권위를 의지하여 이를 선언함이며….

　우리 민족은 숱한 침략의 역사를 거쳐 왔지만, 그럼에도 불구하고 나라의 주권이 송두리째 빼앗긴 적이 없는 자주 민족이다. 오랜 역사와 문화의 전통을 갖고 평화롭게 살아왔다. 나라 안팎의 우환으로 분열되고 또 분열되어 피폐해진 나라가 신시대의 문물과 현대식 군사력에 기반을 둔 강력한 일제에 맞설 힘이 없었던 것은 부정할 수 없는 사실이다. 그렇다고 해서 당시 일제가 주장하듯이, 강제적인 도움을 필요로 했을 정도로 위기의 때는 아니었다. 안팎으로 어려운 시기이기는 했으나 우리 힘으로 충분히 살아갈 수 있다는 것은 반만년 역사와 선조들이 일궈 낸 찬란한 문화 전통이 증거한다.

　각종 위기에도 무너지지 않고 민족의 역사를 이어 온 사실에서 기미독립 선언문은 무엇을 본 걸까? 그것은 전통 혹은 역사로 표현되는 자주 민족의 정신이다. 기미독립 선언문은 바로 이런 자주 민족의 정신을 증거로 삼아 일제의 강제 합방을 인정할 수 없었으며, 조선 민족은 독립국이요, 조선인은 자주 민족임을 선언했다. 비록 한반도 주변 정세에 빠르게 대처할 능력이 부족했고 또 서구와의 교류가 늦어져 문명화의 시기가 늦어졌다 해도 그것이 우리 민족이 외세에 의존해서 살아야 할 이유는 못된다고 본 것이다.

　이처럼 역사적인 전통에 의지한 선언은 조선이 역사의 흐름을 간과하고 여전히 과거에 머물러 있는 상태에서 일제에 의해 각성의 기회를 얻은 것이라고 보는 관점을 비판한다. 자주의식을 표출하는 계기는 될 수 있었으나 그때 비로소 형성된 것은 아니다.

둘째, 주체적인 민중의식.

> 2천만 민중의 충정을 모아 이것을 널리 알리는 터이며….

한반도에 있는 모든 조선인은 자주적이고 독립된 국가를 바라고 있다는 말이다. 실제로 왕조시대에서 벗어나 새로운 정체성을 찾는 과정에서 고종이 제국의 형태를 도입해 국호를 '대한제국(1897.10.12.-1910.8.29)'으로 삼은 것은 역사철학적인 맥락에서 결코 바람직하지 않은 일이었지만, 그럼에도 불구하고 다른 나라를 침략할 의도로 그런 것은 아니었다. 다만 일제에 맞서 자주적이고 독립적인 국가를 바랐을 뿐이었다. 그러나 경술국치를 지나오면서 더는 사용되지 않았고 독립 선언문에서조차도 '조선'을 사용한 것으로 보아 국호는 유명무실했음을 알 수 있다. 그 후 1919년 4월 13일 임시정부를 수립할 때 임정 요인들이 '대한민국'을 채택하였다. 제국에서 민국으로 바뀐 것인데, 대한으로 망했으니 대한으로 새로운 나라를 건설하자는 취지에서 그렇게 결정했다고 한다.

한일 강제 합방 과정을 거치면서 민중들은 좌절과 절망을 경험할 수밖에 없었다. 그럼에도 불구하고 2천만 민중의 뜻에 따라 독립을 선언한다 함은 민중들이 결코 죽지 않고 살아 있으며, 또한 국운은 통치자나 지식인에 의해 결정되지 않고 민중들의 단결된 힘에 달려 있음을 천명한 것이다. 이 민중의 힘에 의거하여 일본의 무단정치를 결코 인정하지 않는다는 의미이다.

조선의 자주와 독립을 선언하면서 이천만 민중을 언급한 건 매우 획기적인 사실이다. 왜냐하면 당시 민중은 조선의 역사에서 항상 소외된 계층이었기 때문이다. 비록 동학농민혁명과 의병 운동에서 민중에 대한 새로운 인식이 실천되었지만, 거국적인 차원에서 민중의 힘을 발휘한 건 3.1운동이 처음이었다. 함석헌은 민중(씨올)의 단결되고 일치된 힘에서 3.1정신을 보았다.[9] 한일 강제 합방 소식을 접한 후《황성신문》에 '시일야방성대곡'을 쓴 장지연은 한반도의 주권을 일본에 넘겨준 자들을 일컬어 다음과 같이 말했다.

> 저 개돼지만도 못한 소위 우리 정부의 대신이란 자들은 자기 일신의 영달
> 과 이익이나 바라면서 위협에 겁먹어 머뭇대거나 벌벌 떨며 나라를 팔아
> 먹은 도적이 되기를 감수했던 것이다.[10]

자주 민족에 대한 민중의 간절한 염원이자 하늘의 뜻을 무시한 당시의 고관들을 장지연은 개나 돼지만도 못한 존재라고 꾸짖은 것이다. 민족 대표들이 투옥되어 심문을 당할 때 그들은 '백성들이' 원하는 나라를 원한다고 분명히 밝혔다. 1987년 6월 혁명이나 2016년 촛불혁명은 "대한민국의 주권은 국민에게 있고 모든 권력은 국민으로부터 나온다."는 헌법 제1조 정신의 표현이었다고 생각하는데, 이는 민중의 힘을 전거로 삼은 3.1정신과 직접적으로 맞닿아 있다. 그래서 함석헌은 대한민국 민주주의는 3.1운동에서 시작되었다고 말했다.[11]

셋째, 세계사적인 통찰.

> 겨레의 한결같은 자유 발전을 위하여 이를 주장하는 터이며….

역사는 늘 그렇지만, 부분과 전체와의 유기적인 관계에서 진행된다. 역사 철학자들은 다양한 개념으로 이런 과정을 규정해 왔다. 전체의 의미는 결

코 부분의 합으로 생성되지 않는다. 전체는 다만 신으로 혹은 생명으로 혹은 우주로 이해되었을 뿐이다. 규정할 수 없고 감히 명명하기 쉽지 않은 것이다. 따라서 어떤 개념을 통해 규정되든 부분과 전체와의 유기적인 관계에서 중요한 것은 부분을 통해 전체를 읽어 내는 일이다. 왜냐하면 전체는 언제나 부분 속에서 그 모습을 드러내기 때문이다. 전체가 어떤 모습으로 있는지 알 수는 없다. 그것을 인식하는 방법은 언제나 유동적이다. 그러나 분명한 것은 그것이 어떤 방법으로든 나타난다는 것이다. 물질문명의 발전 과정에서, 사상의 발전에서, 혹은 비전을 통해서 나타나기도 하고, 때로는 학문이나 예술적인 창작 활동을 통해서도 나타난다.

독립 선언문이 말하는 민족의 과제는 세계사적인 맥락에서 이해된 것이다. 전체 가운데 한 부분이 올바르지 못하다면, 유기적인 관계를 생각해 볼 때 이것은 부분의 문제가 아니라 전체의 문제가 될 수도 있음을 분명히 했다. 그러므로 독립 선언문은 한반도에서 발생한 역사적인 동맥경화 현상이 세계사의 흐름에 부정적인 영향을 미칠 수 있다고 말할 수 있었던 것이다. 이것이 얼마나 깊은 통찰력에서 비롯한 것인지는 3.1운동이 각국에 미친 영향들을 살펴보면 알 수 있다.

부분과의 관계에서 의미를 부여하는 전체를 함석헌은 '하나님의 뜻'이라 했다. 개별적인 사건에 하나님의 뜻이 반영되어 있음을 간파한 것이다. 우리의 삶에 나타난 하나님의 뜻을 알게 될 때 우리의 삶은 의미와 가치를 갖는데, 함석헌은 그것을 씨올의 항거에서 보았다.

넷째, 양심에 따라 독립을 선언하는 이유는 그것을 하늘의 뜻으로 인지했기 때문이다.

사람 된 양심의 발로로 말미암은 세계 개조의 큰 기운에 순응해 나가기 위하여 이것을 드러내는 터이니….

이것은 마치 1948년에 채택된 유엔인권선언문과도 같은 느낌을 준다. 왜냐하면 독립을 선언하는 것이 인간으로서 마땅히 존중되어야 할 양심의 자유에 근거하며, 또한 이것은 문명의 진보를 공동의 과제로 삼고 추진하는 세계사적인 흐름과도 일치하기 때문이다. 19세기 진보주의적인 역사관과 인간에 대한 계몽주의적 낙관주의를 엿볼 수 있다. 비록 지금은 구시대의 유물이 되었지만, 당시에는 매우 주도적인 역사철학이었다.

다시 말해서 독립 선언문은 이 민족의 독립과 자주를 하늘의 뜻으로 봄으로써, 조선의 독립은 개별 국가의 사안만이 아니라 모든 세계가 함께 지향해 나아갈 뜻을 실현하는 일이라 주장할 수 있었다. 또한 각 국가들은 자유와 독립국가로서 각자 맡은 바 최선을 다하게 될 때 인류 모두의 이익에 기여하게 된다고 보았다. 그렇기 때문에 비록 한반도 민족 사안에 불과했어도 3.1운동을 하늘의 명령으로 이해한 것이다.

지금까지 설명한 네 가지 근거를 정리하면 다음과 같다. 첫째, 조선은 스스로를 독립적으로 운영할 수 있는 능력을 갖고 있으며, 둘째, 조선을 구성할 뿐 아니라 대표하는 이천만 민중은 한일합방을 원치 않으며, 셋째, 민족의 자주독립은 세계사적인 흐름에 부합하는 일이며, 그리고 마지막으로 조선의 독립은 하늘의 뜻과도 일치한다. 이런 근거를 바탕으로 민족 대표 33인은 기미독립 선언문을 통해 조선의 독립과 조선 민족이 자주 민족임을 천명하였고, 또한 다음과 같이 말함으로써 선언에 정당성이 있음을 밝혔다.

이는 하늘의 명령이며, 시대의 대세이며, 온 인류가 더불어 같이 살아갈 권리의 정당한 발동이므로, 하늘 아래 그 무엇도 이것을 막고 누르지 못할 것이라.

2. 기미독립 선언문과 3.1영성

1) 3.1정신은 3.1영성으로 이해해야

앞서 우리는 3.1운동을 가능하게 한 정신이 기미독립 선언문에서 어떻게 구체적으로 나타났는지에 대해 '선언' 행위에 착목해서 살펴보았다. 이제는 선언을 가능하게 했으며 네 가지 근거로 표현된 3.1정신의 기독교적인 의미에 관해 생각해 보자.

3.1운동을 역사신학적인 관점에서 조명한 함석헌은 이것이 하나님의 명령에 순종한 결과이며 전체 생명의 깊은 도가니에서 돌발적으로 터져 나오는 하나의 운동이라면서[12], '3.1운동의 정신적 원천은 기독 신앙'[13]이라 했고 또 그것을 3.1정신이라 했다. 그는 3.1정신을 자연스런 정신이며, 인간의 역사를 꿰뚫고 있는 윤리 정신이고, 우리나라 민주주의를 시작하게 한 정신이며, 우리 민족에게 나타난 종족적인 계시로 보았다.[14]

> 세상에서 흔히 3.1정신이라고 떠드는 소리를 듣지만 3.1정신이란 따로 있는 것 아니다. 있다면 우주 인생을 꿰뚫는 정신이 있을 뿐이지. 해를 낳고, 달을 낳고, 천체를 낳고, 꽃을 웃게 하고, 새를 울게 하며, 사람으로 사람이 되게 하는 그 정신이 3.1운동을 일으켰지, 그밖에 또 무슨 조작이 있을 수 없다.[15]

역사 과정을 통해 드러난 하나님의 뜻을 자기 자신 안으로 받아들여 그것을 민족의 정신으로 삼고 결과적으로 3.1운동으로 구체화했다는 것이다. 이 것은 다분히 역사가 절대정신의 자기 발전 과정이며, 이념이 현실이 되는 과정이라고 본 헤겔의 역사철학에 근거한 통찰이라 생각한다. 함석헌은 바로 이것에 천착하여 3.1정신을 말했는데, 이에 따르면 3.1운동은 절대정신이 기미년 한반도의 상황에서 민족정신으로 구체화된 결과이다. 함석헌은 이 정신은 죽으면서도 죽지 않고, "본래 죽을 수 없는 것이기 때문에, 죽어도 다시 살아난다."[16]고 했다. 그러므로 3.1운동의 의의는 이 정신이 단지 철학 이념으로만 머물러 있지 않고 3.1정신으로 지향되고, 또 마침내 3.1운동으로 구체화된 데서 찾아야 한다는 것이 함석헌의 주장이다.

3.1운동의 기독교적인 성격은 이미 기미독립 선언문을 기초한 최남선이 분명하게 밝혔다. 최남선과 가진 면담(1956년 2월 25일자, 〈〈한국기독시보〉〉) 의 내용을 전해준 전택부에 따르면, 자신(최남선)은 기독교 인사들과 친밀한 교제를 가졌으며, 독립 선언문에 사용된 자유와 독립 등의 용어는 기독교에서 차용했고, 비폭력 정신은 명백히 기독교 정신이며, 헤이그에 밀사를 파견할 계획은 이준이 당시 상동교회 청년회관에서 기획한 것이며, 천도교는 전국적인 규모를 가진 기독교를 필요로 했기 때문에 기독교와 손을 잡을 수밖에 없었다는 것이다. 그 밖에도 3.1운동을 기획하고 실행하는 일에서 기독교는 대체로 지도적인 입장에 있었다.

그런데 만일 3.1운동을 하나님의 역사로 본다면, 그것을 가능하게 한 3.1 정신은 기독교적인 측면에서 '3.1영성'으로 말할 수 있다고 생각한다. 영성은 다양한 정의가 있지만 필자에 소견에 따르면, 성령 하나님을 통해 인간 안에 형성된 하나님의 능력이다. 영성을 통해 인간은 역사 속에서 하나님을 인식하고, 하나님과 하나님 아닌 것을 분별할 수 있으며, 하나님과 그분의 행위를 자기 안으로 받아들일 수 있고, 하나님의 말씀과 행위에 적합하게 반응하며 표현할 수 있다. 인간으로서 하나님께 기도할 수 있는 것도 영성 때문이다. 그러니까 기미독립 선언문은 하나님의 말씀 및 역사 안에서 행하시는 하나님과 그분의 뜻에 대한 우리 민족의 반응을 가능하게 한 영성에서 비롯한 것이다. 3.1운동은 하나님의 창조 질서를 방해하는 일제에 저항한 것이었다. 그것은 단순한 민족운동의 차원을 넘어서서 세계와 인류의 평화와 공존을 위한 것으로서 보편적인 의미와 가치가 있다. 성령 하나님의 사역이 현실로 나타난 것이었다. 그렇기 때문에 그가 하나님의 역사를 말하면서 3.1정신을 말한 것은 기독교적인 맥락에서 '3.1영성'이라 보는 것이 바람직하다. 이렇게 말할 때 관건은 3.1운동을 3.1정신을 넘어 3.1영성에서 비롯한 것이라 말할 수 있는 근거가 무엇인지를 발견하는 것이다.

2) 3.1영성을 말할 수 있는 근거는?

① 3.1운동과 기독교

3.1운동을 이끌었던 한국 민족주의의 태동은 유교 및 유교 종주국이었던 중국과의 관계를 배제하고는 생각하기 쉽지 않다. 당시 실학자들 중심의 진보적인 학자들은 중국과 연계되어 있는 유교적인 정치체제에서 벗어나는 길만이 새로운 시대를 여는 길이라고 생각했다. 이런 맥락에서 기독교는 새로운 세상을 볼 수 있는 눈을 뜨게 해 주는 사상이며 문명이었다. 당시 기독교 지도자들 다수가 기독교인이었고 그들이 민족운동을 전개했다는 사실은 기독교가 한국의 민족운동에 깊은 영향을 미쳤다고 볼 수 있게 한다. 물론 민족운동 형성 요인의 다중성을 생각해볼 때, 동학농민혁명과 의병 항쟁 등에서 표출된 전래적인 민족운동이 기독교와 만나 더욱 빛을 발했다고 말할 수 있지만, 기독교가 정치(독립협회 등)와 문화(한글 번역)와 교육(여성 교육

등)을 통해 민족운동 형성에 큰 영향을 미쳤다는 사실은 결코 무시할 수 없다. 이 사실은 기독교가 세계사적인 흐름을 바로 읽을 수 있는 안목을 열어주었음을 입증한다.

3.1운동을 기독교 신앙 운동의 맥락에서 해석할 수 있다고 보는 견해가 다수다. 함석헌은 그것이 비폭력적인 만세 운동의 형태로 전국적인 규모로 일어났다는 사실에서 기독교가 주도적인 역할을 했다고 보았다.[17] 이덕주는 세 가지 주장을 하였다. 첫째, 3.1운동의 민족의 독립과 자주 정신과 기독교의 민족운동이 관련이 있다. 둘째, 비폭력적인 평화운동으로서 3.1운동에 참여한 다수의 기독교인들에게 신앙적인 동기가 작용했다. 그것은 무엇보다 교회가 일제의 식민 통치를 통해 박해받는 현실에서 신앙을 수호하기 위한 노력이 필요하다고 인식했기 때문인데, 이것은 민족의 독립과 자주를 추구하는 것과 서로 불가분의 관계에 있다고 보았다는 것이다. 개인적인 하나님 경험을 통해 참여자들은 민족주의 신앙을 더욱 굳게 할 수 있었다. 셋째, 3.1운동은 그 후의 기독교 신앙에 지대한 영향을 끼쳤다. 3.1운동 후에 기독교인들 중에 서민들 사이에서는 초월적 신비주의 신앙이, 그리고 지식층에서는 계몽주의적인 신앙이 두드러졌다. 이런 주장을 바탕으로 이덕주는 3.1운동을 다음과 같이 규정했다.

한국 기독교가 고난-부활-재림에 이르는 성경의 근본적 신앙을 역사 속에서 체험하게 만든 사건이었다.[18]

3.1운동을 하나님의 뜻으로 인지한 공통적인 근거는 무엇보다 그것이 비폭력적인 저항이었기 때문이다. 이것은 기미독립 선언문 이전의 두 선언문과 그 후의 각종 선언(선포)문이나 격문 등에서도 공통적으로 지적되는 부

분이다. 특히 신민회 사건이나 수원 제암리교회 학살 사건 등에서 표출되었 듯이, 기독교에 대한 일제의 박해는 매우 극심하여 일제 만행의 의미가 다 만 주권 침탈이라는 정치적인 면에만 있지 않고, 기독교 신앙적으로 반응해 야 할 사건으로 인지되었다.

둘째, 이런 일제에 의한 식민 통치 상태를 구약 이스라엘의 운명과 비교 하면서, 하나님에 대한 죄와 하나님의 징계의 관계에서 이해하였다. 구약과 한반도의 현실을 유비적으로 이해할 수 있게 만든 주요 요인은 신비한 신 앙체험에서 찾을 수 있다. 당시 3.1운동에 적극 참여했던 기독교 인사들은 신비한 체험을 통해 죄를 지은 이스라엘 및 그들의 고난과 자신들의 숙명 을 유비적으로 이해하는 데에 크게 기여하였다. 따라서 일시적인 고난은 불 가피한 일이라도 결과적으로 하나님이 원하시는 것은 민족의 자유임을 인 지하였다. 일제의 폭압을 죄로부터의 자유라는 개념으로도 이해할 수 있었 다. 이것은 기독교가 스스로를 비정치화하는 결과로 이어졌다. 길선주는 일 본 헌병에게 심문을 받는 과정에서 이 점을 매우 분명하게 밝혔다. 전택부 는 세 가지 특징으로 요약했는데, 교회는 정치에 참여하지 말 것, 민족의 비 운도 성경의 가르침으로 위로를 받으며 인내해야 할 것, 독립운동은 반항이 아니라 청원이기 때문에 죄가 아니다 함이다.[19]

셋째, 하나님의 뜻으로 인지한 결과 3.1운동은 그에 합당하게 반응한 결 과였고 또한 표현이었는데, 대표적인 것으로는 일제에 맞서는 방식으로 비 폭력 평화운동을 채택한 것이다. 이것은 기미독립 선언문 공약 3장에 나오 는 "결코 배타적 감정으로 일주하지 말라.", "일체의 행동은 가장 질서를 존 중하야" 등으로 표현되었다.

3.1운동의 이런 성격 때문에 3.1운동은 기독교적으로 볼 때 3.1영성에 기 반을 둔 사건이라 볼 수 있다.

② 성경적인 근거(3.1운동의 기독교적인 의미): 억압으로부터의 해방 그리고 자유

항일운동에 기독교인이 참여한 동기는 성경에서 비롯하며, 그 근본에서 하나님의 정의에 대한 갈망이 있었다. 강자가 약자를 억누르는 것은 하나님의 정의에 맞지 않음을 분명히 인식하였고, 그 결과 기독교 신앙 운동으로서 3.1운동에 참여하였다. 따라서 신앙 운동으로서 기독교인의 참여를 가능하게 한 3.1운동을 계기로 3.1영성을 말할 수 있는 성경적인 이유는 유비적으로 말할 수 있다고 보는데, 곧 출애굽기 5장 1-3절에서 찾아볼 수 있다. 본문을 보면 모세와 아론이 바로 왕 앞에 서 있다. 그리고 바로에게 이렇게 말한다.

이스라엘의 하나님 여호와께서 이렇게 말씀하시기를 내 백성을 보내라 그러면 그들이 광야에서 내 앞에 절기를 지킬 것이니라 하셨나이다.

히브리 노예에 불과한 모세와 아론의 입을 통해 나온 말은 바로 왕에게 향한 청원이 아니었다. "내 보내라!"는 명령이었다. 왜 그랬을까? 히브리 민족이 독립해서 자유를 얻는 것은 하나님의 뜻이기 때문이었다. 출애굽기 2장 23-25절을 보면 하나님이 히브리 민족을 해방시키는 동기에 대해 이런 기록을 읽을 수 있다.

여러 해 후에 애굽 왕은 죽었고 이스라엘 자손은 고된 노동으로 말미암아 탄식하며 부르짖으니 그 고된 노동으로 말미암아 부르짖는 소리가 하나님께 상달된지라 하나님이 그들의 고통 소리를 들으시고 하나님이 아브라함과 이삭과 야곱에게 세운 그의 언약을 기억하사 하나님이 이스라엘

자손을 돌보셨고 하나님이 그들을 기억하셨더라.

하나님은 당신의 백성들이 고통당하는 것을 차마 보지 못하고 그 약속을 이루기로 작정하였다는 말이다. 누군가를 억압하고 고통을 주는 것은 결코 하나님의 뜻이 아님을 알게 하는 기록이다. 오히려 하나님의 뜻은 고통 받는 자에게 위로를 주고, 억압당하는 자에게 해방을 준다. 그러니 고통받는 히브리 민족이 애굽의 압제로부터 벗어나는 것은 단순한 모세의 의협심이나 아론의 불타는 정의심에 의해 주장되는 것이 아니었다. 그것은 하나님의 뜻이었다. 고통을 받는 당신의 백성을 향한 하나님의 뜻을 알고 있기에 모세와 아론은 바로에게 하나님의 명령을 담대하게 선포할 수 있었다. 바로가 모세와 아론으로부터 "내 백성을 내보내라!"는 명령을 들은 것은 당연한 일이었다.

해방과 자유의 목적은 하나님을 예배하는 데에 있다.

출5:1-3은 또 다른 중요한 사실을 담고 있다. 해방과 자유의 목적이 단순히 개인의 이익과 영달을 도모하기 위한 것이 아니라 여호와 하나님을 자유롭게 예배하는 데 있다는 것이다. 히브리인들의 자유는 하나님의 뜻이었다.

그러나 한 가지 조건이 있었다. 그 자유라는 것이 하나님을 예배할 수 있는 자유여야 한다는 것이다. 예배한다 함은 정성을 다해서 의식을 치른다는 의미가 아니다. 하나님을 인정하고 높이면서 정성을 다해 하나님의 참하나님 됨을 드러내는 것이다. 예배 의식은 이런 일들 가운데 하나일 뿐이다. 히브리 민족은 해방 이후에 바로 이 점에서 실패했다. 해방되었을 때 그들은 기뻐했지만, 그들은 하나님을 예배하기보다 송아지를 하나님으로 섬기는 죄를 범했다. 나중에는 하나님을 신뢰하지 못하고 원망하다가 출애굽 첫 세대들 가운데 여호수아와 갈렙을 제외하고 모두 광야에서 죽었다. 해방의 진정한 목적인 하나님을 예배하는 일, 하나님을 참 하나님으로 드러내는 일에서 그들은 실패하였다. 그리고 예수 그리스도의 십자가로 죄에서 해방된 인류는 지금까지도 실패를 거듭하고 있다.

3.1운동은 삶으로서 예배의 한 모습

3.1영성은 바로 이점에 착목하여 유비적으로 이해될 수 있다. 기미독립선언문은 조선의 자주독립이 단순한 안일함과 편안함 그리고 원망이나 복수를 위해 있는 것이 아님을 분명하게 선포했다.

> 병자수호조약 이후, 시시때때로 굳게 맺은 약속을 저버렸다 하여 일본의 신의 없음을 탓하려 하지 아니하노라. 학자는 강단에서, 정치인은 실생활에서 우리 조상 때부터 물려받은 이 터전을 식민지로 삼고, 우리 문화민족을 마치 미개한 사람들처럼 대하여 한갓 정복자의 쾌감을 탐낼 뿐이요, 우리의 영구한 사회의 기틀과, 뛰어난 이 겨레의 마음가짐을 무시한다 하여, 일본의 옳지 못함을 책망하려 하지 아니하노라. 자기를 일깨우기에 다급한 우리는 다른 사람을 원망할 여가를 갖지도 못하였노라. 현재를 준비하기에 바쁜 우리에게는 예부터의 잘못을 헐뜯는 데 있지 아니하노라. 엄숙한 양심의 명령을 따라 자기 집의 운명을 새롭게 개척하는 일일 뿐, 결코 묵은 원한과 일시의 감정을 가지고 남을 시기하고 배척하는 일이 아니로다.

당장에는 억울함과 괴로움에서 벗어나고 또 손상된 겨레의 양심과 훼손된 나라의 체모를 회복하고 또한 후손들에게 행복을 안겨다 주는 것이 되겠지만, 한층 더 나아가서는 인류 문화 창달에 이바지하는 것이고 정의와 인도의 정신을 함양하고 인류 질서를 합리적으로 세워나가는 것에 독립을 선언하는 이유가 있다고 말했다.

낡은 사상과 낡은 세력에 얽매인 일본 위정자의 공명심의 희생으로 이루어진 부자연스럽고 불합리한 이 그릇된 현실을 고쳐서 바로잡아, 자연스럽고 합리적인 올바른 바탕으로 되돌아가게 하는 것이라. 처음부터 이 겨레가 원해서 된 일이 아닌 두 나라의 합병의 결과는 마침내 억압으로 이뤄진 당장의 편안함과, 차별에서 오는 고르지 못함과 거짓된 통계숫자 때문에, 이해가 서로 엇갈린 두 민족 사이에 화합할 수 없는 원한의 도랑이 날이 갈수록 깊이 파이는 지금까지의 사정을 한번 살펴보라. 용감하게 옛 잘못을 고쳐 잡고, 참된 이해와 동정에 바탕한 우호적인 새 시대를 마련하는 것이, 서로 화를 멀리하고 복을 불러들이는 가까운 길인 것을 밝히 알아야 할 것이 아니냐! 또한 울분과 원한이 쌓이고 쌓인 이 천만 국민을, 힘으로 붙잡아 묶어 둔다는 것은 다만 동양의 영원한 평화를 보장하는 노릇이 아닐 뿐 아니라, 이것이 동양의 평안함과 위태함을 좌우하는 사 억 중국 사람들의 일본에 대한 두려움과 시샘을 갈수록 짙어지게 하여, 그 결과로 동양 전체가 함께 쓰러져 망하는 비운을 초래할 것이 뻔한 터에, 오늘 우리의 조선독립은 조선 사람으로 하여금 정당한 번영을 이루게 하는 동시에 일본으로 하여금 잘못된 길에서 벗어나, 동양을 버티고 나갈 이로서의 무거운 책임을 다하게 하는 것이며, 중국으로 하여금 꿈에도 피하지 못할 불안과 공포로부터 떠나게 하는 것이며, 또 동양의 평화가 중요한 일부가 되는 세계 평화와 인류 복지에 꼭 있어야 할 단계가 되게 하는 것이라. 이것이 어찌 구구한 감정상의 문제이겠느냐!

간단하게 말해서 독립 선언은 용서의 정신이요, 관용의 정신이요, 인류의 평화 건설과 자유 및 정의 실현을 위한 신념에서 비롯된 것이었다. 기독교적인 관점에서 볼 때, 기미독립 선언문 안에서 선포된 내용들은 하나님의 뜻을 천명하고 있으며, 또한 기미독립 선언문에 따라 일치된 행동으로 나타난 3.1운동은 일상에서 하나님을 예배하는 또 다른 방식이었다.

3. 3.1영성의 현대적인 의미

3.1운동을 가능하게 하고 또 3.1운동을 통해 구체화된 3.1영성, 그것의 현대적 의미는 무엇인가?

첫째, 3.1운동은 평화와 정의, 그리고 자유의 소중함이 드러난 사건이다. 기독교인은 어떤 일을 하든지 정의와 평화의 하나님을 분명하게 전하도록 부름을 받는다. 비폭력적인 평화적 시위운동으로서 3.1운동은 이것을 구체적으로 드러냈다. 따라서 오늘 우리가 3.1운동을 통해 표출된 3.1영성을 통해 하나님의 뜻을 알게 되었다면, 나의 뜻을 관철시키기 위해 폭력을 사용하기보다 사회적 약자를 포함하는 타자의 소중함을 깨닫고 또 타자를 배려하는 마음을 실천하는 것이다. 배려는 나의 뜻보다 타자의 뜻을 우선하는 마음에서 비롯하는 태도다.

둘째, 기미독립 선언문에서 드러난 3.1영성을 통해 우리 모두는 하나님 앞에서 소중한 존재임을 알게 된다. 우리의 인격은 물론이고 우리가 해야 할 일은 누구에 의해서도 침해되거나 방해받아서도 안 된다. 사람은 각자의 능력에 맞게 그 부르심에 합당한 삶을 살아야 한다.

셋째, 3.1영성을 통해 우리는 화해의 하나님을 배울 수 있다. 하나님은 인간의 죄로 인해 막혔던 담을 무너뜨리기 위해 독생자 예수 그리스도를 이 땅에 보내서서 화해하셨다. 이는 다시 말해서 우리를 아프게 하고 힘들게 하는 모든 사람들에 대해 우리가 용서와 관용의 태도를 보여야 한다는 말이다. 기미독립 선언문은 이 점을 분명하게 강조했다. 복수와 원망은 과거에 사로잡힌 사람들의 태도이다. 그리스도인들에게 더욱 중요한 것은 하나님이 보여주신 그 뜻을 향해 힘차게 매진하여야 한다는 것이다. 우리의 원수라도 하나님의 구원의 손길에서 벗어나지 않는다고 한다면, 그들을 사랑하는 마음으로 적극적으로 화해의 삶을 살 수 있다.

넷째, 3.1영성은 불의에 저항하는 정신이다. 하나님의 것이 아니고 또 하나님에게서 비롯하지 않은 것에 대해 과감하게 "아니요."를 말한 사건이다. 우리를 하나님으로부터 멀어지게 만드는 모든 악한 일에 맞서 용기 있게 저항한 것이다.

다섯째, 3.1영성은 우리 민족으로 하여금 일치하여 행동하게 했다. 민족대화합 정신의 실현이었다. 우리 민족은 3.1운동을 통해 민족의 하나됨을 확인할 수 있었다. 민족의 하나됨, 이것이 바로 오늘 우리가 가슴속에 품어야 할 3.1영성이다. 이 영성은 남북의 현실에 우리가 어떻게 반응하느냐에 따라 민족의 통일을 가능케 하는 추동력이 될 수 있다. 3.1운동을 기념할 때마다 나타나는 좌우 이데올로기의 대립은 결코 바람직하지 않다. 3.1정신이나 3.1영성에도 부합하지 않는다. 해방 직후 좌익과 우익의 대립을 떠올려 본다면, 오늘날 한반도 내에서 이념 대립은 반드시 지양되어야 한다.

4. 3.1영성과 남북 관계
: 남북 간 화해와 평화를 위한 실천 운동에 대한 기대

한국 기독교에서 전개한 통일 운동은 다양하게 전개되었고, 지금도 그것은 계속 진화 중에 있다고 말할 수 있다. 기독교 통일 논의에서 관건은 정치적인 정황이다. 정치적인 형세와 무관할 수 없기 때문이다. 무엇보다 통일에 대한 복잡한 이해관계 때문에 통일 대신에 화해와 평화를 주로 사용하는 것은 가장 두드러진 특징이라 할 수 있다. 따라서 남북 간 화해와 평화를 위한 동력을 3.1운동과 그 정신에서 발견하려는 시도가 많은데, 필자는 선언의 형태로 표출된 3.1정신이 화해와 평화에 어떻게 기여할 수 있는지, 그 단서를 제시해 보고자 한다.

외세에 의존하지 않는 독립국가임을 추구할 뿐 아니라 이것을 방해하는 일제에 저항하도록 추동한 3.1정신은 오늘에 이르기까지 다양하게 해석되고 있고[20], 또한 100주년을 기념하는 오늘의 시점에서 한반도의 평화와 화해를 위해 적절한 해석을 모색하는 건 우리가 풀어야 할 과제라고 생각한다. 무엇보다 해방 후 분단 상황에서 북한은 항일 투쟁의 연장선상에서 국가의 정체성을 세워 나갔고, 남한은 자주독립의 정신을 이어받아 정치민주화와 인권 정신으로 발전시켰다. 이런 분단의 현실에서 반인도주의적인 무단통치에 저항했던 비폭력 평화운동을 가능케 한 3.1정신이 남북 화해와 평화에 기여하는 부분이 적지 않을 것이라 생각한다. 강만길은 "3.1운동의 결과 성립된 임시정부"를 두고 이념적으로 서로 다른 노선의 "합작과 통일을 지향한 운동이 최초의 결실을 이룬 것"이라 말했다.[21]

그렇다면 민족 독립운동으로서 3.1운동은 남북 간 화해와 평화를 위해 어떻게 기여할 수 있을까? 남북 간 화해와 평화를 위한 동력은 무엇일까?

첫째는 독립청원론자처럼 외세에 의존하는 모습에서 과감하게 벗어나는 것이 필요하다. 한반도 화해와 평화는 동북아 평화뿐 아니라 세계 평화에도 기여할 것으로 기대된다. 한반도 통일은 단지 민족 내적인 문제만은 아니다. 따라서 주변 정세를 두려워하지 않고 또 일제에도 구걸하지 않은 채 담대하게 독립을 선언했듯이, 한반도의 화해와 평화운동을 위해서도 주변 강대국들에 지나치게 의존하거나 청원할 일이 아님을 천명할 필요가 있다. 그것은 먼저 성숙한 민중의식을 바탕으로 과감하게 선언하면서 남한과 북한이 주체적으로 결정할 문제다.

이것은 그간 남북한 간에 이루어진 각종 정상회담에서 거듭 반복하며 강조한 부분이다. 1972년 7.4 남북공동성명서(비정상회담)는 자주통일을 조국 통일을 위한 세 원칙 중에서 첫 번째로 채택했으며, 이런 원칙은 2000년 6.15 남북공동선언, 2005년 10.4 선언, 그리고 2018년 남북정상회담을 통해 얻은 판문점선언에서도 한결같이 강조되었고 2018년 9월 평양선언에서 재차 확인되었다. 거듭되는 회담에서 민족적인 자주통일의 원칙을 확인하였고, 또한 이 사실을 남북한 민중에게뿐 아니라 전 세계를 상대로 선포하였다. 이것은 3.1운동의 선언 정신과 분명하게 맞닿아 있는 점이다. 관건은 선언을 구체적으로 실현할 수 있는 외교적인 주변 환경을 조성하고 또한 남북한 관계자들의 실천 의지를 다지는 일일 것이다.

둘째는 한반도의 화해와 평화를 위한 노력은 비폭력 평화운동이어야 한다. 3.1운동은 비록 시간이 지나면서 민중 투쟁의 양상을 띠었지만, 그것은 3.1운동을 폭력적으로 진압하고 시위 참여자들을 잔인하게 고문한 데 대한 반응이었다. 그러나 3.1운동을 추동했던 정신 자체는 비폭력 저항 및 평화적인 운동을 고수했다. 3.1운동이 세계사적인 의미를 갖고 당시 중국과 인도 등을 포함해서 오늘날까지도 다양하게 영향을 미칠 수 있었던 것도 그것이 처음에 비폭력 평화운동이었기 때문이다. 한반도의 화해와 번영은 비폭력 평화운동을 통해서만 구현될 수 있다.

4.7 판문점 선언과 9월 평양선언이 세계 여론의 관심을 받은 까닭도 남과 북 모두가 한반도 내에서 종전 선언과 같은 의지를 나타내 보였고, 또한 한

반도 내에서 남과 북의 완전한 비핵화 의사를 명시했기 때문이다. 김정은이 방명록에 쓴 내용, 곧 "새로운 역사는 이제부터, 평화의 시대, 역사의 출발 점에서"는 판문점선언에 그대로 반영되어 있는데, 한반도에서 평화의 시대가 열릴 것임을 밝힌 것이라 볼 수 있다. 판문점선언과 9월 평양선언은 평화 협정의 필요성을 역설하고 있으나 실제적으로는 종전 선언과 다르지 않으며, 또한 이를 계기로 한반도의 평화를 구축하는 새로운 역사의 출발이 될 것이라 믿어 의심치 않는다.

셋째는 상호 신뢰이다. 판문점선언과 관련해서 남한 내 탈북자들을 포함한 인권 단체는 북한의 열악한 인권 실태를 폭로하며 선언의 진정성을 의심하였다. 실제로 북한 정권에 의해 각종 고문을 당하며 인권유린을 피부로 경험한 사람들이 보기에는 김정은의 행위와 그의 소위 '통 큰 결정'이 위장 쇼로 여겨질 수도 있겠다 싶다. 어디 북한의 경우만 그렇고 남한에는 없겠는가. 남한에서도 인종차별, 성차별, 외국인 차별, 탈북자 차별 등이 계속 나타나고 있다. 이런 점에서 선언을 얼마나 충실하게 이행하는지를 남과 북 모두가 서로를 지켜볼 필요가 있다.

그러나 남북 화해와 평화를 구축하는 데에서 관건은 특정 인물의 불의나 역사의 한순간에 나타나는 이념으로 얼룩진 행위가 아니라 지속적이고 돌이킬 수 없는 평화의 토대가 될 정신을 이끌어 내느냐이다. 필자는 3.1운동을 통해 표출된 3.1정신이 오늘 한반도에서 전개되는 각종 부조리한 상황을 극복할 동력을 길어 내는 마중물로 여겨지는 것은 무엇보다 상호 신뢰 때문이라고 생각한다. 물론 과거에 부정적인 사례가 없지는 않았으나 그럼에도 불구하고 서로 신뢰하며 각자의 양심에 호소하는 것이 평화를 위한 첫걸음이 되어야 할 것이다. 함석헌은 3.1운동이 남북통일 문제에 기여할 수 있는 점을 언급하면서, 3.1운동이 일본의 양심과 인류의 양심을 깨웠듯이 북한의

양심을 깨우는 일이 중요함을 역설하며 다음과 같이 주장하였다.[22]

> 분명히 기억해야 할 것은 대적을 도덕적 인간으로 믿고 그들의 양심에 호
> 소하는 것이 가장 힘 있는 일이라는 것이다. 믿음이 없이는 도둑의 사회도
> 성립이 되지 않고, 정의의 법칙을 지키지 않고는 무기조차 만들 수 없다.
> 근본 되는 것은 이 우주의 윤리적 질서를 굳게 믿음이다.

나가는 글

정리하면, 필자가 이해하는 '3.1정신'은 일제에 의한 강탈이 조선으로 하
여금 독자적인 생존을 권리로서 누리지 못하게 방해했고, 또 무단정치(武斷
政治)로 조선 민족에게 고통을 안겨 주었기에 그것에 저항하면서 자주와 독
립을 선언했던 정신을 가리킨다. 이 정신은 단순한 민족운동의 차원을 넘
어서서 세계와 인류의 평화와 공존을 위한 것이다. 곧 한 인격체로서 국가
의 자주와 독립을 원하는 하나님의 창조 질서를 방해하는 일제에 저항한 것
이며, 이것을 가능하게 한 정신이다. 이 정신을 기독교적으로 이해할 때 성
령 하나님의 사역을 우리 민족정신 안으로 받아들여 그것을 민족운동의 형
태로 표현하도록 한 원동력이었다는 점에서 필자는 '3.1영성'으로 이해하였
다.

끝으로 3.1정신과 3.1영성은 비록 구체적인 사건을 통해 분명해졌으나,
그것이 갖는 보편적인 성격 때문에 단지 당대의 특징적인 현상으로만 남
을 수 없고 또 그래서는 안 된다. 그것은 인류 보편적인 가치와 의미가 있는
것으로 기억되어야 하며, 또한 역사를 추동하는 힘으로 지속되어야 한다.
5.18 광주 민주화 항쟁과 1987년 6월 혁명, 그리고 2016년 촛불혁명은 면면

히 이어져 내려오는 3.1정신과 결코 무관하지 않다고 생각한다. 3.1정신과 3.1영성이 대한민국의 민주화에 지대한 기여를 했다면, 오늘날 분단국가의 상황에서도 여전히 유효하게 작용할 수 있으리라 기대한다. 일찍이 함석헌은 3.1운동으로 표출된 3.1정신이 남북통일 문제를 해결할 유일한 길이라고 말한 바 있다.[23] 네 차례 남북정상회담 결과로 나온 선언들 역시, 비록 지금까지 온전히 실천되지 않았다 해도, 3.1정신을 이어받아 우리가 주변 강대국들과의 관계에서 어떻게 우리끼리 평화를 구현할 것인지를 천명한 것이다. 기독교인으로서는 이 정신을 3.1영성으로 발전시켜 한반도의 평화에 기여할 수 있는 기독교의 과제를 인지해야 할 것이다.

제2부

3.1정신과 좌우 이데올로기

몽양 여운형의
좌우합작론 속의 토착적
기독교성

— 독립과 해방 그리고 통일 여정에 이르기까지
의 사상적 에토스 연구

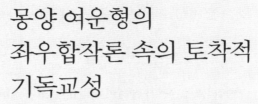

이 정 배 / 顯藏 아카데미 원장

"한국의 독립운동은 세계의 대세요, 신의 뜻이며, 한 민족의 각성이다."

들어가는 글: 왜 몽양 여운형을 다시 말하는가?

한국 교회는 종교개혁 500주년을 지나 3.1독립선언 100주년의 해를 맞고 있다. 이웃 종교인들과 함께 민족 대표 자격으로 나라의 독립을 위해 평화 메시지를 선포했던 멋진 역사가 우리의 과거다. 하지만 역사는 과거가 아니라 미래를 위해서만 의미가 있다. 주지하듯 당시의 독립운동은 오늘의 통일 운동 이상으로 끝이 보이지 않는 지난한 일이었다. 그럴수록 이 땅의 기독교는 한반도 평화 체제를 위해 애써야 할 것인바, 3.1선언 100주년을 기리는 의미가 바로 여기에 있다.

해방 후 70여 년이 지난 지금까지 교회는 민족주의와 짝했던 자신의 애국 운동을 힘껏 자랑해 왔다. 이 땅의 정부 역시 민족주의에 근거한 우파적 시각에서 건국이념을 표방하였다. 민족주의와 기독교가 독립을 위해 일제와 맞선 강력한 이념이었음을 누구도 부정하지 못할 것이다. 하지만 분단 이후 남쪽을 지배해 온 이를 두 이념은 사회주의의 역할을 의도적으로 간과했다. 반공주의자로서 기독교인이었던 이승만을 국부로 여긴 탓에 독립을 위해 처절하게 싸웠던 사회주의를 배제했던 것이다. 정권에 등용된 옛 친일파들이 사회주의자들을 희생양 삼아 자신들의 입지를 확보한 결과였다. 그러나 이제 평창올림픽 이후 남북 간 평화 논의가 싹트는 현실에서 사회주의를 대하는 우리의 태도 역시 달라져야 옳다. 이를 위해 우리는 지난 역사 속에서 좌우 이념의 회통을 위해 남다른 안목을 지녔던 새로운 인물을 찾아야 할 것이다. 해방 정국에서 소위 '좌우합작론'을 펼친 몽양 여운형이 바로 그 경우이다. 그간 좌우를 함께 아우른 탓에 모두로부터 배척을 당했으나 이제는 그 논거의 진정성을 재론할 필요가 있다.

실상 몽양 여운형의 '좌우합작론'은 해방 정국 속 찬·반탁 논쟁에서 갑작스레 생겨난 것이 아니었다. 이미 일제강점기에서도 탈(脫)이념을 통해 민족 해방(독립)을 염원했기에 그는 '진보적 민족주의자'[1]로 불렸다. 사회주의 수용 여부를 두고 상해임정(臨政)에서 갑론을박하던 상황에서 여운형은 연해주 지역 한인 사회가 채택한 위 노선을 적극 반영시켰던 것이다. 따라서 3.1독립선언 발표 후 수립된 임정 속에 사회주의 요소가 이미 수용되었다고 말할 수 있겠다. 그렇기에 오늘의 건국(建國)절 논쟁은 사회주의와의 불필요한 갈등을 종식시키는 데까지 이를 일이다. 그간의 종북·좌빨 이념논쟁은 임정을 부정하는 친일 세력들의 자기 생존 논리에 불과하기에 더욱 그렇다. 몽양은 임정의 만류에도 불구하고 방일하여 일본 수상을 비롯한 정치인들과 수차례 회담한 적도 있었다. 일본으로선 회유책의 일환이었겠으나 여운형은 정작 이를 기회로 삼고자 했다. 상해로 이주했기에 3.1독립선언서에 이름을 올리지 못했으나 그속에 담겨진 평화 정신에 의거하여 일본 자체를 적대하지 않았다. 일본에게 동양의 평화를 요구할 뿐이었다. 이 점에서 그의 민족주의는 협소하지 않았으며 안중근의 '동양평화론'과 일정 부분 닮았다 할 것이다.[2] 이렇듯 그의 좌우합작론은 사회주의를 수용했고 오해를 무릅쓰고 일본조차 품었다. 해방 정국에서의 이념 갈등은 품어서 극복할 과제였을 뿐 분단의 빌미로 작동될 수 없다고 판단 했던 것이다. 미군정과의 관계에서도 마찬가지였다. 자기편이 되길 바라는 미군정과도 교감을 나눴으나 줄곧 그들의 통치를 반대했다. 미국의 긍정적 역할을 누구보다 인정하고 기대했으나 그들의 원심력에 끌려가지 않았고 민족 내부의 구심력으로 해방 정국을 이끌고자 한 것이다. 그는 친일 부역자들만 아니라면 누구와도 손을 잡을 수 있다고 믿었고 그렇게 행동했다. 우익 민족주의자는 물론 남로당 박헌영과도 한 당을 이루려 했으며, 심지어 미국이 설정한 38도선을 넘어 김일성과도 다섯 차례 이상 만나기도 했다.[3] 오로지 민족의 주체적 역량을 모아 진정한 독립, 곧 통일을 이룰 목적에서였다. 좌우합작이란 지난한 이상을 포기했더라면 그는 결코 비운의 주인공이 되지 않았을 것이다. 혹자는 이런 그를 몽상가로, 이상주의자로 여겼고 심지어 기회주의자란 말로 호도했으나, 우리 역사 속에 몽양의 꿈과 이상이 없었다면 작금의 난제를 풀어 낼 역량과 지혜도 찾기 힘겨울 것이다. 한 정치철학자의 분석처럼 남·남 간 이념 갈등이 남북한 평화 체제의 발목을 잡는 현실에서 몽양의 꿈이 다시 소생되어야 마땅하다. 당시는 실패했으나 지금은 성공해야만 할 것이다.

그간 몽양 연구자들이 주목하지 않았으나, 필자는 그의 좌우합작론 속에서 기독교적 요소, 혹은 기독교성을 발견했다. 그것도 서양에서 건너온 서구적 기독교가 아니라 '민(民)'을 사랑하는 토착적 기독교 신앙이 몽양의 이념적 배경이었다는 점에 초점을 맞춰 그를 다시 살펴보고 싶다. 그동안 정치가 여운형의 그림자 속에 가려져 평양신학교 출신의 전도자이자 설교가였던 그의 족적이 잘 해명되지 못했다.[4] 그는 교회를 세워 전도했고 사람을 감화시킨 명설교가이기도 했다. 상해임정 시절에도 그는 교회 지도자로서 자기 정체성을 유지하며 거류민단 책임자로서 활동하였다. 그렇기에 일제

치하를 거쳐 해방 정국을 살았던 정치가 몽양의 자의식 속에 기독교적 영향력을 찾는 일이 소중하다. 독립, 해방을 하느님의 뜻이라 확신했기에 통일을 위한 좌우합작의 신념 역시 이런 선상에서 살펴볼 필요가 있다. 사회주의를 비롯한 뭇 이념을 접해 배웠으나 그를 회통시킴에 있어서 기독교의 역할을 추정할 수 있다. 말했듯이 그를 추동한 것은 단순 서구적 기독교만은 아니었다. 여운형의 집안이 여운형의 선대까지 해월 최시형과 자주 만났던 동학 추종자 집안인 것은 널리 알려진 사실이다. 그 자신도 중국혁명 과정에서 양명학의 실천 정신을 배웠고 임정 시절 손정도 목사를 비롯하여 안창호, 신채호, 박은식 등의 종교사상가들과 생각을 나누었다.

본 글을 쓰는 과정에서 몽양이 지금껏 역사성을 의심받는 『천부경』 해설서도 썼다는 기록도 발견할 수 있었다.[5] 향후 세밀히 밝혀야겠으나 결국 이런 배경이 몽양에게 기독교를 확대해석할 여지를 주었을 것이라 생각할 수 있겠다. 한마디로 '민(民)'을 중심으로 한 좌우합작의 민족주의는 몽양의 정치이념인바, 토착화된 기독교의 유산이라 말하고 싶다. 목하 주류 기독교가 거짓 뉴스로 이념 논쟁을 부추기며 남남 갈등을 야기시키는 현실에서 몽양의 정치철학 속에 담긴 기독교성이 더욱 소중하게 생각된다. 한반도에 임한 평화 기운을 정착시키려면 몽양과 같은 정치가가 반드시 필요하다. 이런 연유로 필자는 다음 순서로 본 연구를 진척시킬 것이다. 첫 장에서는 상대적으로 간과된 몽양 여운형의 기독교적 배경을 살필 것이며, 둘째 장에서는 그에 기초한 일제하에서의 독립운동 실상을 소개하겠다. 다음으로 해방 정국에서 그를 죽음으로 이끈 좌우합작론에 근거하여 여운형의 정치적 활동을 논할 생각이다. 마지막 장에서는 몽양 여운형의 좌우합작론의 기독교적 의미를 오늘의 시각, 남북한 평화 체제 확립의 시각에서 정리할 것이다. 본 주제는 두 단계로 진행될 것인바, 우선 독립과 통일을 관통하는 키워드로서 좌우합작론을 살피고 이어서 본 주제어 속에 함의(含意)된 토착적 기독교성을 밝혀 낼 것이다.

1. 몽양의 기독교적 배경: 우리가 잊었던 삶의 궤적

지금 글을 쓰는 책상 앞에는 『씨알의 소리』 몇 권이 쌓여 있다. 그중 두 권의 첫 글로 함석헌의 글 〈3.1운동은 끝나지 않았다〉가 실려 있다.[6] 주지하듯 전후 독일처럼 패전국 일본이 분단되었어야 했는데 우리가 희생양 되어—이 역시 일본의 전략적 간계에 의해서—70년을 서로 적대하며 살아야 했다. 이 구조가 극복되지 않는 한 앞으로도 독립(獨立) 즉 '스스로 서는' 일이 어렵기에 함석헌의 말을 다시 가슴에 담는다. 필자가 이 시대의 독립운동을 통일 운동이라 칭했던 것도 같은 연유에서다. 이 일을 위해 1919년 당시 민족 대표들 다수가 종교인이었듯이 이 땅의 종교가 다시 나서 주길 기대하고 있다. 무엇보다 당시 손병희의 천도교에 의지했던[7] 기독교가 그를 대신해 통일의 주역이 되기를 갈망하며 100주년의 해를 맞고자 한 것이다. 이런 중에 몽양 여운형의 기독교적 배경을 알게 된 것은 큰 기쁨이었다. 민족주의와 사회주의 그리고 기독교를 아우른 위대한 독립운동가를 발견한 탓이다. 후술하겠으나 그의 기독교 신앙이 유교는 물론 대종교와도 갈등하지 않았기에 더더욱 돋보였다. 오로지 '민(民)'의 독립을 위해 모든 이념을 자신 안에 융합시킨 시대를 앞선 존재였던 것이다. 하지만 지금껏 출간된 몽양 평전들 속에서 독립과 통일의 여정 속에 녹아든 기독교성에 대한 언급이 많지 않았다. 윤경로를 비롯한 몇몇 기독교 역사학자들 글에서 기독교인 몽양의 족적이 소개되곤 했으나,[8] 필자가 관심한 좌우합작론과 기독교, 즉 토착적 기독교성과의 관계가 적시되지 못했다. 본 글을 쓰면서 '몽양 기념사업회'[9]가 발족되어 해마다 추모 강연회가 열리는 것도 알게 되어 그곳 자료들도 섭렵했으나 본 주제는 아직 미지의 영역으로 남아 있다. 사료를 중시하는 역사학자의 시각에서는 무게있게 다룰 수 없는 주제라 여길 것이나, 신학적 상상력을 보태면 몽양 속의 종교와 정치, 이 두 지평을 얼마든지 관계지울 수 있을 것으로 판단한다. 진보와 보수를 대변하는 두 기독교인, 크리스챤아카데미의 강원용 목사와 가나안농군학교 김용기 장로가 몽양과 연관된 존재였음을 생각할 때 필자의 상상력이 과하지는 않은 듯싶다. 본장에서는 몽양의 기독교적 족적을 소개하는 일차적 작업에 충실하겠다.

경기도 양평 출신인 몽양은 당시 신흥종교인 동학에 몸담았던 가계에서 자랐다. 조부와 숙부 등이 동학교도였음이 분명하다. '사람이 하늘이다'는 '민(民)'이 중시된 후천개벽의 교리가 이들의 마음을 빼앗았던 까닭이다. 해월 최시형과도 숱하게 만났던 이들은 동학 내에서 출중한 인물로 평가되었다. 하지만 정작 선친 여정현은 동학 박해를 두려워해 단양으로 피신했는데 그곳 역시도 동학의 교세가 건고한 곳이었기에 관계는 지속될 수 있었다. 이후 아버지의 권유로 서울로 유학한 몽양은 배재학교에 입학(1900)해 기독교를 접하게 되었다. 당시 배재학당은 조선에서 지적, 도덕적 교육 역량이 큰 학교라고 소문이 났던바, 그곳에서 일반 과목 외에 신학도 배울 수 있었다. 그때 교사로서 서재필, 윤치호 등이 그곳에 있었다. 상동교회를 출석하며 전덕기 목사 등의 민족주의자들로 인해 민족의식에 눈을 뜨게 된 것도 이 시절이다. 나중에 일어난 104인 사건의 주역들을 이곳에서 만날 수 있었던 것이다. 당대를 지배하던 가부장제, 계급 차별에 대한 반발심도 이 시기에 키워졌다. 하지만 1년 남짓 공부하다 몽양은 그곳과 완전히 결별했다. 종교의식을 의무화, 강제화시킨 것이 화근이었다. 이를 근거로 한 상벌 제도를 따를 수가 없었던 것이다. 이후 몽양은 7촌 숙부의 권유로 흥화학교에 입학했고 그에게서 양명학을 배웠다.[10] 숙부는 혁신 유학의 신봉자로서 실천사상을 강조한 지행합일의 정신에 매료된 자였다. 양명학의 핵심인 '심즉리', '치량지' 사상을 몽양에게 가르쳤고 실학(實學)의 가치를 전수하였다. 이를 근거로 부패한 유교 조정을 바로잡고 군주제가 아닌 민중이 중심 되는 세상을 만들 수 있다는 숙부의 가르침에 몽양은 혼을 빼앗겼다. 조선 사회 개혁을 위해 기독교보다는 양명학이 도움될 것이란 소견이 생길 정도였다. 하지만 모친을 비롯한 가족들의 연이은(1903-1905) 죽음과 자신이 우상처럼 우러렀던 민영환의 자결로 몽양은 현실 기독교 속으로 되돌아왔다. 당시로서는 호구지책의 일환이기도 했을 것이다. 그러나 '민(民)' 중심의 개혁적 유교에 대한 감동을 버릴 수는 없었다. 추후 언급하겠으나 중국서 만난 손문, 모택동 등 뭇 지도자들의 삶을 보며 몽양은 이를 다시 소생시켰다. 여하튼 배재학당에서 맺은 서양 선교사 클라크와의 인연으로 그는 승동교회에서 선교사를 돕는 역할(助事)을 하게 되었다. 아주 열심을 다했기에 선교사들은 몽양을 평양신학교에 입학(1911)시켰다. 뜻이 컸고 설교를 잘하는 몽양을 장래 조선의 기독교 지도자로 키울 목적에서였다. 당시로서는 연 중 3개월씩 수업이 열렸기에 몽양은 승동교회의 일을 하면서 2년간 신학을 공부할 수 있었다. 4년 과정을 모두 채울 수 없었으나 몽양은 자기 고향 양평 인근에서 클라크 선교사의 도움으로 교회 사역을 시작했다. 김용기 장로를 만난 시점도 이때일 것이라 추정한다. 이 두 사람이 함께 찍은 사진 하단에 쓰인 글에 전율한 적이 있다. "조국이여 안심하라. 우리가 있다."[11] 이렇듯 몽양은 뜻이 큰 사람이었다. 그럼에도 유학과 동학의 풍토가 짙은 이곳에서 전도하는 모양을 친척을 비롯한 지인들이 좋게 볼 리 없었다. 하지만 그는 성공적인 목회를 했고 상당한 교인을 얻었다. 그런 그를 다시 교회와 소원케 한 것은 민족과 민족 현실을 무시하는 선교사들의 오만방자함이었다. 가쓰라-태프츠 밀약에 근거하여 한국 정치 현실과 담을 쌓은 선교사들에게 절망하여 목회를 접고 말았던 것이다.

그렇지만 몽양은 기독교를 더욱 본질적으로 알고 싶어 중국 남경에 있는 금릉대학으로 유학을 떠났다(1914). 이 대학은 선교사들이 세웠던 기독교 대학으로서 그곳에서 신학 공부를 다시 하고 싶었던 것이다. 이때로부터 일경에 잡혀 고국으로 송환(1942)되기까지 근 30년간 중국에서 독립을 위한 지난한 삶을 살았다. 결과적으로 금릉대학에서 신학 대신 영문학을 전공했던바, 그 실력으로 그는 대외적으로 한국을 대표하는 독립운동가의 입지를 굳혔다. 학업을 마친 후 몽양은 상해에서 임시정부를 조직(1919)하는 일에 참여했다. 그러나 여러 이유로 이곳에 적극 몸담지는 않았다. 우선 국호를 고종이 썼던 대한(大韓)으로 한 것에 대한 불편함이 컸고, 다음으로는 정부보다 정당 조직을 선호했으며, 마지막은 고려공산당을 임정에 가입시키는 문제로 인한 갈등 때문이었다.[12] 몽양으로선 '민(民)'을 주인으로 하는 새 나라를 원했으며 이미 신한청년당(918)을 조직하였고 이동휘 중심의 사회주의 그룹을 적극 지지하였다. 참여자들 간의 감투싸움 역시 몽양으로선 보기 싫었을 것이다. 그래서 몽양은 상해에서 상당 기간 교회 목사로서 활동했고, 그곳에서 이주 청년들을 감화시켜 독립운동에 헌신토록 했다. 그가 상해 교류민단 대표로서 수년간 활동한 것도 '민(民)'을 우선시하는 목회자의 마음에서 비롯한 것이겠다.[13] 기독교 목사로서의 자의식은 몽양을 상해에서 YMCA 활동에 적극 참여케 했다. 이 단체를 통해 그는 외국 선교사는 물론 정치가들과 대화했고 독립을 호소하였다. 한국으로 송환된 이후에도 YMCA와의 관계는 지속되었으며, 특히 조선 체육회 회장으로서 조선 체육 발전에 큰 족적을 남겼다.

1920년대 이후 일제는 무단정치에서 문화정치로 조선 지배 입장을 선회했다. 일본 조합교회 목사들이 대거 조선 땅에 유입되어 기독교와 천황제의 공존을 선포하기 시작한 것도 이 시기였다. 상당수 한국 교회 목사들도 이런 흐름에 편승하여 일본과의 공존을 공공연하게 선포하기 시작했다. 일본 정신과 기독교 정신을 일치시켜 한민족을 개조하려는 취지에서였다. 바로 이들이 독립운동가 여운형의 기독교성을 인지하여 그와 접촉했고 급기야 그의 일본행을 주선하게 된 것이다. 일본 조합교회 목사들로선 교회를 매개로 여운형과 대화할 수 있다고 판단한 결과였다. 뒤에서 다시 언급하겠지만 몽양은 모든 이들의 걱정을 무릅쓰고 일본에 갔으나 일부 주장처럼 그들에게 포섭당하지 않았다. 오히려 그들에게 조선 독립의 정당성을 선포했고 일본의회를 해산시키는 결과를 가져왔다. 하지만 이 일로 몽양은 오해를 받았고 목사직을 스스로 멀리하기 시작했다. 이때부터 해방 정국에 이르기까지 성직보다는 정치가로서의 자의식에 몽양 스스로 방점을 두었다고 말해진다. 하지만 해방 정국에서 몽양이 주창한 좌우합작론, 민족주의, 사회주의를 비롯한 일체 이념을 수용, 극복하려는 몽양의 정치적 자의식조차 기독교적 시각에서 읽을 필요가 있다. 일체의 장벽을 허물고자 하는 그의 기독교성은 당시로선 낯설고 이질적이었다. 주지하듯 당시 주류 기독교는 민족주의와는 짝했을지언정 사회주의는 밀쳐 냈다. 사회주의자들이 애국적 독립운동을 자신들의 친일 행적을 덮는 방편으로 삼은 탓이다. 함석헌조차도 사회주의자의 길을 걷지 않은 것을 다행이라 여겼다. 이렇듯 당시로서 좌우합작론은 낯선 고난의 길이었으나, 기독교의 본질에 근접한 정치적 행보였다. 이런 기독교는 수차례 언급했듯이 동학, 양명학 심지어 『천부경』 등의 '민(民)' 중심적 제 종교의 영향 사(史)를 말하지 않고서는 해명되지 않을 것이다. 이를 두고 진보적 민족주의 혹은 현실주의적 정치 행보라 말하는 이도 있으나 그것으로 충분치 않다. 본고는 이점을 신학적 상상력을 발휘하여 마지막 장에서 설명하겠다.

2. 일제하에서의 몽양의 독립운동: 기독교적 시각에서

주지하듯 3.1독립선언서에 몽양 여운형이라는 이름은 없었다. 그만큼 민족 독립에 온 삶을 바쳤고 일본인들이 두려워하는데도 조선을 대표하는 인물로 꼽았던 여운형이 민족 대표 33인에 포함되지 못한 것은 당시 그가 상해에 머물렀기 때문이다. 하지만 여운형이 없었다면 독립 선언서가 발표될 수 없었을 것이란 추정도 가능하다. 상해에 머물면서 민족자결주의 원칙을 앞서 감지했고, 무오독립 선언서(1918)를 비롯한 중국 각지에서 일어난 독립운동 소식을 국내에 전했기 때문이다. 무엇보다 미 대통령 윌슨이 발표한 민족자결주의—이후 이것은 강대국들의 식민지 획책의 일환인 것으로 밝혀졌다[14]—에 고무된 여운형은 상해에서 동경으로 사람을 파견하여 이광수 등이 주도한 2.8선언에 참여토록 했고 그 경험을 경성에 전달케 하여 3.1 독립선언에 활력을 불어넣은 장본인이었다.[15] 한마디로 상해와 동경 그리고 경성의 독립 선언 발표의 연결 고리를 만들었던 것이다. 이후 3.1독립선언을 중국의 5.4운동과 연결시킨 주체도 바로 여운형이었다. 지금까지 밝혀진 33종이나 되는 독립 선언서들[16]에 직접적으로 관여한 바는 없었으나 여운형은 식견과 정세 분석을 통해 3.1선언을 촉발, 사건화했고 그 영향으로 이후 뭇 선언서의 산파 역할을 할 수 있었다. 그러나 이 선언서 중에는 안창호, 이승만을 비롯하여 기독교인들 이름으로 선포된 것도 여럿 있었으나 어디서도 여운형의 이름을 찾을 수 없다. 그에게 기독교는 소금과 같은 것이어서 민족 독립운동 속에 녹아 내려 흔적 없이 사라져 버리면 그만이었던 탓이다. 그럴수록 몽양은 무오선언의 무력성은 물론 대일(對日) 혈전을 언급한 동경의 2.8선언보다[17] 3.1선언 속에 함축된 비폭력적 평화 정신을 지양, 선호했다. 그에게 기독교는 자기를 사라지게 만드는 힘이었던 까닭이다. 따라서 해방 전까지 몽양이 행한 독립운동은 언제든 3.1선언의 정신에 기초했다. 본 글의 주제인 해방 후 좌우합작론의 정신적 출처도 여기서 찾을 수 있을 것이다.

3.1독립선언서의 사상적 배경을 두고 의견이 분분하다. 주지하듯 3.1선언은 민족 자주성(주체성)을 비롯하여 평화주의, 세계주의 정신을 표방했다. 본 선언서 속에서 단군 민족주의의 발현을 보는 이가 있는가 하면, 기독교 사상의 농축이라 여기는 이도 있고, 만해 한용운의 불교적 관점[18]에서 토론되기도 한다. 3.1독립선언서의 초안자인 최남선이 기독교적 시각으로 썼다고 밝힌 적이 있으나,[19] 한국 고대 사상에 심취했던 그의 이력으로 보아 이 말을 액면 그대로 믿기 어렵다. 그러나 단군 민족주의와 3.1선언 정신의 상관성을 과도하게 주장하는 시도 역시 수용할 수 없다.[20] 단군 민족주의가 3.1운동을 견인한 것은 사실이겠으나 후자를 전자에 함몰시키는 시도는 과할 것이다. 이 점에서 3.1선언을 민족주의를 넘어 문명주의의 차원에서 보는 것이 중요하다.[21] 여기서 문명주의는 문화적 민족주의의 다른 말인바 다시금 고대 '홍익(弘益)인간'의 정신세계와 잇댈 여지를 남긴다. 3.1선언의 정신이 민족을 넘어 세계주의, 평화주의를 담을 수 있었던 것도 이런 연유에서다. 그렇다고 해서 오늘날 회자되는 탈(脫)민족주의로 비약되어서는 아니 될 일이다. 한국의 민족주의에 문화적 성격이 짙게 배어 있었기에 세계주의, 문명주의를 표방할 수 있었을 뿐이다. 몽양은 당시 상해에서 신채호, 박은식과의 사귐을 통해 이런 민족주의를 접했고 자신 속의 기독교를 이런 문화적 민족주의와 교차시킬 수 있었다. 몽양의 좌우합작이론 또한 이런 선상에서 표출된 뜻 깊은 시도라 할 것이다.

3.1운동을 연구한 한 일본 학자는 몽양을 3.1선언 정신을 가장 잘 재현한 계승자로 여겼다. 일본 방문 시의 다음 두 언술을 적실한 예로 들었다.[22] 조선 독립은 일본의 신의를 지키는 일로서 결국 일본을 위해서도 유익할 것이란 말과 그로써 일본이 세계로부터 명예를 회복할 것이란 고언이 그것이다. 바로 이 말 속에서 일본 연구자는 몽양의 민족주의가 지닌 문명사적, 세계사적 성격을 높이 평가했다. 하지만 3.1정신의 대의와 일치했다는 사실 이면에서 우리는 몽양의 기독교성도 함께 고려해야 옳다. 평화 공존을 위한 몽양의 노력은 민족성과 종교성의 만남에서 비롯될 이기 때문이다.

이런 시각에서 몽양이 행했던 독립운동의 실상을 정리해 보겠다. 전장에서 말했듯 기독교 연구 대신 영문학을 전공한 몽양은 상해에서 교회에 적을 둔 채로 독립운동에 헌신했다. 우선 윌슨의 민족자결주의를 실행코자 파리강화회의에 조선 대표로 후일 우익으로 돌아선 김규식을 파견한 것이다. 몽양은 임시정부 설립 1년 전 젊은이들을 모아 '신한청년당'을 조직하여 활동했는데 이는 국제회의에 파견할 주체가 필요했기 때문이다. 이를 위해 '신한청년당' 대표로서 몽양은 걱정이 많았다. 비록 나라는 빼앗겼으나 민족 주체성, 자주성을 알리기 위해 몽양은 3.1선언 이전에 이미 세계와 교감하고 있었던 것이다. 일부 민족주의 계열에선 이 점을 소극적으로 평가하나 세상과의 소통은 기독교적 자의식의 산물이었다. 이후 몽양은 앞서 언급한 대로 3.1운동의 산파 역할을 했다. 파리강화회의를 비롯하여 중국 각지에서 발발한 독립운동 소식을 국내외로 전했던 까닭이다. 앞서 말했듯이 이광수 등과 연락하여 동경 2.8선언을 성사시켰고 그 결과를 3.1독립운동으로 이어지도록 하였다. 당시 종교인들이 민족 대표가 된 것은 무엇보다 기존 조직과 체계를 갖추고 있었기 때문이다. 일차적으로 손병희가 이끈 천도교의 막대한 자원이 큰 힘이 되었겠으나 기독교의 경우도, '기독교인들은 정치적 일에 참여할 수 없다', '기독교는 타종교인과 함께할 수 없다'는 미 선교사들의 가르침에 맞설 큰 용기가 필요했다. 무엇보다 민족 독립을 위해 손병희, 이승훈 그리고 한용운으로 대표되는 이 땅 종교인들의 협력이 3.1독립선언서를 낳은 으뜸 요인이라 하겠다. 하지만 종교 간 대화는 종교 내적 대화에 기초하는 법. 이들 종교들 속에 내재된 민족의 종교적 유산이 평화적 저항의 촉매가 되었을 것이다. 우리가 3.1독립선언서 속에 나타난 종교사적 의미를 탐구하는 것도 이런 이유에서이다.

3.1독립선언이 중국 5.4운동에게 준 영향도 살필 일이다.[23] 이는 3.1선언이 단지 민족주의 지평에 머물지 않았다는 반증이기에 대단히 중요하다. 이후 손문을 중심한 중국 정치가들이 조선 독립의 후원자가 된 것도 이런 관련성에서 생각할 주제인데 그 가교 역할을 몽양이 감당했다. 알다시피 일본으로부터 21개조 조약을 일방적으로 요구받은(1915) 중국 역시 항일 의식이 고조되었다. 뤼순과 다롄이 위치한 산둥반도를 반환받기 위한 투쟁이 지속된 것이다. 이때 조선에서 들려온 3.1독립선언의 소식이 바로 중국 국권 회복운동의 불씨가 되었다. 조선 민족자결의 중국판이 바로 5.4운동(1919)이 되었던 것이다. 중국공산당 창시자 중 한 사람인 진독수의 다음 말이 당시 두 사건의 관련성을 증언해 준다. "위대하고 성실하며 비장하고 정확 명료한 민의를 바탕하여… 세계 혁명사에 신기원을 열었다. 조선 민족에게 이런 영광이 나타나… 움츠러든 우리 중국 민족을 더욱 부끄럽게 했다. 보라 조선인의 활동을… 조선인에 비해 우리는 부끄럽기 짝이 없다."[24] 이 일로 조선을 중국의 속국으로 봤던 중국인들의 반성이 이어졌고, 일본의 침략 야욕이 열국의 주목 속에 국제적 문제로 부상되었으며, 상해 독립운동가들과 중국 정부 간의 연대가 생겨 이후 상해임시정부 수립에 큰 도움을 받을 수 있었다. 이는 모두 손문을 비롯하여 진독수 등의 중국 정치가들과 교접한 몽

양의 외교력의 결과였다. 이 과정에서 몽양은 유학을 비롯한 중국 사상을 배우게 되었다. 특히 진독수, 호적 등이 주창한 유교적 신문화 운동에서 지적 자양분을 크게 얻었다.[25] 왕양명의 실천유교, 즉 민(民)을 중시하는 중국 공산주의에서 자신 속 기독교와의 소통을 깊이 경험했던 것이다. 그가 해방 정국에서조차 일신상의 유불리를 떠나 사회주의를 품고자 했던 것도 이때의 배움 탓이었다.

3.1선언 이후 세 곳에서 임시정부가 생길 정도로 독립운동이 활발해졌다. 경성과 시베리아 이주민을 중심한 소련의 블라디보스토크 그리고 상해가 그런 장소였다. 상해에서 중국 지도자들과 교류하며 독립운동의 입지를 굳힌 몽양은 이들 세 정부를 상해 한곳으로 합쳐 중심점을 만들고자 했다. 결코 쉽지 않은 일이었으나 몽양의 역량이 이를 성사시켰다. 무오선언의 발생지이기도 한 연해주 지역의 임시정부는 약소국 혁명을 지지하는 러시아 코민테른과 연결되어 사회주의 노선을 펼치고 있었다. 당시 민족주의자들로 구성된 상해임시정부에서는 사회주의가 낯설었기에 이들의 참여를 원치 않았다. 더욱이 임정 내에 구한말 시기로의 복귀를 주장하며 '대한(大韓)'의 국호를 고집하는 이들도 있었으니 사회주의를 품는 일은 지난했다. 그럼에도 몽양은 민족 독립을 위해 여전히 계급에 물든 보수회귀파는 물론 공산주의, 마르크스주의자도 함께할 것을 주장하며 하나의 단독 정부를 이끌어 냈다. 정작 몽양 자신은 때가 이르지 않았다는 판단하에 정부보다 당을 선호했음에도 불구하고 말이다. 이후 국호 논쟁은 해방 정국에서 '한(韓)'과 '조선(朝鮮)'의 선택을 두고서 냉혹하게 갈등했다.[26] 민족주의자들은 '한(韓)'을, 사회주의자들은 '조선(朝鮮)'을 고집한 결과이다. 이 점에서 이 땅의 보수 우익 언론이 '조선(朝鮮)'의 이름을 갖고 있는 것은 대단한 모순이라 하겠다. 여하튼 몽양은 이동휘를 중심한 고려공산주의자들을 상해임시정부에 합류시

켜 명실 공히 하나의 정부를 태동시킨 주역이라 할 것이다. 그곳에서 외교부장이란 직책을 갖고 짧게 활동했으나 긴 세월 동안 그는 상해 거류민 단장 자격으로 목회는 물론 교육 사업, 의거를 일으킨 의사(義士)들의 추모 행위 등에 투신했다. 재론하지만 여기서 핵심은 초기 임시정부 속에 사회주의 노선이 합류했다는 사실이다. 오늘 우리가 건국절 논쟁을 종식시키고 한반도 평화 정착을 위한다면 이 점을 반드시 고려해야 마땅하다. 이처럼 몽양은 기독교인으로서 사회주의를 수용한 민족주의자로 지냈다. 다시 말해 기독교, 사회주의, 민족주의 이 셋이 몽양의 독립운동 속에선 하나였던 것이다. 그가 사회주의를 적극 옹호한 것은 '민(民)'에 기초한 중국공산당의 신문화운동을 경험한 탓이겠으나 더욱 근본적으로는 소련과 중국에서 '민(民)' 곧 '프롤레타리아'의 혁명이 성공할 때 조선 독립도 가능할 것이라 믿었던 까닭이다. 사회주의, 공산당과도 협력한 것은 오로지 민족 모순을 해결하기 위함이었지 그들처럼 계급투쟁을 목적한 것이 아니었다는 말이다.[27] 당시 몽양은 농업위주의 조선 땅에서 계급투쟁을 시기상조로 보았다. 이 점에서 3.1독립선언서가 독립된 존재로서 '개인'을 소외시킨 미완의 과제를 품고 있다는 지적은 옳지 않다.[28] 물론 국가의 독립이란 과제가 앞섰기에 그리 볼 여지가 없지 않겠으나, 몽양에게 3.1정신은 '민(民)'의 해방과 무관치 않기에 개인의 희생을 방기했다는 지적에 동의하고 싶지 않다. 적어도 몽양에게는 3.1정신을 풀어내는 또 다른 시각인 사회주의가 있었기 때문이다.

중국공산당 핵심인물들 외에도 영어를 구사한 덕에 서구 기독교 인사들과도 접촉이 잦았던 몽양은 시대적 정황을 꿰뚫고 있었다. 앞서 말했듯이 손문과 수차례 만났고 트로츠키, 레닌과도 대화했으며 심지어 모택동과도 의견을 나눈 적이 있다. 중국공산당 특별회원이었으며 레닌의 공산당선언을 한국어로 최초 번역한 당사자였다. 의거(義擧)에 의존한 민족주의자들과 달리 조선의 독립이 주변 국가들과의 연대에서 비롯할 수 있음을 알고 중국, 소련 공산주의자들과도 열심히 만난 결과였다. 이런 몽양의 외교적 접근을 민족주의 진영이 달가워하지 않은 적도 많았다. 임정 초반 안창호의 지지가 없었다면 몽양의 입지는 더욱 축소되었을 것이다. 후일 몽양은 중 · 일 간 교섭을 기다리며 우선 실력을 배양하자는 안창호의 독립론과도 선을 그었다. 물론 이에 앞서 몽양은 미국 의존파인 이승만은 물론, 소련과 손잡고 무장 독립을 원했던 친소파 이동휘 등과도 결별한 상태였다. 굳이 몽양의 입장을 논하자면 5.4혁명과 같은 중국혁명과 연대를 선호하는 입장이라 말할 수 있겠다.[29] 이런 시각적 편차를 살피고 판단하는 일은 지금도 여전히 유의미하다. 외세 원심력이 민족 간 구심력을 해체시키는 현실에서 모두를 아우르되 중국에 무게중심을 두는 몽양의 태도가 현실감이 있기 때문이다. 이는 유교 문명을 통해 자신의 기독교적 지평을 확대시켰던 몽양의 종교적 입장과도 맥락이 다르지 않다. 이 과정에서 핵심은 기독교인 몽양이 사회주의를 품었다는 사실이다.

이런 이유로 몽양은 중국 국민당 전당대회(1926)에 참석하여 반제국주의 연대 활동에 뜻을 실었다. 거듭 말하지만 민족 독립을 위한 염원에서였다. 당시 손문의 중국 국민당은 국공합작이란 이름하에 자국 공산당의 양향을 깊게 받고 있었다. 공산당이 그랬듯이 반제국주의와 반봉건주의 철폐에 국민당 역시 사활을 걸었던 것이다. 몽양은 김규식 등과 더불어 연해주 사회주의 세력(이동휘)을 확대 개편한 한인 공산당원 자격으로 본 대회에 참여하여 제 민족 간의 반제(反帝) 연대를 위한 투쟁에 힘을 보탰다.[30] 중국 내 국민당과 공산당 그리고 소련의 코민테른을 아우르는 회의도 몽양이 주관하면서 말이다. 가장 주목할 만한 것은 본 대회에 몽양이 베트남의 호치민, 인도의 꺼바와 함께 조선 땅의 식민지성을 폭로하며 반제(反帝)를 주제로 연설했다는 점이다.[31] 이렇듯 자국 국민의 혁명을 위해 개최한 중국 국민당 전당대회는 반제 연대를 실현하는 장(場)이었고, 몽양은 이 기회를 활용하여 민족 독립을 맘껏 외쳤다. 이런 운동은 몽양만이 할 수 있는 애국의 길이었다. 중국혁명이 곧 조선의 해방이자 세계혁명의 일부라 믿었던 까닭이다.

시간을 되돌려서 몽양의 일본 방문(1920) 여파에 대한 이해도 필요하다. 앞서 말했듯이 몽양은 임정 식구들의 반대를 무릅쓰고 일본 정부의 초대에 응했다. 3.1독립선언 이후 독립운동가를 회유코자 문화정책 차원에서 행해진 일이었다. 여기에 일본 조합교회 목사들이 앞장선 것은 몽양의 기독교적 배경을 이용키 위함이었다. 비록 일본이 가장 두려워하는 독립운동가였으나 기독교적 시각에서 호소하면 응할 것이라 여긴 것이다. 조합교회 목사들의 공명심과 물적 욕심도 한몫 단단히 했다. 여기서 조합교회라 함은 일본 천황제와 기독교를 접목시켜 일본식 기독교를 전파하는 단체를 일컫는다. 시간이 흐르면서 한국인들 중에서도 조합교회에 적을 둔 목사들이 적지 않았다. 여하튼 몽양은 도일 후 일본 의회에서 연설했고, 무단정치가인 육군 대장과 논쟁했으며, 일본 언론과 더불어 공개 토론도 했다. 여운형의 딸 여운구가 쓴『나의 아버지 여운형』에 일본 천황 앞에서 큰소리친 이야기도 있으나 과장되었을 것으로 추정한다.[32] 하지만 분명한 것은 세간의 오해처럼 몽양은 민족을 배신하지 않았다. 그는 육군 대장 앞에서 '일본이 망하는 것을 우리 조선 민족은 너무도 기뻐할 것'이란 속내를 여과 없이 드러낼 정도였다.[33] 당시 언론에 실린 몽양의 연설문 한 토막을 소개하겠다. "주린 자는 먹을 것을 찾고, 목마른 자는 마실 것을 찾는 것은 자기 생존권을 위한 인간 자연 원리이다. 이것을 막을 자 있겠는가? 일본인은 생존권이 있는데 한족만이 홀로 생존권이 없을 수 있는가? 일본인이 생존권이 있다는 것을 한국인이 걱정하는 바요, 한국인이 민족적 자각으로 자유와 평등을 요구하는 것은 신이 허락하는 바이다. 일본 정부는 무슨 권리로 이것을 방해하는가! 세계는 약소민족 해방, 부인 해방, 노동자 해방 등 세계 개조를 부르짖고 있다. 이것은 일본을 포함한 세계적 운동이다. 한국의 독립운동은 세계의 대세요, 신의 뜻이며 한민족의 각성이다. 때가 차서 생존권이 양심적으로 발작된 것이 한국의 독립운동이요, 결코 민족자결주의에 도취한 것이 아니다."[34] 여기서 몽양은 민족 독립이 기독교적 신념과 세계사적 확신 그리고 민족 양심의 자발적 요청인 것을 역설했다. 기독교와 민족 양심 그리고 세계의 뜻이 하나인 것을 공포한 셈이다. 결국 3.1독립선언 정신을 일본 정치가들 앞에서 재현한 꼴이 된 것이다. 이 일로 인해 몽양을 부른 일본 정부가 의회에서 불신임을 받는 수모를 당했다. 일본이 몽양에게 독립 의지를 거두는 대신 이 땅의 자치 권한을 주겠다고까지 회유했으나 그는 응하지 않았다. 일본 치하에서 조선인의 자치란 가당치 않았던 것이다. 여하튼 이 일로 임정의 평가가 갈렸고 자신의 방일을 도운 조합교회 목사들이 난처한 지경에 이르자 몽양은 일정기간 정치가의 면모 대신 목회자의 태도를 견지했다. 결국 이 일이 빌미가 되어 몽양은 상해로부터 경성감옥으로 이송(1929)되었는데, 고국을 떠난 지 15년 만의 일이었다.

감옥에서 출감 이후 몽양은 잠시《조선중앙일보》사장직을 맡았으나 손기정 가슴팍의 일장기를 지웠던 일로 자리에서 물러났다. 기독교 단체인 YMCA를 통해 민족의 건강을 신장시키는 일 역시 그의 몫이 되었다. 조선인 체육 활동을 담당하는 책임자가 되어 일본은 물론 몽고까지 체육 경기를 주관한 바 있다. 이 시기에 무엇보다 중요한 것은 몽양이 일본 패망을 예감하고 비밀리에 '건국준비위원회'를 국내에서 구성한 사실이다.[35] 이 또한 선견지명으로 시대를 조망한 몽양만의 일이었다. 일제 패망 후 조선총독부에서 몽양에게 이후 처리를 부탁할 정도로 몽양의 역할은 컸고 공신력이 대단했다. 물론 미군정이 이를 약탈하지 않았다면, 미소 양국이 점령군으로 이 땅에 들어오지 않았더라면 몽양은 새 나라의 첫 대통령이 되었을 것이다.[36] 당시로선 이승만, 김구 그리고 김일성조차 그의 이름과 견줄 수 없었다. 여하튼 해방과 더불어 몽양은 '건국준비위원장'의 자격을 갖게 되었고, 외세의 원심력과 민족 내부의 구심력이 각축하는 현실에서 해방 이후 공간을 책임 져야만 했다.

3. 몽양을 죽음으로 이끈 해방 공간 내 정치적 이념으로서 좌우합작론

3.1독립선언 시기로부터 시작된 몽양의 독립운동은 해방 후 분단 극복의 과제로까지 이어졌다. 일본 퇴각 후 미소가 점령한 분단 상황에서 그에게 통일 운동은 다시 독립운동의 연장이었다. 우리 근대사 속에서 몽양만큼 독립에서 통일에 이르는 지난한 여정을 살았던 인물로 드물 듯싶다. 지금도 그렇듯이 해방 공간에서 무정형의 정치 세력들이 생성 소멸되었고 이합 집산되었다. 이처럼 다양한 노선이 외세와 결탁하여 대립되고 분해되는 상황에서 지금껏 독립운동을 통해서 드러났듯 몽양과 같은 세계적 안목을 지닌 평화론자가 화급했다. 이 점에서 다수 사가(史家)들은 몽양의 정치적 입장을 포괄적 현실주의 혹은 좌우 통전을 통한 현실변혁주의로 정리해 냈다.[37] 급진적 좌익 세력과 양심적 우익 세력을 아울러 통일전선을 구축하려 했던 탓이다. 여기서 양심적 우익 세력이란 이승만 추종자들을 제외한 김구, 김규식 등과 같은 민족주의자를 일컫는다. 동시에 급진적 좌익 세력이란 박헌영 중심의 남로당을 말하는 것이다. 심지어 미군정이 그은 경계선을 넘어 김일성과도 수차례 대화했으니 공산당에 대한 중국 경험이 여전히 작동

하고 있었기 때문이다. 하지만 이것은 이념에 대한 맹종 차원이 아니라 오로지 '민(民)'에 대한 사랑 때문이었다. 그가 해방 정국에서 '조선인민당(人民黨)'을 창건하여 활동한 것도 바로 이런 이유라 할 것이다.[38] 결과적으로 몽양은 좌우 양 세력으로부터 배척당한 실패한 이상주의자로 평가받았다. 그러나 이것이 과연 실패였을까? 당시로선 그렇다 했더라도 이렇듯 실패한 과거를 구할 책임이 오늘을 사는 우리에게 있다. 사회주의까지 아울러 이 땅의 진정한 독립, 통일을 이루려는 몽양의 꿈(이상)은 3.1운동이 아직 끝나지 않았음을 각인시킨다. 그래서 최근 논의되는 종전 선언이 중요하며 한반도 평화 체제에 생사를 건 민족적 노력이 요구된다.

몽양에게 일제로부터의 완전 독립과 자주적 민족 통일 국가 수립은 시기를 달리했으나 동전의 양면처럼 분리될 수 없는 하나였다. 그렇기에 그는 친일 부역자들과는 통일 논의에 말을 섞지 않았다. 이것은 몽양에게 확고한 원칙이자 진리였고 종교였다. 따라서 몽양의 좌우합작론을 중간적 타협(협상)론의 틀에서 보는 것은 옳지 않다. 앞선 '건국준비위'를 통해서 몽양은 이미 "각인 각파를 대동단결시켜 거국일치로 일본 제국주의 제 세력을 제거하고, 민주주의 원칙에 의거하여 노동 대중(人民)의 해방"을 선포했고, 이 강령을 해방 정국에서 실현시키고자 했을 뿐이다.[39] 비록 해방 정국에서 몽양의 가시적 성직 활동은 사라졌으나 그에게 이런 정치는 곧 종교였고 신앙이었다. 제 이념을 아울러 통일 노선을 구축하려는 그의 민주적 좌우합작론이 신학적으로 중요한 이유이다. 그가 세운 '조선인민당'이 개방적인 대중정당의 성격을 지닌 것도 평소 '민(民)'을 중시한 의식의 발로였겠다. 몽양이 이념적 공산주의자가 될 수 없는 이유가 바로 여기에 있다.[40] 여기서 다시 강조하는바 좌우합작론이 정치적 이상을 펼치는 방책이라면, 그 토대인 '민(民)' 사랑은 종교적으로는 천부경, 단군 사상을 비롯한 실천적 유교와 기독교, 이념적으로는 사회주의와 민족주의 간의 통섭의 산물이란 사실이다. 몽양은 혹자들이 평하듯 결코 '덜한' 공산주의자, '사회주의적(진보적) 민족주의자'만이 아닌 것이다.[41] 몽양의 이런 종교성은 마지막 장에서 다룰 것이다.

종전 후 침략국 일본이 분단됐어야 했건만 지정학적 중요성 탓에 한반도가 나눠진 것이 참으로 억울하다. 해방군으로 유입된 미소 군대로 인해 5천 년을 함께 살아왔던 민족이 지금까지 70년을 적대했으니 말이다. 북의 경우 소련을 등에 업은 김일성이 공산당 단일 체제를 수립했던 반면, 남쪽에서는 제 이념에 따라 수십 개의 정당이 난립, 존속했다. 몽양 역시 대중(民)지향적인 '조선인민당'을 창건하여 정치적 활동을 시작했다. 당시 정국은 모스크바 3상회의 결과를 두고 내분에 휩싸여 있었다. 한마디로 이념과 노선에 따라 친·반탁 싸움이 시작된 것이다. 민족주의 진영에서는 의당 반탁을 공론화했고, 미군정을 의지처 삼은 이승만 계열은 친탁을 대세로 여겼다. 이 혼란 속에서 몽양은 처음의 반탁 입장을 접고 친탁으로 돌아섰다. 독립과 통일을 강조한 몽양이 친탁으로 전환한 것은 참으로 납득키 어려웠다. 당시 좌우 진영 모두 몽양이 미군정에 포섭되었던 까닭이라 했다. 민족주의자 김구와의 갈등도 이 시기에 극에 이르렀다. 이런 몽양의 시각을 좌익의 입장으로 여긴 탓이다. 하지만 실상은 오히려 그 반대였다. 애시당초 미군정은 일제 치하에서 일본이 그랬듯이 몽양을 앞세워 남쪽을 통치할 생각을 했다. 이런 이유로 당시 군정 책임자 하지 중장은 몽양에게 '조선인민당'에서 나오도록 수차례 설득하였다. 하지만 몽양의 입장이 바뀐 것은 그 때문이 아니었다. 몽양의 친탁 선회는 이승만 류(類)의 그것과는 격이 아주 달랐다. 일제하에서처럼 국제 정세에 입각한 현실적인 판단 때문이었다. 주지하듯 모스크바 3상회의의 당사자인 미, 영, 소 세 국가 원수들은 본래 한반도 내 정부 수립이 안착되기까지 몇 년간을 돕고 이후 세 국가 모두가 완전히 떠날 것을 결정하였었다. 하지만 친·반탁 논쟁이 가열되어 남쪽이 혼란에 빠지자 이런 국제 정세를 감지한 몽양은 최종적 독립을 위해 최초 몇 년간의 친탁을 불가항력적으로 수용코자 하였다. 미영소 세 국가들이 궁극적으로 한반도를 떠날 것을 전제로 분할통치를 받아들인 것이다. 이는 친탁 그 자체가 몽양에게 결코 최종 목표가 아니었기에 가능한 일이었다.

몽양의 좌우합작론은 이런 정황에서 생기한 몽양의 정치적 행위였다. 익히 알듯이 몽양은 친·반탁의 논쟁에 종지부를 찍기 위해 수차례 김일성과 접촉하며 두 점령국가 간의 미소공동위원회 속개를 거듭 요구했다. 미소공동위원회(1946)를 앞두고 몽양은 다음의 성명서를 발표했다. "조선의 건설은 조선이 맡아야 한다. 불원 수립될 신정부도 조선제가 되어야지 외국제가 되어서는 아니 되겠다. 우리는 조선인이니까 조선의 주인이요 조선 정치의 주체이다. 외국의 원조는 받을망정 그 괴뢰가 되어서는 안 되겠다."[42] 그러나 소련 측의 방해로 이후 본 회의가 거듭 무산되었고 급기야 남북이 각각의 정부를 세우려 했기에 통일전선을 구축하기 위해 좌우합작론을 더욱 거세게 몰아갈 수밖에 없었다. 친·반탁의 논쟁이 과정으로서도 그 의미를 잃은 상황에서 몽양은 더욱 민족의 구심력을 갖고 외세의 원심력에서 자유롭고자 한 것이다. 물론 소련과 김일성 역시도 한때 남로당의 박헌영보다 사회주의에 우호적인 몽양의 정치력을 높이 평가했다. 미군정이 주도하는 입법의회를 그가 온몸으로 거부했기 때문이다. 북으로선 입법의원 선거가 단정(單政)으로 가는 미국의 음모라 보았기에 그를 부정하는 몽양의 정치적 입지가 소중했던 것이다. 하지만 북이 먼저 단정(單政) 수립을 기정사실화했기에 이후 북한도 몽양의 좌우합작론이 거추장스러워졌다. 몽양에게 좌우합작을 포기하도록 종용했으니 말이다.[43] 일제하에서처럼 오해를 무릅쓰고 미소와 접촉하며 자주통일을 위해 현실적 노력을 경주했으나 양측 모두로부터 배반당한 것이다. 좌우익 모두가 참된 독립으로서의 자주통일을 부정할수록 몽양의 좌우합작론은 살아 움직여야만 했다. "주인이 말할 터이니 손들은 모여라."[44] 이것이 좌우합작론의 정신이었으리라.

몽양의 좌우합작론은 자신의 인민당, 민족주의 계열의 신민당 그리고 박헌영의 남로당(공산주의)의 합당을 통해 구체화되었다. 좌우합작 7개 원칙을 갖고 '사회노동당'이란 이름으로 그 실상을 드러낸 것이다.[45] 과거 독립을 위해 그랬듯이 통일을 위해 민족 구심력을 극대화시킬 목적으로 이념 정당들을 하나로 엮어 낸 것이다. 여기에 비민주적, 파쇼적 그리고 친일적 요소들은 제외되었다. 이는 이승만을 앞세운 한민당 세력에게 해당되는 말이겠다. 하지만 이런 노력도 박헌영의 아집과 내부 분열로 성공치 못했다. 이보다 중요한 것은 앞서 언급을 놓쳤으나 몽양의 좌우합작론이 북의 인민공화국(人共)과 남의 임정(臨政)을 동시 해체하는 것을 전제로 과도정부를 세워 민족통일전선 결성을 도모했다는 사실이다.[46] 몽양은 미소공동회의가 가동되기 전에 이를 성사시켜야 자주성이 보장될 수 있다고 믿은 것이다. 하지만 이를 임정이 거부한 것은 지금도 아쉽고 참으로 애석하다. 좌우가 합작하여 통일 정부를 수립하지 못할 시 민족이 분열될 것이라 했던 여운형의 우려가 현실이 된 까닭이다.[47] 여하튼 좌익을 분열시키려는 미군정의 책략과 맞서 몽양의 좌우합작론은 성사되었다. 몽양은 남로당은 물론 조선공산당까지 하나로 엮어 남한 내에서 강한 정치력을 키우고자 했다. 하지만 현실은 전혀 녹록치 않았다. 우선 남로당 지도자 박헌영이 좌우합작을 거부했고 파리강화회의에 파송되었던 김규식도 박헌영을 비롯하여 공산당을 제외한 채 중도 우·좌파만으로 합작을 한정시키려 했던 탓이다.[48] 이런 과정에서 몽양의 정치 세력마저 이탈하였고, 결과적으로 그가 주도한 좌우합작위원회는 중도우파 정치단체로 변질되었으며 이후 해체(1947.10)되었다. 김일성이 몽양의 정치적 입지에 공감하여 힘을 실어 주었으나 박헌영과의 갈등이 그를 정치적 패배자로 만들고 말았다. 실패 이후 몽양은 근로인민당을 재창당(1947)했지만 세를 얻지 못하고 영원히 도태되었다. 그러나 자주적 민족통일전선을 결성코자 했던 몽양의 정신은 결코 잊혀질 수 없다. 좌우합작의 정신은 민족 차원의 계급 구조를 타파하고 미소의 국제적 영향력마저 넘어서며 최종적으로 남북 연합까지 이루려 했던 시대를 앞선 이념인 까닭이다.[49] 당시로서 남북 연대를 꿈꾸며 남쪽에서 좌우합작 운동을 펼쳤던 이는 단연코 몽양 그 한사람뿐이었다. 이 점에서 몽양과 김일성의 관계를 주목할 필요가 있다. 다섯 차례 북을 방문한 몽양은 자기 자녀를 김일성에게 의탁할 정도로 그를 신뢰했다.[50] 김일성 역시 몽양의 독립운동의 족적을 알고 있었기에 그를 통일전선의 동반자로 여겼다. 해방 정국하의 정치적 사안들에 대해 이들 간에 의견 교환이 있었던 것도 사실이다. 하지만 두 사람의 생각은 결코 동일하지 않았다. 서로를 필요로 했으나 나아갈 길이 서로 달랐던 탓이다. 북의 시각에선 미군정에 대한 몽양의 태도가 불만족스러웠을 것이고 남의 입장에선 급진적 토지개혁을 요구하는 북의 요구를 따를 수 없었다.[51] 김일성은 몽양을 통해 남쪽까지 자기 영향력을 행사코자 했고, 몽양으로선 외부세력을 차단하기 위해 민족의 단결과 일치를 북과 의논할 수밖에 없었다. 이처럼 몽양의 좌우합작론은 비록 실패했으나 궁극적으로 남북 연대를 위한 초석이 될 수 있었다. 역사가들은 이런 몽양을 1948년 시점에서 정권욕을 넘어 민족 통일을 위해 구체적으로 노력한 유일한 사람이라 평가했다.[52] 실패한 과거인 몽양의 좌우합작론이 평화의 바람이 불고 있는 이때, 2019년 3.1운동 100주년 기념의 해를 맞아 문재인 정부를 통해 구원되기를 간절히 바랄 뿐이다.

이렇듯 몽양은 좌우합작론 신념을 이루려다 해방 전에는 친일 논란으로 고통받았고 해방 후에는 공산주의자란 오명을 뒤집어쓴 채 62세 나이로 거리에서 총에 맞아 비명횡사했다. 그의 죽음에 대해 당시 우·좌익 세력 어느 편도 자유로울 수 없었을 것이다. 해방 후 몽양의 정치 활동은 비록 좌익 성향이 강했어도 좌우익 모두를 아우른 것이었지 결코 공산주의자로 매도될 수 없다. 그가 결코 친일파가 아니었듯이 말이다. 몽양이 지닌 일체 이념은 오로지 독립(해방)과 통일을 위해서 필요한 도구였을 뿐이다. 이 점에서 종교도 예외가 아닐 것이다. 기독교를 비롯하여 실천유학 그리고 단군 사상에 이르기까지 그가 중시했던 종교적 가치 역시 해방과 통일을 위한 것이었다. 본 주제는 지금껏 누구도 관심치 않았고 가벼이 다루어 왔다. 여기서 필자의 최종 관심은 독립에서 통일전선에 이르기까지의 사상적 일관성을 부여한 내적 동기를 몽양의 기독교성에서 찾는데 있다. 동시에 몽양의 기독교성이 이승만의 서구식 기독교와 달랐던 점에 주목할 필요가 있다. 이 점에서 필자는 몽양의 기독교성을 토착화론의 시각에서 확대 재생산할 생각이다.

4. 좌우합작론 속의 토착적 기독교성 탐색
  : 남북 평화 체제와 기독교의 존재 이유

주지하듯 몽양에 대한 많은 연구 논문이 생산되었으나, 여운형과 기독교의 관계성을 다룬 논문은 상대적으로 아주 적다. 몽양이 신학을 공부했고 목회자로 활동했으며 독립과 통일을 신적 의지로 확신하며 살아왔음에도 말이다. 광의로 말하자면 몽양 사상의 종교적 배경과 그 영향력에 대한 연구가 전무했다는 사실이다. 앞서 밝혔듯이 기독교 이외에도 가계(家系) 종교로서 동학, 중국공산당에게서 배운 실천유교(양명학), 상해임정의 동료였던 신채호, 박은식, 조소앙 등[53]에 의한 한국 고대사에 대한 배움이 몽양 속에 부분적으로 체화되어 있었다. 구체적 내용으로 밝혀진 바 없으나 몽양이 『천부경』 해설서를 썼다는 기록도 내게는 상당히 경이롭고 중요했다. 목회자로서 독립운동가로 바삐 활동하던 상해 시절 『천부경』을 읽고 풀어낼 만큼 이 책이 소중히 여겼다는 것인데 그가 신앙하던 기독교와는 어떤 관련성이 있는 것인지 궁금할 수밖에 없다. 필자는 이런 종교적 배경이 몽양으로 하여금 '민(民)'을 근간으로 사회주의조차 수용할 수 있는 사유 틀이 되었을 것이라 앞서 추정했었다. 하지만 피정복 국가, 분단된 나라에서 '민(民)'은 결코 주체가 될 수 없었기에 '민'을 위해 몽양은 민족의 하나됨을 정치적으로 요청한 것이다. 이렇듯 종교성에 근거한 몽양의 정치적 표현이 바로 좌우합작론이었다. 이 길은 자신의 정치적 입지를 좁게 하고 결국 죽음에 이르게 했으나 그로선 가야 할 길이었던 것이다. 그에게 정치는 종교적 확신의 가시적, 실천적 행위라 봐도 좋겠다. 본 장에서 관심할 또 다른 주제가 있다. 그것은 몽양의 기독교성이 오늘 이 땅의 기독교(교회)에 주는 메시지를 생각하는 일이다. 당시처럼 지금도 이곳은 이념적으로 사분오열되어 있다. 70년이 지난 지금까지도 반공을 앞세운 이승만 식의 기독교가 교회의 대세인바 이 땅의 평화를 이끌 주체, 그릇이 되기에 한없이 부족한 상태다. 이런 상황에서 한반도 평화 체제 확립을 위한 기독교의 역할, 곧 그 존재 이유를 설명할 것이다. 몽양을 다시 읽고 생각하는 이유가 바로 여기에 있다. 수유리 산속 깊은 곳에 외롭게 묻혀 있는 몽양이 3.1선언 100주년을 맞아 다시 소생키를 소망한다.

본 장의 우선 과제는 좌우합작론을 추동한 몽양의 기독교성, 토착적 기독교성을 추적하는 일이다. 첫 장에서 밝혔듯이 몽양의 정치적 삶은 기독교 신앙과 깊이 얽혀져 있다. 따라서 목회(신앙)적 자의식과 정치적 행위 간의 상관성을 토착화 신학의 관점에서 조망해야 마땅하다. 몽양의 기독교가 서구적 기독교와 다를 것이란 추정은 여러 면에서 가능하다. 우선 동학의 영향 사(史)가 그의 기독교 속에 내재한다. 앞서 말했듯이 해월 최시형의 가르침은 몽양 선대에까지 이르렀다. 인간 속에 하늘이 내주한다는 시천주(侍天主)의 자각을 생활 속에 실천하기 위한 양천주(養天主), 즉 내재된 한울을 키워 자라게 하는 삶 속의 종교를 배운 것이다. 천한 계급인 '민(民)'을 하늘 삼고 삶의 혁명을 도모한 동학의 본 가르침은 몽양의 기독교 수용에 큰 영향을 미쳤다. 몽양이 당시 선교사들의 정교분리 원칙에 반(反)한 상태에서도 교회를 지켰다는 것이 이를 반증한다. 실천유학인 양명학의 가르침 역시 몽양의 기독교 지평을 확대했다. 몽양은 기독교에 입문한 상태에서 양명학을 배웠고 그 실천력을 이후 중국공산당의 애민(愛民) 사상에서 재확인했다. 본디 양명학은 국가 중심 유학이 아니라 민(民)을 중시하는 개혁적 유학이었다. 개개인의 마음(心)을 어떤 외적 경전보다 중시했던 탓이다. 심즉리(心卽理)의 종교적 각성이 바로 이를 적시한다. 이 점에서 양명학은 시천주의 동학과 본뜻이 다르지 않다. 지행합일의 정신 또한 양명학의 골자라 하겠다. 행하지 못하면 그것은 아는 것도 아니라는 것이다. 지(知)가 곧 행(行)이란 말이다. 이는 몽양 속에서 서구에서 유입된 사사화(私事化)된 신앙이 정치적으로 지평이 확대되는 계기가 되었다. 그가 민족주의와 사회주의 모두를 품을 수 있었던 것도 이런 맥락에서다. 몽양에게 민(民)은 동학과 실천유학(양명학) 그리고 기독교를 함께 엮는 교집합이었다.

글을 준비하며 몽양이 『천부경』을 풀어냈다는 자료를 접하고선 전율했다. 아직 이에 대한 후속 연구 논문이 나오지 않아 충분한 내용을 소개할 수 없어 안타깝지만 다음처럼 가늠할 수 있겠다. 임정 주변에 모여든 뭇 인사

들 중에 한국 고대사를 연구하는 이들이 적지 않았다. 저항적 혹은 문화적
‘민족주의 차원에서 일본을 능가하는 우리 과거 역사를 강조할 필연성 때
문이었다. 단군 사상에 의거한 나철의 대종교도 그중 하나였다.[54] 이것의
토대였던 『천부경』 역시 고려 말 이색, 조선조 김시습의 글에서까지 언급
된 민족의 고유한 책 중 하나였다. 비록 주자학을 국시로 삼은 조선을 경유
하며, 과거 역사를 말살시킨 일제에 의해 그 역사성이 의심되었으나 동학의
사상적 기원 역시 여기서 찾을 정도로 매우 중요하다.[55] 한국적 사상가 다석
유영모 역시 본 책을 순수 우리말로 번역할 만큼 중시했다.[56] 한글을 창제한
천지인(天地人) 3재(三才) 사상의 원리가 바로 여기서 비롯했다고 본 까닭이
다. 본 책의 핵심은 하경(下經) 속의 “인중천지일(人中天地一)’, 즉 ‘사람 속에
서 하늘과 땅이 하나’라는 말에 있다. 천지인 중에서 사람이 가장 중(重)하며
사람만이 천지를 바꿀 수 있다는 뜻을 함축했 때문이다. 여기서 사람(人)은
‘민(民)’ 일 것이다. ‘인중천지일’, 이 말 속에 동학의 종교성과 양명학의 실천
성 모두가 담겨있다. 몽양의 눈에 이 글이 들어왔을 것이고 자신 속 기독교
신앙과 접목되었음이 분명하다. 이런 한국적 사상이 그의 기독교를 정치화
시켰고 사회주의를 아우르게 추동한 것이다. 이런 사상적 자긍심을 갖고 자
주적 통일전선을 통해 외세를 축출하는 것을 기독교의 과제이자 이를 수용
한 자신의 과제라 여겼을 법하다.

　이렇듯 몽양의 기독교는 세상에 갇히지 않았고 선교사들이 강요한 정교
분리 원칙을 훌쩍 뛰어넘었다. 서구적인 타계(他界)적, 개인적 신앙(구원)관
도 단숨에 무력화시켰다. 서구 기독교를 한국의 상황과 정신사 속에서 재구
성했기에 가능한 일이었고 가시화된 그 열매가 바로 민(民)중심의 좌우합작
론이었다. 사회주의 노선을 수용했으나 무장 폭력과 거리를 둔 것은 예수의
삶을 이해하고 3.1선언의 정신을 옳게 추종한 결과일 것이다. 그러면서도

그의 기독교는 세계주의를 지향했기에 같이 동양 평화를 말했으나 안중근처럼 일본 천황을 맹목적으로 신뢰치 않았고[57] 미소의 한계를 적시, 투쟁할 수 있었다.

　이제 좌우합작의 기독교적 의미를 위해 지면을 쓸 차례이다. 우선 좌우합작은 민족을 위해 몽양이 짊어진 십자가였다. 죽을 줄 알면서 갔던 길인 까닭이다. 체제 안에서 체제 밖을 홀로 상상하고 꿈꿨던 결과였다. 당시로서는 하늘의 가치를 이 땅에서 실현시키려 한 것이다. 그렇게 그 길은 폭력에 의해 쓰러질지언정 비폭력 평화를 사랑하는 사람만이 걸을 수 있었다. 몽양은 바울처럼 민족을 위해서라면 자신을 버릴 줄 아는 존재였다. 바울이 예수를 배척한 자기 민족을 걱정했듯이 몽양 역시 자주적 통일노선을 만들지 못한 민족의 미래를 걱정했다. 몽양에게 민족은 구체적인 '민(民)'이기도 했다. 일제를 비롯한 외세로 인해 이삼중의 고통을 겪는 이 땅의 민초들이 민족의 다른 이름일 것이다. 예수가 그랬듯이 몽양 역시 이들을 위한 정치를 했다. 해방 정국에서 그가 만든 당명(黨名)에 '인민(人民)'이란 말이 예외 없이 들어 있다. 정통 기독교는 교회를 그리스도의 몸이라 했으나 몽양에겐 '민(民)'의 집합체인 민족이 그의 '몸'이었다. 이 '몸'은 각자의 역할을 갖고 있을 뿐 나눌 수 없는 전체일 것이다. 민족주의뿐 아니라 사회주의 역시 '몸'을 위해 필요한 자양분이었다. 그렇기에 몽양의 좌우합작론은 인간이 쌓은 벽을 허무는 일로서 기독교적 이념, 곧 사랑의 정치적 표현이라 말해도 좋다. 어느 한편에 서는 것으로 득을 얻는 시대였으나 몽양은 넓은 길을 가지 않았다. 민족 속 이념적 갈등이 외세의 원심력을 증폭시켜 분단의 고착화를 초래할 수 있었기 때문이다. 그럴수록 몽양은 독립과 통일을 시대적 필연을 넘어서 거스를 수 없는 하느님의 뜻으로 여겼다. 그에게 독립(해방)과 통일은 '민'을 중시한 한국 정신의 맥이자 신(기독교)적 가치였던 것이다. 여운형의 말대로 좌우합작을 하고 친탁을 해서 삼상회의 결정대로 조선민주주의 임정을 세웠더라면 70년 민족 분단은 미연에 방지될 수 있었을 터인데, 한 시인의 말대로 너무도 아쉽고 억울하다.[58]

몽양 속에서 실현된 기독교 가치는 분단 체제를 확대 재생산해 온 이 땅 오늘의 기독교에 할 말이 많을 것이다. 한반도에 드리운 평화기운의 성사를 위해 몽양과 같은 기독교성, 종교성을 담지한 정치적 역량의 소유자가 필요하다. 시대의 필연적 정치 이념을 종교로서 확신하는 큰 사상가가 있어야 외세와 관계하면서도 한반도 평화를 주도할 수 있다.

2018년 오늘 우리의 상황도 몽양의 시대와 아주 흡사하다. 한반도 평화 체제를 방해하는 주변국들이 여전히 존재한다. 나라 안에서도 변화를 욕망하는 북한의 의도를 온갖 말로 폄하하며 심각하게 의심하고 있다. 해방 정국처럼 그렇게 외세의 원심력이 내부 구심력을 깨뜨려 한반도를 자국 이익을 위한 희생양으로 묶어 둘 심산이다. 주지하듯 한반도의 분열은 세계 모순의 총체적 집약이자 그 결과이다. 그래서 6.25전쟁을 민족 간 전쟁이 아니라 세계전쟁의 일환이라 여긴다. 그럼에도 이 땅의 보수 기득권 세력은 분단 극복의 세계(史)적 차원을 보지 못한다. 정치학자 박명림의 말대로 남쪽을 둘로-보수남한과 진보남한-나눠 문재인 정부의 대북 정책의 부정적 모습만 부각시키고 있다.[59] 남쪽에서 먼저 하나될 때 주변국 외세의 간섭과 사욕을 경감시킬 수 있음에도 말이다. 종전 선언과 함께 평화 체제를 구축하기 위해서 몽양의 시대처럼 남남갈등 극복이 무엇보다 필요하다. 민족의 주체성은 몽양의 말대로라면 민족적 구심력이 외세의 원심력을 이겨 낼 만큼 강력해야 옳다. 분단으로 인한 70년 고통의 역사가 임계점에 이르렀기에 평화 체제의 요청이 더욱 절실해진 탓이다. 그렇기에 3.1선언 100주년을 앞둔 이 땅은 지금 절대 기로에 서 있다. 남북 적대를 지속하든지 아니면 분단 체제를 극복해 나갈 것인지 선택해야 한다. 후자가 답이라면 남남 간 이념(정당) 갈등은 백해무익할 뿐 아니라 반국가적 행위이겠다. 당시 몽양이 좌우합작을 통해 남북 연합을 시도했듯이 우리 역시 민족 구심력을 증폭시켜 한반도의 새 시대를 열어야 마땅하다. 남남 갈등을 극복하치 못하면 평화 체제는 우리 몫이 될 수 없다. 이 일을 위해 몽양 식(式) 기독교가 다시 요구된다. 죽음에 이르기까지 이념적 장벽을 허무는 역할이 이 땅 기독교가 감당할 사명이자 정언명령이다. 100년 전 선언문에 서명했던 그 마음으로, 독립을 외치던 그 절박감으로 민족 구심력을 강화시킬 일이다. 이것이 100년 전 천도교(동학)에 진 빚을 기독교가 되갚는 일이기도 하다. 이때 비로소 우리는 맘껏 탈(脫)민족을 주창할 수 있겠다. 식민지 국가의 비애를 삼키면서 '동양 평화'를 말했던 이들이 우리 선조들, 바로 안중근, 여운형이다. 마찬가지로 한반도 분단 극복은 세계 평화의 초석이 될 것이다. 그 단초가 남남 갈등 극복에 있다면 그 책임을 방기할 수 없다. 이 일은 지금 우리가 할 수 있고 해야 할 일이다. 사람이 만든 이념을 부수는 것이 종교의 역할이기에 3.1운동의 주역임을 자처한 기독교가 이 책임을 맡았으면 좋겠다. 그럴수록 사회주의를 품은 몽양의 기독교가 더욱 소중하게 다가온다.

나가는 글

3.1선언 100주년을 앞두고 몽양 여운형을 만나게 된 것은 큰 기쁨이 되었다. 독립에서 통일까지 모진 세월을 살면서 민족 자주성을 위해 애썼던 몽양의 족적이 이 시대를 위해 밑거름이 되길 바라서이다. 아울러 그가 기독교인의 자의식하에서 정치에 투신한 것도 필자에겐 큰 자극이자 도전이었다. 혹자는 그를 현실주의자라 했으나 좌우합작론을 붙들고 민족 구심력 구

축을 위해 정치전선에 나섰던 몽양은 종교적 이상주의자일 수밖에 없었다. 그에게 정치는 종교였고 종교는 곧 정치였기에 그는 올곧게 이 길을 걸을 수가 있었다. 몽양의 기독교가 한국 사상(종교)의 자양분을 섭취하여 달리 구성, 표현된 것이기에 토착화 신학의 중요성을 다시 각성했다. 서구 기독교 추종자인 이승만의 기독교와 다른 기독교가 있었음을 기억할 일이다. 본문 곳곳에서 강조했듯이 몽양의 좌우합작론이 한반도 평화 체제의 이론적 전거로서 이 땅 정치가들에게 각인되기를 희망한다. 몽양의 좌우합작론이 남남 갈등 극복의 단초가 되어 남북 연합, 하나의 '공통체'[60]를 이뤄 세계 평화에 기여할 날을 기다린다. 패전국 일본 대신 희생양이 되어 70년 분단의 아픔을 겪은 민족을 치유하는 기독교의 역할이 그래서 중요하다. 과거(6.25) 경험 탓에 담을 쌓고 이제는 거짓을 진리처럼 선포하는 이 땅의 교회들이여, 피해자였으나 가해자가 된 자신을 먼저 구원하라. 그래서 남과 북 모두를 1919년 3월 초하루의 만세 함성을 품고 2019년 3.1선언 100주년을 맞으라. 6.25전쟁이 민족 내부만의 문제가 아니라 질서 재편을 위한 강대국들의 세계전쟁이었음을 깨달아 적대를 풀고 피차 용서를 구하자. 분단으로 인한 그간의 고통에서 '뜻'을 찾아 세계를 위한 한국으로 격하게 비약하길 기도한다. 글을 마무리하는 시점에서 이곳저곳의 부족함이 눈에 띈다. 글 내용에 더러 반복이 있었고 주장에 대한 고증이 충분하지 못했다는 점을 인정한다. 역사적 시각 이상으로 조직신학적 상상력이 발휘된 탓이다. 그럼에도 불구하고 앞선 논문들과 달리 몽양의 기독교성을 정치적으로, 그리고 토착화 시각에서 풀어낸 것에 만족하며 글을 맺는다.

해석 손정도 목사의 생애와
민족 독립 무장투쟁

노종해 / 말레이시아 선교사

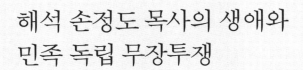

들어가는 글

한국 기독교에 대한 통상적인 견해에 대해 몇 가지를 지적하며 시작하려
한다. 첫째, 한국 기독교 신앙의 특색은 보수 신앙으로, 복음주의적 보수 신
앙은 정치와 종교를 분리시킨다고 보는 점이다. 이렇게 단순하게 평가할
수 있을까? 오히려 민족의 현실에서 성경을 보고 기도하며, 연합하여 역사
적 현실에 참여한 모습을 볼 수 있다. 한국 기독교의 신앙과 활동이 곧 민족
의 현실과 직결되어 있는 것이다.[1] 둘째, 한국 기독교의 신앙을 타계적인 신
앙으로 그리고 현실도피적인 말세 지향적 신앙으로 보는 점이다. 윤리의식
도 없고 사회적인 책임도 없는 신비적인 도취 속에서 신앙을 찾는다는 점이
다. 이러한 점은 부흥 운동이 한국의 역사적인 현실을 도외시하고 도피하는
방면으로 나아갔다는 것이다.[2] 그러나 이러한 체험적 신앙이 하나님에 대한
절대적 사랑과 순종, 헌신, 하나님의 뜻에 어긋나는 현실에 대해 죽음도 두
려워하지 않는 현실 참여로 사회 개혁과 나라 사랑으로 나타난 점을 간과해
선 안 된다. 한국 기독교의 체험적 신앙이 정치 사회 현실 참여와 민족 독립
운동과 직결된 점도 보아야 할 것이다. 이는 한국 기독교 선교 초기부터 일
제하에서도 끊임없이 굽히지 않고 일어난 민족 독립투쟁을 살펴보면 알 수
있다.[3]

셋째는 한국 기독교의 3.1독립운동은 독립 선언에 불과하며, 투쟁 방법도

독립 청원으로 소극적인 비폭력, 비무장 항쟁이란 평가이다. 이러한 온건한 투쟁 방법이 곧 애국계몽운동, 교육운동, 물산장려운동 등이라는 것이다. 일본 제국주의자들도 한민족 사회와 기독교에 대해서 이러한 점을 강조하며 회유하여 왔다는 점을 잊어서는 안 된다. 정말 한국 기독교의 민족 독립 운동이 선언으로만 끝나고, 그 방법도 비폭력, 비무장 항쟁으로만 이루어졌는가? 교육운동, 물산장려운동 등은 이러한 투쟁과 직결된 점은 없는가? 반문하지 않을 수 없다. 한국 기독교 지도자들뿐 아니라, 교인들도 개인적으로 혹은 교회, 교단적으로, 조직적인 단체로 이웃과 함께 민족 독립투쟁과 독립군 양성으로 무력 항쟁 계획을 실현시켜 나갔으며 이는 적어도 해방 이전까지 지속되었음을 알아야 한다. 이러한 한국 기독교의 과제를 염두에 두고 민족 독립 무장투쟁을 위해 신앙적 결단으로 일생을 바친 손정도 목사님의 생애와 민족 독립투쟁운동을 살펴보려 한다.[4]

1. 해석 손정도 목사의 출생과 성장

손정도 목사의 자는 호건(浩乾)이며 호는 해석(海石)이다. 1882년 7월 26일 평남 강서군 증산면 오홍리의 토착 유학자이며 부농인 가정에서 손몽룡과 오신도 사이에 장남으로 출생하였다. 6세 때 사숙(私塾)에 입학하여 17세까지 한학을 공부하였으며, 19세 때 예수를 영접하고[5], 1904년 23세 청년 손정도는 겨울에 관리가 되기 위한 시험을 치르러 평양으로 길을 떠나 조(趙)씨 성을 가진 목사 댁에서 머무르게 되었는데, 조 목사가 서구의 문화와 기독교 교리를 손정도에게 설명하는 동안 심령이 변화되어 거듭난 삶을 살기로 결단하였다.

이러한 신앙 체험과 새로운 삶의 결단이 있은 다음 날 아침 조 목사는 손정도의 상투를 잘랐고, 손정도는 평양길을 포기하고 고향으로 가서 사당을 부수는 등 신앙적 결단을 보이고 증거하였다. 이 일로 집안에서 '미쳐도 크게 미친 사람'으로 취급받게 되었다.[6]

그날 밤 집안 어른들에 의해 생명의 위협을 느낀 손정도는 눈 덮인 들판으로 도망가는 신세가 되었다. 손정도 목사의 신앙 메모에 의하면 그날 밤 "도망가라, 도망가라."는 '성령의 목소리'를 들었다고 기록되어 있다. 청년 손정도는 속옷 바람으로 집을 나와 눈 덮인 산에서 밤새 철야 기도를 하다 실신하였고 인근 주민들에 의해 구조되었다. 손정도는 조 목사를 찾아갔고, 조 목사의 소개로 평양 주재 감리교 선교사 문요한(John Z. Moor. 1874-1963) 목사를 만나게 되었다.

손정도는 평양 문요한 선교사 집에 머물면서 일하였고, 문 선교사는 손정도를 1905년 숭실중학교에 입학시켰으며, 재학 중 기독교 신앙의 대부흥기에 제회(際會)하고 당연 교역자가 되기로 결심하였다.[7] 그는 고학하면서 1908년 숭실중학을 졸업하였다.[8] 손정도는 13세 때 2살 위인 박신일(朴信一) 양과 결혼하였고, 시집에서 견디다 못한 부인은 평양으로 남편을 찾아왔으며, 평양기독병원에서 일하며 남편의 학비를 돕고 자녀를 양육하였다. 당시 자녀로는 진실(眞實), 성실(誠實) 두 딸이 있었다.

손정도는 1906년 겨울 인천내리교회 부흥사경회를 인도키 위해 이승운(李承殷) 목사와 함께 강사로 초청받았고, 평양에서 하디(Dr. R.A. Hardie) 선교사의 부흥사경회 때 성령 체험을 하였으며,[9] 각처에서 초청받아 부흥강사(復興講師)로 신앙을 증거하며 다녔다. 당시 내리교회 담임목사인 신홍식 목사는 "부흥회 인도자를 평양에 청구하니 이승은 목사와 손정도 씨 두분이 파송되어 인도하였는데 남녀노소가 다 통곡하며 말로 할 수 없는 죄를 다 주 앞에 자복하고 일반 인민이 크게 소동하는 지경에까지 이르렀다."[10]고 증언하였고, 또한 배형식 목사는 "가시는 교회마다 오순절 성화가 일어나서 신자마다 중생의 은혜를 받으며, 불신자가 회개하고 구원의 길을 찾는 자가 많았다."고 했다.[11]

손정도는 숭실전문학교에 입학했다가 중퇴하고, 서울, 인천, 평양 지방 등 이동식 일반신학회(General Theological School) 과정에 입학하여 목회자로 훈련 받았다.[12] 또한 서울 지역 등을 왕래하면서 이승만, 이동령, 장지영, 이시영, 이준, 노백린, 조승한, 이갑, 최남선, 이필주, 전덕기 등과 어울려 민족운동에 참여하였다. 손정도는 무어 선교사가 담임하던 남산현교회 전도사였고, 1909년 6월 감리교 연회에서 진남포, 삼화 구역 전도사로 파송받아 목회의 길에 들어섰으며, 1910년 신학회(협성신학당) 과정을 수료하고, 연회에서 1911년 집사목사(Deacon)를 안수받았다.[13]

2. 만주 선교와 독립운동

그의 목회는 곧 민족 독립운동이었다. 그의 아들 손원일 해군제독은 "젊고 열정에 불탔던 아버지는 설교 때마다 일제의 부당한 침략 행위를 규탄했다."고 술회했다. 교회는 부흥하였고, 선교사들의 주목을 받게 되었으며, 당시 많은 애국지사들과 동포들이 일제의 학정에 못 이겨 만주 등 해외로 이주해 감으로, 감리교회는 만주 선교사 파송이 시급함을 알아 만주 선교를 계획하던 중 1911년 목사안수를 받은 손정도 목사를 만주 지역 선교사로 조선 감리회 매연회(朝鮮 監理會 每年會)에서 파송하였다.[14] 손정도 목사는 만주의 안동, 길림을 비롯한 간도 지방을 담당한 순회 선교사가 되었고, 그의 전도 활동은 사실상 독립운동이었다. 1912년 3월 5일 제5회 조선 예수교 감리회 연회 때에도 손정도 목사를 만주 봉천북 지방 하얼빈 남방에 파송키로

하였다.[15]

그러나 국내에선 기독교 지도자들을 탄압하고 민족운동의 근거지를 말살키 위해, 1912년에 데라우치 총독 암살음모 사건을 조작한 105인 사건이 있었듯이[16], 만주에서도 기독교 애국지사들을 제거키 위해 가쓰라(桂太郎) 수상 암살음모 사건 때문에 검거 열풍이 일어났다. 가쓰라(1849-1913)는 청일전쟁 때 일본의 제3사단장이었으며, 전후에는 대만 총독을 거쳐 세 번 일본 수상이 된 인물로 제1차 내각 때 영일동맹을 맺고 노일전쟁을 강행하여 을사보호조약을 맺게 한 한국인들의 원수다.

또한 일본 수상인 가쓰라는 1905년 7월 29일 미국의 루스벨트 대통령의 특사인 태프트(W.H. Taft) 육군 장군과 함께 미국은 일본이 한국을 지배하는 것을 묵인한다는 가쓰라-태프트 밀약(密約)을 맺었던 자이며, 제2차 내각 때 한일합병을 강행했던 사람이다.

당시 애국지사들은 이런 가쓰라를 암살하려 하였다. 손정도 목사는 러시아 방문길의 가쓰라 수상을 암살하려 했다는 혐의로 일경의 요청을 받은 러시아 경찰에 의해 체포되어 경성 경무총감부로 30여 명과 함께 압송되어 모진 고문을 받아 얼굴 형태가 달라지기까지 하였고, 출옥 후에도 건강이 계속 악화되었다.[17] 일본 경찰은 모의 사실을 끝내 부인하는 손정도에게 아무 혐의를 밝혀내지 못한 채 풀어 주었으나, 곧 손정도 목사가 황해도 금광을 습격하여 북간도에 한인 무관학교를 세우고 무기를 대주려 하였다는 혐의로 다시 체포하여 혹독한 고문을 하고 재판에 회부하여 거주제한 1년이란 행정처분을 내려 전남 진도로 유배하였다. 손 목사는 진도 귀양살이 중에도 복음 전파와 독립정신을 고취하는 본업에 열중하였고 진도 주민들을 깨우쳤다.[18]

1913년에 열린 감리회 제6회 연회일기에서 1913년 6월 7일 기록을 보면,

"중화민국에서 선교하다가 진도로 유배당한 선교사 손정도 목사의 편지를 연회 회중에게 낭독하였는데, 노블 감리사께서 해씨를 위해 간절히 기도하신 후에 회장께서 말씀하시기를 손정도 씨는 먼 섬 가운데 유배를 당하여 고난 중에 있을지라도, 예전에 사도 요한이 밧모섬에 있을 때에 신령한 은혜와 묵시를 더 많이 받은 것같이 손정도 씨도 신령한 은혜와 묵시를 더욱 많이 받은 줄 믿는다."고 설명하였다.[19] 또한 1913년 6월 12일 연회 회기 중에 손정도 목사와 그 가족을 위해 "금년에는 30원씩 주기로" 가결하였다.[20]

배형식 목사는 1913년 12월 10일, 유배에서 귀환한 손정도 목사 위로회를 열었다. 즉, "손씨 위로회: "지나 공화국에 선교사로 파송되었던 손정도 씨는 작년 11월 보안조례를 의지하여 전남 진도군에 1개년 동안 있다가 만기가 되어 본월 10일에 경성에 도착한 고로, 당일 하오 7시에 신학생 일동이 해씨의 위로회를 신학교에서 개회"했다.[21]

당시 감리교회는 동역자 의식을 가지고 기도할 뿐 아니라 계속 월급을 지급하기로 결의하였던 것을 볼 수 있다. 당시 연회 결의를 보면, "금년(1913)에는 외국 선교는 정지하고 국내에 교회 없는 구역에 전도인을 파송키로 하였는데 먼저는 정선, 평창에 전도인 2인을 파송하였는데 월급은 20원씩 주고 반이비까지 지출키로 가결하였다."[22]고 한 것을 보아 손정도 목사를 특별히 기억한 것을 볼 수 있다.

손정도 목사가 진도 유배를 끝내고 돌아왔을 때, 1914년 감리교회 연회에서는 그를 잊지 않았을 뿐 아니라 더욱 활발히 활동할 수 있도록 서울의 동대문교회 담임자로 파송하였다.[23] 이해에 우리는 전덕기 목사가 별세한 것을 잊을 수 없다. 그러나 하나님은 손정도 목사를 준비해 두었고, 손정도 목사를 통해 신앙적 민족 독립투쟁은 계속되었다.

손원일 제독은 이 시절을, "아버지의 명성은 서울에서도 예외는 아니어서 주일예배 때는 교회 마당에도 신도들이 가득했다. 평일에도 끊임없이 손님이 찾아오고 무엇인가 열심히 의논하던 모습을 똑똑히 기억한다."고 술회하였다.

당시 감리교회는 얼마나 멋있고 살아 있는가! 목회 일선에서 교회를 통한 민족운동에 참여하며, 재판받고 투옥되고 유배된 목회자들을 아끼고 목사의 가족까지 돌보고 보호해 주었으며 계속 파송시켰을 뿐 아니라 오히려 더욱 중요한 일을 맡길 줄 알았던 점은 오늘날에도 한국 기독교계에 살아 있어야 할 점이다.

3. 국내 목회와 독립운동

손정도 목사는 1년간 동대문교회에서 목회하며 민족 독립의 신앙을 고취시키며 운동하다가 1915년에는 감리교회의 모교회이며 애국지사들이 드나들던 정치적으로도 중요한 요새인 정동교회 담임으로 부임하여 당시 김종우 전도사와 함께 1918년까지 목회를 하였다.[24] 교인 수가 급증하여 1917년에는 교인 수 2,283명을 헤아려 단일 교회 중 가장 큰 교회로 부흥 성장하였고, 설 자리가 없게 되어 교회 증축 공사도 하였으며 예배 풍경도 변화시켜 남녀를 구분하는 휘장도 없애 버렸고, 교회 안에 의자를 놓아 장안의 화제가 되기도 하였다.[25]

그런데 손정도 목사는, 1918년 협성신학교(현 감리교신학대학)를 제5회로 졸업하고, 1918년에 장로 목사(Elder)로 안수를 받아, 만주 선교사로 재 파송받았으나,[26] 이해 말 자진하여 신병을 치료하며 쉬겠다는 표면적 이유로 정동교회를 사임하고 평양으로 이주하였다.[27] 1919년 제12회 연회가 서울 정동교회에서 열렸는데 당시 연회록을 보면 손정도 목사에 대해서 "당국의 압력으로 휴직 및 제명당한 연회원 손정도"라고 기록되어 있다. 이를 볼 때 손정도 목사는 정동교회에서 목회하는 동안 당국의 극심한 사찰을 받았음을 알 수 있다.[28]

손원일 제독은 "그 무렵 국내외에는 독립운동이 무르익고 있었다. 아버지는 어디론가 분주히 오가는 사람을 만나곤 했다."고 술회했다. 이신애(李信愛) 여사는 '대한문(大韓文) 앞의 감격(感激)'"이란 회고록에서 손정도 목사의 활동에 대해 다음과 같이 기록하였다.

> 1918년 봄, 손정도 목사님이 원산에 오셨다. 나는 김확실, 이승은, 김마리아 세 사람과 함께 미국의 월슨 대통령이 초안한 휴전 조약 원칙 가운데서 약소민족을 위해 지하공작에서부터 일할 것을 약속하고 결사 선서하였다.[29]

손정도 목사는 3.1운동 거사 때 33인 중에 민족 대표로 들어갈 것이지만 또 다른 중요한 임무를 맡았던 것이다. 즉, 당시 제1차 세계대전 후 전후 처리를 위해 파리에서 만국평화회의가 열릴 때, 이 회의에 민족 대표를 밀사로 파견하여 일제의 침략을 만천하에 고발하려는 거창한 계획이었다. 손정도 목사는 먼저 초상복을 입고 상해로 가서 당시 이화학당 총교사이던 하란사(1875-1919) 여사와 의친왕 이강 공을 상해에서 만나 파리로 밀항시키는 계획이었다. 손정도 목사는 1919년 1월 중순 상해로 무사히 빠져 나갔으나 의친왕과 하란사는 각각 중국인, 중국 상인으로 변장하고 국경은 넘었으나 안동에서 검거되어 서울로 압송되는 바람에 계획은 포기되었고, 그 후 하란사 여사만 다시 망명을 기도하다가 1919년 1월에 북경까지 갔으나 동료들의 환영 만찬 때 먹은 음식 때문에 죽고 말았다. 여기에는 일제의 간첩 배정자가 음식에 독약을 넣었다는 설이 있다.

4. 상해임시정부 의정원 초대 의장과 만주에서의 활동

1919년 3.1독립운동 이후 애국지사들은 상해로 모였고, 4월 11일에는 상해임시정부를 조직하였다. 이때 손정도 목사는 이광수와 함께 임시정부 의정원을 제의하여 임시의정원 의장을 지내며 임시정부의 일들을 수습키 위하여 활동하였으며, 국내와 연결하여 독립군 무기기금 모금운동을 하였으며, 대한애국부인회와도 연결되어 있었다.

첫 임시의정원 회의는 의원 29명이 참여하였고, 의장(議長) 이동녕(李東寧)과 부의장(副議長) 손정도(孫貞道)를 선출하였다. 국호(國號)와 연호(年號)는 대한민국(大韓民國)으로 결정하였고, 관제(管制)는 국무총리제(國務總理制)를 채택하여 임시정부(臨時政府)를 조직하고 공포하였다.

그러나 상해임시정부는 실제로 정부 기능을 발휘할 수가 없었다. 왜냐하면 법무총재 이시영(李始榮)을 제외하고는 국무총리 이승만을 위시하여 국무위원들이 상해에 거주하지 않았기 때문이다. 국무위원들을 선출하여 정부를 조직하였지만 실제로 상해에 없기 때문에 미취임(未就任)의 공백 상태가 되었다. 이를 극복키 위해서 확충하고 강화시킨 것이 의정원(議政院) 개편이었다.

임시의정원은 곧 1919년 4월 13일에 임시의정원법을 수립하여 선거구를 개편하고, 첫 의장에 손정도(孫貞道)를, 4월 25일에는 국무총리 대리로 이동녕(李東寧)을 선출하여 정부 기능을 발휘케 하였고, 재원방침(財源方針)을 결의하여 재정을 확충하는 일에 착수 하였다. 상해임시정부는 의정원을 중심이 된 의원내각제라 할 수 있다.[30]

제3차 회의 때 각 도별 지역별 의원을 선정키 위한 위원회를 구성하였다. 의원 수는 의정원법 23조에 의해 국내 8도 및 중령(中嶺), 노령(露嶺) 미주(美

洲) 등 11개 지구의 51명이었다. 각 지구별로 위원을 선출하여 4월 30일부터 5월 13일까지 임시의정원 제4차 회의가 개최되었다.

이때 의원 35명이 출석하였고, 이 회의는 임시의정원법 21조에 의해 의장 손정도(孫貞道), 부의장 신규식(申圭植)을 선출하여, 대한민국 임시의정원을 정식으로 조직하였다. 이때부터 국민 대표 기관으로서의 의정기관 역할을 하게 되었다.

의장인 손정도는 임시의정원을 발의한 분이었고, 처음부터 참여하였을 뿐만 아니라 임시의정원법에 의한 초대 의장으로 선출되어 임시정부의 통합 수립(1919.9.13)에도 공헌한 분이다.

대한애국부인회(大韓愛國婦人會) 사건을 보면 임시정부 의정원 의장인 손정도 목사와 연결되었음을 알 수 있다. 특히 평양에서 활동한 비밀결사 대한 애국부인회의 독립군 군자금 모금 활동에 있어서, 총재인 오신도(吳信道) 여사는 손정도의 모친이었으며, 평양지회 서기였던 손진실(孫眞實) 여사는 손목사의 장녀였던 것이다.[31] 손정도 목사는 3년간 임시정부 최고 지도자의 일원으로 활동하다가 민족 대동단결과 독립운동 집결지 등을 형성키 위한 계획을 가지고 1921년 만주 길림(吉林)으로 갔다.

손정도 목사는 실제적인 무장투쟁을 강화하여 민족 독립운동을 기하기 위해, 김구 선생과 함께 1922년 10월 28일에 한국노병회를 조직하였을 뿐 아니라, 1919년 11월 24일에 대한교육회(상해)를 박은식과 함께 조직하였고, 1920년에 안창호와 함께 상해에 흥사단 극동임시위원부를 조직하는 데 앞장서기도 하였으며, 1920년 이후에는 길림성을 중심으로 농민호조사(農民互助社)인 농민합작사(農民合作社)를 설립하여 굳건한 독립운동 투쟁 기반과 민족 대단결을 기하는 데 총력을 다하였다.[32]

손정도 목사는 우선 길림에서 한인교회를 개척하였다.[33] 벽돌을 갖고서 내부가 50평쯤 되는 건물을 목사관과 함께 건축하였다. 신도는 200여 명이 되었고, 의지할 곳 없고 아무 힘 없는 이주민들의 구심점을 이루었으며, 떠돌아다니는 독립투사들, 일경에 쫓겨 다니는 독립투사들의 투숙처와 연락처가 되었다. 손정도 목사는 동포들을 신앙으로 뭉치게 하였고, 억울한 사람들의 억울함을 해결해 주는 목회 활동도 하였으며, 필생의 사업으로 간도에서 약간 떨어진 액목현(額穆縣)에 3천 일경(日耕) 되는 농토를 구입하였다. 농부 한 사람이 하루 동안 일할 수 있는 넓이의 땅이 1일경이니 광대한 땅임을 알 수 있다.

손정도 목사는 이 땅을 구입하기 위해 고향 강서의 유산을 모두 처분하였고, 만주 일대의 애국지사와 농민을 상대로 주식까지 발행하였다.

그는 여기서 만주에 흩어진 동포들을 한곳에 정착시키고 독립운동을 기하려 하였다. 손정도 목사는 교회내에 학교도 세워 교육운동도 하였다. 그러나 만주도 안전한 곳이 못 되었다. 일제는 만주 침략을 감행하려고 하고 있었다. 결국 일제는 만주사변을 일으키고 만주국 정부를 수립하여, 만주 일대를 식민지화하였으며 농민합작사도 몰수되고 말았다. 그러나 손정도 목사는 최후까지 굽히지 않고 이를 정리하여 북경으로 가서 계속 투쟁하려 하였다. 그 당시 손 목사의 가족들은 1929년 성실(誠實)의 신병과 유학으로 봉천에 있었고, 손 목사는 단신으로 길림에 남아 있었다.

손정도 목사는 1931년 2월 19일 길림에서 50세의 하나님의 부름을 받았다. 그가 바라고 기도하며 외치고 힘썼던 조국의 광복은 보지 못한 채 이국 땅에서 생을 마감한 것이다. 그의 별세 소식은 1931년 연합연회에 배형식 감리사를 통해 알려졌다. 즉, "만주에서 오랫동안 악전고투로 지내시든 우리 형님 손정도 목사는 숙환으로 인하여 휴직하시고 북경의 어떤 사원에서 엄동에 휴양하다가 작년에 길림에 오셨고, 그 병이 심중하여 여관 한등(寒

燈)에서 사랑하는 처자권속(妻子眷屬)도 보지 못하고 고독한 별세를 하였습니다."[34] 그의 장례식은 2월 23일 재만 감리교회장(在滿監理敎會葬)으로 엄수되고, 장의소(葬儀所)에 임시 안치되었다가 길림성 북산에 안장되었다.

손원일 제독은 "그곳 액목현의 한 동포 집에서 저녁을 드신 후 갑자기 피를 토하고 돌아가셨다는 것이 나중에 들은 아버지의 최후이다."고 통곡하였다. 공식적으로는 지병인 위궤양으로 병사한 것으로 되어 있으며, 1931년 2월 21일 자《동아일보》에 간단한 별세 보도가 되었을 뿐이다. 손 목사는 1962년 건국대공로훈장을 받았으며, 동작동 국립묘역에 이장되었다. 손 목사의 가족은 2남 3녀로 부인 박신일(朴信一) 여사와 장녀 진실(眞實), 차녀 성실(誠實), 장남 원일(元一, 초대 해군참모총장 및 국방부 장관), 차남 원태(元泰, 의학박사), 3녀 인실(仁實. 이화여대 교수, 한국여성단체협의회회장, 한국YWCA회장 등 역임)이다.

5. 손정도 목사의 조직과 활동 정리

손정도 목사가 힘써 조직 활동한 민족 독립투쟁을 정리하여 소개하면서 마치려 한다. 앞으로 이 방면의 연구가 계속 활발히 진행되기를 바라면서 간략히 정리하면 다음과 같다.

1) 상해임시정부 활동 - 임시의정원 초대의장으로 활동하면서 임시정부 최고 지도자 중 한 사람으로 참여하였다. 특히 독립군 양성을 담당하였고 독립군 무기를 지원하는 군자금을 모으기 위해 활동하였다.

2) 대한적십자회 총재 - 1919년 10월 1일 상해에서 조직할 때 상임 의원으로 활동하며 회장으로 봉직하였다. 감리교 현순 목사, 장로교 김병조 목사도 의원이었다.

3) 흥사단 극동임시위원부 - 미주에 있는 흥사단의 지부로 1920년 안창호와 함께 설립하였다. 당시 위원은 안창호, 손정도, 이광수, 차이석, 주요한, 이규서 등이다.

4) 대한교육회(大韓敎育會) - 1919년 11월 24일 상해에서 조직되었다. 회장은 박은식 선생이었고, 손정도 목사는 서무로 활동하였다.

5) 한국노병회(韓國勞兵會) - 독립군 양성과 전비 조성을 목적으로 조직된 단체이다. 본부는 상해에 두었고 조국 광복에 공헌하기 위해 7년 동안 1만 명 이상의 노병(勞兵)을 양성하여 100만 원 이상의 전비(戰費)를 조성할 것을 목적으로 하고, 그 이전에라도 독립전쟁을 개진할 때에는 이사회 결의로 참가 출전한다고 했다. 노병회는 1922년 10월 1일 상해 불조계(佛祖界)에서 김구, 손정도, 조상섭, 김인전, 이유필, 여운형 등 7인이 발기에 관하여 협의하였고, 동년 10월 28일에 같은 장소에서 발기총회를 열었다. 보통회원 17명, 특별회원 4명이었고, 7년 동안 1만 명의 노병(老兵)을 양성하여 독립전을 전개할 것과 100만 원 이상의 전비(戰費)를 마련한다는 내용의 회칙을 통과시켰다.[35]

제1장 총칙
제1조 본회는 한국노병회라 칭한다.
제2조 본회의 본부는 상해에 둔다.
제3조 본회는 조국 광복에 공헌하기 위하여 이후 7개년 동안에 1만 명 이상의 노병(勞兵)을 양성하여 100만 원 이상의 전비(戰費)를 조성할 것을 목적으로 한다.
제4조 전(前) 조의 군인 및 전비가 목적하는 수에 달할 때는 이사회의 제의와 총회의 결의를 얻어 독립전쟁을 개시한다. 단, 그 이전에라도 국가에서

독립전쟁을 개전할 시는 전항의 규정에 구애함 없이 이사회 결의로서 참가 출전할 수 있다.

당시 선출된 간부를 보면 다음과 같다.

이사장: 김구, 이사: 손정도, 이유필, 김인전, 여운형, 나창헌, 조상섭, 회원 검사원: 조동우, 최석순

노병회 제1회 이사회는 11월 2일에 열렸고, 이사장에 김구, 군인을 양성하는 노공부장(勞工部長)은 손정도, 부원은 여운형, 최준이었다. 노병회는 1922년 12월에 이동건을 하남성 감전 군사강습소에, 백운서를 북경 학생단에, 주무원, 윤광원을 병기학교인 개봉 병공국에 파견 유학시켰고, 오면직(吳冕稙)을 개봉의 군관학교에 유학시켰다. 또한 1932년 1월 5일 제4회 정기 총회 때 공국선(孔國宣)은 북경 학생단에, 정국진을 감전 군사강습소에, 최천호(崔天浩), 채군선(蔡君仙), 박희곤(朴熙坤) 등을 낙양(洛陽) 학병단에 유학시켰으며, 1923년 5월 6일 제9회 이사회 때 하남성(河南省) 낙양에 여운형을 파견하여 장교, 병사, 기술자의 양성을 부탁토록 하였다.

1923년에 보통회원 19명, 특별회원 9명에 불과했으나, 임시정부 간부들로 조직된 까닭에 기반이 튼튼하였고, 1924년에는 회원이 43명으로 증가하였다. 1924년 1월에 공국선과 백운서가 졸업하여 우수한 장교가 되어 상해로 돌아왔으며, 1924년 4월에는 노병회 파견으로 군사교육 받는 자가 7명, 병공(兵工) 학습자가 2명, 군사 학습자가 3명이었고, 전비조성비는 369원이었다.

1925년 4월에는 전비조성비는 388원이 되었고, 회원도 51명으로 증가되

었다. 그러나 1926년 4월 김구가 이사장직을 사임한 후 노병회 임원들이 일경에 체포되기도 하고 불경기로 회비도 잘 모금되지 않았다. 1928년부터는 중국 정세 변동으로 특별회원으로 군사학교 입교가 불가능케 되어, 1930년 2월 회원이 31명으로 감소되고, 전비는 710원을 조성하다가 1932년 10월 8일 10년 만기를 채우고 해산하였다.

6) 농민합작사 운동 - 손정도 목사는 1921년 4월 1일 길림에서 농민호조사를 창립하여, 만주의 동포 2백만을 위하여 생활개선 운동을 전개하였다. 발기인은 손정도를 위시하여 도산 안창호, 김동삼(金東三), 이유필(李裕弼), 배형식(裵亨湜), 오동지(吳東振) 등 당시 지도자들이 총망라(總網羅)되어 있다.

농민합작사, 농민호조사의 사업으로는, 1.과학적 영농법 및 기계화농업의 보급, 수력발전소 개발, 2.교육기관의 증설, 3.보건위생 시설의 정비 등이다. 그중 수력발전 계획은 길림성 경박호(鏡泊湖)의 대수원(大水源)을 이용하여 발전 시설을 하고 전북만(全北滿)을 전력화할 구상이었으나 자금과 기술관계로 용이하지 않았으며, 그 외 사업들도 잇따른 정변(政變)과 9.18만주사변과 일제의 침략으로 모든 계획이 좌절되고 말았다.[36]

나가는 글

필자는 손정도 목사의 막내딸인 손인실 장로(孫仁實, 이화여대 교수, 한국여성단체협의회 회장 등 역임)와 한국YWCA 회장실에서 대담한 내용을 정리하며 마치려 한다.[37] 대담에서 손인실 회장은 부친의 좌우명을 말하면서, 아버님(손정도)의 생활과 모습을 밝혀 주었다.

첫째는 걸레같이 살라는 것이다. 비단옷은 특별한 때만 입고 보통 장롱 속에 넣어 두지만, 걸레는 항상 필요하면서도 하찮게 여김을 당해도 요긴한 것처럼 걸레처럼 살라는 것이다.

둘째는 돈은 받을 생각 말고 주라는 것이다. 아버님의 주머니에는 있는 돈은 늘 독립운동을 위해 다니는 사람들과 동포들에게 주고 가정을 위해서는 내놓지 않았다는 것이다. 가정살림은 모친이 평소에 나가 일하여 받은 것으로 근근이 이어 왔다고 어린 시절을 회상하며 어머니의 고생을 말했다.

셋째는 파벌 싸움, 고향, 지연 등으로 분열되는 것을 가장 싫어하고 대동단결을 늘 주장하며 실천하였다.

넷째는 장래를 준비하는 자세를 지니라는 것이다. 한국은 삼면이 바다이므로 해군의 중요성을 말하고, 바다를 지키고 개발해야 함을 주장했다고 술회하였다. 장남 손원일 제독은 이를 기억하고 실천하여 해군이 되었다.

다섯째는 실제적인 문제도 중요시한 점이라 했다. 우선 먹고살아야 독립운동을 할 수 있다고 하셨으며, 이에 길림에 농토를 구입하여 정착시키는 운동을 하였다고 회고하며 술회하였다.

3.1독립선언 100주년을 맞는 오늘 한국 기독교 지도자들은 무엇을 생각하고 있는가? 민족사와 세계의 변천에 대하여 어떠한 신앙적 결단과 의식이 있는가? 도대체 기독교 신앙이 역사적 현실과 유리되어 있을 수 있는가? 한국 감리교회의 자랑스러운 목회자요, 한국 기독교와 민족의 지도자인 해석 손정도 목사의 생애와 활동은 우리 가운데 이어져 살아 있어야 한다. 그분의 신앙이란 개인적 차원을 넘어서 교단의 차원도 넘고, 민족 사회 차원으로 나아갔으며, 그의 신앙은 이념적 차원에 머물러 있지 않고 역사적 현실속에서 역동적인 변화를 추구하며 하나님의 뜻, 역사에 참여하였다. 바로이 길이 한국 기독교의 부흥과 성장의 요인이요 방향인 것이다.

한국 초기 사회주의운동이
독립운동에 끼친 영향

김 종 길 / 덕성교회 담임목사

들어가는 글

독립운동은 제국주의 국가들이 약소국을 침략하고 식민지를 지배하는 것에 대한 저항이며, 근대적인 국민국가를 수립하려는 건국 운동이다. 일반적으로 기존의 관점에서 한국의 독립운동은 민족주의 우파적 성향을 지닌 국채보상운동, 애국계몽운동, 만세 운동, 의병 운동, 외교 활동 등을 가리킨다. 이제까지 독립운동에 관한 연구는 반공적인 시각과 우편향적인 관점에서 진행되어 왔다. 분단 체제와 반공 이념이 지배하는 상황에서, 사회주의 · 공산주의[1] 운동은 기피되었고, 반쪽의 역사만 유지되어 왔다. 과연 초기 한인 사회주의운동, 예를 들면 러시아 연해주에서 설립된 '한인사회당'의 활동이나 러시아 적위군과 제휴한 한인 유격부대의 무장투쟁을 항일 독립운동으로 볼 수 있는가? 이 물음에 공정하게 답하려면, 새로운 관점이 요구된다.

20세기 초에 세계사적인 사건들이 연이어 발생했다. 1917년 2월 러시아에서 제정이 무너지고 러시아공화국 임시정부가 들어섰다. 그해 10월 레닌은 사회민주노동당의 급진파인 볼셰비키(Bolsheviki)[2]를 이끌고 사회주의를 표방한 혁명을 일으켜 권력을 장악했다. 볼셰비키 세력은 소비에트(Soviet)[3] 체제를 구축하고, 공산주의 국제연합 기구인 코민테른(Comintern)[4]을 조직하여 세계혁명을 추진했다. 러시아혁명은 한국 사회에도 영향을 미쳤다. 러시아 원동 지역에서 한인 사회주의운동은 민족 해방과 세계 혁명의 차원에서 전개되었다.

한국의 사회주의운동에서 주목할 단체로 한인사회당(1918-1921), 조선노동당(1925-1928), 남조선노동당(1946-1949) 등을 들 수 있다. 각 단체는 러시아 연해주, 경성, 해방 이후 남한에서 전개된 공산주의운동을 대표한다. 본 연구의 범위는 지면관계로 러시아혁명이 일어난 1917년부터 고려공산당이 해체된 1922년까지, 러시아 원동지역에서 전개된 한국 초기 사회주의운동에 한정된다. 이 글은 좌우합작적 관점[5]에서 민족 해방운동[6]을 재인식하고, 한국 최초의 사회주의 정당인 한인사회당(韓人社會黨)을 중심으로, 한국 사회주의운동이 대한민국 독립운동사에서 어떻게 자리매김하는지를 논하고자 한다. 여기서 좌우합작의 구체적인 방법을 거론하거나 공산주의와 자본주의를 비교하며 시비를 가리는 일은 논외로 한다.

1. 한국 초기 사회주의운동

1) 러시아에서 전개된 한인 사회주의운동

(1) 한인사회당의 성립과 활동

1860-1870년대에 한반도 북부 지역에 발생한 흉년과 지방 관리의 착취로 인하여 그 지역의 농민들이 생계를 위해 국경을 넘어서 간도와 연해주로 이주했다. 1884년에 조선과 러시아 사이에 조로수호통상조약이 체결된 이후에도 조선인의 월경은 줄어들지 않았다. 철도 부설과 항구 건설 등 대규모 토목공사에 막대한 노동력이 필요한 러시아 당국은 이민 장려 정책을 추진하여, 러시아로 이주한 한인 수는 꾸준히 증가했다.[7] 일제의 침략이 강화된

보호통치(1905) 및 강제합병(1910) 이후에는 새로운 유형의 이주가 발생했다. 정치활동이나 독립운동을 하던 인사들이 일제의 탄압을 피해 연해주 등 외국으로 망명했다. 1863년에 시작된 한인들의 러시아 이주는 해마다 급증하여, 1910년 무렵에는 30만 명을 넘었다. 그 가운데 8-10만 명이 연해주에 거주했다. 당시 러시아에 거주하는 한인은 러시아 국적을 취득한 원호(元戶)와 귀화하지 않은 여호(餘戶)로 구분되었다. 한인 사회에서 원호인과 여호인 사이에 경제적 격차 및 신분적 차별이 발생했다. 두 집단의 갈등과 반목은 한인 사회에 깊은 상처를 남겼고, 이후에 한국 독립운동사에서 비극의 씨앗이 되었다. 한인의 연해주 이주와 한인 사회 형성은 독립운동에서 중요한 역할을 감당했다. 1937년 소비에트 당국이 한인들을 중앙아시아로 강제 이주시키기까지 70여 년 동안 연해주 지역은 궁핍한 백성의 터전이자 국외 독립운동의 거점이었다.

1910년대 러시아에서 전개된 항일 투쟁은 주로 사회주의운동과 맞물려 있었다. 러시아 극동 지역 연해주에서 한국 사회주의가 중국에 앞서서 최초로 발생했다. 연해주에 한인 사회가 형성되어 물적, 인적 기반이 마련되어 있었고, 러시아혁명 및 시베리아 내전을 통하여 사회주의사상을 접촉하였던 것이다. 러시아혁명을 경험한 한인들은 독립운동의 동력으로 사회주의를 수용했다. 러시아는 아시아를 공산화하기 위해, 독립을 열망하는 한인을 중심으로 공산당을 조직하기 시작했다. 러시아혁명 이후에, 연해주와 만주 지역 및 국내에서 다수의 사회주의 단체들이 출현했다. 그 가운데 주목할 만한 단체는 한국 최초의 사회주의 정당인 '한인사회당'이다. 러시아혁명 직후에 우수리스크에서 원호인과 여호인이 함께 전로한족대표자회를 개최하였다(1917.6). 그런데 한족 대표자들은 러시아 임시정부에 대한 태도 차이로 양분되었다. 원호 출신 대표자는 주로 우파(러시아 임시정부)를 지지했고,

여호 출신 대표자는 좌파(볼셰비키)를 지지했다. 결국 전로한족대표자회는 둘로 갈라졌다. 우파 성향의 대표자들은 '전로한족회중앙총회'를 조직하고, 《청구신보》를 발행했다. 그에 대하여 좌파 성향의 대표자들은《한인신보》를 창간하고, 이동휘와 제휴하여 '한족중앙총회' 발기회를 결성하였다. 이듬해에 양측은 통합된 한족회를 만들기로 합의하고, '전로한족회중앙총회'를 발기하였다(1918.1). 하지만 그해 6월에 전로한족회헌정회의에서 우파와 좌파는 입장 차이로 분열하였다. 대부분 한인사회당에 소속된 좌파 대표자들은 탈퇴하였고, 우파 집단은 자체적으로 중앙총회를 구성하였다. 제1차 세계대전이 종결되고 국제 정세가 새롭게 전개되자, 이에 대처하기 위해 전로한족회는 '대한국민의회'로 개편되었다(1919.2).

　　다른 한편, 연해주에서 전개된 사회주의운동의 중심에 이동휘(1873-1935)[8]와 한인사회당이 있었다. 1918년 5월에 하바로프스크에서 민족주의자들과 한인 볼셰비키 등이 함께 조선혁명가대회를 열었다. 그 대회에서 시베리아 내전에 대하여 어떤 입장을 취할 것인가 하는 문제가 제기되었다. 일본 군대가 블라디보스토크에 상륙하는 등 정세가 불안정한 가운데, 이동휘는 볼셰비키 정부와 협력할 사회주의 정당이 필요하다고 판단했다. 좌파 민족주의자들은 항일 독립운동을 효과적으로 수행하기 위해서 볼셰비키 정권의 지원이 필요하다고 판단하고, 볼셰비키 세력과 연대할 것을 주장했다. 이동녕, 양기탁 등 우파 민족주의자들은 사회주의 노선에 반대하고 대회에서 탈퇴했다. 잔류한 참가자들이 뜻을 모아서 사회주의 정당을 결성했다. 그리하여 볼셰비키 세력의 거점이자 극동 소비에트 정부가 소재한 하바로프스크에서, 조선 최초의 공산주의적 정당[9]인 한인사회당이 창당되었다(1918.5). 한인사회당의 초기 당원들을 보면, 우랄노동자동맹 출신들, 하바로프스크 한인 사회 지도자들, 국내로부터 망명해 온 신민회 간부들 등 볼셰비키들과 좌파 민족주의자들로 구성되었다. 중앙위원으로 위원장 이동휘, 부위원장 박애, 선전부장 전일, 정치부장 이한업, 비서부장 박진순, 교통부장 김립 등 이 선출되었다. 소비에트를 따라서 정치, 선전, 군사 중심으로 조직된 것이다. 한인사회당은 연해주와 흑룡강 지방에 8개의 지부를 설치했다. 기관지 『자유종』을 발행하고, 문덕중학교를 설립했으며, 군사조직인 '한인적위대'를 편성했다. 극동 소비에트정부는 한인사회당에 우호적인 태도를 취하고, 의장인 크라스노쇼코프는 한인사회당을 후원했다. 러시아 전역에서 일어나는 반혁명 세력에 맞서려면 동맹군이 필요했기 때문이었다. 한인들 입장에서도 독립운동을 벌이는 과정에서 코민테른의 지원이 필요했다. 한인사회당 산하 한인적위대는 러시아혁명군인 적위군(赤衛軍)과 함께 우수리 전투에 참가하여 반혁명 세력인 백위군(白衛軍)에 대항하여 싸웠다. 그것은 재러 한인이 볼셰비키 세력과 연대하여 전개한 최초의 무장투쟁이었다.

그러나 한인사회당의 활동은 오래가지 못했다. 1918년 4월 이래로 러시아의 정세가 급변했기 때문이다. 러시아혁명을 저지하고자 제국주의 국가들은 시베리아에 출병했다. 일본은 백위군을 지원하기 위해 군함을 위시하여 병력 28,000명을 파견했다. 이어서 영국, 미국, 프랑스도 소비에트에 대항하여 군대를 파견했다. 게다가 포로 상태에서 귀국 중이던 체코 군단이 반란을 일으켜 백위군 진영에 합류했다. 이에 고무되어 수세에 몰려 있던 러시아 백위군은 블라디보스토크에서 반격을 시작하여, 하바로프스크를 점령했다(1918.6). 반혁명군의 개입으로 볼셰비키가 주도하는 극동인민위원회 정부가 붕괴되었다(1918.9). 백위파 정권이 들어서자, 하바로프스크에 거점을 두고 활동하던 한인사회당은 불법화되었고, 더이상 활동하지 못했다. 궁지에 몰린 한인사회당은 블라디보스토크 외곽에서 비밀리에 제2차 당대회를 소집하였다(1919.4). 거기서 한인사회당과 신민당이 통합하고, 선명한 사회주의 노선을 부각했다. 한인사회당은 마르크스·레닌주의를 원동력으로 삼아서 한국의 독립을 이루고 아울러 세계혁명을 수행할 것을 목표로 삼았다. 그러나 일본군이 블라디보스토크에 상륙하여 토벌 작전을 펼침으로써 연해주에서 한인사회당의 활동은 그치고 말았다(1920.4). 그 후 1921년 5월에 해체된 한인사회당은 상해파 고려공산당으로 재생하여 활동을 재개하였다. 짧은 활동기간이었지만, 한인사회당은 한국 독립운동사에서 중요한 의의를 지닌다. 한인사회당의 창당은 민족 해방의 전략전술을 두고 좌우로 분화하는 가운데, 옛 신민회의 좌우 분열로 민족주의 진영에서 사회주의 세력이 분립하였다는 것을 시사한다.[10] 또한 독립운동 진영이 러시아 혁명 세력과 연대함으로써 한인사회당이 국제적인 조직으로 성장했음을 보여주었다.

(2) 한인사회당과 대한민국임시정부

여기서 시선을 상해로 돌려서, 한인사회당과 대한민국임시정부(이하 임정)의 관계를 훑어 보겠다. 기미혁명 이후에 독립운동의 총본부가 될 정부가 요구되었다. 비슷한 시기에 여러 정부가 세워졌는데, 그중에 러시아 연해주에 있는 대한국민의회와 중국 상해에 있는 임시의정원이 실제적으로 정치활동을 전개할 수 있었다. 두 단체는 각각 해체하고 나서 통합하기로 합의했다. 대한국민의회는 해산되었으나(1919.8), 임시의정원은 일부 개조하여 기존의 체제를 유지했다. 상해 측에서 대통령 직명이 발단이 되어 사달이 났다.[11] 임시의정원의 배약으로 말미암아 연해주 측에서는 '개조·승인 논쟁'이 야기되었다. 통합을 위해 개조를 승인하자는 의견과 승인을 거부하자는 의견이 대립하였다. 아쉽게도 임시의정원의 배약과 대한국민의회의 거부로 두 단체를 통합하려는 계획은 무산되었다. 연해주로 돌아가 재

조직된 대한국민의회는 독자적으로 활동하였다(1920.2). 반면에, 개조에 항의하던 이동휘는 마음을 바꾸어 임정의 국무총리에 취임했다. 이후로 대한국민의회와 한인사회당은 갈라섰고, 그 사건은 나중에 고려공산당이 분열하는 단초가 되었다. 우여곡절을 겪고 나서, 상해에서 대한민국임시정부가 출범했다(1919.11.3). 한인사회당이 참여함으로써 임정은 우익 전선과 좌익 전선의 합작을 이룬 것으로 평가된다.

임정은 기호파, 서북파, 한인공산당 등으로 분열되어 파쟁을 일삼았다. 구미위원회를 맡은 이승만은 대한민국 대통령으로 자처하며, 사실상 분립 정부인 구미위원부를 워싱턴에 설립하고 미주 지역의 모든 독립운동 자금을 독점하였다. 이승만은 미국에 위임통치 청원서를 제출했는데, 국제연맹의 위임을 받아서 미국이 한국을 통치해 달라는 것이었다. 이동휘를 비롯한 개혁파 인사들이 임정의 개혁과 이승만 불신임을 전개하였지만, 이승만과 기호파의 반대로 좌절되었다. 아쉽게도 임정의 내분으로 말미암아 좌우합작은 오래가지 못했다. 임정 개혁에 실패하고, 코민테른이 지원한 자금[12] 문제로 비난받은 이동휘는 국무총리직을 사임했다(1921.1). 좌익 전선이 이탈하면서, 임정은 우파 독립운동 단체로 축소되었다. 이승만에 대한 불신으로 임정의 내분이 격화되었다. 그리하여 국민대표회의주비회가 결성되고(1921.8), 워싱턴회의 이후에 상해에서 국민대표회의가 개최되었다(1923.1). 국민대표회의는 임정을 부정하는 창조파와 일부 수정하자는 개조파로 분열하여 분쟁하였으나, 별다른 성과 없이 끝났다. 박은식 내각이 마침내 이승만을 탄핵했다(1925.3). 이미 힘을 잃은 임정의 미래는 밝지 못했다.

2) 기미혁명과 사회주의운동

조선/한국의 근현대사는 서구 주도로 이루어진 세계 재편 과정에서 실패한 역사였다. 조선 황실은 무능했고, 국운은 기울어졌다. 반면에 메이지 유신을 통하여 근대화를 이룩한 일본은 아류 제국주의국가로서 조선을 점령하고자 했다. 조선 황실은 식민지화에 협력함으로써 일본 천황의 하위 위계로 전락했다. 대부분의 고위 대신들도 특권을 보장받고 일본의 지배에 순응했다. 결국 대한제국은 일본에 주권을 양도했다. 그러한 절망적인 상황에서 기적 같은 사건이 발생했다. 1919년 3월 1일을 기점으로 일제에 저항하여 인민들이 들고일어난 기미혁명[13]은 소멸해 가던 국가와 민족의 부활을 선언하고 해방과 자유를 얻고자 투쟁한 역사적 사건이다. 러시아혁명 및 민족자결주의로 발화된 기미혁명은 독립의지를 세계에 표명하였고, 의병항쟁과 애국계몽운동을 결합시켰으며, 공화주의운동을 정착시키고, 대한민국 임시정부를 설립하게 했다. 특히 기미혁명은 사회주의를 수용하는 계기가되었다.

20세기 전반에 제국주의 세력과 민족 해방 세력이 충돌했다. 제1차 세계대전이 끝나자 세계 질서의 재편을 논의하기 위해 1919년 1-6월에 프랑스 파리에서 강화회의가 소집되었다. 거기서 미국의 대통령 윌슨(T. W. Wilson)은 14개조 평화 원칙을 주장했다. 그 가운데 있는 민족자결주의 조항은 식민지의 민족 해방투쟁을 지지하는 러시아를 견제하고, 열강이 패전국 점령지를 분할하는 문제를 다루기 위한 것이었다. 당시 한국 사회는 급변하는 국제 정세에 주목했다. 일제로부터 독립을 갈망하던 한국인들은 민족자결주의에 실낱같은 희망을 걸었다. 러시아혁명과 민족자결주의가 한국인의 독립 의지와 결합하면서 기미만세운동으로 표출되었다. 민족주의 지도자들은 특히 워싱턴회의(1921.11-1922.2)에서 한국 독립에 관한 문제를 다루기를 기대했다. 미국을 비롯한 영국, 프랑스, 이탈리아, 중국, 일본 등 9개국 대표들이 워싱턴에 모여서, 동아시아 태평양 지역의 이권에 관하여 논의하고 7개 조약을 체결했다. 워싱턴회의는 제국주의 간의 담합으로, 패전국의 식민지를 분할하는 데에 관심했다. 회원국은 한국의 독립 문제를 다루지 않았고, 연합국의 일원인 일본이 조선을 침략하여 강제로 점령한 것을 사실상 추인했다. 냉엄한 국제정치의 실상을 파악하지 못했던 민족주의 계열의 인사들은 회의 결과에 실망했다. 임정 인사들은 적극적인 투쟁보다 미국에 위임통치를 청원하거나 외세에 의존하는 외교 활동에 집착했다. 하지만 대한민국의 독립을 보장받지 못했고, 임정을 승인받는 데도 실패했다. 열강은 일본 패전 이후 동아시아를 지배할 전략적 차원에서 임정의 승인 문제를 다루었던 것이다.[14]

국내의 사회주의운동은 기미혁명과 관련이 있다. 민중의 힘을 입증한 기미혁명으로 대중의 역량을 결집하고 지도하는 사상과 단체가 요구되었다. 파리강화회의 및 워싱턴회의 이후, 비로소 한인 사회는 냉정한 국제 현실을 직시하게 되었다. 파리강화회의의 결과 체결된 베르사유조약 및 워싱턴회의에 실망한 한국 민족주의자들은 극동 피압박 민족의 해방을 주장하는 러시아 혁명 세력에 귀를 기울이게 되었다.[15] 당시에 거론된 독립운동의 노선에는 외교론, 실력양성론, 독립전쟁론 등이 있었다. 외교론이 좌절되고 실력양성론이 퇴조하면서, 독립전쟁론과 사회주의 사상이 부상했다. 다시 말하면, 러시아혁명, 기미혁명을 통한 민중의 각성, 열강에 대한 실망, 일본의 회유적인 문화정책이 맞물려 작용하여, 대중운동이 활발해졌다. 기미혁명 이후 사회주의가 새로운 사조로 자리 잡게 되었다. 1920년대에 수많은 사회주의 단체들이 조직되었다. 그리하여 사회주의 세력이 민족 해방운동을 주도했다.[16] 요컨대, 민족주의 운동이 한계에 부딪치고 침체했을 때, 사회주의 가 항일 투쟁의 원동력이 되었다. 사회주의자들은 순수한 열정과 선구적 안 목을 지니고 세계 동향을 파악했다. 그들은 국제정치의 본질을 파악하고, 열강이 주도하는 회의와 국제연맹을 의심했다. 여타 열강과는 달리, 소비에 트 러시아는 약소국의 민족 해방운동을 지지했다. 그리하여 한국 사회주의 자들은 러시아가 주도하는 세계혁명 대열에 참여했던 것이다.

3) 고려공산당과 자유시사변

(1) 고려공산당의 성립과 분열

러시아혁명 직후에 해외 및 국내에서 수많은 사회주의 단체가 탄생했 다.[17] 일국일당을 내세우는 코민테른의 정책을 따라서 조선 민족의 단일 공 산당을 결성하고자 하였다. 각 단체는 이합집산하면서 생존을 위해 경쟁하 였다. 그 가운데 상해파와 이르쿠츠크파가 각축을 벌였다. 앞에서 보았듯 이, 상해파를 대표하는 한인사회당이 조금 먼저 출발했다. 중앙시베리아 이 르쿠츠크에서 일단의 한인들이 코민테른의 지원 아래 최초로 볼셰비키 한 인 조직인 이르쿠츠크공산당 한인지부를 창립하고자 회합하였다(1918.1). 그 뒤에 '이르쿠츠크공산당 고려국'을 조직했고(1920.1), 이어서 '전로고려공 산당'으로 당명을 개칭하였다(1920.7). 1921년 5월 4-15일에 이르쿠츠크에서 제1차 한인공산주의자대회가 개최되었고, '고려공산당(高麗共産黨)'이 창당 되었다. 이르쿠츠크에 코민테른 극동서기국이 설립되면서(1921.1), 고려공 산당은 코민테른의 지원에 힘입어 세력을 확장했다. 그리하여 이른바 이르 쿠츠크파(노령파)가 새로운 주도세력으로 등장했다.

다른 한편, 한인사회당을 비롯한 상해파가 반격에 나섰다. 한인사회당 중앙간부는 전로고려공산당이 소집한 당대회가 불법적인 것으로 보고, 이르쿠츠크파가 창당한 고려공산당을 인정하지 않았다. 이르쿠츠크에 소재한 전로고려공산당은 지방단체이기에 중앙간부로 자임하거나 '전한공산당'이라는 명의를 사용할 수 없다는 것이다. 한인사회당은 제3회 한인사회당 대표회를 소집하였다. 이는 창당대회(1918.5, 하바로프스크), 제2차 당대회(1919.4, 블라디보스토크)에 이어진 적법한 대회임을 강조하여, 코민테른으로부터 승인받은 정통성을 내세우려는 것이다. 1921년 5월 20-23일에 상해에서 '전한공산당 대표회'가 독자적으로 개최되었다. 이르쿠츠크파에 대하여 위기를 느낀 상해파는 한인사회당을 중심으로 국내의 사회혁명당과 국내외에서 활동하던 공산주의자들을 결집하여, 상해에서 같은 이름으로 '고려공산당'을 서둘러 창립했다.

그리하여 한인 사회주의 세력은 이른바 상해파와 이르쿠츠크파로 양분되었다. 두 계파는 통합공산당 건설의 주도권을 두고 경쟁했다. 코민테른 지원 자금은 양 계파가 대립하는 데에 단초가 되었고, 나중에 사회주의운동 진영을 파탄으로 몰고 갔다. 상해파와 이르쿠츠크파의 분파 투쟁에 코민테른도 일조했다.[18] 민족운동 기반이 취약한 이르쿠츠크파는 한인사회당과 대립관계에 있던 대한국민의회와 연합했다. 고려공산당 상해파와 이르쿠츠크파는 운동성향과 노선 등에서 차이를 보였다.[19] 주로 러시아 태생인 이르쿠츠크파는 국제주의자로서 볼셰비키 혁명과 소비에트 확장을 지상 과제로 삼았고, 대부분 좌파 민족주의자들로 구성된 상해파는 민족 해방과 조국 독립을 우선적 과제로 삼았다. 고려공산당의 분열은 급기야 1921년 6월에 자유시에서 발생한 동족상쟁의 비극을 초래하였다. 자유시사변 이후에 양분된 고려공산당은 코민테른에 의해 해체되고, 고려공산당 중앙총국으로 축소되었다(1922.12). 상해파와 이르쿠츠크파의 분파 투쟁은 이후 한반도에서 전개된 사회주의운동에도 악영향을 끼쳤다.

(2) 자유시사변

기미혁명 이후 해외에서 본격적으로 항일 무장투쟁이 전개되면서, 분산된 독립군대들을 통합하자는 요구가 제기되었다. 간도 지역에서 투쟁하던 독립군대들과 연해주와 아무르주에서 활동하던 한인 무장부대들이 '극동공화국'[20] 아무르주에 모이게 되었다. 스보보드니(Svobodnyi/자유시, 원명은 알렉세옙스크)에서 총회가 소집되어, 군대 통합이 추진되었다. 여기서 이르쿠츠크파와 상해파가 첨예하게 대립했다. 대한국민의회에 소속된 자유보병대대가 주도적인 역할을 수행했다. 무장 부대 가운데 상해파 세력이 수적으로는 우세하였지만, 자유보병대대 배후에는 코민테른의 지원을 받는 전로고려공산당이 있었다. 코민테른은 이르쿠츠크파를 편파적으로 지원하여 한인 무장 부대의 통합을 주도하면서 분열을 조장했다. 자유대대가 유리한 입지를 이용하여 군권을 장악하려 했다. 통합된 군대는 대한국민의회와 이르쿠츠크 공산당의 지도를 받게 되었다. 그런데 니항군대(나중에 사할린의용대로 개명)가 자유시에 도착하여 자유대대로 편입되는 것을 거부하면서 파국이 시작되었다. 상해파 공산당 계열인 니항군대와 대한국민의회에 소속된 자유대대는 지휘권을 놓고 다투었다. 극동공화국 한인부의 협조를 받은 니항군대가 주도권을 잡게 되었다. 상해파는 군대의 통합을 추진하고, 통합된 군대를 '대한의용군'으로 명명했다. 주둔한 마사노프에서 전한의병대회를 개최하고, 전한군사위원회와 총사령부를 조직했다(1921.3). 그러나 한인 부대에 대한 군정권이 극동공화국에서 코민테른 동양비서부로 이관되면서 사태가 역전되었다. 동양비서부의 지원을 받은 이르쿠츠크파는 고려공산당을 창당하고(1921.5), 산하에 고려군정의회를 조직함으로써 한인 군대에 대한 지휘권을 주장하게 되었다. 자유대대를 비롯하여 합동민족군대, 대한 독립군군대, 국민회군대가 '고려혁명군'으로 통합되었다. 대한의용군은 고려혁명군이 군대의 지배권을 장악해서 볼셰비키 군대와 통합할 것을 의심했고, 고려혁명군은 대한의용군이 민족주의에 집착하는 반혁명 집단이라고 비난했다. 양 진영 사이에 팽팽한 긴장감이 감돌았고, 일촉즉발의 위기 상황이었다. 1921년 6월 28일 이른 새벽, 고려혁명군과 러시아 자유시수비대는 전차를 비롯한 중화기로 무장하고 대한의용군의 주둔지로 향했다. 대한의용군은 긴급군사회의를 열었으나 무장해제 요구를 끝내 수용하지 않았다. 드디어 대한의용군에 대한 공격이 시작되었다. 양측 간의 전투는 하루 종일 이어졌다. 결국 자유시수비대와 고려혁명군이 대한의용군을 무력으로 진압했다.[21]

대한의용군을 제외한 고려혁명군을 재편성함으로써, 부대 통합은 미완성으로 끝났다. 동족상쟁 사건은 한인 사회에 큰 충격을 주었고, 독립운동 진영을 분열시켰다. 이 사건으로 상해파가 큰 타격을 받았으며, 책임 소재를 따지는 과정에서 이르쿠츠크파도 힘을 잃었다. 자유시사변 이후로 대규모의 한인 혁명 세력은 재기하지 못했다. 이르쿠츠크로 이동한 통합 고려혁명군은 사실상 러시아 군대에 흡수되었다. 러시아에서 한인 공산 단체는 해체되었으며, 국내의 우파 독립운동 진영은 공산주의를 기피하게 되었다.

4) 초기 사회주의운동에 대한 평가

(1) 초기 사회주의운동의 의의
여기서 초기 한인 사회주의운동의 긍정적인 면과 아울러 부정적인 면을 살펴보자. 민족주의운동이 민족주의 운동이 한계에 부딪쳐 침체했을 때, 사회주의가 해방운동의 동력이 되었다. 초기 사회주의운동은 항일 투쟁과 세계혁명을 함께 지향했다. 대부분의 구성원들은 민족 해방의 수단으로 사회주의를 선택했다. "초기의 한인 공산주의자들은 마르크스주의 이론에 대한 지식이 거의 없었다. 그들의 일차적 관심은 한국의 국권 회복에 있었다."[22] 그들은 세계혁명을 통하여 조국 독립을 성취하고자 한 것이다. 한인 최초 볼셰비키 당원이면서 한인사회당을 창당하는 데에 앞장섰던 김알렉산드라는 사회주의혁명과 함께 조국의 해방을 열망했다. 조선공산당에 참여한 김재봉이 1921년 이르쿠츠크에서 열린 극동민족대회에 참가하고자 코민테른에 제출한 위임장에 "조선 독립을 목적하고 공산주의를 희망함"[23]이라고 자술한 문장에서도 그러한 뜻이 잘 드러나 있다. 그들은 모두 반제국주의 투쟁을 통한 민족 해방을 염원했다. 러시아 공산당은 한인 사회주의자들을 높이 평가했다. 원동 지역에서 공산 세력을 조직하는 시베리아공사관의 보고에 따르면, 중국인들은 소상인적 욕구를 좇는 집단이지만, 한인들은 민족 해방과 조국 독립을 추구하는 고상한 혁명가들이라고 평가했다.[24] 한인 사회주의자들의 대의와 열정을 엿볼 수 있는 대목이다. 일제강점기에 전개된 한인 사회주의운동을 배제하고 독립운동을 논할 수 없다. 사회주의운동가들은 엄혹한 시기에 독립과 혁명에 대한 열정과 불요불굴의 의지로 악전고투하였다. 일제는 다양한 입장에 있는 민족주의세력보다 투쟁성이 선명한 사회주의 세력을 더욱 두려워했기에, 한반도에서 사회주의 단체를 강경하게 탄압했다.

사회주의자들은 순수한 열정과 아울러 국제적 안목을 지니고 국제 정세를 관망했다. 당시 미국, 영국, 프랑스 등 제국주의적 열강은 일본의 조선침략과 점령을 묵인했지만, 국제공산당 및 러시아는 한민족의 해방 투쟁과 자주독립을 지지했다. 그러한 상황에서 사회주의자들은 미국 등 열강에 의존하는 민족주의자들과는 다른 관점에서 세계 동향을 파악했다. 약소민족의 해방을 보장하기보다 제국들의 이익을 추구하고 열강의 입장을 대변한 파리강화회의 및 워싱턴회의를 비판했다. 그러한 견해는 민족주의자들보다 넓은 안목으로 시대의 흐름을 읽은 것으로 평가된다. 혁명가들은 민족 해방이라는 대의명분 아래 서구 사상을 수용했다. 이를테면, 이동휘는 일찍이 기독교인으로서 사회주의를 수용했고, 연해주에서 사회주의운동을 주도했다. 초기 한인 사회주의운동은 기독교를 배척하지 않았다. 이동휘가 이끄는 한인사회당이 임정 설립에 참여한 것은 좌우합작을 실험한 유의미한 사건이었다.

(2) 초기 사회주의운동의 한계

그런데 러시아에서 한인들이 일으킨 사회주의운동이 쇠퇴한 원인이 무엇일까? 그것은 외부 세력과 분파성이라고 생각한다. 첫째로, 한국 초기의 사회주의운동이 실패한 외부적 원인은 소비에트와 코민테른의 대한(對韓) 정책에 있었다. 소비에트의 대 한인 정책은 시대적 상황에 따라서 변했다.[25] 소비에트는 동북아 국제 관계, 특히 일본과의 관계를 고려하여 정책의 기조와 방향을 결정했다. 소비에트 정부의 불공정한 정책과 코민테른을 이끄는 볼셰비키들의 편파적인 태도는 한인 독립운동 세력에 분열을 일으키고 비극을 불러왔다. 그것은 나중에 한반도에서 벌어진 조선공산당의 교조주의와 계파 투쟁의 씨앗이 되었다.

둘째로, 한인 사회주의운동은 출발부터 코민테른에 대한 의존도가 높았다. 한인운동가들은 러시아공산당의 교조와 명령을 무비판적으로 수용했다. 러시아를 통하여 수입된 공산주의 사상은 항일 투쟁성을 강화하기도 했지만, 계파 간에 주도권 다툼을 심화시킨 것도 부인할 수 없다. 마르크스-레닌주의를 주체적으로 수용하여, 우리의 사정에 맞게 창조적으로 그것을 적용해야 했다. 게다가 코민테른이 제시한 일국일당 원칙은 분파 투쟁을 불러일으켰다. 코민테른은 일국일당을 지양하여 각국의 상황과 특성을 인정하고, 조선인이 독자적으로 그리고 다양한 방법으로 사회주의운동을 전개하도록 지원해야 했다.

셋째로, 러시아에서 전개된 한인 사회주의운동이 실패한 내부적인 원인은 고질적인 분파 투쟁이었다. 이를테면 고려공산당 상해파와 이르쿠츠크파 사이에서 일어난 분쟁은 혁명의 방법과 정책의 차이에서 야기되었다. 이르쿠츠크파는 조선의 해방과 동시에 사회주의에 입각한 사회를 건설할 것을 목표했다. 상해파는 사회주의혁명에 선행하여 민족 해방을 수행하고자 하였다. 두 계파가 정치적 이념을 통일하고, 그것을 중심으로 세력을 확대함으로써 양자의 대립은 해소될 수 있는 것이었다. 이념 문제와 더불어 오랫동안 쌓여 온 감정의 앙금도 분열에 한몫했다. 원호인과 여호인의 차별은 대한국민의회와 한인사회당의 경쟁으로 나타났고, 상해파 및 이르쿠츠크파 고려공산당의 분열로 드러났으며, 그것은 고려혁명군과 대한의용군의 충돌로 표출되고, 마침내 자유시사변을 초래하였다. 그 사건을 고비로 러시아 원동 지역에서 한인 주도의 사회주의운동은 점차 소멸하여 갔다.

나가는 글

앞에서 살펴본 바와 같이, 민족주의자들 못지않게 사회주의자들은 어려운 여건에서 민족 해방을 위해 치열하게 투쟁했다. 연해주에서 전개된 항일투쟁은 우리나라 독립운동의 축소판이었다. 그런데도 그들은 조국으로부터 외면당해 왔고, 독립운동사에서 간과되어 왔다. 연해주 항일 투쟁은 망각된 역사이며 독립운동사의 빈칸이다. 해방 이후 분단된 조국의 상황에서 한인사회당이 설 자리는 없었다. 북한에서 스탈린의 후원에 힘입어 집권한 김일성 정권은 한인사회당의 기억을 애써 지웠다. 분단 체제와 반공 이념이 지배하는 남한의 상황에서, 사회주의·공산주의 운동은 금기시되었다. 따라서 대한민국독립운동사에서 좌익 계열의 활동은 과소평가되거나 배제되어 왔다.

과연 한인사회당을 비롯한 사회주의 단체의 활동을 독립운동으로 볼 수 있는가? 이 물음에 대하여 균형적 관점에서 독립운동사를 재평가하기를 제안하는 바이다. 좌우합작적 관점에서 볼 때, 민족 해방운동은 시기적으로 일제강점기와 그 이후를 포함하며, 그 공간적 범위는 민족주의 계열과 사회주의 계열을 포괄한다. 그러한 시각으로 보면, 이역에서 이루어진 사회주의자들의 활동도 민족 해방운동으로 볼 수 있다고 생각한다. 한인 혁명가들은 조선의 독립을 목적하고 공산주의를 희망하였다. 한인사회당을 이끈 이동휘는 기독교인으로서 사회주의를 수용하였고, 사회주의자로서 민족주의자들과 협력하여 독립운동을 수행하였다. 아시아에서 최초로 설립된 사회주의 정당인 한인사회당의 독립운동은 민족 해방운동의 좌표로 삼을 만하다. 일제강점기에 사회주의운동이 독립운동에 끼친 영향은 지대하다. 특히 국내에서 '조선공산당(朝鮮共産黨)'이 주도한 사회주의운동을 독립운동의 주류라고 평가해도 과언이 아닐 것이다. 다시 말하면, 사회주의운동은 한국 독립운동의 주변이 아니라 중심을 이루고 있다.

어려운 여건에서 전개된 연해주 독립운동에는 한계가 있었다. 한인 독립운동 세력은 러시아 혁명 세력과 손잡고 일제에 맞서 싸웠지만, 내부의 분열과 외부의 탄압을 극복하지 못한 채 역사의 무대에서 사라졌다. 고려공산당의 분파 투쟁으로 인해 발생한 자유시사변은, 사회주의운동 과정에서 발생한 큰 과오임을 부정할 수 없다. 초기 공산당 운동은 시행착오를 겪었고, 동족상쟁의 비극을 초래했다. 비록 좋은 결과를 거두지 못했지만, 사회주의자들의 독립 의지와 순수한 뜻마저 부정할 수는 없다. 일본 패망 이후, 한반도는 승전국의 전리품으로 취급되었다. 혼란스러운 해방 정국에서 좌우합작은 실패했다. 미소 양국이 남북분단의 단초를 제공했고, 극우와 극좌의 국내 지도자들은 분단의 고착에 일조했다. 통일조국을 구현하려면, 좌우합작의 정신으로 잃어버린 절반의 역사를 복구하고 반공·냉전 이념에 의해 왜곡된 절반의 역사를 바로잡는 작업이 선행되어야 한다. 분단된 조국에서 독립운동은 현재진행형이다. 이제 우리나라의 평화통일을 위해서 외세에 의존하지 않는 주체의식과 분파적 태도를 극복하는 대동정신이 요구된다. 덧붙여 말해서, 이 글에서 다루지 못한 사회주의와 기독교의 관계에 대한 탐구나 현시대에 알맞은 좌우합작에 관한 논의는 다음 과제로 남긴다.

초기 내한 선교사와 3.1정신

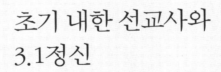

홍 승 표 / 감리교신학대학교 외래교수

들어가는 글

전택부 : 아무런 예비지식 없이 또 아무런 편견이나 선입관 없이 그 선언문을 읽어 보더라도 거기에서 종교적 요소를 발견하게 되는데 선생님의 당시 종교의 경향은 어떠하셨습니까?

최남선 : 당시 나는 의식적인 기독교 신자는 아니었습니다. 천도교 신자도 물론 아니요 불교 신자도 아니었습니다. 허나 나는 대체로 어려서부터 기독교 서적을 읽었고, 당시의 애국지사들은 대개가 기독교 교인들인 만큼 그들과 무시로 상종하는 동안 자연 기독교적인 사상을 가지게 된 것이 사실입니다. 그리고 나는 본래부터 자유사상이 농후한 사람인 데다가 독립이니 자유니 평등이니 정의니 하는 말이 다 기독교에서 나온 것인 만큼 나의 사상에서 기독교적 영향을 빼면 도저히 이해할 수가 없다고 봅니다.[1]

1956년 2월 YMCA의 전택부 선생이 기미독립선언서의 작성자인 최남선을 인터뷰한 내용의 일부다. 오늘 우리가 상식처럼 여기는 자유, 평등, 정의, 평화, 인도주의와 같은 정신적 가치들은 구한말과 일제강점기에는 매우 낯선 말들이었다. 이러한 정신적 가치들과 개념들이 응집되어 선포된 독립선언서 속에 기독교 신앙이 뿌리깊이 자리잡고 있었음을 최남선은 증언한 것이다.

구한말에 세계, 평화, 자유, 해방, 민주주의 등의 개념과 가치들은 기독교 복음을 전파한 선교사들을 통해 상당 부분 전해졌다. 선교사들이 선교 초기부터 전개한 교육선교를 통해 근대적 민주공화제 정치제도에 대한 이해와 기독교적 천부인권의 개념을 내재화했던 것이다.[2] 3.1운동 직후 일본 헌병과 군대의 기관지《조선신문(朝鮮新聞)》에서는 선교사들을 공격하며 그들의 성격을 다음과 같이 규정했다.

> 한국인들의 마음을 흔들어 놓은 것은 미국 선교사들의 죄이다. 이번 봉기는 그들의 작품이다. 소요의 원인을 조사하는 과정에서 둘 내지 세 명의 선교사가 붙잡혀서 조사받고 있다. 선교사들 중에서 편협된 생각을 가진 이들이 많다. 그들은 한국인들의 마음을 타락시키고 민주주의라는 씨앗을 뿌린다. 그리하여 30만 조선인 기독교인들 중 상당수는 일본과 한국의 통합을 좋아하지 않고 자유를 위한 기회를 기다리고 있다.[3]

3.1운동은 한국인 종교 지도자들과 청년, 학생, 민중이 함께 주도한 거족적인 사건이었다. 여기에서 선교사들은 주도적이지 못했고, 그들이 지닌 정교분리 원칙의 영향으로 한국인들로부터 소외되었던 것이 사실이다. 다만 그들이 선교 초기 한국 사회에 전달한 근대적 가치들, 서구 민주주의와 인권의식이 3.1운동에 중요한 정신적 기반을 제공하고 영향을 미쳤다는 점은 무시할 수 없는 사실이다. 위의《조선신문》에서 묘사된 선교사들의 '편협된 생각'은 오히려 제국주의의 강권과 폭력을 극복할 수 있는 유일한 희망이자 시대정신의 진원지였다.

이 글에서는 내한 선교사들이 3.1정신에 끼친 영향과 그 역할을 전체적으로 조망해 보고자 한다.

1. 초기 내한 선교사들의 선교신학

1) 에큐메니즘: 역동적 선교 현장의 결과

한국에서 일정 기간 선교 활동을 전개해 나가던 선교사들은 선교 현장에서의 첨예한 교파의 구별이 아무런 의미가 없음을 깨달았고, 교파주의를 극복한 일치와 연대의 새로운 선교신학인 '선교 에큐메니즘'을 자각하게 되었다. 이에 한국 주재 선교사들은 '재한복음주의선교사연합공의회'라는 연합기구를 결성하고 마침내 1905년에 이르러 한국 단일 교회 설립안을 만장일치로 통과시켰다.[4]

오늘 우리가 경험하는 에큐메니칼 운동의 기원은 "교회의 본질은 에큐메니칼하다."[5]라는 이념적 선언이나 구호로 출발한 것이라기보다는, 선교 초기 각 교파선교회가 선교를 수행하는 과정에서 현장에서의 시행착오와 각성, 필요와 요구에 의해 현장신학으로서 창출된 새로운 선교방법론, 선교신학이었다는 것을 알 수 있다. 교파 교회의 다양성과 특징을 강조하는 것이 각 교파 교회는 물론 전체 개신교회 선교사들이 선교 사역을 효과적으로 수행하는 데 결코 도움이 되지 않는다는 사실은 당시 선교사들이 대부분 공통적으로 체감하고 있었다.[6] '감리교'와 '장로교'를 전하기에 앞서 '복음'을 전하는 것이 선교사들에게는 더욱 시급한 과제였고, 이를 위해 교파 간의 첨예한 차이를 극복하고 협동하지 않을 수 없었던 것이다.

이러한 차이와 다름을 극복하며 공공의 선을 위해 협력하고 연대하는 초기 복음선교사들의 에큐메니칼 운동은 이후 한국 교회 지도자들이 민족적, 정치적 행위에 해당하는 3.1운동에 참여할 수 있도록 정신적 기초를 제공했다고 볼 수 있다.

2) 장로교와 감리교의 사회선교신학

초기 장로교 내한 선교사들의 선교신학을 설정하는 데 결정적인 역할을 담당한 인물은 존 네비우스였다. 1890년 내한한 네비우스는 중국 지푸에서의 다년간의 시행착오와 선교 경험을 바탕으로 내한 선교사들에게 성숙된 선교신학과 방법론을 제시해 주었다. 네비우스 선교 방법(The Nevius Method)은 이후 한국 장로교의 보편적인 선교신학과 정책으로 활용되었고, 주로 신자 개인의 결신과 구원 체험이 선행된 후 사회선교를 지향한다는 복음주의적 윤리관을 채택했다.[7] 이 선교 정책은 선교 대상을 주로 "노동자나 여성, 소년 소녀 등으로 할 것"을 강조함으로써 하류층의 선교대상자들에게 '개인'을 강조하고 그들의 자의식과 정체성, 인간 존엄과 책임감 등을 불러일으키는 선교를 지향했다.[8] 민경배는 "네비우스 선교 방법을 통한 자립, 자치, 자립선교의 정신은 사회적으로는 부르주아 근대 시민의 생성과 형성을 구조적으로 진행시켰으며, 이는 한국 근대 시민사회 형성의 동력이 기독교의 복음이었다는 사실을 입증하는 것"[9]이라고 말한 바 있다. 비록 개인 구원의 신앙적, 종교적 동기에서 시작된 선교지만, 이내 사회 구원과 사회민족운동으로 외연이 자연스럽게 확대되며 그러한 현상의 배경으로 작용했다는 것이다. 3.1운동이 엘리트나 특정 계층에 국한된 운동이 아니라 남녀노소, 지역과 계층을 초월해 거국적, 거족적으로 동시에 전개될 수 있었던 것은 이러한 여성과 아동, 노동자와 하층민들의 인권의식과 주체적 개인으로서의 자각이 선행되었기에 가능한 일이었다. 이에 초기 장로교 선교사들이 실시한 네비우스 선교 정책은 한국의 근대 시민사회로의 이행과 3.1운동의 토대를 제공했다고 말할 수 있다.

장로교와 달리 감리교는 제임스 데니스(James S. Dennis, 1842-1914)의 선교

신학에 지대한 영향을 받았다. 감리교 선교 잡지인 『The Korea Repository』 (1898년 2월호)에서 아펜젤러와 존스 선교사는 데니스의 책 *Christian Mission and Social Progress*(New York, Fleming H. Revell, 1897)에 대한 서평을 소개하면서, 그의 선교 사상을 한국 감리교 선교신학의 방법론으로 주목해야 함을 강조했다. 데니스는 이 책에서 사회선교의 성격과 의미에 대해 다음과 같이 말했다.

> 사회운동의 결과는 부차적이요 간접적 성격의 것입니다. 따라서 개개인의 삶이 얼마만큼 변화되었느냐 하는 그 성취도를 헤아림으로써 그 사회적 영향의 범위가 측정되게 되어 있는 것입니다. 이러한 결과는 선교를 해서 얻게 되는 영적 결실을 선행할 만큼 현저하고도 즉각적으로 나타나는 것은 아닙니다. 이런 것들은 선교의 한 흔적으로 후속되는 것입니다. 따라서 그것은 한 개인의 회개에 따라오는 현상보다 더 어렵게, 그러나 더 천천히 나타나는 것입니다. 다시 말하면 그것은 고대사회 전통 관례의 혁신의 문제요, 재래 정신적 전통의 핵심에 기독교적 이념의 고귀한 표준을 이식 변화시키는 것을 의미합니다.[10]

데니스의 선교신학은 기독교 선교를 통해 복음이 선교지에 수용되면 자연스럽게 사회의 악들이 드러나게 되며, 선교 이전까지 지속되었던 관습에 대해 도전과 충돌이 시작되고, 전통이라는 미명하에 자행되어 오던 비행들이 비판받고 종국에는 개선된다는 것이다.[11] 한국 감리교의 초기 내한 선교사들은 이러한 데니스의 선교신학에 영향을 받아, 기독교 신앙이 "기독교 선교의 사회적 결실에 관한 사회학적인 증거"이며, "비기독교 세계의 사회악을 제거할 수 있는 초자연적 동력"[12]이 된다고 보았다.[13]

기독교회가 사회를 형성해 나가는 데에 그 거대한 힘을 발휘하지 아니하고서는 차원 높은 윤리가 실현되지 못한다는 것, 그것이 역사의 실증입니다.[14]

데니스의 선교신학에 나타난 "사회운동은 곧 개인 구원을 통한 자연스러운 현실적 진행 과정"이라는 규정은 초기 감리교 내한 선교사들의 선교신학에 지대한 영향을 미쳤으며, 이는 한국 기독교의 초기 사회선교의 중요한 원리로 자리잡게 되었다. 이처럼 초기 내한 선교사들의 선교신학은 그 의도가 적극적이었든 소극적이었든 간에 복음선교와 기독교 이데올로기를 통해 선교지를 질적으로 변화시키는 것이 단순한 종교적 차원을 넘어서서 사회의 모순과 불의, 인습과 폭력성에 저항하는 사회적 결과로까지 이어지는 것에 대해 전망하고 긍정하고 있었다. 선교 초기의 복음선교의 영향으로 형성된 한국 기독교가 일본 제국주의의 폭력과 전근대적 사회질서에 저항 이데올로기로 작동할 수 있었던 것은 이러한 초기 내한 선교사들의 선교신학에 기초한다고 볼 수 있다.

2. 세 선교사의 유산과 3.1정신

1) 아펜젤러의 교육선교와 자유평등 사상

한국 감리교의 초대 내한 선교사 아펜젤러는 기독교의 역할이 단순히 복음을 전파하고, 개인을 구원하는 데만 있다고 보지 않았다. 그는 사회적 문제에 기독교가 적극적으로 개입하여 기독교적 가치관과 윤리에 입각해 문제를 해결해 나가는 것 역시 교회가 감당해야 할 선교적 사명이라고 보았다. 곧 기독교의 선교가 사회와 민족을 위해 봉사하고 기독교가 추구하는 자유와 평등의 사상을 보급하는 차원에까지 이르러야 한다고 생각했던 것이다.[15]

그가 설립한 한국 최초의 근대 교육기관인 배재학당의 교훈인 "욕위대자(欲爲大者) 당위인역(當爲人役)"은 아펜젤러가 짓고 그의 조사 조한규가 한역(漢譯)한 배재학당의 설립 정신이다. 누구든지 큰사람이 되려는 사람은 남에게 봉사해야 한다는 뜻인 이 교훈은 성서의 말씀(마 20:26-28)을 근간으로 한 것이었다.[16]

> 너희 가운데서 위대하게 되고자 하는 사람은 누구든지 너희를 섬기는 사람이 되어야 하고, 너희 가운데서 으뜸이 되고자 하는 사람은 너희의 종이 되어야 한다. 인자는 섬김을 받으러 온 것이 아니라 섬기러 왔으며, 많은 사람을 위하여 자기 목숨을 몸값으로 치러 주려고 왔다.[17]

아펜젤러는 한국에서의 기독교 선교 활동에서 복음선교 이외에도 충군애국적 교회, 독립협회와 만민공동회를 통한 근대 시민사회 건설을 기독교 선교의 모델로 제시하며 당시의 서구 열강과 일제의 침탈 위기 속에 놓인 한국이 나아갈 방향을 제시하는 일에도 선교적 역량을 쏟아부었다. 그는 당시 시대적으로 요청되었던 반봉건, 반외세의 사회 흐름을 지원하고 고무하는 것 역시 기독교의 중요한 사명이라고 인식했던 것이다. 『아펜젤러 전기』의 저자인 그리피스는 이러한 아펜젤러의 정체성과 선교신학의 결과에 대해 다음과 같이 평가했다.

> 아펜젤러가 주축이 되어 미국인 개척자들이 구체화시켰던 교육은 이(한국

의 전통적 교육)와 정반대의 것이었다. 그래서 처음에는 모든 면에서 한국인의 기질과 조화를 이루지 못하는 것으로 보였지만, 그것은 곧 한국인의 절실한 필요를 채워 주고 한국의 정신적, 사회적, 정치적 질병들을 치료하기 시작했다. 그 교육은 학생들에게 생각하라고 가르쳤다. 그것은 훈련의 강조점을 암기에서 판단으로 변화시켰다. 그것은 시력을 통찰력으로 변형시켰다. … 집에서 여인들과 아이들과 끼니도 잇지 못하는 하인들을 억압하거나 괴롭히지 말라고 가르쳤다. 그것은, 근면은 존중할 만한 것이며, 정직한 노동 심지어 육체노동까지도 보수를 받고 존중받을 가치가 있음을 가르쳤다. 이러한 교육은 필연적으로 언젠가는, 만연되어 있는 귀신숭배의 전 체계를 무너뜨리고 양반의 전 특권과 여성의 노예상태와 저열한 조상숭배를 없애고 우습게 만들어 버리는 결과를 낳을 것이다. 그뿐만 아니라, 공적인 법에 의하지 않고 사람들을 지배하며 일천이백만의 백성들을 짓누르면서 일인 체제를 위하여 봉사하는 정부, 그 정부라고 불려지는 부정부패의 거대한 건물을 무너뜨리는 결과를 낳을 것이다.[18]

아펜젤러의 복음선교는 단순히 기독교적 교리의 전달에 그치는 것이 아니라 당시 한국 사회를 짓누르고 있던 차별들, 즉 여성, 아동, 노동자, 백정, 노비 등의 인권을 회복하는 것, 마침내 독재체제와 부정부패의 사회악을 제거하는 일까지 감당하고자 했던 것이다.

그런 의미에서 아펜젤러는 우리 삶의 자리에서 '하나님의 나라'를 구하는 것이 그리스도인의 최우선적인 사명이며, 폭력이 아닌 공의를 통해 이것이 마침내 실현될 것임을 그의 설교에서 의연히 밝혔다.[19]

Ⅲ. 예수님은 대중의 스승이며, 이적의 사역자로서 갈릴리를 거니셨다.

가나의 혼인 잔치에서, 귀족의 아들 치유에서, 안식일에 나사렛에서, 그는 성전에서의 예배를 성전 아닌 곳에서 인도하셨다. "주의 영이 내게 내리셨다. 이 성경 말씀은 너희가 듣는 가운데서 오늘 이루어졌다." 이것이 그의 마지막 나사렛 방문이었다. "예언자는 명예가 없지 않다." 후에 그는 악마들을 내어쫓았다. 여기에서 그는 지금까지 세상에서 설교한 것 중에 가장 위대한 말씀 '산상 설교'를 전하셨다. 서기관들과 바리새인들의 위선에 대한 그의 통렬하고 공공연한 비난. 우리 역시 어떤 활동의 영역에서 '거닐도록' 부름을 받는다. 그리스도처럼 우리는 애국적이어야 한다. 베네딕트 아놀드와 탤리랜드. 사자의 심장에 관한 리차드의 이야기. 신실한 구애자들이 언덕과 평지를 건너갔으며, 나는 바로 그대로 이 저녁에 갈릴리를 거니셨던 그분의 노래를 가지고 여러분에게로 온다.[20]

이렇게 아펜젤러가 선교 초기 한국 사회에 전달한 기독교 신앙에 입각한 자유와 평등사상, 그리고 근대 민주주의와 인권사상은 이후 한국 사회의 젊은이들에게 깊은 영감과 새로운 국가에 대한 비전을 품도록 견인했으며, 마침내 3.1정신의 기초를 제공하는 데 기여했다고 평가할 수 있다.

2) 헐버트의 정치신학과 행동하는 신앙

선교 초기 미북장로회 해외선교부는 『The Korea Review』에서 일제의 조선 내 토지수탈에 대해 고발과 비판 보도를 게재하는 것에 대해 난색을 표하며, 미북장로회 연례회의에서 정교분리에 입각한 정치불간섭을 결의[21]했다. 이에 감리교 선교사였던 헐버트는 한국 사회 내에서 자행되는 불의한 현실을 기독교가 나서서 바로잡아야 한다는 주장을 『The Korea Review』에게재했다. 그는 한국에서의 사회문제에 대한 선교사의 관여 여부는 정도의 차이가 있을 뿐 문제가 되지 않는다고 보았다. 사회의 불의 문제 앞에서 '정의'에 대한 요구가 정교분리원칙을 훼손하는 '간섭'이라고 한다면, 그것은 종교의 역할과 의미를 너무 단순화하는 것이라고 보았다. 그는 다른 선교사들이 '정치적'이라고 하는 비판[22]에 대해서도, 피선교지 백성들의 실제적 삶과 생활에 관련된 것은 모두 정치적이라고 화답했다.[23]

> 한 나라의 종교는 정치에 대해서 뚜렷한 관계를 형성하고 거기 영향력을 행사합니다. 시민의 모든 행동이 다 정치 행위인 것입니다. 따라서 로빈슨 크루소가 아닌 이상 정치에서 떠날 도리가 없습니다.[24]

헐버트는 한국에서의 기독교 선교가 복음화라는 미명하에 정치적 의미가 전혀 없다는 형태의 주장과 논리를 펴는 것은 매우 몰역사적인 처사라고 비판했다.

> 선교사들이 정치에 영향을 끼쳐서는 안 된다고 한다면, 선교사들은 두말할 것 없고, 그들이 가르치는 성서와 서적들 그리고 기독교가 가르치고 있는 모든 가르침들을 이 나라에서 다 거두어 가야 할 것입니다.[25]

미국 종교의 개인주의적인 특징은 철저한 정교분리에서 시작되었다. 서구 국가 가운데 최초로 공화국이 된 미국이 서구 국가 가운데 가장 먼저 국가와 종교를 분리시킨 것이다. 종교가 국가로부터 완전한 자유를 얻게 되면서 어떤 종교도 정치, 경제, 사회적으로 특권을 기대할 수 없게 되었다는 것을 의미했다. 다른 모든 분야처럼 종교 역시 소비자의 기호에 따르는 시장

경제 원리에 맡겨진 것이다.[26]

하지만 한 가지 꼭 짚고 가야 할 부분은, 미헌법의 정교분리 정신은 개인의 종교적 선택과 양심의 자유를 국가가 보호, 보장해야 한다는 것이며, 다원화된 미국 사회 내에서 특정 종교(교파)가 국가권력과 제휴되어 특권을 행사해선 안 된다는 것이다. 만일 국가가 개인 혹은 교회의 신앙 양심의 자유를 침해하거나 시민사회의 공적 질서(정의, 평화, 인권, 자유 등)를 유린하는 경우, 교회와 신앙인이 이에 대해 어떠한 목소리도 내어선 안된다는 것으로 해석하는 것은 정교분리 정신의 근본 원칙을 왜곡하는 것이다. "교회는 기도하는 곳이며 나랏일 의논하는 집이 아니"라는 다수의 초기 내한 선교사들의 논리는 이러한 정교분리 원칙의 기본 정신이 피선교지에서 얼마나 철저히 왜곡되고 악의적으로 해석되었는지를 보여주는 단적인 사례다.

이렇듯 헐버트는 상당수의 내한 선교사들이 보여준 정교분리 원칙의 왜곡된 적용과 이중적인 태도를 정면으로 비판하며, 기독교신앙 양심에 따른 적극적인 행동은 정치와 이념의 잣대로 평가할 것이 아니라 순수한 신앙인의 양심적 결과임을 스스로 행동으로 증명해 보였다. 이러한 헐버트의 실천은 당시 한국인 그리스도인들에게 기독교 신앙을 통한 민족운동이 가능하다는 것을 보여주었으며, 하나의 모델이 되었다.

3) 언더우드의 에큐메니즘

언더우드는 초대 선교사로서 선교 현장에서의 교파적 다양성과 이질성을 극복하고 공공의 목표를 향한 협력과 연대의 정신을 삶 전체를 통해 드러내 보여주었다. 그는 장로교 선교사였지만 감리교와 성결교, 구세군, 성공회 등 다양한 교파들과의 유기적인 협력을 견인하는 역할을 했다.

그(언더우드)는 결코 종파적이거나, 계급적이거나, 인종적인 편견을 가진 적이 없었다. 그가 모든 인종·민족·계급·연령·종파에 속한 사람들과 진정한 형제애를 나누는 것을 누구보다 잘 볼 수 있었던 사람은 바로 나 자신이었다. 그의 존재의 모든 흐름은 연합을 향하고 있었던 것이다. 그는 무의식적으로 모든 살아 있는 영혼에게 도움과 사랑을 베푸는 친밀한 교제를 이루고자 하는 경향이 있었다. 그의 동정과 관심과 사랑 앞에서는 신분의 높고 낮음이나, 도량의 넓고 좁음이나 피부색의 희고 검은 것 등은 전혀 문제가 되지 않았다. … 이러한 그의 성격의 특징은 동양에서 생활하는 가운데 더욱 뚜렷하게 드러났다. 즉 사회 모든 계급과 여러 종파들 그리고 직함을 가진 외교관에서부터 변변치 못한 부랑아에 이르기까지, 또 고귀한 성공회 선교사로부터 무신론자에 이르기까지, 온갖 종류의 유럽인들과 미국인들이 모여 있는 외국인 공동체에서나 중국·일본·한국이라는 비기독교적인 동양의 인종들이 모인 가운데서 그의 성향은 더욱 빛을 발하였던 것이다. … 그는 모든 종파적인 방해물들을 무시하고 한쪽으로 치워 버렸으며, 모두가 가장 친밀한 연합을 이루기를 갈망하였다. 이것, 즉 그들이 모두 하나가 되는 것은 그의 일생의 가장 큰 바람 중의 하나였던 것이다.[27]

언더우드 선교사의 아내 릴리아스 호튼 여사가 남편에 대해 쓴 글이다. 언더우드의 삶은 이렇듯 기독교 정신에 입각해 모든 차별과 갈등, 분열과 폭력의 현장에 화해와 치유, 회복과 일치를 모색한 삶이었다. 그런 의미에서 언더우드의 에큐메니즘과 3.1정신에는 처음부터 오늘의 시대정신과 민주주의와 인권의 정신이 기초에 놓여 있었던 것이다.

언더우드는 개신교 선교사로서 당시 내한 선교사들이 대부분 공유하고 있던 반가톨릭 정서까지도 극복하며 가톨릭과의 실제적인 협력과 만남에도 적극적이었다. 그는 자신의 선교 후반부에 이르러서는 가톨릭에 대해 다음과 같은 우호적인 입장을 피력하기도 했다.

> 여호와의 교회는 몸과 마음과 영혼이 다 구주께서 다스리시는 나라요, 여호와의 식구니 이것은 예수께서 자기의 보배피로 사신 것이오. 그중에 장로교나 감리교나 로마교(가톨릭, 필자 주)나 진실히 믿는 사람은 다 그 교회에 붙은 것이니라.[28]

언더우드가 한국 사회에서 선교를 전개하는 과정에서 맞닥뜨린 여러 교파적, 종교적 차이를 그리스도의 사랑으로 품어 낸 관용과 일치의 태도는 한국 교회의 지도자들에게도 깊은 울림과 영향을 주었을 것이다. 3.1운동 당시 한국 교회의 지도자들이 이웃 종교인 천도교나 불교의 인사들과 함께 민족공동의 문제를 함께 고민하고 해결하기 위해 손잡은 역사는 초기 내한 선교사들이 보여준 에큐메니칼 선교와 실천의 모습이 깊은 인상을 주었기에 가능한 일이었다.

3. 중립지대에 선 선교사들

1) 신중하게 그러나 적극적으로

3.1운동 거사 당시 한국인 민족 대표들과 주도자들은 선교사들에게 그 사실을 구체적으로 알리지 않고 비밀리에 진행했다. 이는 선교사들 가운데 친일적인 인물들이 있어 거사 내용이 사전에 일제당국에 전달될 것을 우려했

을 뿐 아니라, 정교분리를 교리처럼 가르치던 선교사들의 간섭과 방해를 받고 싶지 않았기 때문이었을 것이다. 아울러 거사 이후 선교사들이 연루되었을 경우 그들이 겪을 피해와 곤란에 대해서도 고려했기 때문[29]이었다.

3.1운동 초기에 내한 선교사들은 가능한 자신들은 사건에 적극적으로 개입하지 않았을 뿐 아니라, 자신들의 관리하에 있는 교회와 신자들을 소요로부터 보호하려는 입장이었다. 그러나 체포, 연행, 구금된 신자들이 일제 헌병과 경찰에 의해 고문과 구타, 비인도적 행위를 겪는 것을 목격하거나 알게 된 이후부터는 이에 적극적으로 항의하고 더 이상의 피해를 막아 보고자 노력하며 일제와의 관계를 조율하며 매우 신중하게 그러나 적극적으로 활동을 전개[30]했다. 당시 선교사들의 일반적인 정서는 한국인들의 독립시위에 놀라고 공감을 하면서도, 그들의 안전을 염려하여 참여를 만류하려던 것[31]이었다.

3.1운동의 전개 과정은 기존의 친일적 입장에 서 있던 선교사들도 한국인들 편으로 돌아서게 만들었다. 대표적으로 종래에 친일적 태도를 견지하던 미북장로회 선교사 게일도 한국인의 거족적인 3.1운동 전개 과정을 바라보며 한국인을 지지하고, 일제의 만행을 규탄[32]했다.

2) 중립지대에서 '인간의 길'을 묻다

일제는 선교사들에게 소요 진압의 협조를 얻어 내고자 했다. 그러나 선교사 중에서 노골적인 친일 성향을 드러낸 스미스 목사를 제외하고는 선교사들 대부분이 3.1운동 당시 일제의 협력 요구를 거부하고 정교분리 원칙을 내세워 신중하고 관망적인 태도를 취했다.

한일 양국 감리교회의 감독 웰치(H. H. Welch)는 3.1운동에 대해 비교적 중립적인 태도를 견지하며 운동에 참여한 교인들에 대해서도 더이상 소요에 가담하지 말 것을 경고[33]했다. 한일 감리교회를 모두 책임진 감독으로서 그는 매우 기계적인 중립과 정교분리 원칙을 제안했다. 그는 자신의 회고록에서도 3.1운동을 회상하면서 유사한 입장을 피력했다.

> 우리 선교사들은 사전 계획에 대해서 아는 것이 없었다. 만약 우리가 사전에 알았다면, 우리는 3.1운동에 반대하는 입장을 조언했을 것이다. 우리의 동정심이 어떠한 것이든지 우리의 방침(course)은 중립(neutrality)을 선언하는 것이다.[34]

조선총독부는 3.1운동이 발발한 이후 다섯 차례의 비밀 회합을 마련해 선교사들을 회유하며 협력하여 줄 것을 요청한 바 있다. 그러나 일련의 회합은 서로의 입장만 확인한 채 중단되었다. 총독부 관리들은 "이 봉기를 진압하는 데 선교사들이 정부와 협력해야 한다."는 입장이었고, 선교사들의 입장은 웰치 감독이 대변했듯이 "첫째 우리가 독립운동을 중지시키려 해도 쓸데없을 것이며, 둘째 그렇게 하면 그들이 분개하여 우리의 영향력이 없어지게 될 것이고, 셋째 우리(선교사)의 본국 정부가 그것을 금하고 있다."는 세 가지 이유 때문에 협력 할 수 없다[35]는 입장을 전했다.

그러나 웰치는 교회 관리자의 입장에서는 냉정하고 다소 비판적인 입장을 견지했지만, 일본의 폭력과 인권 탄압을 목도하는 과정 속에서 그리스도인의 양심에 따른 대안적 입장도 제시하였다. 1919년 7월 10일 『The Christian Advocate』에 실린 〈How About Korea?〉라는 글의 일부다.

> 한국에서 우리 선교사들은 사람들과 정부 사이에서 정치적 질문들에서는

중립을 지켜야만 한다는 것을 잊지 말아야 한다. 한국에 있는 모든 선교사들의 이름으로 나는 우리가 이런 상황에서 정치문제들에 대해서는 완전하게 중립을 지켜야 하지만, 인류의 문제들까지는 정의를 포함해서 어떤 얼버무림 없이 말해야 한다고 말하고 싶다.[36]

그는 "정치적 문제에서는 중립(neutrality), 인도적 문제에서는 판단(judgement)"[37]이라는 입장을 열어 놓고 있다. 이는 선교사라는 역할과 신분의 한계를 인정하며 정교분리를 원칙을 견지하지만, 그리스도인의 양심에 위배되는 불의와 인권유린의 문제 앞에서는 결단코 침묵하지 않겠다는 일말의 여지를 남겨 놓은 것이라고 볼 수 있다. 어떤 의미에서는 선교사들의 소극적인 태도가 한국인들에게는 서운하게 느껴질 수도 있으나, 그들의 중립적 태도는 오히려 일제 당국에게 부담이 되는 일이기도 했다.

애비슨(O. R. Avison)은 3월 24일 조선호텔에서 열린 세 번째 회합에서 일본은 "자유라는 위대한 원칙"을 위해 동맹국들과 함께 싸웠고, 이제 세계는 그 원칙을 지키기 위해 국제연맹을 조직하고 있다고 하면서, ① 민족정신을 품을 수 있는 권리 ② 자신의 모국어를 사용할 권리 ③ 언론의 자유와 권리 ④ 출판의 자유 ⑤ 그 나라 국민들의 복지에 영향을 미칠 어떠한 문제에 대해서도 모여서 자유롭게 토론할 수 있는 자유 ⑥ 정부에 참여할 권리 등 인간의 자유에 속하는 필수적인 항목을 설명했다. 그리고 과거 수년 동안 한국에서 문제가 되는 것은 정부의 상징으로서 칼(무력)을 계속 과시하고 있다는 것이며, 인류의 자유를 위한 그 목적에 일본이 연합국들과 함께 지지할 것으로 믿는다고 말했다.[38] 이러한 애비슨의 완곡한 표현 역시 일본이 자행하는 야만적 탄압과 불의한 통치에 대한 비판이 내포된 것이었다고 볼 수 있다.

3) 만행에 중립은 없다

3.1운동 이후, 선교사들은 일본 당국과의 교섭과는 별개로 독자적인 대책 회의와 모임을 각 지역, 교파별로 수차례 가졌다. 특히 미북장로회 실행위원회는 제암리 방화·학살 사건이 알려진 직후인 4월 22일부터 24일까지 서울에서 모여 "현재 한국 독립운동"이라는 제암리 사건을 포함한 보고서를 작성하였다.[39] 이 보고서의 일부는 동양관계위원회에서 발행한 *The Korean situation*에도 발췌되어 실릴 정도로 중요한 문서였다. 당시 내한 선교사들의 3.1운동에 대한 인식을 가장 체계적으로 보여주는 문서이기 때문[40]이다. 이 보고서에서 선교사들은 독립선언서와 각종 선언서, 청원서들을 분석하여 한국인들의 봉기 원인을 다음과 같이 도출했다.

(1) 일본은 그들의 명시적인 약속에도 불구하고 여러 가지 핑계를 대어 강압적인 방법으로 잠식하여 (한국의) 독립을 상실하게 함.

(2) 군사정부에 의한 억압.

(3) 언론, 출판, 결사, 양심의 자유 박탈.

(4) 사소한 개인생활에까지 미치는 참을 수 없는 경찰 스파이 제도.

(5) 한국인에게는 참정권이 없음.

(6) 같은 서비스(직업)에 대한 부당한 임금 차별.

(7) 민족성 말살.

(8) 모든 해외 한국인에 대한 부당한 국적 박탈과 내국인의 출국 불허.

(9) 궁방전의 부당한 착취(궁방전을 모두 동척에 넘김).

(10) 교육에서의 차별.

(11) 한국 젊은이 유혹과 타락(흡연, 음주 허용 및 공창제 등).

(12) 일본 산업 제도에 따른 어린이, 부녀자 노동.

(13) 무제한적인 일본인 이민으로 수많은 한국인을 만주로 내몲.

(14) 동양 평화를 위한 '병합'이었다면 이제 독립을 회복시켜야 함.

(15) 일본이 물질적 발전을 가져온 것은 인정하지만, 이 모두가 일본인을 위한 것이고, 병합은 조직적인 나라와 자원의 착취를 의미함.

(16) 민족대표 33인의 평화적 독립선언과 청원에 대한 부당한 취급.

그리고 한국인들의 요구사항이 절대독립(absolute independence)이라고 정당하게 파악했다. 또 기독교인들의 독립운동 참여는 개인 자격으로 이루어졌으며, 선교사나 교회, 기독교계 학교와는 관련이 없음을 밝혔다. 이 문서는 일제의 부당한 탄압에 대해서도 실례를 들어 비판하고 있는데, 한국인들의 요구와 시위 방식은 정당하며, 일제의 비인도적 식민 통치와 탄압 방식은 부당하고 개선되어야 함을 강조했다. 이에 정치적 중립을 표방해 온 선교사들 사이에서도 "만행에 중립은 없다(No neutrality for brutality)"가 표어로 되어 가고 있으며, 일제 당국은 이러한 탄압 방식이 국제 여론의 열린 법정에서 견딜 수 없다는 것을 깨달아야 한다[41]고 말했다.

한국에 선교사를 파송한 선교부들 가운데 3.1독립운동에 대해서 가장 적극적으로 대응한 것은 캐나다장로회 선교부였다.[42] 캐나다장로회 선교부 총무인 암스트롱(A. E. Armstrong)은 토론토에 돌아가 해외선교부 총무로서 한국 상황을 캐나다장로회 총회에도 보고하여 6월 12일 총회에서 만장일치로 다음과 같이 한국 문제에 대한 결의를 채택했다.[43]

캐나다장로회 총회는, 많은 현명한 경제 및 사법 개혁을 포함하여 한국에서의 일본 행정에 칭찬할 만한 점들이 많음을 인정하면서도, 최근 한국의 정치적 소요 동안에 일본의 경찰, 헌병, 군대가 많은 장소에서 한국인을 취급해 온 불필요한 잔인성과 만행에 대한 우리의 강력하고 진지한 항의를 기록할 필요성이 있는 것을 유감으로 생각한다. 총회는 한국인들이 언론, 출판, 집회의 자유가 없고, 개혁에 대한 청원을 할 권리도 없으며, 일본의 헌법에 의해 부여된 종교의 자유가 한국에서는 실제보다는 명목에 불과하다는 것을 알고 유감으로 여긴다. 총회는 특별히 무기를 가지지 않고 저항하지도 않는 한국인들을 취급하는 데서 일본 관리들이 사용하는 방법에 대해서 항의하며, 구속한 후에 가해지는 잔인한 학대, 특히 여성과 아동에 대한 그러한 취급에 항의한다. … 그러므로 총회는 일본 제국 정부가 그 관리들이 한국인을 취급하는 데서 계속해서 세계의 문명한 양심에 위반되지 않고, 세계에서 일본이 가진 높은 지위에 부합되며, 세계 민족들에 의해서 점차 약소민족의 권리를 인정하는 경향과 조화되도록 확신을 줄만한 조치를 취할 것을 정중히 요구한다.[44]

암스트롱은 이 결의문을 널리 알리고 여론을 조성해 일제의 만행을 종식시키고자 했다. 캐나다장로회 총회의 이러한 입장은 한국 선교 현장의 선교사들에게도 큰 힘이 되었고, 6월 25일부터 원산에서 개최된 한국선교부 연례회의에서 7월 10일 일제의 만행에 항의서를 채택 결의하고 하세가와 총독에게 보냈다.[45]

재한개신교선교사연합공의회(The Federal Council of Protestant Evangelical Missions in Korea)에서는 3.1운동으로 인해 발생한 일제의 야만적인 탄압과 인권유린에 대해 논의하고 신임 총독 사이토에게 전달하기 위한 진정서를 준비했다.

진정서의 내용을 살펴보면, 첫째 선교 사역과 관련하여 교회와 선교사들에 대해 제한이 훨씬 더 완화되어야 한다는 것, 둘째 교육에 대한 법령을 개정해 기독교 학교에서 성경과 종교적 행위를 정규과정에 포함시켜 줄 것, 셋째 선교사들의 병원 운영(예를 들어 직원의 수나 급여)에서 더 자율성을 보장해 줄 것, 넷째 기독교 서적 보급의 검열 완화와 교계 언론의 당양성을 보장하고 권한을 허용할 것, 다섯째 부동산과 금융에 대한 규제 완화, 여섯째 도덕적인 문제 즉 공창제, 마약, 담배 등으로부터 청소년을 보호하고, 아동노동을 제한하는 법률과 공장, 광산 등의 노동환경을 개선하기 위한 법률을 제정할 것, 끝으로 조선인 수감자들에게 자백을 강요하기 위해 고문하는 것을 반대하며, 3.1운동 당시 무장하지 않은 조선인에 대해 일본군 병사와 순사들이 잔인한 탄압에 대한 항의 내용을 담고 있다.[46]

이러한 선교사들의 적극적인 입장 표명과 노력은 한국인들이 몸소 보여준 신앙 양심의 표현과 행동이 그들을 자극하고 고무시켰기 때문에 가능한 일이었다. 그런 의미에서 선교사들이 교회와 국가의 새로운 관계를 모색하고 더 적극적인 사회선교의 방향을 설정할 수 있었던 것은 한국인들이 주체적으로 일어난 3.1운동에 크게 영향받은 결과였다고 할 수 있다.

4. 증인으로서의 선교사들

1) 일제의 경계와 탄압

3.1운동과 관련해 정부로부터 독립유공자로 포상된 선교사들은 마틴(S. Martin), 베커(A. H. Barker), 스코필드(F. W. Schofield), 그리어슨(R. Grierson) 등 4명이나 된다.[47] 이처럼 드러나게 혹은 드러나지 않게 3.1운동 당시 선교사들이 보여준 한국인들을 향한 애정과 공감은 매우 컸다고 할 수 있다. 그

들은 3.1운동을 함께 모의하거나 주도하지는 않았지만, 3.1운동을 전개하기 위한 든든한 정신적 기반의 제공자였으며, 이후 전개되는 일제의 탄압 속에서 한국인들을 보호하고 대변하는 '대변자', 한국인들의 시련과 고통의 현장을 함께 지킨 '목격자' 그리고 그 역사의 현장을 기록하고 세상에 알린 '증언자'로서의 정체성을 만들어 나갔다. 일제 당국도 내한 선교사들의 이러한 성격을 3.1운동의 전개 과정을 경험하면서 차츰 알아 가게 되었다. 1919년 9월 중순에 우치다(內田) 외무대신을 비롯한 일본 정부 요로에 보낸 「최근에 있어서 조선의 정세」라는 보고서의 '선교사 조종(操縱)'이라는 항목에서 다음과 같이 선교사들에 대해 진단하였다.

> 조선 통치에 대하여 위험한 것은 영미 기독교 선교사이다. 그들 가운데는 간간이 우리에게 호의를 가진 자도 없지 않지만, 다수는 우리에게 반대하고, 대개 그들은 다년간 조선에 있어서 그 언어를 이해하고, 설교, 진휼(賑恤), 치료 기타의 방법으로 조선인과 접촉하여 그들을 애무하고 그들을 회유하여 종래 자국(自國)의 문화를 설명하고, 미국 혹은 국화하려고 꾀하지만, 병합의 결과 조선인이 모두 우리 황화(皇化)의 광을 입게 됨으로써 질투의 감정과 이해타산이 서로 어우러져 우리에게 불쾌한 감정을 품고 있는 것 같은데, 더욱이 금년 3월 소요 사건 때 우리 관원의 행동에 비인도적인 행위가 있게 되자 빈번히 비난 공격하고, 이를 각국에 선전하고 있는 상황이다. 심하게는 불령선인(不逞鮮人)에 대해서까지 이를 비호하고 있는 사실이 있다.[48]

일제 당국도 감지하고 있듯이, 3.1운동의 전개 과정 속에서 내한 선교사들이 한국인들의 활동을 후방에서 지원하거나, 일제의 탄압과 수사로부터 한국인들을 보호하는 지원자 혹은 협력자의 역할을 수행한 사례는 상당수 확인된다.

평양에서 활동한 마펫과 모우리 선교사도 그러한 이들이었다. 특히 모우리는 3.1운동 과정에서 숭실대학 학생들의 활동을 적극적으로 도운 혐의를 받고 재판에 회부되기도 했다. 박은식은 모우리에 대해 '한국에 와서 선교하고 숭실대학의 교수로 7년간 재직하면서 교육에 전심전력으로 종사하였다. 한국 학생들에게는 스승이라기보다 벗으로서 어깨를 같이하며 지냈다. 평양 학계의 음악과 기술의 진보는 온통 그의 성과였으므로 일인(日人)들에게 심한 미움을 받았던 것이다'[49]라고 평가했다. 이 과정을 통해 모우리 선교사는 구속과 재판의 형식을 거쳐 6개월 징역형을 선고받았다. 마펫도 평양 숭덕학교에서 만세시위가 개최되었을 때, 일제 경찰이 시위 군중을 해산토록 요청하자 그는 오히려 서장에게 돌아가라고 했다.[50]

총독부는 공식적으로는 선교사들이 3.1운동에서 배후의 역할을 한 혐의는 없어 보인다고 선언하기도 했지만 양측의 불편한 관계는 계속되었으며, 실제로 3월 17일 3.1운동에 깊이 관련된 것으로 보이는 세브란스병원에 대해 강압 수색을 실시[51]했으며, 함경도에서는 그리어슨[52]과 로스(A. R. Ross)를 구속[53]하기도 했다. 또 평양경무총감부에서는 마펫, 모우리, 베어드 등 선교사들의 가옥에 대해서도 기습적으로 가택수색을 실시하여 3.1운동의 배후에 선교사들이 있으며, 가택수색을 통해 선교사들이 각 방면에서 조선인들을 선동한 사실이 판명되었다고 주장[54]했다.

2) 목격하고 기록하고 증언하다

일제가 자행한 '제암리 방화·학살사건' 등에 대해서 초기에 주도적으로 조사를 촉구한 이들이 노블, 스코필드, 언더우드 등의 선교사들이었다. 이들은 일제에 교회 방화, 한국인 학살, 선교사 박해 사건 등에 대해 엄정한 조사와 조치를 요구[55]했으며, 일부 선교사는 일제의 탄압 현장을 직접 방문하여 조사를 수행하기도 했다.[56]

스코필드를 비롯한 여러 선교사들이 직접 제암리 등을 방문하여 참상을 확인하였다.[57] 그리고 그 결과를 보고서, 신문제보, 증언 청취 기록, 사진 등 다양한 기록으로 남겼다. 이러한 기록들은 각종 외교 보고서와 신문 기사 및 팸플릿 등으로 만들어져 각 국가에 전달되었고, 일부는 책으로도 발간되었다. 이러한 기록들을 통해 당시 한국에서 벌어진 3.1운동과 이를 탄압하는 일제의 만행을 상세히 알릴 수 있었다.[58]

선교사들이 제작한 각종 기록은 매우 중요한 역할을 하였다. 이들의 기록은 단순히 정보의 전달을 넘어 여론의 공분을 일으킬 수 있는 결정적인 증거였다. 특히 당시 선교사들이 촬영한 사진은 부인할 수 없는 근거가 되었다. 사진 속에 담긴 참상은 당시 한국에서 벌어지고 있는 상황을 글과 말보다 분명하게 전달할 수 있었다.[59] 선교사들은 3.1운동의 현장에 함께한 목격자로서 용기 있는 증언자였다.

만세시위에 직접 참여하지는 않았지만 '목격자'들은 때론 참여했던 사람들보다 더 풍부한 3.1운동의 모습을 기록했다. 1919년 3월 1일 정동 배재학당 사옥에서 선교사 노블 부인은 만세시위를 직접 목격했다. 이후 운동에 환호하고 조선인을 동정했던 그는 자신의 목격담, 전단이 전하는 내용, 전언 등을 통해 풍부한 운동상과 일본 군경의 탄압상을 일기에 상세히 실었다. 그는 선교 목적으로 계속 조선인의 삶을 기록해 왔고, 3.1운동 당시에는 제암리 구호 작업에도 참여했다. 다른 일기에 비해 노동자나 서민 등 사회 하층민들의 시위 모습과 이야기가 많이 등장하는데, 그의 정보원이 주로 그

의 집에서 일하는 고용인들이었기 때문으로 보인다.[60]

노블은 3월 25일 일기에 다음과 같은 애국 소녀 이야기를 적었다.

> 어제 우리들의 선한 한국인 신자들이 한 한국인 소녀의 장한 행동에 관해
> 이야기해 주었다. 그녀는 경찰서에 가서 당돌한 질문을 던졌다. "이곳이
> 사람들이 무언가를 잃거나 누군가에게 무언가를 도둑질 당하고서 찾고자
> 하면 오는 곳입니까?" 경찰이 대답했다. "그렇지, 누가 네 물건을 훔쳐갔
> 느냐?" 그녀가 대답했다. "네, 그들은 우리나라를 훔쳐갔어요. 나는 그것
> 을 되찾고 싶습니다."[61]

이러한 '애국 소녀' 이야기가 실제 있었던 일인지 모르겠지만, 당시 많은
여성의 시위 참여와 피체 상황을 고려하면 실화였을 가능성이 높다. "약자
를 상징하는 여학생의 이런 무용담은 입에서 입으로 전해지며 만세시위를
정당화하고 일본의 탄압을 규탄하는 역할을 하였을 것"[62]이다.

나가는 글

> 지금 한국은 전 세계의 모든 민중과 손을 잡고 자유와 인류애를 다짐하고
> 있었다. 나는 수간호사의 들뜬 표정에서 그녀 역시 그들과 같은 이상을 품
> 고 있음을 알았다.
> "우리도 모두 한국인들의 대의가 성취되기를 기도하고 있답니다." 이렇게
> 말을 마친 수간호사는 창가에 모여 거리를 내려다보고 있던 한국인 간호
> 사들에게 돌아서서 무어라고 말을 했다. 이어서 모두 함께 무릎을 꿇더니
> 기도를 했다. 그런 다음 수간호사를 선두로 재빨리 병실을 나갔다.[63]

일제의 제암리교회 방화·학살 사건 현장을 언더우드와 함께 가장 먼저 방문, 취재하고 그 만행을 세계에 타전한 테일러의 아내 메리가 쓴 회고록의 일부다. 그녀는 세브란스병원에서 아들을 출산한 직후 3.1운동을 경험했다. 그녀의 '3.1운동 회상'에서 개인적으로 눈에 띄는 장면은 세브란스병원의 간호선교사가 "우리도 모두 한국인들의 대의가 성취되기를 기도하고 있답니다."라고 말한 후 한국인 간호사들과 함께 무릎 꿇고 기도한 사실을 증언해 주었다는 사실이다. 비록 대놓고 말하지는 못했지만, 한국인들의 독립과 새로운 나라에 대한 열망과 비전을 다수의 선교사들은 중립의 자리에서 묵묵히 응원하고 기도하며, 때로는 함께 울고 아파하며, 때로는 용기 있게 목격한 바를 세상에 알리며, 그 도도한 역사의 강물에 저마다 몸을 맡기고 동참했다.

3.1운동은 예수의 하나님 나라 운동이 그러했듯, 20세기 제국주의의 억압 앞에 기독교 정신으로 선포한 새로운 형식의 "하나님 나라 비전"이었다. 미 상원 채플 목사 리처드 핼버슨은 "기독교는 그리스로 이동해 철학이 되었고, 로마로 옮겨가서는 제도가 되었다. 그다음에 유럽으로 가서 문화가 되었다. 마침내 미국으로 왔을 때 기독교는 기업이 되었다."고 말한 바 있다. 그러면 기독교는 한국에 와서 무엇이 되었을까?

그렇다. 기독교는 일본 제국주의의 강점하에 놓인 한반도에서 자유, 평등, 정의, 평화, 인도주의에 근거한 새로운 '시대정신'이 되었다. 인류역사상 처음으로 약소민족이 "전 세계의 모든 민중과 손을 잡고 자유와 인류애를 다짐"하며 주권재민과 천부인권을 통한 새로운 세계 패러다임, 시대정신을 외친 것이다. 이것이 바로 3.1정신이다.

한반도에서 시작된 이 세계 정신사의 거대한 물줄기가 둑에 막히고, 바위에 걸려 있을 때, 그 물꼬를 트고 물길을 열어 준 이들이 있었다. 그들은 비록 19세기 제국주의의 선봉에 서서 때로는 과거의 비루한 시대정신을 변증하고 합리화하던 모순에 함몰되기도 했지만, 한반도라는 역사적 선교현장을 경험하며 회개와 각성을 했고, 약소민족과 작은 이들의 벗이 되는 새로운 길을 선택했다. 3.1운동 100주년을 맞아 우리가 저들을 기억해야 할 이유가 여기에 있다. 작은 이들의 벗으로 그들을 대변하고, 함께 아파하고, 그들의 고난을 목격하고 증언한 선한 사마리아 사람들이 있었기에 3.1정신은 오늘의 시대정신이 될 수 있었다.

3.1정신과 통일신학

3.1운동의 그리스도인과
3.1운동 이후의 그리스도인

─ 기독교적 주체를 위하여

김 광 현 / 감신대 박사수료

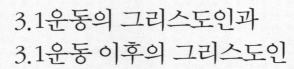

들어가는 글

독일 신학자 디트리히 본회퍼는 이 땅의 모든 신학자들이 물어야 할 질문을 이렇게 정리했다. "오늘날 그리스도는 우리에게 누구인가?" 이 질문은 그리스도가 과거의 인물로만 머무르지 않고 오늘날의 그리스도인에게 어떤 의미로 존재할 수 있는지 고민해야 한다는 신학적 소명을 뜻한다. 이 질문은 모든 신학자로 하여금 그리스도가 자기 시대에 어떻게 이해될 수 있는지 씨름하게 만든다. 나아가 이 질문은 그리스도가 누구인지 시대에 맞게 이해하는 자만이 그 시대의 참된 그리스도인이 될 수 있음을 의미한다. '그리스도'가 오늘날 누구인지 아는 자는 '그리스도인'이 오늘날 누구인지 아는 자이고, 그것은 그로 하여금 오늘날 그리스도인으로 살게 한다. 따라서 우리는 본회퍼의 질문을 이렇게 각색할 수 있다. "오늘날 우리에게 그리스도인은 누구인가?" 그리스도가 누구인지 묻고 대답하는 것만으로는 부족하다. 그 물음이 어떻게 오늘날의 그리스도인을 만드는지를 물어야 한다. 그리고 오늘날 그리스도인은 이전의 그리스도인과 어떻게 다르고, 그들은 그리스도를 누구라고 고백했는지 물어야 한다.

오늘날 우리에게 그리스도인은 누구인가? 매주 교회에 출석하여 설교를 듣고 착하게 살겠다고 다짐하는 자가 그리스도인인가? 성경공부반을 맡아서 사람들에게 성경을 가르치고, 성가대나 찬양팀 싱어를 하며 각종 행사에서 여러모로 주어진 일들을 맡아서 성실하게 수행하는 자가 그리스도인인가? 제법 큰 규모의 교회를 맡아 담임목사로 강단에서 설교하고, 성도들의 집과 일터를 찾아가 심방하며, 교회의 재정과 행사를 기획하고 운영하는 자가 그리스도인인가? 제도권 교회의 비민주적이고 구시대적인 문화에 반발해 유튜브(Youtube)로 이름난 설교자와 신학자의 설교와 강연을 듣고, 유행하는 신앙도서와 신학서적을 옆에 끼고 '생각하는 그리스도인'이 되기 위해 한 달에 한 번 사람들과 모여서 책을 읽고 의견을 나누는 자가 그리스도인인가? 오늘날 우리는 누구를 가리켜 '저 사람이 그리스도인이다' 라고 말할 수 있는가? 무엇을 근거 삼아 그 누구를 그리스도인이라 지칭하며, 어떻게 그리스도인이 아닌 자들과 구분할 수 있는가? 신학은 오늘날 이 어려운 질문 앞에 서 있다. 3.1운동의 그리스도인들을 생각해 보아야 하는 이유가 여기에 있다. 그들은 그리스도인이 누구인지 묻는 질문에 한 가지 실마리를 우리에게 안겨 준다.

1. 타종교와 정치를 품은 3.1운동의 그리스도인

3.1운동은 한국 기독교 역사에서 보기 드문 유형의 그리스도인이 등장한 하나의 장소이다. 3.1운동에서 보여준 한국 그리스도인의 모습은 매우 독특하고 고유한데, 이것은 3.1운동의 역사, 사실, 정황, 성공과 실패와는 관계가 없고, 3.1운동을 대하는 그들의 태도와 관련이 있다. 그들에 대한 판단이 역사적 판단이 아니라 윤리적 판단이라는 의미이다. 그들이 종교인으로서 기독교인임에도 불구하고 기독교의 종교적 한계를 넘어서며 극복하는 모습을 보여주었다는 점에서 3.1운동의 그리스도인은 독특하고 고유하다. 종교로서의 기독교가 가지는 한계란 두 가지를 의미한다. 기독교가 하

나의 종교로서 다른 종교에 배타적인 태도를 갖는 것과 기독교가 종교로서 자신의 생존을 보장받기 위해 비정치적 태도를 유지하는 것이다. 기독교가 종교이기 때문에 생기는 한계이고, 종교이고자 해서 생기는 한계이다. 기독교가 다른 종교에 배타적인 이유는 기독교가 다른 종교들과 진리에 대한 경쟁 관계에 있다고 생각하는 경향이 강하기 때문이다. 기독교가 자신들의 정체성을 종교로 이해하기 때문에 두드러지는 현상이다. 그래서 기독교는 이념, 철학, 기업, 교육, 가정, 문화 집단에 비해 종교집단에 유독 적대적이다. 기독교의 비정치적 태도는 겉으로 보기엔 정교분리의 원칙을 지키기 위해서인 것처럼 보이나 국가권력에 대체로 순응하는 정치적 입장을 취하는 것을 의미한다. 이런 현상은 근대국가의 지배 체제 아래에서 생존을 보장받으려는 종교들의 공통된 경향이다. 기독교 역시 자신의 존폐에 유리한 선택을 꾸준히 했고, 그렇게 선택할수록 기독교의 비정치화는 심화되었으며, 동시에 더 종교적이게 되었다. 3.1운동의 그리스도인은 이와 같은 한계를 넘어서는 모습을 보였다는 점에서 독특하고 고유하다.

한반도의 그리스도인들이 정치에 참여하기 시작한 시점은 조선에 기독교가 들어오면서부터이다. 일본에서 개신교를 만난 조선의 양반 관료와 지식인들은 개신교를 통한 문명개화와 독립 자강을 꾀하였다. 그들에게 개신교는 나라를 살릴 수 있는 종교였다. 김옥균, 박영효 등은 고종에게 기독교를 받아들일 것을 상소하고, 서재필과 윤치호는 민족운동에 적극적으로 가담하면서 기독교로 개종한다. 이후 그들은《독립신문》을 통해 인권, 민주주의, 법치주의, 개화 자강 등을 민중에게 교육했고, 배재학당의 협성회, 기독청년회(YMCA)와 같은 기관들과 인천 용동교회, 서울 상동교회, 정동교회, 평양 남산현교회 등에서 조직된 청년회 등이 민족운동 중심지가 된다.[1] 그들에게 기독교는 정치적 목적을 위한 도구였다. 그러나 기독교는 도구 이상의 그 무엇이었다. 정치적 목적을 위해 기독교가 받아들여졌던 것이 기독교가 목적이 되며 정치가 도구가 되는 상태로 전복되었다. 정치인들이 기독교에 가담하던 상황에서 기독교인이 정치에 가담하는 상황으로 변모한 것이다.

독립협회가 해산된 이후에도 기독교의 민족운동은 계속되었는데, 한성감옥 개종자들의 주도로 국민교육회, 황성기독교청년회 등을 만들어 근대적 인권, 평등, 노동 사상을 가르쳤다. 감리교 상동교회의 상동청년학원은 이동녕, 주시경, 이필주, 전덕기, 이승만, 이회영 등 교사와 박태환, 장지영, 임면수, 정재면 등 항일 민족운동가를 길러 냈고, 연동교회는 장로교의 민족운동 중심지가 되었다. 그들은 '위국기도문' 1만 장을 만들어 배포하고, 매일 3~4시에 나라를 위해 기도했다. 국채보상운동이나 신민회 등 항일 민족운동 조직에도 그리스도인들의 참여는 눈에 띄었다. 1918년 상해에서 결성된 신한청년당은 '대한독립, 사회개조, 세계대동'을 목표로 삼은 단체로 2.8독립 선언의 촉진제 역할을 했고, 3.1운동을 계획하고 점화하는 결정적 영향력을 발휘했다. 이 단체의 주요인물들은 대부분 목사이거나 전도사였다. 김병조, 손정도, 송병조, 조상섭, 여운형, 장붕들이다.[2] 그들에게 민족운동가가 되는 일과 그리스도인이 되는 일은 불가분의 일이었다.

3.1운동을 추진하는 과정에서 천도교와 연합 전선을 펼친 것은 정치 참여로 종교의 한계를 넘어선 것과 거의 같은 무게를 지닌 넘어섬이었다. 종교로서의 한계를 극복하고 타종교와 손을 잡은 것이다. 기독교가 전파되기 시작할 때부터 정치적 목적에 긴밀하게 연결되었던 것과 달리 기독교가 타종교와 만나는 일은 만만치 않은 일이었다. 기독교와 타종교는 서로 섞일 수 없는 관계였다. 기독교를 서학이라 부르며 적대적으로 대했기 때문이다. 기독교도 토착 종교에 적대적이었다. 선교사 주택이나 선교사들이 세운 학교에 천도교도들이 찾아가 "너희 서양 무리들아! 이제 속히 짐을 꾸려 본국으

로 돌아가라!"[3] 하는 격문(檄文)을 붙일 만큼 기독교와 천도교는 적대적이었다. 서쪽에서 동쪽이 먼 것처럼 '서학'은 '동학'에서 멀었다. 하지만 서로 언제 불신했느냐는 듯이 기독교와 천도교가 힘을 합치는 일이 3.1운동에서 벌어진 것이다. 독립운동을 함께 전개하자는 천도교의 제안을 기독교가 수용하면서 거사가 시작된다.

천도교의 제안을 수용하는 과정이 간단하지는 않았다. 남감리회 측 인사인 정춘수는 "천도교와 합동하는 것은 불가하다. 기독교 목사의 신분으로 … 천도교에서는 어떠한 생각으로 하려는지 알 수 없으므로 합동하는 것은 불가하다."라고 했다. 신석구의 고민은 종교로서의 기독교의 한계를 고스란히 보여주는 것이었다. "내 생각에 두 가지 어려운 것은 첫째, 교역자로서 정치운동에 참가하는 것이 하나님의 뜻에 합한가, 둘째, 천도교는 교리상으로 보아 상용키 난한대 그들과 합작하는 것이 하나님의 뜻에 합한가."[4] 그럼에도 불구하고, 3.1운동의 그리스도인은 자신의 신앙고백을 버리지 않은 채, 적대적이던 천도교와 손을 잡는다. 즉 "민족자결은 천제(天帝)의 혜택으로 되는 것"(이승훈), "내가 독립운동에 참가한 것은 천의(天意)라고 생각"(김창준), "강한 것이 약한 것을 도와줌은 하나님의 의사라는 것을 깨달았으므로"(박희도) 등 각자의 생각에 따라 결심한다. 신석구는 새벽 기도 때 "4천 년 전하여 내려오던 강토를 네 대에 와서 잃어버린 것이 죄인데 찾을 기회를 찾아보려고 힘쓰지 아니하면 더욱 죄가 아니냐"란 음성을 듣고 결심했다. 교회의 설교에서는 모세의 출애굽 이야기, 골리앗과 싸운 다윗의 이야기 등을 자주 들을 수 있었고, 이스라엘이 해방된 것처럼 조선도 해방되기를 기도했다.[5] 당시 그리스도인들에게 천도교와 힘을 합쳐 3.1운동을 준비하는 일은 신앙의 동기에 의한 것, 다시 말해 하나님의 뜻이었다.[6] 성경을 통하여 정의 · 자유 · 평등 · 해방 등의 이념을 체득한 기독교인들이 "성경을 토대로 한 신앙의 기초 위에서 항일 민족운동에 적극 참여했던 것이다." 그 결과, 민족의 고난에 동참하는 신앙의 전통을 수립했다.[7] 기독교의 종교적 한계를 극복하여 정치적으로 올바른 일에 나서고 타종교와 연대한 3.1운동의 그리스도인은 한국 기독교 역사상 가장 눈부신 별이 되었다. 이후의 모든 한국 그리스도인들의 태도는 이 북극성을 기준으로 자신들의 위치를 가늠할 수 있게 된다. 훨씬 이후의 일이지만 3.1운동과 비슷한 사례를 세계 기독교의 역사에서 찾는다면 1995년의 남아프리카공화국을 꼽을 수 있다. 데즈먼드 음필로 투투(Desmond Mpilo Tutu) 주교와 진실과 화해위원회(Truth and Reconciliation Commission, TRC)를 통해서 보여준 남아프리카공화국 그리스도인들의 태도 역시 종교로서의 기독교의 한계를 극복한 사례이다. 오랜 세월 남아공을 지배했던 아파르트헤이트(인종차별 정책)를 청산하기 위해 진실과화해위원회가 조직되고, 투투 주교가 위원장이 되었다. 새로운 대통령이 뽑히고, 세계에서 가장 진보적인 헌법도 만들어졌다. 그러나 아파르트헤이트 범죄를 모두 처벌하는 일은 남아공 사법 체계 전체를 흔드는 일이었다. 그렇다고 과거를 그저 묻어둘 수도 없었다. 그런데 놀랍게도 투투 주교와 진실과 화해위원회는 예상치 못한 방식으로 이 문제를 풀었다. 정당한 보복을 통해 정의를 실현하는 응보적 정의가 아니라 피해자를 회복하는 데 최대의 노력을 기울이는 회복적 정의를 실천했다. 범죄자들이 자신들이 저지른 죄를 공개적으로 고백하면 처벌을 면제해 주었다. 보복과 처벌이 아니라 용서와 화해의 길을 걸어간 것이다. 결과는 성공적이었다. 말썽이 없지는 않았으나 세계 기독교 역사의 한 페이지를 장식했다. 투투 주교는 그리스도인으로서 남아공 정치의 최전선에서 평화를 위해 최선을 다했고, 다른 종교인들 심지어 무신론자들도 기꺼운 마음으로 배려해 큰일을 도모한다. 정치와 타종교를 적극적으로 품었다는 점에서 투투 주교의 태도는 3.1운동의 그리스도인과 닮았다. 진실과 화해위원회 활동 첫날 투투 주교가 전한 메시지는 그 점을 잘 보여준다.

> 우리 위원회는 흑인이 10명, 백인이 6명입니다. 혼혈과 인도인, 아프리카 인이 있고 정치적으로는 좌파부터 보수적인 백인 우파까지 있습니다. 기독교인이 다수지만 무슬림, 힌두교인이 있고 무신론자와 불가지론자도 있습니다. 7명이 법률가이고, 성직자가 나를 포함해 4명입니다. 남성과 여성, 정신보건 전문의, 심리학자, 간호사도 있습니다. 각자가 걸어온 길이 다르고, 정치적 입장과 마음의 지도가 서로 다릅니다. 우리의 모임을 이렇게 시작합시다. 우리 마음의 소리에 귀기울이고 서로의 마음을 배려합시다. 그러려면 우리의 감수성을 깨워야 하고 우리의 영혼이 타인을 향해 열려야 합니다. 위원회 첫날인 오늘 하루 동안 우리의 영혼을 열어 놓는 시간을 가지면 어떻겠습니까. 눈을 감고 묵상의 시간을 가집시다. 영적 지도자의 말씀을 들읍시다. 오늘 하루는 말을 멈추고 침묵합시다.[8]

2. 타종교와 정치를 잃은 3.1운동 이후의 그리스도인

3.1운동은 비폭력 평화운동이었지만 일본의 대응은 폭력적이었다. 평남 강서 사천의 학살사건, 정주의 학살·방화사건, 서울의 기독교인 십자가 학살사건, 의주의 교회당 방화·파괴 사건, 천안 병천의 학살사건, 수원 제암리교회 방화·학살 사건 등이 있었다. 1920년대 들어서 일제의 정책은 무단통치에서 문화통치로 변했다. 그에 동조한 선교사들은 한국 그리스도인들의 정치적 활동에 제약을 가했다. 그런 와중에 선교사들의 비행과 추문이 이어져 교회는 사회적으로 점점 신뢰를 잃었다. 한편에선 초월적 신비주의

부흥 운동이 일어 비정치적 경향을 뚜렷하게 보였다. 김익두, 길선주, 이용도 등이 이러한 흐름을 주도했다. 김익두는 초자연적 치유를 하는 부흥회를 전국적으로 열었고, 3.1운동 민족 대표에 참여했던 길선주는 재림 날짜를 제시한 시한부종말론을 설파했다. 이용도는 그리스도와의 신비적 합일을 주장했다. 1920-1930년대 기독교는 3.1운동을 통해 보여주었던 항일정신의 적극적인 운동의 모습은 사라지고 전체적으로 비정치화 경향을 짙게 드러낸다. 상하이 임시정부 수립이나 신한청년단 등에 그리스도인들이 다수 가담하긴 하였으나 극히 소수였으며, 대부분 문화 운동으로 전환되었다. 사회주의의 대두로 반선교사 운동과 반기독교 운동이 일었고, 기독교 내부에서는 교파 사이의 갈등이 심화되었다.[9] 타종교와의 연대의 모습도 거의 소멸한다. 사회적으로 점점 후퇴했다.

1920년의 그리스도인들이 1919년의 그리스도인들이 다다른 곳까지 도달하지 못했던 것처럼, 우리 시대의 그리스도인들 역시 1919년의 그리스도인들이 지닌 윤리적 태도에 도달하지 못하고 있다. 현실을 외면하는 비정치화와 타종교에 배타적인 태도는 3.1운동 이후 현재까지 계속해서 이어졌다. 기독교의 비정치화가 가장 두드러진 시대는 1960년대부터 1980년대 중반까지 소위 개발독재가 이어지던 시기였다. 급속한 산업화는 도시 생활의 극단적인 생존경쟁으로 사람들을 내몰았으나 교회는 현실을 더 나은 방향으로 개선해 나가기보다, 불안하고 팍팍한 삶을 사는 사람들에게 종교적 위안을 줌으로써 교세를 확장하는 데 주력했다. 1971년 1만 명 미만이었던 여의도순복음교회의 규모는 '삼박자 축복'으로 불과 10년 만에 20만 명을 넘겼다. 오늘날에는 '세월호'와 같은 시대적 아픔에 현실적 위로의 방안을 찾기보다 시대와 동떨어진 말과 행위로 사회적 공감을 얻는 데 실패했을 뿐만 아니라, 목사의 윤리적 문제와 교회 세습 등으로 사회적 지탄을 피할 수 없

는 지경에 이르렀다. '페미니즘' 이슈를 비롯한 동성애와 난민 이슈 등에서
도 혐오와 적대로 맞서며 현실을 외면하고 있는 실정이다. 타종교에 배타적
인 태도는 적개심을 노골적으로 드러내는 편은 아니나, 적개심이 없는 것은
아니다. 사찰이나 불교 유적지에서 '땅밟기' 선교를 한다거나, 불교 연등 반
대 운동을 펼치는 등 여전히 적대적인 태도를 보인다. 안타깝지만 3.1운동
에서 보여준 타종교와의 협력과 연대의 모습을 더이상 찾아볼 수 없다. 그
저 극소수의 기독교인만 좁은 길을 걷고 있다.

3. 3.1운동 이후의 그리스도인에 관한 윤리적 평가

기독교의 배타적이고 비정치적 태도를 윤리적으로 판단하는 일은 간단
하지 않다. 윤리적으로 좋다(good) 혹은 나쁘다(bad)라고 판단하고 결정하
기가 쉽지 않다는 뜻이다. 3.1운동에서 드러난 그리스도인들의 개방적이고
열린 태도, 기독교적 가치를 실천하기 위해 종교적 한계를 극복한 모습은
분명히 가치 있는 일이고 좋은 일이다. 칭찬받을 만하고 훌륭하다. 윤리학
적인 용어로 말한다면, 선(good)하다. 그러나 3.1운동 이후의 기독교가 보여
준 태도를 악(bad)하다 혹은 나쁘다고 판단하는 일은 저어할 수밖에 없다.
현실을 외면하는 비정치적 태도 갖거나, 타종교와의 연대를 끊은 것으로 그
종교를 나쁘다고 판단할 수 없다. 1920년대의 부흥 운동이나 70년대의 폭발
적 교회 성장을 문제 삼기엔 윤리학적인 기준이 불분명하다. 역사가의 기술
이 모호한 이유는 역사라는 학문의 특성 때문이기도 하겠지만 윤리학적 기
준이 불분명하기 때문이기도 하다. 일부 목사와 일부 신도들의 일탈적 사례
들을 구분하여 현재의 법체제를 따라 심판하는 것은 중요한 문제가 아니다.
문제는 현재와 같은 한국 기독교 모습을 전체적으로 조망하고 그 윤리적 의

미를 묻고 판단할 때, 그것이 결코 쉽게 결정될 수 없다는 것이다.

한국 기독교의 역사에서 드러나는 태도에 관해 윤리적 판단이 어려운 이유를 근원적인 차원에서 분석해 보면, 우리 시대를 지배하는 윤리적 '주체(subject)의 죽음'이라는 철학 담론이 자리잡고 있다는 것을 알 수 있다. 윤리적 판단의 대상이 되는 주체가 죽었다는 것이다. 주체가 죽었기 때문에 윤리적인 판단을 할 수가 없다. 주체가 죽었다는 것은 주체라는 개념이 폐기되었다는 것을 의미한다.

주체의 죽음이라는 담론의 선두에는 미셸 푸코(Michel Foucault)가 있다. 그는 인간 주체가 선험적으로 주어진 것이 아니라 역사적으로 구성되는 것이라고 보았다. 주체는 고정되어 있거나 불변적인 것이 아니었다. 루이 알튀세르(Louis Althusser)는 인간 주체가 상상적 구성물 다시 말해 이데올로기에 불과한 것이거나 이데올로기에 종속된 것으로 보았다. 주체가 이데올로기를 생산하는 것이 아니라 이데올로기가 주체를 생산하는 것이다. 자크 라캉(Jacques Lacan)은 데카르트의 코기토로서의 주체를 해체하고, 주체를 욕망의 대상에 의해 규정되는 것으로 보았다. "주체는 어떠한 실체도 본질도 없다." 따라서 인간의 주체라는 개념은 사유하고 판단하기에 적절한 개념이 아니었다. 결국, 우리 시대가 윤리적 판단을 하는 데 어려움을 겪는 이유는 주체라는 개념이 논박당하는 데 있는 것이다.[10]

주체의 죽음이라는 담론의 다른 한편에서 우리 시대를 지배하는 '허무주의적 윤리'가 있다. 허무주의적 윤리는 칸트(Immanuel Kant) 윤리로 회귀하는 것과 레비나스(Emmanuel Levinas)의 '종교적 윤리'의 부흥과 관련이 있다. 칸트 윤리는 인권의 윤리이다. 인권이란 악이 아닌 것에 관한 권리를 의미한다. 생명과 관련해서는 살해와 처형의 공포가 악이고, 몸과 관련해서는 고문, 가혹행위, 기아가 악이고, 문화적 정체성과 관련하여 여자들과 소수

자들에 관한 모욕의 공포가 악이다. 그리고 악이 아닌 것, 즉 악에서 벗어나는 것이 선이다. 생명, 몸, 문화적 정체성과 관련된 공격과 학대를 받지 않을 권리가 인권이고 선인 것이다. 그러나 이 악은 '인간을 마치 피해자처럼 규정'하게 만든다는 점에서 허무주의적이라고 할 수 있다. 인간은 언제나 자신을 피해자로 만들 수 있다. 자신을 피해자로 만드는 일은 선과 악을 자명하게 판단할 수 있는 것을 의미한다. 이것이 허무주의적인 이유는 인간을 동물로 이해하기 때문이다. 동물-인간은 자신을 피해자로 이해한다. 동물은 언제나 피해자일 수 있다. 따라서 모든 동물은 피해자이며, 이 동물-인간의 윤리는 동물의 윤리와 다를 바 없기 때문에 허무주의적이다. 가장 강력한 피해는 죽음이다. 한편, 레비나스의 종교적 윤리는 '차이의 윤리' 혹은 '타자의 윤리'라 부르는 것에 숨겨진 의미이다. 레비나스는 철학을 폐기하고 윤리학을 제1철학으로 만들었다. 그의 윤리는 '타자에 대한 인정', '다문화주의', '관용'이라는 용어로 통용되지만, 무한한 타자를 향한다는 점에서 종교적 윤리라고 할 수 있다. 종교적 윤리의 맹점은 현실에서 그 윤리가 지켜지지 않는 것이다. 레비나스 윤리의 현실적 적용은 기껏해야 "나처럼 되어라, 그러면 너의 차이를 존중하겠다."이기 때문이다. 무한한 타자에 대한 인정은 현실의 세계에서 보기 드물다.[11]

인간에 대한 피해자적 윤리와 동물적 윤리는 인간이 윤리적으로 확신할 수 있는 것이 죽음뿐이라는 것을 의미한다. 죽음은 인간에게 가장 강력한 피해를 끼친다. 인간의 모든 피해는 죽음이라는 꼭대기에 도달하지 못한 높낮이를 달리하는 계단이다. 하이데거(Martin Heidegger)가 인간을 "죽음을 향한 존재"라고 말한 것에서 우리는 시대의 가장 강력한 확신을 발견한다. 불행하게도 이 허무주의적 윤리는 자본주의적 원리에 봉사하는 윤리로 쇠락한다. 우리 시대의 어떤 윤리적 담론도 경제적 이득이라는 필연성 앞에서 무력하다. 수많은 윤리위원회가 곳곳에서 만들어지지만, 그것은 실로 나약하다. 윤리위원회의 활동을 통해 얻을 수 있는 것이라곤 경제적 원리의 경계선 안에 제한된다. 윤리적 담론들은 자본주의적 경제 윤리에 완전히 종속된다. 결론적으로 말해, 우리 시대의 윤리적 주체는 경제적 강제성에 무력한 주체로 표상된다.[12]

　3.1운동 이후의 기독교에 관한 윤리적 판단이 어려운 이유가 여기에 있다. 허무주의적 윤리학이 종교로서의 기독교를 판단하는 기준이 되기 때문이다. 현실을 외면했다고 해서, 타종교와 연대하지 않았다고 해서 윤리학적으로 악이라고 부를 만한 근거가 허무주의적 윤리에는 없기 때문이다. 종교적 한계를 극복하지 않은 것을 윤리학적 악이라 부를 수 없기 때문이다. 종교가 종교적인 것은 악이 아니기 때문이다. 역사에는 3.1운동에 참여했던 그리스도인들이나 진실과 화해위원회를 이끌었던 투투 주교처럼 종교인들이 자신의 종교적 한계를 극복할 때가 있다. 그렇지만 종교가 반드시 자신의 한계를 극복해야 하는 것은 아니다. 일제의 피해자에게 신비적인 체험을 통해 현실을 잊게 하는 것이나 개발독재의 피해자에게 삼박자 축복의 설교를 함으로써 현재의 가난을 잊고 잘살고 싶은 욕망을 달래는 일은 종교로서의 기독교가 할 만한 활동이다. 윤리적 악이라고 규정할 수 없다. 어떤 의미에서 그것은 종교의 당연한 활동이다. 인간이 종교에 바란 것이 이것 아닌가. 억압과 고통을 잊게 만드는 일은 종교의 미덕이다. 인민의 아편이 되어 현실의 무게를 견뎌 내게 하는 일은 종교가 끊임없이 해온 것이다. 종교는 동물-인간의 전형적인 삶의 양식이다. 3.1운동의 그리스도인과 3.1운동 이후의 그리스도인을 나눠서 어느 쪽을 선이라 부르고 어느 쪽을 악이라 부를 이유가 없다.

4. 기독교적 주체였던 3.1운동의 그리스도인

인간이 동물-인간이기만 한 것은 아니다. 동물-인간이라고 부를 수 없는, 끝까지 동물과 구별되는 인간이길 원하는 인간들이 존재한다. 그런 인간을 불사의-존재로서의-인간(l'Homme comme immortel)이라고 부른다. 불사의-인간은 동물-인간이기를 거부하는 인간들이며 자신을 피해자처럼 규정하지 않는 인간이다. 이들은 죽음을 향한 존재가 아니라 마치 영원히 살 것처럼 사는 존재이다. 영원한 진리[13]에 유한한 자신의 삶을 바치는 인간들이다. 그런 인간들이 있었고, 있다. 물론, 동물-인간과 불사의-인간을 한 인간 개체를 지칭해서 양자 선택을 의미하는 실체로 이해해서는 안 된다. 불사의-인간은 동물-인간으로서 불사의-인간이 된다. 모든 인류는 동물-인간이고, 동물-인간은 인간의 하부구조이다. 그러나 어떤 동물-인간은 자신을 넘어서 불사의-인간이 된다. 이 불사의-인간을 '주체'(Sujet)라고 한다.[14]

이제 주체는 새롭게 사유되어야 한다. 인간은 선험적으로 주체가 되는 것이 아니라 주체에 참여한다. 주체는 자연적으로 주어지는 것이 아니라 사건(Evénement)에 의해 구성되는 것이다. 사건이 예측 불가능하게 우연히 발생하는 것, 그래서 어떤 법칙도 따르지 않는 무엇이 일어나는 것이다. 근거가 없고 자기정초적(自起定礎的)이다. 기존의 문법으로 도출할 수 없는, 전체의 합으로 계산될 수 없는 예외적인 마주침이 곧 사건이다. 사건 개념은 이 세계에 새로움을 가능하게 하는 것이다. 그래서 사건은 언제 어디서나 일어날 수 있고, 일어나고 있다. 지금도 수많은 사건들이 일어난다. 그리고 사건은 보편을 담지한다. 다시 말해 모두에게 말을 거는 것으로서 진리의 담지자다. 다만, 사건은 '존재로서의 존재'[15]가 아니다. 사건은 발생하는 동시에 덧없이 사라진다. 사건은 흔적을 남기지 않는다. 그래서 사건은 그것이 정말로 발생했는지, 아니면 상황 내부에서 계산될 수 있는 것인지 결정할 수 없다(indécidable). 그것이 진리의 사건인지 진리의 사건이 아닌지 알 수 없다. 다만 사건에 의해 구성된 주체만이 사건을 진리의 사건으로 결정하고, 충실성(fidélité)을 통해 진리를 지탱한다. 충실성의 과정은 영원하다. 사건은 인간을 동물이 아니라 주체로 살도록 강요한다. 주체는 사건에 대한 결단과 충실성으로 기존의 지식으로 파악이 불가능한 진리의 궤적을 그려 나간다. 그것이 주체이다.[16]

　3.1운동 그리스도인들은 이런 의미에서 주체다. 그들은 그리스도라는 사건에 충실한 사람들로서 기독교적 주체에 참여한 이들이다. 기독교적 주체인 그들은 그리스도라는 사건이 지시하는 진리의 과정에 충실했다. 그 충실함이 그들로 하여금 자신의 종교적 한계를 넘게 했다. 종교적 한계란 동물-인간으로서의 한계이다. 그들은 자신을 종교인으로 생각하지 않았다. "자신이 하는 일을 종교라고 생각하는 종교가 할 수 있는 일은 아무것도 없다."[17]그들은 일제의 억압과 핍박에 동물-인간이길 거부하고, 불사의-존재로서의-인간에 참여했다. 그들은 마치 그들이 독립을 목격할 것처럼, 독립을 목격할 때까지 살아 있을 것처럼 저항했다. 그들은 이전의 그리스도인들의 모습과 단절했다. 그들에게 그리스도-사건을 전한 선교사들은 사건에 충실한 태도는 비정치적이며, 종교배타적 태도라고 가르쳤다. 3.1운동의 그리스도인은 선교사들의 가르침에 순종하지 않았다. 그들은 기존의 지식에 얽매이지 않았다. 그들이 선교사들의 가르침 때문에 3.1운동에 가담한 것이 아니다. 3.1운동의 그리스도인은 사건과 직접 대면하여 기존의 지식과 단절하고, 사건의 진리에 충실한 결단을 했기 때문에 3.1운동의 그리스도인이 되었다. 사건은 또 다른 사건을 부른다. 그리스도라는 사건은 3.1운동이라는 사건을 불렀다.[18] 이것은 3.1운동이 기독교적 사건이라고 주장하는 것이 아

니다. 기독교적 주체들에게 3.1운동이라는 사건은 그리스도라는 사건과 연결되어 있다는 의미이다. 3.1운동이라는 사건은 그 사건에 충실한 수많은 '무명용사'들에 의해 확산되었다. 16인의 민족 대표만을 기독교적 주체로 한정할 수 없다. '대한 독립 만세'를 부른 수없이 많은 무명의 그리스도인들이 기독교적 주체이다. 투투 주교 역시 기독교적 주체라고 할 수 있다. 응보적 정의가 곧 기독교적 정의라고 생각하는 기존의 지식과 단절하고 그리스도 사건에 충실한 회복적 정의를 선언하고 실행했다.

주체가 기존의 지식과 단절하고 사건적 진리에 충실하다는 점에서 주체는 사건을 선언(명명)한다.[19] 이 선언이 진리에 관한 주체의 충실함이 시작되는 지점이다. 그런 의미에서 3.1운동 독립 선언이 '선언'인 것이 중요하다. 3.1운동 준비 당시 천도교 측은 초기부터 선언론을 주장했으나, 개신교 측은 청원론에 더 무게를 실었다. 청원은 기존의 지식에 의존한다는 의미이다. 기존의 지식과 변증법적 연결고리를 갖겠다는 의미이다. 선언은 기존의 지식에 의존하지 않겠다는 의미이다. 기존의 지식과의 연결을 끊겠다는 의미이다. 천도교의 최린은 이승훈과 함태영에게 기독교가 '선언론'에 동참해 줄 것을 설득하였다. 이승훈과 함태영은 기독교 인사들을 설득하기 시작했다. 오기선은 선언에 동의하지 않아서 진영을 이탈했다. 결론적으로 선언이 된 것은 매우 중요하다. 만약 독립 선언이 아니라 독립청원이었다면 3.1운동은 혁명이 되지 못했을 것이다. 선언을 통해서만 혁명은 가능하고, 새로운 진리가 도래할 수 있다.

5. 기독교적 주체의 윤리, 진리들의 윤리학

윤리적 판단의 문제, 선과 악의 문제를 동물-인간에게 적용하기란 불가능하지만 주체에게는 가능하다. 허무주의적 윤리를 통해 동물-인간에게 적용할 수 있는 윤리는 자신을 피해자로 여기는 윤리뿐이다. 여기에 진리가 설 곳은 없다. 차라리 동물-인간에게 윤리를 적용할 수 없다고 말해야 한다. 동물들이 자신의 생존을 위해 죽고 죽이는 것은 자연스러운(natural) 일이다. 자연에는 선악을 판단할 수 없다. 자연은 다만 존재할 뿐이고, 자신의 이해관심에 따라 행동할 뿐이다. 동물-인간도 마찬가지다. 동물-인간으로서 인간은 죽어야만 하고, 다른 인간을 죽이며 산다. 자신의 이해관심에 따라 그렇게 한다. 안타깝지만 그것은 자연스러운 일이다. 자연의 일부분으로서 동물-인간은 그렇게 존재할 뿐이다. 동물-인간도 다른 동물들과 같다.[20] 니체는 인간이 선악에 무관하다고 말하면서 선악의 굴레에 사로잡히지 말고 그것을 넘어서야 한다고 주장했다. 인간이 선악에 무관한 것은 맞지만 그것은 인간이 선악에 미치지 못했기 때문이다. 인간은 선악을 초월할 수 없다. 모든 자연적 인간은 선악에 이르지 못했다. 선악에 이르지 못한 동물-인간은 결백할 뿐이다. 동물-인간은 존재의 피해자일 뿐이다. 동물-인간에게 윤리의 잣대를 댈 수 없다. 윤리의 잣대를 댈 수 있는 존재는 불사의-인간, 즉 주체뿐이다. 윤리의 적용은 오직 주체에게만 해당된다.[21]

　다양한 차이의 존재인 동물-인간은 사건에 의해 구성되는 주체에 참여함으로써 그 자신을 초과한다, 뛰어넘는다. 이 초과는 동물-인간으로서 자기 자신을 버리는 것이 아니다. 동물-인간의 특질을 그대로 유지하며 주체에 '참여'하는 것이다. 어떤 이는 자신의 불안을 사용하고, 어떤 이는 자신의 냉정함을, 탐욕을, 지배욕을, 고독과 수줍음을 사용한다.[22] 그러나 그 인간은 자신의 동물적 특질에 관해서는 무관심하며 진리에 관해서는 관심을 가진다. 죽음을 향한 존재가 아니라 진리를 향한 존재가 되는 것이다. 자신의 동물적 이해관심에 무관심한 존재가 되는 것이 주체인 것이다. 주체는 '무관심한 관심'으로 끈질기게 진리에 참여하고 일관성을 지속하는 것으로 세계에 진리를 강제(forçage)한다. 세계를 진리로 향하여 몰고 간다. 주체란 진리의 투사인 것이다. 따라서 진리를 향한 관심의 일관성을 어떻게 유지할 것인가가 주체의 윤리에서 중요한 문제가 된다. "계속하라!" 이것이 '진리들의 윤리학'이 표명하는 유일한 준칙이다.

악에 관한 사유는 진리(선)의 존재에서 도출될 수 있다. 악은 진리와 주체가 존재하기 때문에 존재하는 것으로 사유되어야 한다. 악의 문제는 진리와 주체 없이 사유될 수 없다. 악의 자명성에 기반을 둔 칸트의 윤리는 제쳐두어야 한다. 진리와 주체를 중심으로 선과 악을 새롭게 사유해야 한다. 그것을 '진리의 윤리'라 부른다. 진리의 윤리학에 따르면 악은 존재한다. 그리고 악은 동물-인간의 이해관심에서 나오는 폭력과 구분되어야 한다. 폭력은 아직 선악에 이르지 못했다. 동물-인간이 자연 속에서 자연스럽게 살아가는 것에서 폭력은 발생한다. 용기 있게 그것을 악이 아니라고 말해야 한다. 그것은 자연적인 것일 뿐이다. 근본적인 악이란 없다. 악은 실체가 아니다. 다만 진리의 과정에 의한 주체에 의해서만 악은 사고될 수 있다.[23] 진리의 윤리학에서 악은 세 가지 형상을 지닌다. '시뮬라크르(simulacre)', '배반', '파국'이 그것이다. 이것은 각각 사건, 충실성, 진리와 관계가 있다. 악이 시뮬라크르인 이유는 덧없이 사라지지만 보편의 담지자인 사건의 공백에 무엇인가 채워 넣기 때문이다. 나치들은 민족사회주의 혁명을 사건으로 받아들였다. 혁명이라고 부를 수 있는 것은 1792년의 프랑스 혁명이나 1917년의 러시아 혁명처럼 보편적인 사건이어야 하는데 그렇지 않은 것이다. 파국은 진리가 모든 의견이나 지식을 없앨 수 있다고 생각하는 것이다. 니체가 세계사를 둘로 조각낼 수 있다고 생각한 것이나, 중세 교회가 이슬람을 완전히 없앨 수 있다고 생각한 것, 19세기 실증주의자들이 과학적 언어로 모든 언어가 대체될 것이라고 믿은 것이 그 예이다. 진리는 완전히 명명될 수 없고, 식별 불가능하다(indiscernable). 주체는 순수한 주체가 아니다. 항상 동물-인간인 동시에 주체인 것이다. 따라서 주체의 언어는 불완전하고, 진리를 완전히 파악할 수 없다. 진리는 세계 속에 부분적이며, 무력하게 존재한다.[24]

배반은 자세히 다루어야 한다. 3.1운동 이후의 그리스도인에 관한 윤리적 판단의 기준을 제공하기 때문이다. 배반은 주체가 진리에 대해, 사건에 대해 충실함을 중단하는 것을 의미한다. 주체이기를 포기하고 동물-인간으로 돌아가는 것이다. 그렇지만 단순히 포기하는 것을 의미하지 않는다. 주체는 진리의 사건에 의해 추동된 존재다. 진리와 사건은 주체에게 "계속하라!"고 끈질기게 명령한다. 그럼에도 불구하고 주체가 계속하기를 중단한다면 그것은 단순히 포기가 아니라 진리를 적으로 만드는 것이다. 진리에 대한 배반이다. 사건은 불투명하다. 사건이 진리의 사건인지 아닌지 기존의 지식으로 결정하는 것은 불가능하다. 주체만이 그 불투명한 사건을 진리의 사건으로 결정하고 선택할 수 있다. 그래서 주체의 충실성은 위태롭다. 주체 스스로 자신을 설득한다. 그것은 진리의 사건이 아니라고, 그것은 단지 시뮬라크르라고. 그렇게 자신에게 설득당한 주체는 진리의 충실성을 중단하게 되는 것이다. 진리는 주체가 동물-인간과 단절함으로 얻어지는 것인데, 이제 동물-인간이 주체와 단절한다. 자신은 주체가 아니라 동물-인간이라고 선언하는 것이다.

기독교적 사건은 그리스도라는 보편적 사건이며, 기독교적 주체는 그 사건에 충실함이다. 그리스도라는 사건이 무엇인지는, 그것이 진리의 사건인지 아닌지는 결정 불가능(indécidable)하다. 그러나 주체는 그것을 진리의 사건으로 받아들인다. 그리스도라는 사건이 어떤 진리의 보편성을 담보하는지, 진리가 무엇인지 식별 불가능하다. 그러나 이 무력한 진리를 지식에 강제하여 지식에 변화를 만들어 낸다. 사건은 또 다른 사건을 부른다. 3.1운동의 그리스도인은 그리스도라는 사건에 충실함으로써 3.1운동이라는 사건을 만들어 냈다. 그렇게 함으로써 3.1운동의 보편적 가치를 이 세계에 강제하였다. 진리는 사건의 선언으로 시작해서 주체의 충실성에 의해 세계에 자리를 잡는다. 그러나 3.1운동 이후의 그리스도인은 기독교적 주체로서 배반의 자리에 서 있다. 그리스도라는 사건에 충실하기를, 3.1운동의 보편성에 충실하기를 중단한다. 그리스도라는 사건이 진리의 사건으로서 보편적인 평화와 정의의 사건이 아니라 기독교로 개종한 이들만의 사건이라고 사건을 특수하게 이해했다. 3.1운동이라는 사건이 보편성에 근거한 사건임을 부인하며, 독립은 이루어지지 않을 것이라거나, 적어도 지금 이루어지지 않을 것이라고 생각했다. 결국, 그리스도라는 진리의 사건에, 3.1운동이라는 진리의 사건에 배반을 한 것이다. 3.1운동 이후의 그리스도인은 진리의 주체가 아니라 동물-인간이 되려고 했다. 기독교적 주체가 아니라 종교적 인간이 되려고 했다. 이 배반의 형상이 오늘날까지 이어지고 있다.

나가는 글

3.1운동은 일제 식민 지배의 억압과 수탈에서 벗어나기 위한 민족운동인 동시에 새로운 정치 사유를 현실 속에 실현해 낸 주체의 충실한 투쟁이었다. 조선 왕조시대가 끝나고 공화국의 시대가 시작되었음을 선언하는 결단이었다. 조선의 백성들은 '백성'이 아니라 '국민'이며,[25] 국민은 조선의 백성이 세계 시민사회의 일원이라는 것을 의미하는 것이다.[26] 그런 까닭에, 3.1운동은 한반도에서 예외적으로 일어난 사건이라기보다 세계 시민운동인 프랑스혁명의 선언을 이어받은 한반도의 시민혁명이었다. 3.1혁명이었다.

이것은 인류가 새로운 정치를 역사에 강제시킨 정치활동이자, 정치적 주체가 투쟁을 통해 얻은 전리품이다. 동시에 3.1운동은 한반도의 그리스도인들이 자신의 신앙의 지평을 종교적 삶의 영역을 넘어 보편적이고 유적인 정치에까지 이르게 한 기독교적 주체의 모습을 보여준 사건이었다. 3.1운동 이후의 그리스도인들의 수는 3.1운동의 그리스도인들을 압도하지만, 3.1운동의 그리스도인이 보여준 기독교적 주체의 투사적인 모습을 상실한 채 이름만 그리스도인인 채로 남아 있는 실정이다. 오늘날 우리에게 그리스도인은 누구인가, 오늘날 우리에게 기독교적 주체란 무엇인가 답하는 일이 숙제로 주어져 있다.

2019년 3월 1일은 1919년 3월 1일에 시작된 독립 만세운동이 일어난 지 100년이 되는 날이다. 100년의 세월을 거슬러 올라 3.1운동의 그리스도인들의 삶을 떠올리고, 그들의 생각과 심정, 고뇌와 갈등, 희망과 투지를 상상하는 일은 결국, 2019년의 한반도를 살아가는 사람들의 삶과 절망에 위로와 희망의 말을 찾아내는 일과 같다. 2019년의 한반도는 분단의 오래고 깊은 상처와 자본주의의 거대하고 제어장치 없는 폭압과 상대주의의 어지럽고 맥없는 공허함이 트라이앵글을 그리며 인민들을 괴롭히고 있는 현실에 놓여 있다. 무슨 말로 이들을 위로하고, 무엇으로 이들에게 희망을 제시할 것인가. 이 현실의 어두운 미로 속에서 그리스도인이 된다는 것은 무엇인가, 그리스도인들은 무엇을 행함으로써 자신이 그리스도인이라는 것을 증명할까, 오늘날 우리에게 그리스도인이란 누구인가. 3.1운동의 그리스도인들에게서 새로운 그리스도인의 탄생을 품은 씨앗을 본다. 그리스도의 향기가 떠오르는 계절이다.

3.1혁명과 남북 화해의 신학

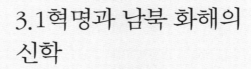

홍 정 호 / 신반포감리교회 담임목사, 연세대학교 연합신학대학원 겸임교수

그리스도는 우리의 평화이십니다. 그리스도께서는 유대 사람과 이방 사람이 양쪽으로 갈라져 있는 것을 하나로 만드신 분이십니다. 그분은 유대 사람과 이방 사람 사이를 가르는 담을 자기 몸으로 허무셔서, 원수 된 것을 없애시고, 여러 가지 조문으로 된 계명의 율법을 폐하셨습니다. 그분은 이 둘을 자기 안에서 하나의 새사람으로 만들어서 평화를 이루시고, 원수 된 것을 십자가로 소멸하시고 이 둘을 한 몸으로 만드셔서, 하나님과 화해시키셨습니다. 그분은 오셔서 멀리 떨어져 있는 여러분에게 평화를 전하셨으며, 가까이 있는 사람들에게도 평화를 전하셨습니다. (에베소서 2장 14-17절)

들어가는 글

올해는 3.1운동 100주년이 되는 해이다. 3.1운동은 "일제의 주권 침탈과 무력적 강점으로 인해 형성된 민족적 모순을 극복하기 위해 전 민족이 독립역량을 발휘해 일으킨 항일 독립투쟁"[1]으로 포괄적으로 정의된다. 또한 3.1운동은 "민족운동의 여러 지류들을 모아 통합된 에너지를 창출하는 구실"을 함으로써 임시정부 수립 운동을 비롯한 이후의 다양한 민족운동의 새로운 전기를 마련하였을 뿐만 아니라 "한국의 민족민주운동사에 새로운 이정표"를 세운 역사적 사건이었다.[2] 그러므로 3.1운동 100주년을 맞이하여 3.1운동의 정신을 기억하고, 이를 우리 시대의 신학적 문제의식으로 주제화하는 한편 문제 해결을 위한 이정표를 제시하려는 노력은 의미 있는 작업이 될 것으로 사료된다.

알라이다 아스만(Aleida Assmann)은, 과거를 기억한다는 것은 냉담한 전문지식의 나열이 아닌 정체성 확보의 문제이자 현실의 해석이며, 가치의 정당화를 위한 투쟁이라고 말한 바 있다.[3] 아스만에게 기억은, '어떻게' 기억할 것이며, '얼마나' 기억할 것인가의 문제와 연관된 정치적 동기화의 주제이다. 과거를 기억한다는 것은, 지나간 시간의 조각들을 모으는 행위에 그치지 않는다. 기억은 현실을 구성한다. 사건의 연속인 인간의 삶 속에서 '무엇을' 기억할 것인지, '언제'를 잊지 않을 것인지, 그리고 아스만의 지적처럼 '어떻게', '얼마나' 기억해 낼 것인지는, 기억의 주체가 제아무리 부인한다 할지라도, 이미 그 자체로 정치적 의미의 구심력을 벗어날 수 없다. 이런 의미에서 3.1운동 100주년을 맞은 시점에 다시금 3.1운동을 기억하는 행위에는, 3.1운동 이후 100년의 시공간을 넘어 오늘의 '운동'으로 3.1정신을 계승하겠다는 의지가 담겨 있다.

이 글은 3.1운동을 '혁명'의 관점에서 재조명하는 역사학의 최근 관점[4]을 수용하여, 3.1운동이 한국 근현대사 형성에 끼친 변화의 급진성에 주목하고, 이를 통해 3.1'혁명'의 정신을 남북분단 현실을 극복하기 위한 '화해의 신학'으로 재구성하는 것을 목표로 한다. 학문으로서의 신학 담론은 문제의식으로부터 출현하고, 문제의식은 상황으로부터, 상황은 문제를 주제로 인식하고 해석하는 담론 주체의 활동으로부터 시작된다. 3.1운동을 한국 근현대사의 혁명적 사건으로 주제화하려는 시도는, 그러므로 3.1운동이 미친 변화의 급진성에 대한 긍정일 뿐만 아니라, 체제의 근원적 변화를 골갱이로 하는 혁명이 지향하는 바 남북분단의 역사를 '근본적'으로 극복해야 한다는 문제의식과 해결의 전망을 내포한다. 3.1운동의 정신은 남북분단의 역사를 말끔히 청산하고, 민족의 화해와 평화, 공동 번영의 길로 나아가기 위한 우리 시대의 '혁명적' 사상으로 소환될 수 있을 것인가? 각종 수입이론들이 난무하는 현실 속에서 3.1운동이 지향한 자유와 독립, 민족 해방의 정신을 계승하는 신학 담론의 내용은 어떠해야 할 것인가? 소고는 이러한 질문들로부터 남북 화해를 위한 동시대 신학 담론의 한 구성을 향해 나아가고자 한다.

1. 3.1혁명과 공화국의 탄생

3.1운동은 종교 지도자들의 참여와 연대를 통해 이루어졌다.[5] 기독교를 비롯해 천도교와 불교 지도자들이 3.1운동에 앞장서게 된 배경에는 일제 강점 초기 강압 정책이 영향을 미친 것으로 보인다. 이만열에 따르면 "일제는 의병 등 조선인의 반제 저항 세력을 소탕하는 한편 기존의 모든 사회단체를 해산하고 언론 출판 집회 결사 등의 시민의 기본권을 철저하게 탄압했고, 아울러 무기를 압수하는 등 조선인의 저항 수단도 제거"[6]함으로써 종교적 목적의 집회 이외의 다른 합법적 집회 공간을 원천적으로 봉쇄했다. 이렇듯 시민적 기본권이 억압된 상황에서 3.1운동과 같은 거족적 저항운동이 일어날 수 있었던 것은, 최소한의 합법적 공간으로 전국 곳곳에 남아 있었던 종교 단체의 조직력과 응집력 때문이었고, 민족 현실에 대한 종교 지도자들의 각성(覺醒)과 희생이 있었기에 가능했다.

종교 간 협력과 연대를 통해 시작된 만세운동은, 3월 1일 당일에 서울, 평양, 진남포, 정주, 안주, 의주, 선천, 원산 등 8~9곳에서 전개되었다. 이튿날인 3월 2일에는 함흥, 해주, 수안, 황주, 중화, 강서, 대동 등지에서, 사흘째되는 날인 3월 3일에는 예산, 개성, 사리원, 수안, 송림, 곡산, 통천 등지에서 일어나 4월 말까지 집중적으로 전개되었다. 만세시위에 참가한 사람의 숫자는 서울 수십만을 비롯해 의주 3만 명, 강화읍 2만 명, 합천군 삼가면 1만 명, 삭주군 8천 명, 선천읍 6천 명이나 되었으며, 시위 횟수는 총 2천회가 넘었고, 연인원 202만 명이 참여했다.[7] 3.1운동에 따른 피해도 컸다. 비폭력 평화 시위에 대한 일제의 탄압으로 46,948명이 체포·투옥되었고(3월~5월), 2만 명 가까운 이들이 미결수 혹은 기결수로 수감되었으며, 15,900여 명이 부상당하고, 7,500여 명이 살해당했다. 또한 교회당 47개와 학교 2개, 한국인 민가 715채가 불태워졌다.[8] 이렇게 막대한 피해를 입으면서 3.1운동은 한국의 근대사회 체제를 '혁명적'으로 전환시키는 새로운 체제 탄생의 원동력이 되었다.

3.1운동을 3.1혁명으로 명명해야 한다고 주장하는 역사학자 가운데 한 명인 이준식은, "3.1혁명 이후 나타난 가장 큰 변화는 우리 역사상 처음으로 민주공화제라는 정치체제가 등장한 것"[9]임을 지적한다. "대한민국은 민주공화국이다."라는 헌법 제1조 제1항과 "대한민국의 주권은 국민에게 있고, 모든 권력은 국민으로부터 나온다."는 제1조 제2항의 선언이 3.1운동의 결과이며, 이는 체제의 근본적 변화를 가져온 운동이기에 '혁명'이라고 불러야 마땅하다는 것이다. 3.1운동은 그 이후 출현한 다양한 독립운동에서 왕정체제로의 복귀가 아닌 주권재민(主權在民)의 새로운 정치체제를 지향하도록 만든 근원적 사건이라는 점에서 '혁명적'인 운동이었다고 평가할 만하다.

한편 윤경로는 〈3.1독립선언서〉로부터 3.1운동의 혁명적 정신을 다음의 다섯 가지로 읽어낸다.[10] 첫째, 자주독립 정신이다. 3.1운동은 대내외적 식민 상태로부터 벗어나 한민족의 자주성과 독립성을 회복하는 것을 제일의 목적으로 삼은 운동이었다. 둘째, 자유민주 정신이다. 3.1운동은 자유롭고 민주적인 이념을 제일의 정신으로 내세워 백성이 주인인 민주사회를 지향했다. 셋째, 인류 공영의 평화 정신이다. 3.1운동은 조선의 독립을 우리 민족의 자주성 확립을 위한 문제일 뿐만 아니라 동아시아의 평화를 실현하기 위한 과제로 여김으로써 인류 공영의 평화 정신 확립에 이바지했다. 넷째, 민족이 나아가야 할 꿈과 비전의 제시이다. 3.1운동은 현시대의 암울한 역사적 상황을 넘어 민족이 나아가야 할 바에 대한 희망찬 꿈과 비전을 제시한 이정표였다. 다섯째, 혁명 정신이다. 3.1운동은 대한민국임시정부 탄생에 단초를 제공함으로써 황제가 통치하던 제국(帝國)에서 백성이 주인이 되는 주권재민(主權在民)의 민국(民國)으로의 혁명적 전환을 이루어 내는 역사적 계기를 마련했다.[11]

그렇다면 3.1운동을 제국 체제로부터 공화국으로 근대적으로 전환한 시발점으로 보려는 이들의 관점은 어떠한 신학적 지평과 만날 수 있는가? 여러 종교인들의 참여와 종교 간 연대를 통해 시작된 3.1운동의 정신이, 3.1운동 이후 전개된 종교(인)의 근대 의식의 형성과 그 실천에 미친 영향에서도 '혁명적' 변화를 이끌어 냈다고 할 만한 근거들이 신학 담론 안에도 존재하는가? 3.1운동과 더불어 공화국으로의 '혁명적' 전환이 이루어진 지 100년이 된 오늘날, 한국의 기독교는 어떤 신학적 실천 과제 앞에서 '혁명적' 전환을 요청받고 있는가?

2. 하나의 조국, 두 개의 공화국

제국으로부터 공화국으로의 역사적 전환점을 마련한 3.1운동의 '혁명적' 정신은 분단과 전쟁이라는 민족사의 비극을 겪으며 그 의미가 퇴색했다. 민족의 자주독립과 민족 해방을 지향한 3.1운동의 정신은, 남한의 우파 진영에 있어서는 공산주의 척결이라는 반공주의 이념과 결합하여 북한에 대한 적대를 정당화하는 경험적 근거로 작용해 온 반면, 북한 정권에서는 부르주아민족주의 세력에 대한 비판 및 당과 수령의 지도 필요성에 대한 당위성 주장에 초점을 맞춤으로써 3.1운동과 대한민국임시정부 수립의 역사적 관련성을 부정하거나 소극적으로 인정하는 한계를 각각 드러내 왔다.[12] 이처럼 3.1운동의 정신은 자주독립과 자유민주, 그리고 인류 공영의 평화 정신이 실현된 하나의 조국을 지향하였음에도 불구하고, 대한민국(Republic of Korea)과 조선민주주의인민공화국(Democratic People's Republic of Korea)이라는 두 개의 공화국 간의 체제 경쟁과 갈등의 역사 속에서 그 본래적 지향성을 상실한 채 남한 내 반공 극우 세력과 북한 정권에 의해 각각 분단 체제의 이념으로 왜곡되어 왔다는 사실은, 분단이 남긴 민족사의 또 하나의 비극이다.

한편 사회주의 진영 내에서는 제1차 세계대전과 3.1운동을 계기로 종교에 대한 반감이 급격히 확산되었다.[13] 3.1운동 이후 청년 지식인층을 중심으로 확산된 사회주의 이념은 근대 계몽주의적 합리성에 입각해 종교를 전근대적이고 반과학적인 미신에 다름 아닌 것으로 이해함으로써, 종교를 식민지 민족해방운동에서 극복해야 할 장애물로 인식했다. 이러한 시대적 흐름 속에서 청년 지식인층을 중심으로 형성된 사회주의 단체들은 기독교에 대한 반감을 드러내며 반기독교운동을 벌였다. 이진구에 따르면, 일제의 간여로 무산되긴 하였으나 "1925년 좌익 단체인 한양청년연맹은 개신교계의 조선주일학교대회를 방해하기 위해 반기독교 강연회를 개최하려고 했고, 1926년에는 사회주의 청년 단체 '청총'이 성탄절을 '반기독교데이'로 제정"[14] 하고자 했다.

젊은 지식인층이 중심이 된 사회주의자들이 기독교에 대한 반감을 갖게된 까닭은, 기독교의 내세적 초월 지향성이 사회문제에 도피적 태도를 취하게 만들며, 이를 통해 자본주의 체제의 옹호자들이 자본주의의 지속과 발전을 꾀하도록 만드는 자본-권력의 매개가 된다는 이유에서였다. 이러한 연유로 사회주의 진영은 당시의 주요 종교였던 기독교(개신교)와 천도교를 향해 민중을 착취하는 종교라는 혹독한 비판을 쏟아 내면서, 개신교를 향해서는 "제국주의의 옹호자이자 노동계급의 발흥을 막는 방어자이고 정신적 마취를 가져오는 아편 장사"라고 비난하는 한편, 천도교를 향해서는 "민족개량주의의 마전(魔殿)", "정녀(貞女)의 탈을 쓴 매춘부"[15] 등의 용어를 사용하며 강도 높은 비난을 쏟아 냈다. 사회주의와 기독교의 대립은 분단과 전쟁을 거치며 공고한 이념적 대립 구도로 정착되었으며, 이러한 대립 구도는 공산주의 체제하에서 박해를 당하고 월남한 기독교인들을 중심으로 확대·재생산됨으로써 사회주의에 대한 반감과 자본주의에 대한 친밀감이라는 양극성을 특징으로 하는 반공(反共)·친미(親美) 의식을 전환기의 새로운 지배 이념으로 형성하는 데 있어 역사적 '알리바이'를 제공했다.

이러한 과정을 통해 자주독립과 민족 해방, 인류 공영의 평화를 지향함으로써 한국 개신교의 역사성과 분리될 수 없는 3.1운동의 정신이 분단 체제하에서 심각한 왜곡을 겪게 되었다. 사회주의와 기독교의 대립은 시대적 갈등의 산물이었다. 안타깝게도, 오늘의 관점에서 본다면 당시 사회주의자들의 종교에 대한 이해는 '종교문맹' 수준을 넘어서지 못한 것이다. 계몽주의적 합리성 그 자체를 인식론적 우월성의 근거로 삼는 태도는, 합리성을 매개로 이성을 도구화함으로써 타자 지배의 정당성과 적합성을 확보해 온 유럽 중심주의적의 폐단에 대해 무지하거나 침묵한 결과이다.[16] 반면 사회주의를 기독교 정신과 양립 불가능한 적대적 이념으로 간주하는 태도 역시 반성적 성찰의 대상이 되어야 한다. 한국의 근대화 과정에서 사회주의 진영은 기독교와 갈등과 대립의 날을 세웠지만, 그럼에도 불구하고 사회주의와 기독교는, 물질로 환원될 수 없고, 탐욕의 도구로 전락될 수 없는 인간존재의 존엄을 지키는 길 위에서 동무이자 협력자로 만날 수 있다. 이런 맥락에서 남북한 대립과 갈등의 역사 속에서도 기독교가 화해의 중재자요 평화의 촉진자로서 해 온 역할을 상기해 볼 필요가 있다.

3. 민족의 화해와 통일을 위한 기독교의 노력

이진구에 따르면, 한국의 개신교는 세 차원의 타자 인식—기독교 공간의 타자로서의 천주교에 대한 인식, 종교 공간의 타자로서의 한국 종교에 대한 인식, 세속 영역의 타자로서의 사회주의에 대한 인식—을 통해 자기 정체성을 정립해 왔다.[17] 그 가운에서도 사회주의와의 대립을 통해 형성된 개신교의 반공주의적 정체성은, "너희 원수를 사랑하며 너희를 박해하는 자를 위하여 기도하라."(마 5:44)는 예수의 가르침과, 그 가르침에 근거한 기독교적 실천의 궁극적 지향마저도 부정하고 무화시키는 한국 교회의 이른바 '올바른 규범(norma rectitudinis)'으로 자리매김해 왔다. 그러나 한국의 주류 개신교 진영이 사회주의를 타자화하며 반공주의적 정체성을 공고히 해 오는 동안에도 해방이 남긴 민족사적 과제인 분단을 극복하기 위한 진보적 기독교인들의 노고 역시 간과할 수 없는 한 흐름을 형성해 왔다는 사실도 지적되어야 한다.

반공주의와 기독교의 결합에 대한 비판은 유신체제를 지나 1980년대에 이르러 본격화되었다. 민주화와 통일을 한국 근대사의 분리될 수 없는 과제로 인식한 한국 교회의 진보진영은, 정부 간 논의에 한정되었던 통일 담론과 통일을 위한 실천을 민중이 전면에 나서는 '운동'으로 전개해 나갔다. 이만열의 정리에 따르면, 통일운동은 다음의 몇 가지 단계와 도움을 통해 이

뤄졌다.[18] 남북한 주민 간 만남이 허용되지 않는 상황에서 남북대화의 물꼬를 튼 것은 해외에 거주하는 기독교인들이었다. 미국에 거주하던 전(前) 숭실대 학장 김성락 목사가 북한을 방문해 김일성 주석과 만났고, 1981년 11월 3일부터 6일까지 오스트리아 비엔나에서 홍동근 목사 등 북과 해외동포 기독자 대표 45인이 참석한 '북과 해외동포 기독자 간 대화'가 열려 이후로 10년간 지속되었다.[19] 그 무렵 통일 문제에 본격적으로 접근하기 시작한 한국 기독교교회협의회(KNCC)는 1984년 11월 일본 도잔소(東山莊)에서 세계교회협의회(WCC) 국제위원회의 주관으로 열린 '동북아의 평화와 정의를 위한 회의'를 통해 한반도의 평화와 통일 문제를 한국 교회와 해외 교회가 협력하여 해결하기로 하는 데 최초로 협의하는 통일운동의 전기를 마련하였다. 도잔소 회의 이후 남북 교회는 1986년, 1988년, 1990년 세 차례에 걸쳐 스위스 글리온에서 만나 통일에 관한 대화를 이어 갔다.

한편 남북 교회 간 대화의 물꼬가 열릴 무렵 교회협은 1988년 한국 기독교 통일운동사에 기념비적인 선언으로 남은 '민족의 통일과 평화에 대한 한국 기독교회 선언(88선언)'을 발표했다. 분단체제 안에서 상대방에 대해 증오와 적개심을 품어 왔던 지난 과오를 회개하는 죄책고백으로 시작되는 이 선언은, 7·4남북 공동성명에서 밝힌 '자주', '평화', '민족대단결'의 3대 원칙에 인도주의적 배려와 조치의 시행 및 통일 논의 과정에서의 민주적 참여 보장을 주장하는 두 가지 원칙을 더한 5개의 기본원칙을 밝히고 있다. 또한 한반도 전쟁 방지와 긴장 완화를 위한 평화협정 체결, 주한 미군과 주한 유엔군 사령부 해체에 관한 전망, 군비축소와 평화 사업으로의 전환, 한반도의 비핵화 등 분단 이래 한국 기독교의 통일운동의 내용과 기본 원칙을 집약한 선언으로서의 역사적 의미가 있다. 교회협의회의 '88선언'은 같은 해 발표한 노태우 정권의 '7·7선언'의 토대가 되었고, 1991년 남북한 유엔 회원국 동시 가입, 1991년 12월 31일 '한반도 비핵화 공동선언' 채택의 결실로 이어지는 남북관계 개선과 화해에 기여하였다.

이러한 일련의 과정은 한국의 기독교가 반공주의의 지배적 흐름에 맞서 복음적 화해와 사랑의 가치 실현을 위해 걸어온 길이다. 3.1운동은 거족적 차원에서 일어난 운동이었음에도 불구하고 친일파 가운데 상당수는 처음에는 방관자적 태도를 보이다 곧이어 3.1운동의 반대 세력이 되었다.[20] 독립선언과 만세시위로 독립이 이루어질 것이라고 기대하지 않았기 때문이다. 그렇다면 해방 후 미국을 중심으로 남한 사회의 새로운 패권 세력으로 등장한 보수 기독교인들이 통일운동에 대해 보인 반응은 어떠했으며, 오늘 남북 간 대화와 화해를 위한 노력을 어떤 시각으로 바라보고 있는가? 3.1운동 100주년인 오늘 3.1운동 당시 친일파들의 행태가 비판의 대상이 되는 것처럼, 통일 후 100년이 지나 오늘을 상기할 때 기독교인들의 이름이 친일파와 같이 기억되지 않기를 바란다.

4. 3.1혁명의 정신과 남북 화해의 신학

3.1운동은 제국에서 공화국으로의 체제 변화를 이끌어 낸 사건이었다는 점에서 3.1혁명으로 기억되어야 한다는 주장을 앞서 살펴보았다. 3.1혁명은 왕권(王權)을 주권(主權)으로, 왕토(王土)를 국토(國土)로, 신민(臣民)을 국민(國民)으로 호명함으로써 근대 국민국가로의 전기를 마련한 역사적 사건이었다. 그러나 이렇게 3.1운동의 '혁명적' 정신은, 하나의 조국에 세워진 두 개의 공화국(ROK, DPRK)의 분열과 대립이 고착되는 과정 속에서 점차 빛을 잃으며 긴시간을 지나왔다. 3.1운동 이후 남과 북은 서로 다른 근대화 과정을 지속해 왔다. 그러나 3.1운동 100주년을 맞이하는 오늘, 남과 북은 3.1운

동의 '혁명적' 정신을 되새겨 갈라진 조국이 하나 되는 새로운 100년을 준비해야 한다. 3.1운동이 제국으로부터 공화국으로의 전환을 알린 사건이었듯, 남과 북의 화해는 두 개의 공화국이 함께 상호 변화와 협력을 통해 새로운 '알파(α) 체제'로의 전환을 모색하는 공동의 노력이 되어야 할 것이다. 이러한 '알파 체제'로의 전환에 신학은 어떠한 역할을 할 수 있는가? 남북화해와 협력, 통일을 향해 나아가는 길에서 우리에게 요청되는 신학적 변화의 과제는 무엇인가? 무엇보다 기독교 안에 각인된 북한에 대한 타자적 인식을 극복해야 한다. 2018년 세 차례에 걸친 남북정상회담과 역사적인 싱가포르 북미정상회담을 계기로 불어 온 한반도 평화의 봄바람을 화해의 적극적 계기로 삼으려는 신학적 노력이 요청된다.

그것은 북한에 대한 한국 교회의 선교와 선교신학의 내용을 반성적으로 고찰하는 일에서부터 시작되어야 한다.[21] 한국 교회의 북한 선교 담론은 '재현의 정치(politics of representation)'의 맥락에서 전개되었다. 북한에 대한 남한 기독교인들의 재현이 갖는 근본적인 문제는, 북한 선교 담론 속 '북한'과 '북한 사람'이 타자로서의 타자성이 소거된, 즉 '우리'의 이해로 환원된 존재로 소개되고 제한된다는 데 있다. 남북 간 왕래가 단절된 상황에서 북한 선교 담론 속에 등장하는 북한의 주민(인민)들은 경제적으로는 헐벗고 굶주린 상태에서 도움을 기다리는 이들로, 정치적으로는 세습 독재정권하에서 자유를 억압당한 채 구원을 바라는 수동적 존재로 교회 대중의 인식 속에 각인되어 있다. 비록 이러한 재현이 북한의 열악한 인권 현실을 일부 반영하는 행위라 할지라도, '북한'과 '북한 사람'이 지닌 타자로서의 무한성을 냉전과 분단 체제하에서 형성된 정체성의 특정한 재현 맥락 안에 가둬 버리는 것은 타자에 대한 무례함이자 '문화적 폭력(J. Galtung)'의 행위라는 사실이 지적되어야 한다.

특히 북한 주민들을 정치적으로 억압받는 '난민(refugee)'이라는 틀로 환원시켜 선교의 정당성을 확보하려는 시도로부터 거리를 둘 필요가 있다. "정체성이란 단 한 번에 완전한 형태로 주어지지 않는"[22] 것임에도 불구하고, 한국 교회의 북한 선교 담론은 독재정권하에 있는 북한 주민들의 '해방'을 명분으로 내세우며, 그들을 정치적 '난민'으로 호명함으로써 적대적 반공주의 이념의 전파를 복음적 선교 활동으로 착각하게 만드는 과오를 반복해 왔다. 그렇기에 한국 교회의 북한 선교 활동은 교회협(KNCC)을 중심으로 전개되어 온 남북 화해와 통일을 위한 민간 차원의 노력과는 별개로, 보수우파 진영을 결집시키는 기독교적 이데올로기의 도구로 전락한 측면이 있다. 특히 여러 이유로 고향을 떠나 남한 사회에 정착한 탈북민들을 섬기고 돕는 일에 앞장서야 할 교회가, 그들을 북한 정권에 대항하는 정치적 투사의 이미지로 재현하거나 교회 내 적대적 반공 이데올로기 확산의 매개로 활용하는 등의 일을 '선교'의 이름으로 정당화해서는 안 된다.

이를 위해서는 한국 기독교의 '선교'에 관한 인식의 수정이 선행적으로 요청된다. 한국 교회의 북한 선교 담론 속에는 '선교'에 대한 유럽 중심의 장소편향적 이해가 전제되어 있기 때문이다. 복음이 사회·경제·문화적으로 우월한 세계로부터 열등한 세계로 전파되는 것이 '선교'라는 인식은, 종교개혁 이후 지난 500년에 걸쳐 형성되어 온 계몽주의적 근대성에 대한 긍정적 인식에 기반한 선교관이지만, 근대 선교에 대한 평가는 라틴아메리카와 아프리카, 그리고 아시아의 여러 국가들에서 다양한 비판의 대상이 되어왔다.[23] 근대 선교는 타자를 위한 주체의 계몽주의적 실천으로 집약된다. 계몽은 미성숙한 상태로부터 벗어나는 것(칸트)을 의미하는 동시에, 그렇게 '벗어난' 혹은 '벗어났다는 자의식으로 충만한' 존재의 우월성을 전제로 한다. 이런 의미에서 선교를 뜻하는 미션(mission)의 한국어 번역어가 선교(宣敎),

즉 "가르침을 베푼다"는 뜻으로 풀이되는 것은 우연이 아니다. 계몽주의적 관념에 입각한 선교는 주체의 우월한 입장에서 타자를 위해 가르침을 베푸는 활동을 '헌신'과 '봉사'의 이름으로 찬양해 온 반면, 계몽주의적 실천 안에 각인된 주체의 자기중심성이 불러일으키는 폭력에 대한 성찰을 간과해 왔다. 두셀의 지적처럼, 유럽의 '근대성'이란 라틴아메리카와 아프리카의 '식민성'을 의미하는 것임에도 불구하고, 한국 교회의 북한 선교 담론에서 계몽주의의 식민성에 관한 고찰은 여전히 부족하다. 선교는 계몽과 동일시되고 있으며, 계몽적 주체의 폭력성에 관한 반성은 계몽의 '부수적' 효과에 머문다. 그것은 아마도 한국이 지난 반세기 동안 이룬 놀라운 경제 발전과 세계 교회사에 유례없는 단기간 급성장을 이룬 교회 성장에 대한 자부심 때문일 것이다. 단기간에 서구적 근대화를 성공적으로 이룩했다는 '신화'를 공유하는 한국 교회는, 그것을 가능하도록 만든 다른 사회적 조건들(식민주의, 반공주의, 독재주의, 발전 지상주의 등)에 대한 성찰을 무화시켰다. 선교를 계몽과 동일한 활동으로 받아들이는 것은 유럽 중심적 근대성에 근거한 식민주의적 수용 외에 다름 아닌 것이다. 그렇다면 선교란 무엇인가?

선교는 타자와의 만남을 통해 그리스도교의 경계를 해체 및 재구성하는 일련의 활동과 관련되어 있다. 선교는 복음의 전파를 통해 사회·문화·경제적 담을 허물고 경계를 가로지르며 복음적 주체와 타자의 상호 변화와 공생에 이르는 공동 모색의 과정이다. 비유하자면, 그것은 근대적 신체 활동인 스포츠와 대비되는 무도와 관련이 있다. 스포츠가 목적 형성이 가능하고, 객관적 수치로 계측 가능한 근대 합리성에 입각한 실천의 체계라면, 무도는 배우고 익힌 후에야 비로소 그 의미를 체감하게 되는 사후적(事後的)이고 회고적(回顧的) 성격이 있는 실천이라고 할 수 있다. 무도를 익히는 데 어떤 목표를 계량적으로 설정하는 것은 그 자체가 불가능할뿐더러 무의미하다. 무도는 행위에 참여하는 주체들 간의 얽힘을 통해 행위에 참여하기 전에는 알 수 없었던 신체의 특정한 기능과 역할을 발견하게 된 이후에야 자신이 무엇을 배웠는지를 알 수 있기 때문이다. 그렇기 때문에 무도에서는 언제까지 무엇을 얼마만큼 해내겠다는 합리적 목표 설정이 불가능하다. 그러므로 근대 계몽주의적 합리성의 체계를 벗어난 무도로서의 선교 실천은, 선교적 주체가 타자와 대면하기 전에는 무엇을 해야 할지 알 수 없는 상태를 긍정할뿐더러, 상호 변화와 성숙에 이르기 위한 전제로서의 무지(無知)를 옹호한다.

선교적 실천에서의 문제는, 상대방을 모르기 때문이 아니라, (왜곡된 방식으로) 너무 잘 알기 때문에 일어난다. 북한주민을 타자로 대하는 법을 배우지 못한 한국 교회의 선교는, 그 일천한 앎과 경험의 틀에 속박되어 타자로부터 선물로 받게 될 배움과 변화의 계기를 스스로 걷어차 버리고 있는 것은 아닌지 성찰해 볼 필요가 있다. 화해의 신학은, 주체의 자기완결성, 혹은 자기완결적 주체가 되려는 열망으로부터 벗어나 타자와 더불어 미지의 세계로 동행하려는 결단을 신학적으로 주제화하는 작업이 되어야 한다. 계몽의 교사이기를 포기한 신학, 타자를 만나기 전에는 무엇을 말해야 할지 알 수 없을뿐더러 타자와 대면한 이후에는 그때까지의 앎을 기꺼이 철회할 수 있는 신학이야말로 갈등과 대립의 역사를 뒤로 하고 화해에 이르는 선교(先敎)의 길이다.

나가는 글

3.1운동은 한국 근대사에 지대한 영향을 미친 '혁명적' 사건이다. 남북분단과 갈등의 역사가 완전히 종식되지 않은 오늘날 맞이하는 3.1운동 100주

년은, 남과 북이 협력하여 새로운 체제로의 전환을 모색하는 또 다른 '혁명적' 전환점을 마련하는 한 해가 되면 좋겠다.

신학은, 남북 대결의 역사 속 타자에 대한 적대감과 분노를 종교적으로 정당화하는 반공주의 이념의 시녀이기를 그만두고, 화해와 평화의 선포자로서의 본분을 회복해야 한다. 화해는, 남과 북이 달리 걸어온 지난 시간의 정당성을 주장하거나 정통성을 입증하려는 시도로는 이루어지지 않는 다. 화해는 무지에 대한 긍정을 통해 시작된다. 분단의 역사 속에서 남과 북은 서로를 '잘' 안다고 생각해 왔는지 모른다. 그러나 화해와 평화, 통일의 길로 향하는 우리의 노력은, 계몽이 아닌 '앞선 사귐'을 통해서만 실현될 수 있다.

한반도 평화와 통일신학

— 박순경 통일신학의 활성화를 위한 비판적 검토

신 혜 진 / 이화여대 강사

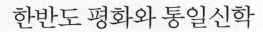

들어가는 글: 통일신학의 의의

오늘을 산다는 것은 역사를 산다는 의미이다. 지금 한반도에 사는 우리에게 '민족사에 어떤 문제들이 벌어져 있는가를 판별하고 이것을 극복하고 새로운 미래로 나아가는 것'은 매우 중요한 일이다. 이렇게 '오늘을 산다'는 것은 가장 신학적이고 신앙적인 삶의 정수이기 때문이다. 우리는 지금 한반도에서 여러 상황들에 놓여 있다. 탈냉전 시대 이후 남과 북은 서로 단절된 별개의 영역에서 따로 존재하지 않는다는 사실을 알게 되었다. 남북 관계가 과거에는 '적대적 대결 관계'이면서 '적대적 의존 관계'였으나 현재는 '상호적 공존 관계'나 '상호적 공생 관계'로 나타나듯이, 남북관계의 중요성이 더욱 부각된 상황이라는 것을 보여준다. 이렇게 한반도 평화 문제는 국내 정치적 측면은 물론 세계 정치외교적 국면에도 긴밀하게 연결되어 있으며 모두 직간접적으로 영향을 미치는 중요한 논제임이 드러나고 있다.[1] 다시 말하면, 새로운 미래를 살기 원하는 우리에게 한반도의 분단에 대해 인식하는 것이 한반도 평화를 이루는 첫 걸음이라고 할 수 있다.

한반도의 분단은 처음부터 주변 강대국들의 갈등 구조의 결과물이었다.[2] 이 '분단'이라는 결정은 한 나라를 둘로 나누었고 한반도 전체를 전쟁 위협과 대결 구도 안에서 과도한 경쟁과 소비적 군비전을 해야 하는 상황에 빠뜨렸다. 그뿐 아니라, 냉전 관계로부터 비롯된 분단국 간의 적대 관계는 국내정치 안에서도 수많은 정치적 분리와 분열, 불안을 낳았다. 마침내 시간이 지나감에 따라 민족적 정체성과 가치관의 단절까지 초래하였으며, 민족의 분단은 남북의 정치와 경제 체제를 비롯하여 군사, 외교, 사회, 모든 영역에서 과도한 양극화 현상을 가져왔다.[3] 그 결과, 다시 신자유주의 자본주의 체제 안에서 계층, 성별, 세대 간의 분리는 더욱 심화되어 왔다.

한국 사회에서 한반도 분단이라는 현실은 가장 크고 강하게 모든 삶의 구조를 결정하고 있다. 이 분단 상황이라는 것은 한 민족이 두 나라, 두 개의 정치체제를 이루어 산다는 것 외에 사회적 분리 현상이 지속적으로 발생되고 있음을 뜻한다. 역으로, 이런 현상들이 계속 발생되는 원인은 그 현상들을 양산하는 일정한 구조가 형성되어 있다는 뜻이다. 따라서 이 사회 안에서 일어나는 현상들과 문제들의 핵심을 파악하여 분단 체제가 사회와 개인의 삶에 어떤 영향을 주고 있는지를 인식할 필요가 있다. 만약, 이 분단 구조가 사회와 개인에게 지속적인 고통을 발생시키고 있다면, 그것은 무엇이며, 이에 대한 대안은 무엇인지 분석하여 한국 사회가 이 상황에서 벗어나야 할 길이 제시되어야 하는 것이다.

이 시점에서, 한국 기독교는 한국 사회의 정치사회적 상황을 직면하여 볼 필요가 있다. 한국 기독교는 한국 사회를 어떻게 보고, 한국 사회 안에서 어떤 정체성을 가지고 어떤 사회적 위치를 차지하여 왔는가 묻지 않을 수 없게 된다. 이제까지 한국 사회 내에서 기독교는 그 교리와 종교의 초월성을 위시하여 기독교 신앙과 교회의 범위를 확장시키는 데 충실하여 왔다. 그리고 종교의 초월성을 인간의 개인적이고 내면적 일로 한정하여 왔다. 이러한 성향은 기본적으로 정치적 세계와 종교적 세계는 전혀 다른 것이라고 하는 이중적 세계관을 따르는데, 한국 교회 신앙은 교회 안에서 사회적·정치적인 일과는 구별된다는 점을 강조하여 개인의 삶이 사회, 국가, 민족의 문제들과는 직접적 관련이 없는 것으로 여기게 했다. 그 결과, 한국에서 기독교 신앙은 사회문제들과 연결될 수 없었고, 사회적 문제와 행위에 무관심한 신앙을 복음의 순수성이라고 여기게 되었다.

그런데 사회 안에 사는 인간이 사회 정치 문제를 종교와 구분한다고 해서, 순수한 종교적 인간이 될 수 있는가? 통일신학이 말하는 기독교 복음의 순수성은 이와 다르다. 기독교 신은 정치적 역사 안에 '오는 하나님'으로 표상되어 있으며, 그 심판의 날에 역사성에 기반한 인간 세계와 모든 인간의 악은 소멸한다. 그러나 예수 그리스도를 계기로 시작되는 신의 나라는 현재 실존하는 악의 현상을 방치하지 않고 그의 나라가 속히 오도록 협력하는 신자들의 신앙적 노력과 더불어 실재한다고 보는데, 이것에 대한 선언이 '복음'이 된다. 따라서 기독교 신앙을 가진다는 것은 복음의 실재성이 삶의 현상과 관계를 맺고 이해되어야 할 것임이 분명하게 제시된다.[4] 박순경의 이러한 신학적 이해는 바르트 신앙에 근거하여 있으며, 그 특징상 실존적이면서 변증적이다.[5] 이 점에서, 통일신학은 한국 사회의 문제들과 더불어 기독교 신의 초월성과 하나님 나라의 내재성, 현실 사회의 악 문제를 심각하게 보고, 그것에 대한 원인과 현상 분석, 그리고 그 대안에 대해 함께 논의할 것을 제안한다.

통일신학은 지금 여기라고 하는 역사적 실존에서 악의 문제를 고민하고 이를 해결하려고 하는 신학이다. '민족'이라는 역사 문화적 생존 공동체가 그 주체가 되는 일, 그리고 그 주체 됨을 사용하는 일이 중요하다는 것을 강조하고 있다.[6] 통일신학이 지목하는 '악의 문제'는 '악의 현상'에서 오는데, 이 '악의 현상'이란 한반도 분단의 상태를 말한다. 이 '분단' 상태라는 것은, 인간을 인간답게 살도록 하는 하나님의 나라를 거스르며 그 뜻에 반대되는 방향으로 사회를 조성해 왔던 그 구조를 말한다. 따라서 이제까지 '분단'을 통해서 이익을 추구했던 세력은 한국 사회를 어떻게 구조화했으며, 어떤 문제를 야기시켰고, 한국인들과 그 정체감에 어떤 영향을 주었는지 이제 면밀히 살펴보아야 한다는 것이다. 통일신학은 이 구조를 사회적 시각에서, 그리고 종교적 시각에서 다시 검토해야 한다고 문제를 제기한다. 기독교 복음과 더불어 더욱 깊은 시각으로 '악의 현상'을 통찰해야 하며, 이에 대한 기독교 복음의 역할을 논의하고 모색해야 한다고 강조한다.

통일신학은 종교가 외면했던 역사의 문제, 민족의 문제, 자본주의의 문제, 민중의 문제에 대해 편견을 걸어내고 다시 들여다볼 것을 촉구한다. 그리고 분단 이전 하나였던 민족의 상태를 상기하여 다시 대화할 것을 주창한다. 이때, '대화를 한다'거나 '대화 상대가 있다'는 사실 자체가 의미하는 바가 있다. 그것은 자기 절대성을 의문에 부치며 자신을 객관화시켜 볼 거울이 있다는 점을 환기시키는 것이다. 소통의 행위를 통해 자기의식의 반성과 성찰이 가능하다는 점이다. 그러나 그것에서 그치지 않는다. '대화'란 의식이 갖는 변증법적 생산성에 머물지 않고, 실재로 대화를 시도하여서 대화 그 자체가 주는 '관계'를 형성한다. 대화의 장을 설정하고 상대방의 자리를 마련한다. 이 과정에서 서로에게 대화 자리를 내고 존중의 예를 갖추는 형식을 기획하게 되는데, 이는 상대방의 존재를 먼저 인정해야 하는 전제에 동의하는 일이 된다. 따라서 이 동의에 의해 상대를 인정하는 것은, 상대가 과거에도 존재했지만 애써 없는 듯 살면서 그 관계를 덮어 버렸던 자기 자신에 대한 인정이기도 하다는 것이다.[7] '나' 또는 '우리'라고 하는 주체가 분열되어 있었으나, 그 분열을 화해시켜서 그것을 다시 통합하도록 고무시키는 작업이기도 하다는 점이다. 서로 적대시하면서 소비했던 에너지, 곧 정치 면에서, 경제 면에서, 사회 면에서, 심지어 남한 안에서도 다시 각각의 분야에서 적으로 분리시키려던 모든 헛된 노력이 허상이었음도 알게 한다는 것이다. 관계가 분리되는 것에 의해 이익을 취하고, 분단된 사회를 고착화시켜서 기득권을 유지하려는 것 자체가 긴 역사의 시각으로 본다면 모두 '헛된 것'이며, 신학적으로 볼 때 '선'이 아닌 '악의 현상'임을 주지시키는 것이다.

이처럼 통일신학은 대화를 위한 신학이다. 이러한 통일신학은 '평화통일신학' 또는 '희년신학'으로 불리기도 한다. 통일신학은 대화를 위한 형식을 구축하고 있으며, 희년과 평화를 지향하는 내용의 특징이 있다. 그런데 이 신학의 전체를 파악하기 위해서는 이에 접근하는 시각이 매우 중요하다고 할 수 있다. 왜냐하면 통일신학이란 잘 정리된 이론이 사진처럼 '찍혀 있는 것'이 아니라, 통일의 길처럼 긴 대화의 여정을 통해 '이루어지는 것'이기 때문이다. 또한 그것과 '더불어 형성되는 것'임을 뜻하기 때문이다. 따라서 대화 속에서 자신을 스스로 변화시키는 변혁의 틀, 곧 자기 모습을 객관적으로 보려는 자기 인식의 틀을 가지며 그런 자신과 고군분투하면서 자기 객관화 과정을 갖는다. 자신의 고정된 이론에 갇히거나 묶이지 않으며, 계속적인 변화를 통해 신학의 내용을 형성하는 과정을 형식 안에 담고 있는 것이다. 그때, 이 대화라는 형식에서 다음과 같은 세 가지 차원이 발견된다.[8] 첫째, '나'라는 인식 주체가 있다. 둘째, 대화 상대가 있다. 셋째, 대화가 형성하는 관계가 있다. 이 세 가지 차원 혹은 단계는 각각 그 독립된 활동의 의미가 있지만, 단계별로 이행될 때는 각각의 목표와 과정과 결과의 관계가 전체적으로 연동되어 개인과 공동체까지 연결하는 기능을 담당하게 된다. 이 세 단계는 인식의 변증법적 과정 또는 변증법적 인식 과정을 가지면서 이에 대해 분석, 비판, 해석의 여지를 주기 때문이다. 우선 '나'에서 시작된 단계는 대화 '상대'를 의식함으로써 다시 자신을 객관적으로 돌아보게 한다. 그 다음으로 대화의 자리에 '상대'의 자리를 마련하는 것으로서 대화의 '상대'

가 있음을 인식한다. 함께 대화를 시작함으로써 서로 상대방의 자리와 존재를 인정하고 수용한다. 그리고 나서, 본격적으로 대화가 진행되면, 그 대화를 통해 상대방의 처지와 입장을 이해하며 듣고, 이렇게 대화 자체의 내용이 생성된다. 그에 따라 관계와 신뢰 형성이 가능하게 된다. 따라서 여기 대화하는 두 '주체'는 각각 자신이 누구인지 어떤 길을 가고 있는지 인식해 가는 한편, 또한 같이 가는 길을 구상해 볼 수 있게 되는 것이다. 따라서 대화를 위한 통일신학은 이처럼 자기 성찰적 성격이 있다.[9] 동시에 자신과 타자를 존중하는 자리를 전제하여 대화를 가능하게 하고, 그 대화를 통해 서로의 입장과 처지를 알게 하는 관계 형성을 가능하게 한다. 서로의 관계를 형성하는 '대화'의 신학은 결코 일방적으로 선포하거나 명령하거나 강요하지 않는다. 다른 신학들과 전혀 다른 결과를 목적한다.

그런데 이 대화에 참여하는 주체는 모두 각각 주인으로서 그 주인됨을 행사하는 것으로부터 시작된다. 따라서 각각의 '주체'는 각자의 주체 됨을 행사해야 하며, 그 주체 됨은 자신이 누구인지에 대한 첫 인식에서부터 발생된다고 할 수 있다. 또한 이 '주체'는 대화의 자리와 상대방을 의식하는 주체이기 때문에 서로에게는 '상대'로 여겨지므로, 그것을 의식하는 나 역시 절대적 존재가 아님을 의식할 수 있는 계기를 가진다는 것이다. 그동안 자기 자신을 스스로 볼 수 없었던 독존적 상황에서, 자신의 편견과 절대성을 파기하고 다시 자신을 돌아보게 한다. 이처럼, 통일신학은 이렇게 '통일'을 내다보아야 할 공동의 목표로 두고 '대화'의 자리를 마련하며, 그것을 통해 한국 기독교의 '실상'을 다시 돌아보게 하는 기능이 있다. 이제까지 한국 기독교가 진리를 독점하고 있는 것처럼 여기고, 자신의 주장하는 바를 놓고 자신의 절대성을 배타적으로 강요했던 것을 돌아보게 한다. 종교로서 기독교가 종교 본래의 것이 아닌 정치적 세력이나 경제적 권력 또는 문화적 권력으로서 한국 사회 안의 지배력을 가지고, 그것과 자신을 동일시하고 당연시했던 현상을 다시 돌아보게 하는 것이다.

1. 통일신학의 반공 기독교 비판

이 장에서는 통일신학의 자리와 입장에서 한국 기독교를 보는 것이 왜 필수적인가의 문제를 심층적으로 다룬다. 통일신학의 시각에서 볼 때, 한국의 사회적 악의 현상과 한국 기독교의 문제적 현상은, 단적으로 말해 분단을 고착화하는 반공 기독교에서 온다. 따라서 이 반공 기독교를 놓고, 왜 한국 기독교와 한국의 신학은 이 점에 대해 철저히 반성하지 않으면 안 되는가 하는 통일신학의 문제 제기를 검토해 볼 것이다. 남북 상호 대화의 필요성과 민족의 역사를 의식하며 사회 객관적 시각으로 볼 때, 한국 기독교의 정체성은 그 내용이 분석되어야만 한다. 이제까지 한국 기독교는 어떤 정체성을 가지고 왔으며 한국 사회에서 어떤 역할을 담당했는지 그 과거를 돌이켜볼 수 있을 것이다. 이 결과를 바탕으로 기독교의 현실을 진단하여 앞으로 직면할 상황들과 선택 가능한 길들을 살펴보고자 한다.

이 작업은 과거사 비판 차원에 한정되지 않고, 지금 한국 사회가 가지는 문제 의식과 그 해결책을 모색하려는 더 넓은 차원의 노력에 동참한다는 의의가 있다. 이에 대해 신학자 박순경은, 한반도 통일을 목표로 하는 대화의 신학에서 한국 기독교가 정치라는 테두리에 갇히지 않고 더 큰 사회적 규모의 공동체를 위해 이바지할 수도 있을 것이라는 희망을 가지고 있었다. 다시 말하면, 이 노력은 한반도 평화를 위해 북한의 비핵화를 둘러싼 미국과 주변 열강의 갈등 구조 인식, 그리고 남북한 평화 체제를 구축하기 위한 필요성과 설득 시도, 한반도 평화가 세계 평화에 이바지할 수 있는 면에 대한 이해를 말하는 것이기도 하다. 다행히 그 어느 때보다도 그것이 가져올 평화적 관계 형성에 대한 공감이 이루어지면서, 남북한 관계의 안정만큼이나 그 결과가 가져올 열강의 동아시아 평화의 문제에도 세계 관심이 쏠려 있다. 그런데 이러한 평화적 대화의 노력은 넓은 시각으로 세계와 그 문제를 볼 수 있을 때에만 가능하기에, 대승적 종교의 역할 수행과도 결을 같이하는 것이라 할 수 있다.[10] 그만큼 역사적이고 시간적인 맥락과 지정학적 한반도의 위치를 놓고 세계 열강의 세력 갈등을 이해하는 것이 중요하며, 그 전체 흐름을 평화적인 기반 위에 놓을 수 있다는 신념과 신앙적 결단이 결정적인 것이라고 할 수 있다. 세계 각국은 자기 이익에 따라 정세가 시시각각 변화하는 자리에 놓여 있으므로, 이 한반도를 긴 역사적 시각과 넓은 정치 구도적 시각에서 '평화적 주체'로 볼 수 있는 안목이 필요한데, 그것은 종교가 제시할 수 있는 평화의 이상이며 신의 나라에 대한 확신이라고 할 수 있을 것이다.[11]

더욱이 이것은 한국 기독교가 참회하는 방식의 하나가 될 수도 있을 것이다. 한반도에서 기독교인의 정체성을 가지고 살면서, 한민족이 아닌 미국과 서양 기독교의 부분으로 그 자유를 지키기에 급급했던 반공 기독교라는 이념적 편파성을 제거하는 기회가 될 수도 있을 것이다. 이제까지 한국 사회 현실의 문제를 외면하거나 반대로 '반공·용공'의 이분적 시각을 신앙으로 규정하고 판단했던 그 결과들에 대해 반성할 기회를 찾는 것이기도 하다. 이제 한국 기독교는 친미, 반공 정치 체제 안에서 순응하여 그 보호를 받으며 종교적 세력만 키우기에 급급했다고 하는 기독교에 대한 일반 사회의 비판을 겸허히 듣고, 이것을 돌이켜보아야 하는 처지에 놓여 있다.

통일신학이 보는 현재 한국 사회에서의 '악(惡)의 현상'은 한반도 분단 상황이다. 그리고 그것에 더하여 중요한 것은, 한국 기독교가 여기에 명백한 책임이 있다는 사실이다. 박순경은 이 땅에 기독교가 시작된 지 230년이 넘는 지금, 한국적인 신학이 '역사와 현재에서 한국 민족의 의의와 문제 상황을 주제로 삼아' 새롭게 정초되어야 한다고 보면서 한국 기독교의 지난 과거 역사를 다시 되돌아본다.[12] 개신교 역시 130년이 지난 이 시점에, 사회 객관적 시각에서 한국 기독교를 평가해야 한다고 본 것이다. 서양 기독교가 전래된 이후, 민족이라고 하는 생존 공동체와 민중이나 서민이 더 크게 체감했을 분단 구조의 억압과 피폐함을 말하고 있다. 그리하여 한국 기독교 역시 기독교 전래 직후에 한국 영토가 곧바로 세계 열강의 침략 대상이 되어 버렸던 것과, 곧 일본에 의한 식민지 수탈과 지배를 경험해야 했던 것, 그리고 그 후 광복과 더불어 미군 임정과 열강에 의해 분단을 당했다는 역사적 사실에 놓여진다. 이 역사적 현실에서 기독교는 어떻게 살아왔을까?

박순경은 한국 기독교에 대한 비판 작업을 다음과 같이 수행하였다. 통일 신학은 민족의 역사 한가운데 한국 기독교의 과오를 놓고, 그 기원과 역사와 실체에 대해 다음과 같이 접근했다. 여기서는 이 세 측면, 즉 역사적 측면, 정치적 측면, 실존적 측면으로 나누어 보기로 한다.

첫째, 역사적 측면에서 한국 기독교 특히 개신교는 처음부터 서구의 식민주의·자본주의와 함께 들어왔으므로 초창기 선교사들의 정교분리 정책과 일본 식민지정책을 묵인하는 기조가 있었다.[13] 기독교는 처음부터 서양 제국주의 식민지 정책과 같이 들어왔고, 또 그 서구 열강의 이익을 대변하는 선교 정책이 있었다. 그러다가 미국의 실제적인 친일적 정책이 조약 형태로 나타나게 되었다. 이것이 미국과 일본의 협약 즉 1905년 가쓰라-태프트 조약이다. 이 조약을 통해 서구 선교사들과 그들의 정책은 분명하게 일본의 한국 통치를 인정하고 그 식민 통치를 정당화하는 일을 시작하게 되었다. 그 이후 한국의 선교 정책은 일본 기독교의 지부로서 연동되었으며, 반제국주의나 민족주의를 표방하는 신앙에 대해서는 기독교가 정치에 관여하지 말고 침묵할 것을 종용하는 정교분리 정책이 시행되었다.[14] 따라서 한국 교회의 교인들은 서양 기독교적 근대 문화와 자본주의 체제 경제와 제국주의 식민정치에 대해 무비판적일 뿐 아니라, 이것을 복음의 부분 또는 복음의 사실이라고 여기게 되었던 것이다. "한국 기독교는 서양 기독교로 인해 서양에로 예속되어 버리는 과정에 들어섰던 것이며, 따라서 한국 기독교의 민족의식은 약화될 수밖에 없었다."[15] 그러나 1920년대는 기독교 사회운동이 민족의식과 사회의식을 고양시키며 기독교 운동에 대한 자기반성과 비판이 일어나기도 했다. 1919년 이후 여성 단체들이 줄지어 나오며 활발하게 움직이면서 일본 침략 세력에 대항하는 민족의식이 전개되기도 했다. 하지만 그 운동 주체가 중산층 이상의 여성들이었으므로 그것이 곧바로 사회해방으로 연결되지는 않았다. 또한 1933년 "교회는 결코 사회문제, 노동문제, 평화문제, 국제문제를 논하는 곳이 아니외다."라고 말하며 민족운동과는 선을 그었다. 이런 상황에서, 사회주의 계열의 민족주의자들은 이 문제에 대해 기독교를 비판했다. 당시 기독교 기관에서는 "일체의 유물 교육, 유물 사상, 계급적 투쟁, 혁명 수단에 의한 사회개조와 반동적 탄압에 반대"를 표명하였다. 당시 기독교 입장에서 말한 '탄압'이라는 표현이 적절하지는 않으나, 일종의 갈등을 암시했다. 그런데 이 갈등의 처음은 당시 사회운동을 두고 한국 기독교와 사회주의자들 간의 갈등의 문제가 아니었다. 일제와 민족사회주의자의 갈등이었는데 그 사이에 친정부적 기독교가 개입되면서 한국 기독교와 민족사회주의자들 간의 갈등이 되었던 것이다. 사건의 시초는 다음과 같다. 일본의 식민지 수탈 과정 속에서 농업 생산물 수탈과 과중한 노동 부과로 수많은 소작쟁의와 노동쟁의가 일어났는데, 이때 일제는 이 사건들을 모두 공산주의자들의 책임으로 돌렸다. 그리고, 일제는 기독교 단체들과 친일 단체인 '조선반공협회'를 만들어 모든 촌락, 공장, 기업 단위로 조직하여 두고, 종교 단체들로 하여금 반공적 세포까지 만들라는 지시를 내렸다. 기독교 단체들로 하여금 공산주의를 배격하게 하는 정책을 사용한 것이다. 그 결과 반공은 친일과 맥을 같이하게 되고, 좌익은 항일이라는 단어와 동일한 뜻으로 쓰일 정도가 되었다.[16] 1930년대 후반부터는 민족말살정책의 일환으로 신사참배를 기독교에 강요하였는데, 1938년 교회들은 이를 받아들이기로 결정했다.[17]

둘째, 정치적 면에서 볼 때 한국 기독교는 1945년 8월 15일 해방 이후 소극적이나마 정치적 주권을 사용할 수 있게 되었다. 그러나 한국 기독교는 해방 이후에도 사실상 서구 기독교의 정책에 예속된 상태였다. 미군 임시정부, 초기 이승만 정권, 군부독재를 거치면서 겉으로는 정교분리 정책을 표방하고 안으로는 정치권력을 정당화하는 일을 해 온 측면이 있다. 때로는 군부독재에 항거했으나 때로는 '정교분리 원칙'에 의해서 군부독재를 묵인하면서 세력 유지를 위해 타협해 왔다는 것이다. 이처럼 한국 기독교가 서구 기독교 정책에 부응하는 것이 기독교 진리를 위해서가 아니라는 사실을 모르지 않았을 것이다. 그렇다면, 그것은 무엇을 위한 것이었을까? 이미 이승만 정권 설립 이전부터 반공주의는 친일로부터 다시 친미로 전향하였다. 비민주적 정권을 비호하면서 기독교적 자유 수호에만 관심이 있었다는 것이다. 그러나 1970년대 와서는 비로소 유신 정권과 군부 폭정에 항거하며 기독교가 새로운 면모를 가지고 사회문제에 관심을 가지며 인권에 대해 복음의 정신을 구현하고자 한 노력이 발견되기도 했다. 그럼에도 불구하고, 다수의 한국 기독교는 공산주의와 북한 침략의 공포를 공공의 적으로 삼아 정치적 세력에 순응함으로써 민주주의에 의한 인간의 존엄성과 인간 평등권을 정치적인 일로 외면하고 종교의 개인화, 내면화, 초월적 성격으로 기울었던 것이다. 이처럼 "한국 교회는 통일을 향한 신앙과 신학보다는 분단을 영구화해 나가는 신앙과 분단신학을 지원해 가는 과오를 범하기 시작했다."[18]

셋째, 실존적 측면에서 보면 한국 기독교는 그 민족적 주체성을 간과한 결과, 한국 교회가 한국 사회와 민족에 이바지한 공헌점들마저 희석시키고, 한국 사회가 나아가야 할 길을 제시하는 예언자적 기능을 담당할 자리를 잃고 말았다고 할 수 있다. 한 세기 넘게 한반도 안에서 종교의 역할을 담당한 기독교가 자기 정체성을 확립하지 못했다. 한국 기독교는 한국에서 있었던 기독교이지만, 한국적인 정체성을 가진 신학적 기반이 없었다. 한국의 문제를 자신의 문제로 삼아 고민한 노력이 희미하고, 폐쇄적이고 반지성적인 신학 교육으로 더욱 경직되었다.[19]

그러므로 통일신학은 다음과 같이 말한다. "한국 기독교는 서양으로부터 물려받은 분단 이데올로기를 버려야 한다." 한국에 처음 들어올 때부터 '복음은 서양 문화의 담보물'로서 서양 자본주의 문화에 둘러싸여 이 땅에 들어왔다. 그러나 '하나님의 복음'은 서양 문화와 동일시될 수 없으며, 그것으로부터 '복음' 자체를 추출해 내야 하고, 서양 제국주의와 식민지에서 벗어나 새로운 문화를 창출해야 한다고 통일신학은 주장한다. 여기서 '서양'이란 복음과 더불어 서양 식민지정책을 가져와 민족 분단을 초래했고, 분단 체제를 유지하려 하는 서양 식민지 · 신식민지 문화를 말한다. 그들은 한반도의 "분단을 확고히 하고, 안 되면 전쟁을 불사하는 전초적 기지"로 한반도를 여겨 왔다.[20] 그런데 한국에서 기독교는 민족 공동체적 정체성을 몰이해, 망각하고 미국을 비롯한 서구 열강에서 들어온 복음을 '초월성'에서만 이해하여서, 그것을 가장하여 침략한 경제권, 군사권, 외교권에 대한 침탈을 의식하지 못했다. 오히려 기독교는 한국 전래부터 서양 침략 세력에 동조하여 경제적 이권 침탈에 앞장서고, 6.25전쟁 이후 분단을 당연시했으며, 그 분단 체제를 자유 수호라고 하는 반공 이데올로기로 정당화했다는 것이다.

박순경은 이런 서양 기독교의 전래 과정을 비롯해 조선 말기 선교사들의 친일 정책, 식민지 동조 정책, 정교분리 정책을 비판했다. 또한, 휴전 이후 반공 이데올로기를 복음에 장착하여 마치 '복음 = 서구 자본과 자유주의 문명'으로 동일시하며 이를 추종한 한국 기독교를 고발했다. 통일신학의 이런 시각의 근거에는 기독교 복음이 있고, 그 복음이란 '하나님 복음의 초월성'에 있다고 말한다. 이런 현상은 아이로니컬하게도, 조선 말기 한국 교회의 교인들이 서양이 전해 준 '복음'에 기대어 정치와 이권과 배타적 민족성을 초탈할 것으로 알았던 그 초월성이었다. 그러나 박순경은, 이 '초월성'을 놓고 다음과 같이 말했다. "이 초월성이란, 현실도피나 추상적인 피안성이나 추상적 영적 구원을 말하는 것이 아니다." 이 통일신학자가 말하는 진정한 초월성은 다음과 같다. "복음의 초월성은 주어진 현실의 문제 상황을 초극하고 새 역사를 창출하는 정신적 자유와 능력을 우리에게 열어 준다."[21]

따라서 비록 우리 민족의 분단 상황은 19세기 냉전시대의 산물이고 기독교는 서양 이데올로기를 부양하는 결과를 가져왔으나, 이제부터라도 '통일'에 참여하는 일은 매우 중요한 것이라고 박순경은 통일신학과 더불어 이를 촉구했다. 민족과 민중, 시민이 모두 기독교적 복음을 알고 모든 억압 관계로부터 해방되는 일에서 교회는 이 일을 성취 '해야 하고', 적극적으로 활동 '할 수 있다'는 것이다. 통일신학은 이와 같이 '통일'이라는 민족 공동의 큰 목표를 설정하고 그것을 향해 갈 때 그것이 주는 의의를 인식하고 있다. 따라서 '통일'의 지향성이 주는 작용을 요약하면 다음과 같다. 첫째, 통일은 민족이 미국과 일본과 같은 열강과 세계 지배적 세력으로부터 벗어나야 할 것을 인지시키고, 그것을 통해 민족의 자주성과 주체성을 실현하게 한다. 둘째, 통일은 불평등한 사회경제적 구조를 벗어나 모든 사람이 평등한 생존권을 확인할 수 있게 한다. 셋째, 통일은 위의 두 문제를 안고 갈 때, 흡수 통일이 아닌 통일 논의를 거치는 것과 세계 변혁의 필요성을 알게 한다.[22]

2. 통일신학과 '주체사상'과의 대화

박순경의 통일신학에서 두드러지는 특징 하나는 '주체사상'과 대화했다는 점이다. 그 대화 사건으로 인해 박순경은 국가보안법으로 구속되는 고난을 겪고, 교계 학계를 비롯한 많은 학자들과 인물들이 통일신학을 변호해야 하는 입장에 놓이게 되었다. 우선, 그 사건의 측면을 잠시 다루면 다음과 같다.

1990년 초 남북한이 함께 연방제 통일에 대해 선언하고 서로 교류할 즈음, 한국과 미국과 일본에서는 민간 차원에서 '북한 선교와 민족 통일'에 대한 논의가 활발해지고 있었다. 1991년 5월 28일부터 30일까지 북미주에서 열린 기독자협의회에서는 주체사상연구소 소장인 박승덕(북한 측)이 북한의 주체사상이 가지는 민족적, 자주적, 역사적 정신에 대해 강연하면서 공산주의와 주체사상의 차이점을 부각시키고, 이 사상들이 가지는 면이 기독교 사상과 대화할 수 있다고 강조한 일이 있었다. 그는 이 주체사상이 가지는 인간 사랑, 사회정의, 애국애족, 집단 항구성에 대해 설명하면서, 한민족 공동체를 위한 기독교적 주체 정신과의 대화 가능성을 논의하였다. 가톨릭 역시 주체사상과 기독교와의 대화에 참여하였고, 많은 지성인들과 철학자들이 다양한 대화를 나누었다. 이렇게 북한의 주체사상에 대한 자기 설명과 다양한 대화가 오가는 분위기에서, 박순경은 '이 계기를 통해 한국 기독교와 북한 기독교의 대화 물꼬를 트자'는 생각을 하고, 그 주체사상 강연에 대한 자신의 신학적 입장을 동경 강연에서 하게 되었다. 북한의 주체사상을 남한이 듣고 이해하여야 하며, 향후 남북한 공히 새롭게 자주성을 확립해 갈 때에 이 부분이 반드시 필요하다고 본 것이다. '그 과정을 통해 서로 알아야 하며, 후에 정부나 남한에서 그 주제를 원용할 수도 있을 것'으로 보고 신학적 입장에서 대화를 시도하였다.

"이때 선교의 주체는 한민족이다. 그러나 이 선교는 하나님의 선교이니, 한민족 전체가 그의 복음을 새롭게 들어야 하며, 북한이 피선교지라면 남한도 피선교지요, 하나님의 선교에 상응하는 한민족 스스로의 선교이다."(182쪽) 그러면서, 통일신학이 가진 대화의 성격, 첫 번째 '나에 대한 인식' 즉 한국 기독교의 현실을 다음과 같이 언급하였다. "북한의 무신론은 극복되어야 하지만, 자본주의의 물신상(物神像)이라는 우상 또한 극복되어야 한다."고 날카롭게 지적했다.

"남한의 기독교가 서양 문화와 자본주의 정신으로부터 해방되는 과정에서, 북한 기독교인들과 더불어 북한의 반기독교적 무신론을 극복하게 될 것이다. 남한에서는 서양 자본주의 문명에 복음의 초월성이 매몰되어 왔고, 북한에서는 복음의 초월성이 권력 구조에 예속되어" 있었으므로, 남북한 모두 한반도라는 분단 상황과 정치체제로부터 자유롭지 못했다고 말했다. 이는 남북이 모두 복음에 의해 해방되어야 함을 강조한 것이다. "복음은 공산당을 초월하며, 이것과 동화될 수 없다. 그러나 평등한 인류와 자유의 왕국에 대한 공산주의적 비전은 성서적 종말론의 변형으로서, 어쩌면 쌍둥이로서 재해석될 필요가 있다."고 하여 주체사상과 기독교가 대화할 수 있는 가능성을 열고자 하였다.

이처럼 박순경은 기독교 신앙과 신학이 주체사상에 접근함으로써 주체사상은 상대화되고 가변적 성격을 가지게 되며 기독교 신앙에 대하여 열려

지게 될 것을 기대하였다. 그러고 나서, 주체사상의 세 가지 개념을 분석하고, 이를 자신의 동경 강연에서 언급하였다. 세 가지 개념이란 '수령론, 인간 개조론, 집단영생론'을 말하는데, 이들은 모두 민족 자주성과 주체성이라는 기반 위에서 읽혀지고 있으며, 소개된 내용은 다시 자신의 신학적 틀에서 재해석된 주체사상을 일컫는다.

주체사상에 대한 박순경의 해석을 정리해 보면, 다음과 같다.

우선, 박순경은 전체 주체사상의 기본적 틀을 민족의 주체성에 놓고 보았다. 그리고 북한 역사에서 주체성이 '주체사상'으로 어떻게 나타났는지 보고자 했다. 그러나 더 큰 남북의 대화를 위한, 종교적 측면의 '주체사상'과의 대화라는 면에서 이 주체사상이 북한에서 한 역할을 이해하고자 했다. 그리고 신학적 입장에서 다음과 같이 보았다. 하나님의 심판이 지배자 강대국들에 대한 약소 피억압자들의 해방과 자유에 편든다는 측면에서, 북한 사회가 그 주체성을 강조한 점을 상대적으로 긍정했다. 그리고 다음과 같은 세 주제를 이에 연결하여 다루었다.

첫째, 수령론에 대하여—민족의 자주성을 대변하는 주체사상과의 대화는 더이상 피할 수 있는 논제가 아님을 상기했다. 그리고 수령론은 북한 사회에 나타나는 독특한 주석의 독재 형태이며 독단적인 정권 체제의 구심점인데, 이 수령의 자리라는 것은 상대적인 것이므로 자력 갱생의 조직 운영상 수령이 강조된 것임을 파악해야 한다는 것이다.[23] 여기서, 남한 역시 반공 논리의 독단에 빠져 있다는 점을 비판하고, 궁극적으로 볼 때 역사의 주체와 수령의 자리는 하나님이라는 사실을 다시 신학적 입장에서 강조했다. 또한 기독교에서 북한 주체사상의 수령론을 비판하는 것에 대해 언급했다. 강연을 듣고 있던 목사들이 북한의 존재와 자리를 절대적으로 부정하는 것에 대해 경직화된 오류를 수정할 필요가 있었으며, 기독교 이론으로는 수령을 우상으로 부정하지만, 북한 선교라는 면에서 보았을 때 수령의 자리를 인정하지 않으면 안 되며, 수령론에 관해 대화하고 토론함으로써 상대적인 변화가 가능하다고 여겼기 때문이라고 말했다. 따라서 '수령'의 자리를 교황의 자리처럼 조직에 구속력을 제공하는 것으로 보고 이러한 이념적 구축의 의도에는 민족의 자주적 생존권이 기반한다고 보며, 이 문제를 놓고 다원적인 대화가 오고갈 때, 수령론 역시 상대화의 과정을 거치게 될 것이라 보았다.[24]

둘째, 집단영생론에 대하여—공산주의 혁명의 최종적 목적은 공산사회의 실현인데, "주체사상이 말하는 바 '집단의 영생'은 민족에 뿌리박고 있으면서 민족 공동체의 이상을 가리키며" 민족의 항구성, 자주성을 강조했다. 그러나 박순경은 이때 영생 주체는 수령이 아닌 민중일 수밖에 없으며, 신학에서 볼 때는 영생의 주체가 궁극적으로 하나님이라는 사실을 강조한다. 하나님의 도래 없이는 새로운 사회로의 변혁도 불가능하고 평화와 정의의 영원한 공동체가 성취될 수 없다는 것이다. 그럼에도 불구하고, 북한의 주체사상이 가지고 있는 집단의 영생이라는 의미가 무엇인지, 또 그 의의가 무엇인지 다시 짚어 보았다. '집단의 영생'이라는 것은 민족 주체적인 항구성을 지향하고 있다는 것을 인정해 주어야 하며, 그러한 역사로부터의 변혁 없이는 어떤 초월적 사상과 신앙도 추상성에만 머물러 있게 된다는 사실을 곱씹어본 것이다. 이런 면에서 교회의 사역은 '하나님 나라의 혁명'과 주체사상에 다리를 놓고서, 참된 민족 화해를 가능하게 할 수 있다고 보았다.[25]

셋째, 인간개조론에 대하여—새로운 사회를 위한 인간성 혁명을 의미하는데, 이 점에서 기독교 역시 인간성의 혁명과 질적으로 변화되는 '새 사람'이 등장하고 이는 '그리스도다'라고 설명했다. '새 창조, 부활, 하나님을 닮은 사람'의 인간성을 언급하려 했다.

이와 같이 박순경은 북한의 주체사상 '혁명의 원리'를 기독교 '하나님의 혁명'으로 해석하고 이에 의하여 설명하였다. 그 자신이 "신학은 그 궁극적, 신적인 것을 증언하기 위한 해설 작업"이라고 여기고 있기 때문이었다. '동시에 획기적인 인류 물질문명에 대한 사회 관계적 정리를 수용하여 정의로운 사회를 실현하도록' 하려던 주체사상과 더불어 보고 이야기하려고 했던 것이다. 그 목적은 어디까지나, '하나님의 새 나라, 새 땅, 새 사람'이 되는 것에 있으므로 그 목적에 대한 이야기를 주체사상의 틀에 넣어 그 대화의 형식과 내용을 통해 교류해 보고자 했던 것이다.

그러므로 통일신학은 다음과 같이 말한다. 대화를 통해 상대의 이야기를 듣는 것도 중요한 일이지만, 때로 그것에 대해 반론을 제기하며 서로의 차이를 확인하는 대화도 중요한 일이다. 무엇보다 이러한 대화를 통해 자신을 갱신하고 변혁, 변화시키는 것이 진정한 주체를 형성해 가는 과정이 된다는 것을 보여준다. 이제까지 신학 '주체'의 문제를 놓고 수많은 '탈서구 신학'이 주창되었고, 우리 역시 '한국적 신학'과 '대안적 신학'에 대해 많은 시도를 해 왔다. 그러나 사실상 서구 열강에 의해 분단 상황이 확정된 한반도에서 기독교는 신학의 주체로서 자신을 인식하지 못했다. 한반도에서 시작된 기독교 자체가 서구 선교사들에 의해, 그들의 활동과 성향에 의해 주도되어 왔기 때문이었다. 한국 기독교의 정체성은 끊임없이 그 초기 전래부터 서양 제국주의와 일본 식민지, 미군 임정, 군사정권에 의해 영향을 받고, 반공주의 이데올로기와 자본주의 이념에 의해 그 세력이 형성되었다는 비판을 받아 왔다. 이에 박순경은 통일신학이라는 역사 실존적, 종말론적 시각의 틀을 통해 한국 신학의 과거부터 현재까지의 과오들을 반성하고 성찰하려 했다. 그렇게 함으로써, 한국 기독교가 앞으로 쟁취할 미래에 대해서 떳떳할 수 있다고 본 것이다. 이제 다시, 우리 시대 우리 신학이 한민족이라는 공동체에 책임성을 가지되, 폐쇄적이지 않으며 평화의 대안을 마련하는 '민족'의 정체성을 가진 한국 기독교가 되기를 구상하고 있다.

또한 통일신학은 한국 기독교를 역사적 과거에 한정시키지 않는다. 과거의 오점투성이 역사에 대해서도 좌절하지 않는다. 그 이유는, 통일신학에서 궁극적 역사의 주인이 '하나님', '오시는 자'로 고백되는 것과 마찬가지로, 그 통일을 향한 한국 기독교의 과업이 인간의 계획에 한정되지는 않기 때문이라는 것이다. 다만, 앞으로 한국 기독교가 할 일은 미래지향적인 평화의 주체가 되는 것이며, 예언자적인 비판 의식을 놓지 않고서, 한국 사회와 주변 강대국을 일깨우는 일임을 역설한다. 이는, 분단 상황을 놓고 그것을 고착화시키고 전쟁을 기획하려는 세력을 폭로하고 설득하여 무장해제시키는 일이다. 이처럼 기독교 신학이 할 일은 현실에서 일어나는 악의 문제와 적극적으로 싸우며, 그 해답을 위한 메시지를 찾는 것이다. 지난 역사와 인간 사회를 볼 때, 하나님의 역사는 평화와 생명을 지키는 일, 그리고 악을 고발하여 돌이키는 일과 그 사건에 대하여 해석을 제공하는 일을 의미한다.

3. 통일 논의와 새로운 '주체'의 문제

이 장에서는, 앞에서 보았던 통일신학의 사회적 기능과 신학적 의의를 통해 새로운 통일신학의 '주체'는 누구이며, 어떤 양상으로 대화가 가능할 것인지에 대해 볼 것이다. 동시에, 통일신학이 해 왔던 역사적 정리 작업과 그 관점을 그대로 유지한 채로, 한 세대가 흐른 지금의 시점에서는 통일신학을 더 적극적으로 활용할 수 있는 방법을 찾아 그 조건들을 분석해 보고자 한다. 또한 우리 시대 통일신학이 작동되기 위해서 수정될 부분은 없는지, 통일신학이 말하는 '주체'는 어떤 '주체'로 확장되고 이해될 수 있는가에 대해서도 비판적으로 검토해 보고자 한다.

통일신학에서 몇 가지 비판점을 들 수 있는데, 이것은 통일신학의 활성화를 위한 보완과 수정, 시대적 적용 문제에 대한 제안이라는 차원에서 의미가 있다. 따라서 먼저 '주체'의 문제를 보고자 한다. 이 '주체' 문제는 지금 현재 우리 시점에서 더 넓게 보고, 이에 대한 논의를 진행할 필요가 있다. 박순경의 통일신학은 통일 운동 첫 세대가 그러하듯, 한민족의 역사와 한국 기독교의 반성적 역사를 정리하고 새로운 길로써 한민족의 평화를 위한 대화를 시도하였다는 데 의의가 크다. 그러나 한 세대가 흐른 지금, 그 통일신학의 업적을 이어서, 통일에 대한 신학적 논의를 확대시킬 때, 그 '주체'에 대한 논의가 본격적으로 실행되지 않으면 안 된다. 왜냐하면 통일 방식의 논의 자체가 변화하고 있기 때문이다. 예를 들어, 통일신학 이후 30여 년이 흘러서 이제 통일신학이 예언자적 시각으로 지적하던 바대로, 흡수 통일 주장의 효용성이 떨어졌고 더이상 사회적 공감을 이루지 못하게 되었다는 것이다. 30여 년 전 통일신학이 말했던 그것을 이제 우리 시대는 직접 보고 있다. 통일신학이 주장하고 구약 예언자들이 충고하던 바, 즉 인간의 존엄성과 평등이 실재적으로 실행되어야 한다는 신적 권고가 한반도 상황에서 더 넓고 두터운 이해 층을 이루며 사회 안에서 확충되어 갈 것에 대한 기대가 생길 수 있다. 이때 한반도 분단 상황 안에서 인간의 삶을 변화시키는 데 참여하는 각각의 '주체'들이 수없이 다양하게 세워지는 일, 그리고 각 개체들이 연합하게 하는 일, 그러한 평화적이고 민주적인 사회구조가 틀로서 정착되도록 교육하는 일이 요구된다. 이는 '통일'에 대해서는 '하나'가 되어야 한다는 무조건적 당위보다는 한반도의 평화와 미래의 한민족이 이룰 평화적 공동체에 대한 목표를 제시하는 것이 더 설득력을 가지기 때문이며, 앞으로 그러한 사고를 가진 세대가 통일을 만들어 갈 주체가 될 것이기 때문이다. 또한 전에는 통일의 방식을 놓고 정부 주도의 통일만이 '언급 가능'했던 때도 있었다. 정부마다 그중심의 경제정책과 의견 개진은 물론, 언급 범위까지 통제하고 이를 통합하고자 수렴시켰지만, 이제는 정부를 주축으로 하면서도 통일을 위한 다자간 대화가 다양하게 민간 차원에서 개선될 것이므로 지금은 그것도 준비해야 할 것이다. 이제 주체는, 다양해지는 시민 주체가 될 수도 있고, 노동 주체가 될 수도 있으며, 여성 주체가 될 수도 있고, 민중 주체가 될 수도 있을 것이다. 구조화된 불평등의 문제와 사회정의 문제가 심각해져 가는 지금, 통일을 준비하고 통일에 참여하는 주체는 소수의 경제자본가가 아니라, 이제껏 정치권력에서 배제되었던 다수의 시민, 민중, 노동자, 여성이어야 한다. 그래야만 그 현장 속에서 자신들의 몫을 받아 목소리를 낼 수 있으며, 이들을 위한 평등한 사회가 '통일' 안에서 구체화될 수 있을 것이다. 여성들 역시, 민중과 민중을 위해 앞장서 나가는 활동성을 보이는 것으로 이제까지 모든 활동에서 희생되었던 몫을 찾아 자신의 목소리와 자리를 확보할 수 있게 될 것이다. 기독교 교회와 신학은 이러한 주체들 간의 협동과 통합을 통해민족적 자주성을 확립하도록 이들을 도와야 할 것이다.

우선, '주체'에 대한 새로운 접근이 필요하다. 이때 '주체'는 대화를 위한 신학에서 대화에 의한 신학의 자리로 옮겨 가야 하기 때문이다. '주체'는 더 이상 한국 기독교에 의해서나 교회에 의해서 주입되는 시각을 학습하지 않는다. 종교의 권위주의적 의식을 버려야 한다. 한국 기독교의 가부장적 우월 의식을 버려야 한다. 종교 스스로가 진리나 답을 가지고 있다는 태도로 문제들에 접근해서는 더이상 설득력이 없다. '주체' 의식을 가지도록, 개인이 주체적 자아가 되도록 고무시키고 교육해야 하며 그것에 의한 진정한 자유가 동인이 되도록 하는 것이 역사상 종교의 핵심을 이루는 일이었다는 점을 상기해야 한다. 이 '주체'에 대하여 다각적인 이해가 있어야만, 주체적인 활동력에서 나오는 자기 의식 - 자기 비판 - 자기 변화의 과정을 거쳐, 대화에 참여하는 주체가 생성될 수 있기 때문이다. 그렇게 될 때에만, 그 주체가 만들어 가는 것을 진정한 통일신학이라고 할 수 있다.

나가는 글

앞에서 문제로 제기 했듯이, 현재 한국 기독교는 신학과 교회가 분리되어 있고, 진보와 보수가 이분되어 있으며, 이론적 틀에 갇히고 세력화되어 있다. 또한 사회 안에서 종교적 특권이 있지만, 그것으로 사회에 기여하지 못한다. 기독교 밖으로 나와서 다른 종교들과 사회문제를 놓고 서로 대화 하거나 소통할 필요성을 느끼지 못하고 있다. 통일신학이 엄숙히 경고한 바대로 반공 기독교의 특성을 지니고 자본주의 문화를 추종하고 있으므로 그 문제에서 소외되고 불평등한 입장에 있는 민중과 시민의 호소를 듣지 못한다. 또한, 듣지 못하므로 그 때문에 개선책을 제시할 수 없다. 기존 틀에서 당위성을 제시하는 것으로부터는 능동적인 활동성도 복음에 의한 주체성도 나올 수 없다. 그러나 이제는 당위성을 스스로 요구하며 문제를 제기하는 대화 주체가 통일 문제를 제기하고 논의할 주체가 될 것이다. 통일의 주체는 다음 세대의 대화 주체에 의해 결정될 것이므로, 그때를 위해 준비해야 할 것으로 보인다. 정부 주도의 통일 논의에서부터 이제는 주체들 다자간의 논의가 될 수 있도록, 대화 노선을 단선에서 복선으로, 시민적 차원의 다양한 창구로 개선되도록 한국 기독교가 도와야 할 것이다.[26] 긴 역사를 볼 때, 민족 분단에 이바지한 한국 기독교로 기억되지 않으려면, 지금부터라도 한국 기독교의 정체성을 절대적 초월성에 근거시킬 것이 아니라 이 땅의 분단 상황에 놓고 시작하여야 하며, 여기서 발생한 사회의 악과 사회문제들에 대해 성서적 기준으로 인식하여, 그것에 대한 감수성과 해결력을 키워 가도록 교육해야 할 것이다.

다만, 여기서 주요한 문제는 주체, 즉 대화를 하는 주체는 누구인가? 누가 그 통일을 위한 대화, 통일에 대한 대화를 이어 나가고 그 대화를 다양한 주제로 풍요롭게 하며 그 폭을 넓혀 갈 것인가 하는 질문이 남겨질 것이다. 이 대화들을 통해서, 한국 기독교와 한국 사회는 더욱 성숙한 자기 주체성을 형성하며, 그것을 통해 대화의 깊이와 넓이를 확장시킬 수 있을 것이다. 그것을 위해서는 역사적 시각을 의식하고 지금 한국 기독교와 한국 사회는 무엇을 해야할 지, 무엇을 할 수 있을지에 대하여 진정성을 가지고 더욱 심각하게 고민해야 할 문제들과 마주해야 한다.

탈식민적 평화의 목소리*

— 3.1운동과 DMZ 생명세계가 제시하는 평화의
길과 '하나님의 선교'

이 성 호 / 명지전문대학 초빙교수, 연세대학교 연합신학대학원
겸임교수

* 본 논문은 필자 논문 「DMZ가 평화를 말할 수 있는가?」, 『대학과 선교』38(2018),
7-40쪽을 수정, 보완한 것임을 밝힌다.

들어가는 글

최근 한반도는 역사적으로 새로운 변화의 시기를 보내고 있다. 2018년 한 해 동안 역사적인 남북 및 북미정상회담이 성사되었다. 그 어느 때보다 남북 평화의 분위기가 형성되고, 북한이 체제안정을 보장받고 실제적인 비핵화를 이루어 정상 국가로 국제사회에 진입할 수 있을 것으로 기대된다. 그리고 2019년에 우리는 3.1운동 100주년을 맞이한다. 대한민국 헌법의 서두에 나와 있는 대로, 대한민국의은 "3.1운동으로 건립된 대한민국임시정부의 법통"을 따르는 국가이다. 헌법의 첫머리에서 3.1운동을 언급한 것만 보아도 3.1운동이 얼마나 중요한지 알 수 있다. 두 개의 국가적인 이벤트가 진행되고 있는 가운데 우리는 다음과 같이 물어볼 필요가 있다. 과연 3.1운동을 기념하는 것과 남북 평화를 이루어 가는 것은 전혀 별개의 일인가?

필자는 본 논문을 통해 이 두 가지 국가적 이벤트를 별개의 사건이 아니라 '탈식민적 평화 만들기'라는 관점에서 연결되고 연동되어야 하는 사건들로 보고자 한다. 기본적인 인식은 다음과 같다. 3.1운동에서 민초들은 단순히 일제 치하로부터 민족 독립만을 외친 것이 아니다. 그들은 아시아와 한반도의 평화라는 비전을 제시하였다. 그러나 3.1운동이 품은 이러한 대의(大義)와 달리 이후 역사는 순탄하지 않았다. 3.1운동은 철저히 핍박받았고 독립은 바로 성취되지 않았다. 이후 수십 년간 수많은 의로운 자들이 독립하기위해 목숨을 걸고 국내와 국외에서 투쟁하였다. 하지만 1945년 제2차 세계대전에서 일본군이 연합군에 패배하여 해방되었음에도 불구하고 자주 독립의 염원과 달리 소련과 미국의 전략적 합의로 한반도는 38선으로 나뉘어 남과 북은 그들에 의해 신탁통치를 받게 되었다. 일본 제국으로부터는 자유를 얻었지만, 진정한 의미에서 한반도와 한민족 전체를 아우르는 자율적이고 독립적인 정부를 가지지 못한 것이다. 이후 한반도는 냉전 체제 안으로 편입되어 버렸고, 새로운 제국으로 등장한 미국과 소련, 그리고 그 두 냉전 제국을 대리한 남한과 북한 사이에 벌어진 이념 대결은 한국전쟁이라는 민족의 비극으로 이어졌다. 그리고 한반도 전체를 쑥대밭으로 만들어 놓은 한국전쟁은 1953년의 정전협정 이후 현재까지 휴전의 상태로 남아 있다. 아무리 오늘날 한국 사회가 최첨단으로 발전해 왔다고 해도 공식적으로 전쟁이 종료된 것이 아니기 때문에 한반도 및 한국 사회가 진정한 평화의 상황에 놓여져 있다고 말할 수 없다. 따라서 3.1정신이 추구한 세계 및 아시아의 평화라는 높은 뜻은 미완의 상태이다. 이러한 맥락에서 3.1운동과 남북 평화는 두 가지 점에서 연관된다. 하나는 양자 모두 평화를 추구하며 평화라는 가치를 꼭 필요로 한다. 그런데 또 다른 공통점을 찾을 수 있는데 3.1운동이나 남북 평화 모두 탈식민주의 관점에서 해석될 수 있다는 부분이다.

이러한 기본적인 역사 인식을 바탕으로 본 논문은 남북 간 평화를 구축하는 일이 3.1운동의 비전을 실현하는 일이라는 전제에서 출발한다. 남한과 북한 사이에 항구적인 평화를 세워 가는 일이야말로 3.1운동 100주년을 앞둔 시점에서 사상적, 실천적 함의를 가질 수 있다. 특별히 본 논문은 이러한 과제를 성취할 수 있는지를 가늠해 볼 수 있는 특별한 장소에 주목한다. 그 장소는 바로 DMZ(Demilitarized Zone)이다. 왜 하필이면 DMZ인가? 여기에는 두 가지 이유가 있다. 첫 번째 이유는 DMZ가 분단과 전쟁의 상징이고 인간이 표출하는 제국주의적 욕망의 상징이기 때문이다. 두 번째 이유는 이 DMZ 공간 안에 한민족이 일제 치하 식민지와 냉전 및 세계경제체제라는 신식민지 상황에서 고통당해 온 역사가 담겨 있기 때문이다. 분단으로 인해 역설적으로 인간의 손길이 닿지 않았던 DMZ 지역의 생태계는 놀라운 회복과 다양성을 보여준다. 본 논문은 그러한 DMZ 생태계가 분단, 전쟁, 식민주의라는 파괴적 상징체계를 해체시킬 상상력을 우리에게 제공한다고 주장한다.

특히, 본 논문은 탈식민주의자 가야트리 스피박의 방법을 통해 한국 사회와 생명세계의 하위주체들이 신식민주의적 억압아래 목소리를 빼앗겨 온 상황을 탐구한다. 그러나 우리는 3.1운동에서 정한 평화를 향한 하위주체들의 진정한 목소리를 발견할 수 있으며, DMZ 생명체들[1]이 내는 목소리를 통해 탈식민지적 평화의 길을 상상해 볼 수 있다고 주장하고자 한다. 이에 대한 선교신학적 반성을 통해, 본 논문은 탈식민주의 관점에서 하나님의 선교 개념을 재구성하고, DMZ 생명세계를 지켜 내는 일이 3.1운동의 평화정신을 회복, 재현하는 길이며 더 나아가 남북이 평화롭게 공존하는 세상으로 가기 위한 기독교의 선교적 사명이자 기독교가 남북 평화 구축에 공헌할 수 있는 부분이라고 주장할 것이다. 마지막으로 생태와 평화를 함께 고려하고 조화를 이루어 가려는 영성과 삶이 3.1운동의 정신에 부합하며 남북이 함께 만들어 갈 새로운 탈식민적 사회의 기초적 패러다임을 구성하게 되기를 희망한다.

1. 탈식민주의 방법들

1) 탈식민주의와 탈식민주의자

탈식민주의란 무엇인가? 국내 탈식민주의 비평가이자 영문학자인 박종성과 핀란드의 비평가이자 문화이론가인 스티븐 모튼의 정의를 결합하면 다음과 같이 말할 수 있다. "탈식민주의란 억압과 착취를 낳는 지배 이데올로기를 해체 혹은 전복"[2]시키려는 목적 아래에 "문학, 문화 해석, 사유방식에 온존하는 식민주의 유산에 도전"[3]하는 비평 방법이다. 근대 시대에 서구 열강은 과학기술과 선진문명을 전 세계에 전파한다는 미명아래에 유럽을 제외한 전 세계의 거의 대부분 지역을 식민지화하였다. 이러한 식민지 시대를 거치면서 피지배 민족과 피지배 국가의 국민들은 정치적으로 억압을, 경제적으로 수탈과 착취를 당하고, 문화적으로는—심지어 생물학적으로—서구인들에 비해 열등한 존재로 취급받았다. 20세기에 들어와 제1차, 2차 세계대전의 격동을 겪은 후에 식민국가 대부분은 독립하여 형식적, 법적으로 식민지라는 멍에를 벗게 되었다. 하지만 문제는 식민지 당시의 전 분야에 걸친 예속적 상태가 독립 이후에도 지속되었다는 것이다. 탈식민지주의는 바로 이런 현상에 주목한다. 그래서 박종성은 post-colonialism에서 'post'에는 '~이후'와 '~를 극복하는'이라는 양가적 의미가 포함되어 있다고 지적한다.[4] 식민지 시대 이후에도 식민지의 잔재, 즉 식민주의가 남아 있다는 의미이면서 그 잔재를 진정으로 청산하는 것이 탈식민주의임을 드러낸 것이다.

탈식민주의의 대표 주자 중 한 명인 에드워드 사이드는 오리엔탈리즘을 '유럽인들의 머릿속에서 조작된 것'이며 '인식론적 폭력'으로 규정한다.[5] 식민 지배자는 지배자로서의 우월적 지위를 확보하고 '권위와 통치를 정당화하기 위해' 피지배자를 끊임없이 열등한 타자로 만들어 왔다.[6] 오리엔탈리즘의 경우 동양인에 대한 상투적이고 고정된 이미지를 만드는 재현을 통해 서양과 동양을 분리하여 서양의 우월적 지위와 정치, 경제, 문화적 권력을 확보하는 식민주의적 이데올로기로 해석된다.[7] 사이드와 더불어 호미바바도 중요한 탈식민주의 학자이다. 다만, 사이드와 달리, "바바는 정치적 해방, 경제적 약탈, 정의 실현 등에 대해 고민하고 언급하기보다는 문화적 차이에 대해 언급하길 선호"한다.[8] 바바의 강점은 "피지배와 지배의 이분법적 구분을 넘어서 제3의 공간을 설정하는 것"으로 바바는 소위 "사이속(in-between)" 공간 개념을 통해 지배자와 피지배자라는 분리된 이항대립의 관계로만 볼 수 없음을 주장한다. 오히려 양가성(ambivalence), 잡종성(hybridity), 흉내내기(mimicry)와 같은 유용한 개념들을 통해 식민 시대 및 탈식민 시대의 공간에 있는 자들 사이에 얽힌 복잡한 관계를 설명해 낸다. 지배자는 피지배자를 향한 지배 욕망과 두려움이라는 양가적 감정을 동시에 가질 정도로, 지배자라는 일반적인 표상과 달리 불안한 정체성을 가진다. 피지배자 역시 식민지 세계의 문화적 코드에 노출되어 잡종적 정체성을 가지게 된다. 그러나 피지배층은 지배층을 의도적으로 모방함으로써 지배 권력에 저항할 수 있다고 바바는 분석한다.[9] 하지만, 본 논문이 주목하는 탈식민주의 학자는 가야트리 스피박이다. 왜냐하면 스피박은 탈식민주의 시대에서 여성과 같은 하위주체가 자신의 고통의 소리조차 들릴 수 없을 정도로 이중으로 고통당하는 면모를 적나라하게 고발했으며, 이러한 그녀의 하위주체 연구가 본 논문의 주제인 DMZ 생명들의 상황과 목소리를 드러내는 데 방법론적 틀을 제공하기 때문이다.

2) 가야트리 스피박의 탈식민주의

스피박은 인도의 하위주체 연구(subaltern Studies) 그룹에 속한 역사학자들을 해체주의 철학을 활용하여 비판적으로 계승 발전시킨 학자로서 인도의 엘리트 부르주아적 민족 독립 상황을 계급론과 젠더 이론을 가지고 수정하는 시도를 한다.[10] 여기서 하위주체(the subaltern)는 누구인가? 본래 이 단어는 영국 군대의 하급 장교를 의미한다. 하지만 안토니오 그람시가 옥중에 있으면서 "패권을 장악하지 못한 집단이나 계급"의 의미로 서발턴을 사용한 것이 인도의 좌파 역사가들과 스피박으로 하여금 하위주체 연구를 하도록 결정적 역할을 하였다. 하위주체는 "하나의 집단의식, 정치사회적 의식 부재, 그래서 국가의 지배적 사상, 문화, 통솔력에 영향받기 쉬운 집단"으로 정의되는데, 인도의 하위주체 연구 역사학자들은 인도 사회의 시골 농민, 노동자, 불가촉천민 등을 하위주체의 사례로 든다.[11] 스피박에게도 하위주체(서발턴)는 유용한 단어이다. 왜냐하면 "여성과 피식민지인 같은 '엄격한 계급 분석'의 환원적인 용어로 분류되지 않는, 사회적 정체성과 투쟁들을 수용할 수 있을 만큼 유연"하기 때문이다.[12] '피식민지인'과 같은 용어만 놓고 보아도 그렇다. 같은 피식민지인이라고 할지라도 사회적 계급이나 정치적 입장에 따라 전혀 다를 수 있다. 식민지 지배 국가에 협조하는 자나 식민지 경제에서 이득을 취하여 상위 계층에 속한 자는 식민 지배에서 실질적으로 고통을 당하는 사람들, 즉 하위주체와 질적 격차가 크다.

그런데 역사를 강자의 시각이 아닌 하위주체의 시각에서 서술하려고 노력한 하위주체 연구 역사학자들의 공로를 인정하면서도, 스피박은 그들이 인도 내 다양하고 복잡한 하위주체의 투쟁 역사를 고전적 마르크스주의의 기계적이고 경직된 시각으로 환원시키는 점을 비판한다. 스피박에 따르면 기존의 하위주체 연구자들은 "전후 여성들의 삶과 투쟁을 간과했으며 남성 서발턴 주체를 변화의 제1동인으로 특권화"하는 오류를 저질렀다.[13]

　하지만 스피박이 가장 많은 논란을 불러일으킨 점은 "하위주체가 자기 운명을 스스로 통제하는 주권을 가진 정치 주체"라는 기존 하위주체 연구자들의 시각에 반대했다는 것이다. 이에 대한 생각을 스피박의 가장 유명한 논문 「Can the subaltern speak?」에서 만날 수 있다. 스피박은 식민지의 하위주체들이 "지식과 문명의 성장이라는 인식론적 폭력" 아래서 "제국주의적 주체-구성"을 당한다. 이러한 맥락에서 스피박은 "하위주체로서의 여성들은 항상 침묵할 것"이라 주장한다.[14] 스피박은 이에 대한 인도의 식민지 역사에서 구체적인 사례를 찾아낸다. 인도에는 죽은 남편을 따라 과부가 된 부인이 불붙은 장작더미에 올라가 희생하는 '사티(sati)'라는 종교적 관습이 있었다. 그런데 식민지 당시에 영국 정부는 '사티'가 힌두 사회의 "혐오스럽고 비인간적인 성격을 요약해 주는 관습"[15]이자 여성 차별적인 관습으로 규정하고 법으로 금지하였다. 스피박의 표현에 따르면 식민지배자는 이 관습을 금지함으로써 "황인 남성들로부터 황인 여성을 구하는 백인 남성"이 된다. 반면에, 이러한 금지를 비판하는 인도의 토착 문화 보호론자들은 "여성들이 사실상 죽기를 원한 것이다."라는 말로 과부의 희생을 낭만화, 이상화하여 가부장적 가치를 공고히 한다. 하지만 스피박은 이 양극단이 "여성들의 목소리와 의식에 대한 증언과 전혀 만나게 해 주지 못한다."고 평가한다.[16] 오히려 스피박은 리그베다 텍스트로 돌아가서, '사티' 의식에 참여한 하위주체의 잃어버린 목소리를 드러내고자 한다. 전통적으로 인도 종교는 자살을 금지했지만, 자살이 '진리-지식'이나 '거룩한 장소'로의 여행과 연관될 경우 자살이 아닌 거룩한 행위로서의 희생으로 간주되었다. 스피박은 '사티'를 이러한 관점에서 바라보게 되면, '사티'에 참여한 여성은 좋은 아내로서의 고귀함을 얻고자 하는 욕망을 통해 자유로운 행위를 한 것으로 이해될 수 있다고 주장한다. "이러한 죽음은 과부의 생실과 관련한 일반적 규범을 넘어서는, 과부 자신이 지닌 욕망의 예외적인 기표로 이해될 수 있게 된다."[17] 스피박은 하위주체로서의 여성의 목소리가 어떻게 억압되는지 한 문장으로 요약한다. "가부장제와 제국주의 사이에서 그리고 주체-구성과 객체-형성 사이에서, 여성 인물은 최초의 무(無)로 사라지는 것이 아니라 폭력적으로 이리 치이고 저리 치이는 상황 속으로 사라진다. 여기서 그녀는 전통과 근대화 사이에서 사로잡힌 '제 3세계 여성'이라는 잃어버린 형상이 된다."[18]

2. 목소리를 빼앗긴 하위계층으로서의 생태계

위에서 살펴본 대로 인도의 여성이 하위주체로서 식민지 지배 계층의 오리엔탈리즘과 전통적 가부장주의에 의해 이중으로 억눌렸던 현실을 스피박은 잘 드러냈다. 그렇다면, 스피박의 이러한 시각을 한국의 현실, 그것도 생태 현실에 어떻게 적용할 수 있을까? 이것이 가능하려면 우선 두 가지 논의해야 할 문제가 있다. 첫째는 하위주체의 범위이고, 둘째는 생태학과 탈식민주의의 연결고리이다. 그런데 생태학은 생태계의 인간 아닌 생명체들이 인간의 과도한 활동으로 인해 고통을 당하고 있다는 기본 인식을 가지고 있기 때문에[19] 생태학과 탈식민주의 사이의 연결 고리만 해결되면 첫 번째 문제도 해결될 것이다.

1) 신식민주의와 세계경제시스템

하위주체의 범위는 확장될 수 있을까? 모튼은 이미 스피박 안에서 하위주체의 범위가 확장될 가능성을 찾는다. 「시므루프의 라니」라는 에세이에서 스피박은 "여성까지를 포함하는 쪽으로 서발턴 개념을 확장하여, 계급에 근거한 기존 서발턴 개념의 정의를 복잡하게" 만들었다.[20] 또, 위에서 언급한 것처럼 스피박은 '하위주체'라는 용어가 특정계급에 국한되지 않는 유연성을 갖고 있기에 유용하다고 인정하고 있다. 그러므로 생태계의 생명들이 억압받는 존재들이라고 보여질 수 있다면, 생명체들 또한 하위주체로 간주될 수 있을 것이다.

사실, 식민지 시대에 식민 지배하에 있던 국가들은 독립하자마자 냉전체제라는 새로운 세계 질서를 만났다. 자신들을 지배하던 서구 열강은 1세계와 2세계로 나뉘어 이데올로기 대결을 벌였다. 과거의 피지배국가들 일부는 재편된 냉전 질서에 순응하여 한쪽 편에 서는 것을 택하였다. 또 다른 국가들은 냉전 질서에 독립적으로 대응하기 위해 제3세계 네트워크를 형성하기도 했다.

그러나 1980년대 말 소비에트 연합이 무너지고, 공산권이 개혁, 개방의 길을 걸으면서 글로벌화(혹은 지구화)의 거센 바람이 불기 시작했다. 제2세계의 해체로 인해 자유민주주의라는 이념과 체제가 승리했다고 많은 이들이 생각했다. 그러나 1990년대, 2000년대를 지나 현재까지를 결과적으로 놓고 보자면 실제로 승리한 것은 자본주의이다. 독일의 통일은 사실상 동독이 서독에로 흡수된 통일이라는 점이 굉장히 상징적인 사건이다. 자본과 다국적기업의 초국가적 네트워크, 노동시장의 개방과 노동의 유연성, 금융자본주의, 신자유주의적 경제 시스템, 비정규직 양산, 80대 20 혹은 99%에 대한

1%의 지배 등의 키워드들이 오늘의 현실을 지배한다. 제3세계 혹은 과거 식민 지배를 받던 국가들은 현재의 자본주의 체제에서 더욱 주변화되고 과거 지배자들에게 더욱 종속되고 있다.

이러한 자본의 전 지구적 지배와 권력화의 물결에 탈식민주의 이론들은 새로운 전기를 맞고 있다. 스피박도 이러한 '지구화' 현상을 강하게 비판한다. 그녀는 "현실 세계가 영국 식민지 공문서에서부터 미국 외교정책 문서, 전산화된 증권거래시장 보고서, 세계은행의 '제3세계' 차관 보고서에 이르는 텍스트들의 네트워크로 구성되는 방식을 검토한다." 또, 스피박은 과학 기술의 발전이 자본과 정보의 초국가적 순환을 가져온다는 낙관적 주장이 사실 가난과 억압의 현실에서 고통받고 있는 수많은 사람들의 현실을 무시하고 '제1세계' 국가들의 이익만 채우도록 조정되어 있다고 주장한다.[21]

이러한 국제 환경의 변화에 맞추어 일본의 비교문화학자 니시카와 나가오는 '신식민주의론'을 펼친다. 나가오는 글로벌화 시대의 새로운 식민지주의 특징은 한마디로, '식민지 없는 식민지주의'라고 말한다.[22] 그는 이 새로운 식민지주의의 특징을 다음과 같이 구체적으로 설명한다.

> 글로벌리제이션이 혹 제2의 식민지주의를 의미하는 것이라면 새로운 식민지는 어떠한 형태일까. 세계 주변부의 대부분을 차지하는 구식민지가 다시 착취의 대상이 될 것이라는 사실은 부정할 수 없다. 그러나 새로운 식민지주의는 특정한 영토를 정치적, 군사적으로 통치하는 것에 한정할 필요는 없다. 전쟁이 되풀이되었던 이민과 난민의 세기가 지나고 정보가 한순간에 세계의 구석구석까지 도달해 노동력의 이동이 일상적으로 이루어지는 지금, 식민지는 세계의 모든 곳, 구 종주국과 패권국의 내부에도 형성될 수 있기 때문이다. 새로운 식민지의 경계는 더이상 눈에 보이는 영

토나 국경이 아니라, 정치적 · 경제적인 구조 속에 자리 잡고 있다.[23]

나가오는 노르웨이의 평화연구가 요한 갈퉁의 『구조적 폭력과 평화』를 인용하면서 "과거 식민지주의의 형태는 점령이지만 현재 신식민주의의 형태는 '(국제)조직', 미래의 신식민주의의 형태는 '커뮤니케이션'"이라는 점과 식민 지배의 주역이 "국가가 아니라 자본"이라는 점을 지적한다.[24] 특별히, 나가오는 다국적기업이 모여 있는 글로벌시티 현상에 주목한다. 글로벌시티는 인류 역사상 최대의 노동인구 이동과 빈부 격차의 발생을 집약해서 보여주기 때문이다. 세계자본주의는 더이상 식민지라는 변경의 땅에 갈 필요가 없이 변경의 땅으로부터 노동자를 종주국의 중심부로 끌어들이며, 글로벌시티는 최대의 쾌락과 욕망이 충족되는 장소이면서 동시에 그 내부에는 극도의 빈곤을 안고 있기 때문에 최대의 빈부 격차가 존재하는 장소이기도 하다.[25]

이탈리아 출신의 맑스주의 사회학자 안토니오 네그리와 미국의 문학비평가이자 정치철학자는 마이클 하트는 이러한 세계자본주의 현상을 아예 제국주의와 구별하여 '제국'이라고 규정한다. "제국주의와 달리 제국은 결코 영토적인 권력 중심을 만들지 않고, 고정된 경계나 장벽들에 의지하지도 않는다. 제국은… 탈중심화하고 탈영토화하는 지배 장치이다. 제국은 명령 네트워크를 조율함으로써 잡종적 정체성, 유연한 위계, 그리고 다원적 교환을 관리한다."[26] 이렇게 포스트모던 사회에 적응하고 네트워크화된 제국의 권력은 과거의 제국주의 혹은 식민주의 권력과 달리 실체가 분명하게 드러나지 않기 때문에 여기에 저항하기도 쉽지 않다. 다만, 네그리와 하트는 제국을 지탱시키고 있는 대중(Multitude)이 '대항 제국을, 즉 전 지구적인 흐름과 교환에 대한 대안적인 정치조직을 자율적으로 구축'할 수 있는 대중의

창조적 힘에 희망을 걸고 있다.[27]

2) 탈식민지주의와 자연─탈식민적 생태비평의 등장

이와 같이 식민주의와 신식민주의로 이어지는 역사의 흐름 속에 자연은 어떻게 수용되었을까? 이 질문에 대한 탐구가 탈식민주의와 생태학의 연결고리를 찾게 해 줄 것이다. 사실 서구 열강이 앞다투어 전 세계를 식민화하던 시기는 근대과학이 발흥하여 발달하던 시기와 일치한다. 근대 시대의 과학자들과 철학자들은 자연 법칙을 기계적 원리로 이해했다. "세계는 기계 원리에 의해 작동되는 하나의 기계"라는 믿음은 근대인 세계관의 중요한 부분이었다.[28] 따라서 과학자들은 물론 근대인들에게 자연은 당연히 기계적 특성을 가진 대상이다. 기계는 만든 자의 의도된 설계에 따라 무한히 반복하여 일할 수 있는 인간을 위해 만들어진 도구이다. 이러한 점에서 자연은 인간 사회와 문명의 발전을 위해 무한히 자원을 제공하며 사용될 수 있는 도구적 대상이 되었다. 이는 캐롤린 머천트와 같은 생태주의자들에 의해 동일하게 지적되어 온 사항이다.[29] 자연에 대한 기계적 이해와 자연의 도구적 사용은 동시대에 진행되었던 식민주의와 부합한다. 단지 잘 어울리는 정도가 아니라 그러한 기계론적 자연 이해가 식민지 지배에 이론적 근거와 세계관을 제공했을 것이다.

이러한 맥락에서 21세기 들어 활발해진 탈식민적 생태학 (혹은 생태비평)[30]이라는 새로운 분야에 주목할 필요가 있다. 이유혁은 탈식민적 생태학의 주요 작업을 다음과 같이 요약한다. "제국주의 역사가 비인간적인 존재들─동물, 식물, 자연환경 등을 포함하여─에게 가한 것들에 주목하고 그동안 숨겨지거나 소외된… 식민의 역사에 대하여 다시 쓰기와 재평가를 시도한다."

[31] 그래이햄 허간과 헬렌 티핀과 같은 탈식민적 생태비평가들은 식민지에 정복자들이 정착할 때 많은 곡식, 가축 떼, 식물표본들을 가지고 오면서 식민지의 자연환경을 파괴시키거나 '자원을 무분별하게 착취'한 '생태학적 (혹은 환경) 제국주의' 현상을 지적한다.[32] 또, 탈식민적 생태학은 서구의 제국주의의 억압과 수탈로 인한 서구 지역과 비서구 지역의 정치, 경제적 불균형을 발견해온 탈식민지주의 방법을 활용하여 생태적 불균형을 발견하고 폭로한다.[33] 이러한 생태 파괴와 생태적 불균형은 앞에서 언급한 새로운 제국인 세계자본주의와 결합되었을 때 더욱 심화된다. 신정환은 세계화를 탈식민지적 생태비평의 관점에서 다음과 같이 분석한다.: "현재의 세계화는 식민주의의 이분법적 담론에 의해 인간 문화가 자연과 여성을 타자화하는 신식민주의 시스템이며, 그 메커니즘에 의해 가동되는 글로벌 경제는 지구 환경을 회복 불가능할 정도로 파괴하고 있다는 점이다."[34]

지구환경은 이제 시간을 다투는 위기의 상황까지 이르렀다. 정부 간 기후변화협의체(IPCC)는 2014년에 전 지구적 기후변화와 온실효과에 대한 5차 평가를 하면서 현재 지구 평균온도 상승에 따른 기후변화에 인간 문명의 책임이 크다고 결론 내렸다. 21세기 말에 섭씨 3.7도에서 4.8도까지 평균온도가 상승할 것으로 예상되는데, 이는 더욱 강력한 태풍, 혹한, 혹서와 같은 극단적인 기후현상을 일으킬 것이고, 2050년까지 화석연료 체제를 바꾸지 않으면 농작물 수확이 급감되고, 수많은 동식물과 해양식물이 멸종되고, 해수면이 상승하여 해안 도시가 수몰되는 등 인류의 생존까지 위협받게 될 것이라고 IPCC는 경고하였다.[35] 그러나 문제는 이러한 생태학적 재앙에도 불균형이 발생한다는 것이다. 탈인간중심주의 관점에서 바라볼 때, 인간 문명의 제국주의적 확대로 인해 생명세계에 있는 다른 생명체들이, 그것도 수많은 종들이 사라져 간다는 것이다. 이를 스피박의 용어로 하면, 인간 아닌 생명체로서의 하위주체들이 목소리도 내지 못하고 자신들의 땅에서 제거되는 것이다. 또 탈식민지적 관점에서 바라볼 때, 기후변동에 따른 재앙의 피해는 하위주체의 삶을 사는 제3세계 사람들 혹은 제1세계의 주변에 사는 하위주체들에게 더 클 수밖에 없다.

3) 탈식민지주의 관점에서 본 한국

과연 한국의 사회적, 생태적 환경은 이러한 탈식민주의 비평과 탈식민적 생태비평에서 벗어나 있는가? 대답은 "결코 그럴 수 없다."이다. 위에서 언급하였듯이, 다른 식민국가들처럼 한국 또한 일제 식민지로부터 독립하자마자 냉전체제 질서에 편입되었다. 더 정확하게 말하면 제1세계와 제2세계를 대표하는 미국과 소련에 한반도가 남한과 북한으로 분단되고 끔찍한 한국전쟁을 치렀기에, 한국은 냉전의 대결에서 중심에 있었다고 해야 하겠다. 그리고 한국전쟁 이후 수십 년간 한국인들은 전쟁의 트라우마를 직간접적으로 겪어야 했고, 반공 이데올로기는 독재정치와 개발주의의 정당화에 활용되었다. 「전후 체제 한국의 발전과 생태 회복」이라는 논문에서 우석영은 흥미로운 주장을 한다. 한반도가 초토화된 한국전쟁을 치르고도 반세기 만에 G20에 가입하는 성장을 이루어 낸 것은 사실상, "한국전쟁의 참화로부터 최대한 신속히 탈주하려는 집단 에너지, '압축성장'을 향한 집단 에너지의 필연적 결과"라는 것이다.[36] 필자는 탈주의 출발이 한국전쟁일 뿐 아니라 일본 식민지 시대도 포함한다고 생각한다. 아무튼 급속한 성장의 이면에는 '헬조선'으로 상징되는 어두운 그림자가 드리워져 있다는 이야기다. 그러므로 한국 사회의 다양한 하위주체들[37]은 일제 치하 37년의 식민 시대뿐만 아니라 냉전의 산물인 한국전쟁과 개발독재 시대를 거치면서 극심한 고통을 겪어왔다.

그렇다면 한국 생태의 하위주체들은 어떠한가? 우석영은 전쟁이란 세 가지 파괴를 낳는다고 말한다. "첫째는 인명의 파괴이고, 둘째는 인간의 심성과 정신성의 파괴이며, 셋째는 생물과 생태계의 파괴이다." 한국전쟁에서 민간인만 최소 150만 명이 목숨을 잃었다고 추산된다. 그만큼 소위 '초토화 작전' 이름으로 작전들이 수행되었다. 우석영에 따르면, 아쉽게도 한국전쟁에서 한반도 동식물과 생태계의 피해 현황은 정확히 연구되지 않았다. 하지만, 인명 피해가 그 정도라면 그보다 수십 배의 피해가 있었을 것이라고, 즉 무수한 생물 종들과 생태계가 참혹하게 파괴되었을 것이라고 추측하는 것이 합리적이라고 우석영은 판단한다.[38] 문제는 한국전쟁 이후 전쟁의 참화로부터 신속히 탈주하려는 에너지가 독재개발 시대 그리고 신자유주의적 세계자본주의 시대를 만나면서 생태세계의 인간 아닌 생명들에게는 매우 부정적으로 작용하고 말았다는 점에 있다. 우석영 역시 탈주의 에너지가 '하이테크, 경제성장 지상주의'로 연결되었으며 한국인들에게 "기술력의 증대는 곧 자연이라는 거대 저장고에 더 쉽고 신속하게 접근하여 그 저장고의 저장물을 더 쉽고 신속하게 흡수함을 뜻한다."고 분석한다. 따라서 한국 생태계의 생명체들 역시 식민주의 시대뿐만 아니라 전후 체제, 탈식민주의 용어로 말하면, 신식민주의 시대에서 억눌린 채 자신들의 목소리를 낼 수 없었던 하위주체들이라고 할 수 있다.

3. 3.1운동, 탈식민적 평화의 외침

위에서 살펴본 바대로 일제 식민 시대 이래 자본이라는 제국의 신식민주의적 체제 아래 고통당해 오면서도 자신들의 목소리를 빼앗겨 온 한국 사회와 생태의 하위주체들을 어떻게 탈식민화할 수 있을까? 어떻게 치유하고 회복할 수 있을까? 이를 위해 다양한 사회, 정치, 경제적 대안들이 제시될 수 있을 것이다. 하지만 필자는 주체를 무너뜨리는 제국주의적 폭력 앞에서 하위주체들이 완전히 자신의 목소리를 잃어버린 것은 아니었다고 말하고 싶다. 때로는 실패로 그치기는 했지만 그들이 분연히 일어나 외친 목소리가 역사를 전진시킨 원동력이 되기도 한다. 필자는 3.1운동이야말로 하위주체가 자신들의 목소리로 외친 대표적인 사례라고 본다. 3.1운동은 탈식민적 평화를 향한 외침이었다.

1) 광범위한 계층의 참여

3.1운동이 의미가 깊은 이유 중의 하나가 특정 계층 즉 엘리트 중심으로 주도된 운동이 아니라 사회를 구성하는 다양한 계층이 자발적으로 참여했다는 사실에 있다. 특별히, 일제 식민지 치하의 엄혹한 상황 속에서도 수많은 사람들이 대한독립을 외치기 위해 길거리로 쏟아져 나왔다. 그리고 우려했던 대로 일본 식민 정부의 무력 진압이 잔혹하게 진행되었지만 3.1운동의 불길은 쉽사리 꺼지지 않았다. 오히려 들불처럼 번져 나갔다. 심옥주는 3.1운동의 전개 과정에서는 천도교, 불교, 기독교 등의 종교인을 비롯하여 교사와 학생, 상인, 농민, 어업인 등 전 계층이 시위에 참여했음을 밝혀냈다.[39]

또 3.1운동의 상징처럼 여겨지는 3.1독립선언서는 사실 3.1운동 당시 1919년 3월 1일 전후로 수많은 독립 선언서들이 발표되는 일련의 과정 가운데 선언된 것으로 볼 필요가 있다. 잘 알려진 독립 선언서 외에 100여 개가 넘는다는 각종 독립 선언서들은 당시의 다양한 계층이 국외를 포함하여 다양한 지역에서 3.1운동을 주체적으로 진행하였음을 보여준다.

2) 3.1운동의 반제국주의적, 탈식민주의적 사상

3.1운동에 참여한 하위주체들은 단호하게 제국주의와 식민주의를 반대하였다. 윌슨의 민족자결주의에 고무된 동경에 있던 일본 유학생들이 발표한 2.8독립 선언서는 국제사회에서 군국주의가 사라져 가고 있다는 정세판단 위에서 조선에 대한 일본의 군국주의적 지배의 정당성에 문제를 제기하는 동시에 조선 민족 독립투쟁의 필연성 역설하고 있다.[40] 또 2.8독립 선언서는 일본 식민 정부가 조선 민족의 행복과 이익을 무시하고 비인도적인 정책을 사용하여 조선인의 민주적 권리인 참정권, 집회 결사의 자유, 언론과 출판의 자유 등을 불허하며 신앙의 자유와 경제활동의 자유까지 구속한 점을 만천하에 고발하고 있다.[41]

한편, 민족 대표 33인이 1919년 3월 1일에 발표하여 3.1운동의 기폭제 역할을 한 것으로 알려진 3.1독립선언서는 2.8독립 선언으로부터 자극을 받은 권동진, 오세창, 최린 등이 천도교 교주 손병희와 협의하여 대중적이고 비폭력적인 독립운동을 벌이기로 한 때에, 최린의 의뢰를 받은 최남선이 기초하여 작성되었다.[42] 3.1독립선언서가 특이한 점은 당시 유행어인 민족자결이란 말을 사용하지 않았다는 사실이다. 이윤상은 이를 "민족 독립의 근거를 민족자결주의와 같은 외래적 정치 이념에서 찾고 있지 않다는 것을 말해 준다."고 해석한다.[43] 즉, 3.1독립선언서에 참여한 사람들은 민족자결주의 식민주의를 거부하는 좋은 뜻을 가지고 있었지만, 조선은 본래부터 독립된 국가로서 식민지화되지 않았다는 상황 인식을 가진 것으로 이해할 수 있다. 왜냐하면, 일본의 침탈과 식민화는 불법이기 때문이다. 3.1독립선언서역시 제국주의를 단호하게 거부하고 있다. 왜냐하면, 이는 '구시대의 유물인 침략주의, 강권주의'[44]에 근거하여 민족적 불평등을 낳고 약소민족을 자

신의 이기적인 욕구 충족의 수단으로 사용하기 때문이다.[45]

3) 3.1운동의 평화 사상, 새로운 시대에 대한 비전

3.1운동을 탈식민주의적으로 해석할 수 있는 또 다른 중요한 이유는 보편적인 평화의 정신에 근거하여 일제로부터의 해방을 부르짖고 있기 때문이다. 3.1운동의 정신을 담은 독립 선언서들은 공통적으로 조선 민족의 독립만을 주장하는 것으로 그치지 않고 조선의 해방이 동양의 평화와 세계 평화에 이바지한다는 점을 강조하고 있다. 민족의 해방을 보편적 대의와 연결시키는 방식으로 힘에 논리에 근거한 강대국들 혹은 강대국을 지향했던 일본 제국을 부끄럽게 만든다.

2.8독립 선언서는 일본의 한국 점령을 동양 평화를 해치는 화근이라 규정하고, 한국이 독립해야 동양 평화가 이루어질 것이라 역설하고 있다.[46] 3.1독립선언서도 강대국의 침략주의와 강권주의는 결국 세계 평화를 위협하는 것이라 비판하며 일제 식민주의를 비판하면서도, 동시에 자기 파괴에 이르고 말 것이라고 일본 제국을 향한 충고를 한다. 이 선언서는 제국주의뿐 아니라 파시즘으로 연결될 수 있는 배타적인 자민족 중심주의도 거부한다. 도리어 민족적 평등은 다만 민족을 기반으로 하여 민족국가를 건설하려는 약소민족의 자기 보전 논리로서만이 아니라 인류 공통의 염원으로 추구되는 범세계적인 평화 실현이다.[47] 조선의 독립은 조선인만을 위한 것이 아니라 일본의 잘못을 바로잡는 것이며, 중국을 불안에서 벗어나게 하는 것으로서 동양 평화, 나아가서는 세계 평화와 인류 행복으로 연결된다는 점에서 정당성을 찾고 있었다.[48] 그래서 이윤상은 3.1독립선언서가 포용과 공존 정신의 바탕을 가졌으며, 갈등보다는 조화, 분리보다는 통합에 가까운 선언서

이기 때문에 높은 정신사적 의미가 있다고 평가한다.[49]

여기서 3.1운동의 정신은 한 걸음 더 나아간다. 조선의 독립을 통해 새로운 세계를 만들어 갈 수 있는데, 주요 독립 선언서들은 조선의 독립과 더불어 찾아올 새로운 시대에 대한 비전을 제시하고 있다. 심옥주는 3.1운동을 세계 평화의 관점에서 풀어내면서 신분과 성별, 지역과 세대, 종교를 뛰어넘어 국민의 평화에 대한 열망이 극하게 표출된 사건이라 해석한다.[50] 1919년 3월 11일, 길림에서 발표된 대한독립 선언서[51] 역시 새로운 탈식민 시대의 비전을 그려 낸다. 대한독립 선언서는 세계의 '대동건설'을 강조한다. 다시 말해 조선의 독립은 "군국전제를 산제하고 대동평화를 달성하여 정치, 경제, 사회적으로 균등한 국가를 이루어 낼 수 있을 뿐만 아니라 우주의 진선미 및 우주 진리를 체현할 수 있는 기틀인 것이다. 그러므로 조선의 독립은 대동평화와 우주적 비전의 맥락에서 정당화된다.[52]

그런데 3.1운동이 가진 평화의 정신이 위대한 이유는 그 정신이 단지 사상적 측면에 그치지 않았다는 점에 있다. 평화의 원칙이 실제 3.1운동의 현장 속에서 비폭력 평화운동의 형태로 실천되었다. 3.1운동에 참여한 민중(하위주체)은 무기 없이 태극기만 들고 만세를 부르며 행진해 나갔다. 심옥주의 조사에 따르면, 1919년 3월부터 4월 사이에 111만 명이 참여한 거대한 3.1운동은 시위 횟수만 1,214회인데 그 가운데 약 65%인 788회가 평화적 시위였다고 보고하였다.[53] 그러므로 심옥주는 3.1운동을 '세계 평화 시민운동으로 재해석'한다.[54]

4. 스스로 목소리를 내는 DMZ 생태계

위에서 살펴본 바대로 3.1운동이 식민주의 시대에서 신음하던 인간 하위주체가 목소리 높여 외친 평화의 목소리라고 한다면, 이제 신식민주의 시대 및 남북분단의 현실을 향해 외치는 생명으로서의 하위주체가 내는 평화의 목소리를 DMZ 생태계 안에서 찾아보려 한다. 왜냐하면, 냉전과 전쟁이라는 DMZ 생태계에서 벌어진 독특하고도 역설적인 현상에 주목하기 때문이다. 그리고 이 현상은 억눌린 하위주체의 탈식민화뿐만 아니라 한반도의 진정한 탈식민화의 조건이기도 한 한반도 평화체제를 향한 상상력을 제공한다고 필자는 말하고 싶다.

1) DMZ 생태환경

DMZ는 Demilitarized Zone의 약자로서 휴전 상태에서 양측의 군사적 충돌을 방지하기 위한 완충적 역할을 하는 비무장지대를 의미한다. 이렇게 정의되는 비무장지대 혹은 DMZ는 일반 대명사이지만 한반도 상황에서 이 용어는 한국전쟁에 대한 1953년의 정전협정 이후 남한과 북한 사이의 군사분계선을 놓고 남북으로 각각 2km, 전체 폭 4km인 지대를 가리키는 고유명사처럼 사용되고 있다. 군사분계선은 한국전쟁 당시 유엔군과 공산군이 서로 대치하는 전선을 중심으로 형성되었다. 현재의 군사분계선은 한국전쟁 이전에 남한과 북한을 갈라놓았던 38선과 대략적으로 일치하지만 서쪽은 38선 이남으로 내려왔고, 동쪽은 38선 이북으로 치우쳐 설정되었다.[55] 하지만 비무장지대라는 말이 무색하게 1960-1970년대 냉전 시대를 거치면서 비무장지대를 중심으로 남북 간의 군사적 긴장은 고조되었고 양측이 군사력을 중무장한 채 언제든 전투할 수 있는 태세를 갖춘 상태로 대치하고 있다. 특별히, '그 특성상 군인과 민간인을 구분하지 않으며, 남녀노소를 가리지도 않기 때문에 비인간적인 무기'로 규정된 대인지뢰가 세계에서 가장 많이 매설된 지역이 바로 DMZ와 그 인근 지역이다. 국제지뢰금지운동(ICBL) 조사에 따르면, '2006년 현재 군사분계선 이남 DMZ에만 약 97만 발, 민간인 통제구역에 약 3만 발, 기타 경기도와 강원도 북부 군사시설 인근에 약 8,000발 정도가 매설되어 있는 것'으로 추정된다.[56]

하지만 DMZ와 민통선 지역을 방문해 보면 군사적 긴장감과는 별도로 그 지역의 빼어난 자연환경과 생태환경의 뛰어난 보존 상태를 접하고 놀라게 된다. 1953년 휴전 이후 65년 동안 인간이 거주하지 않는 지역이 되면서 자연은 인간 문명의 방해 없이 자생하고 번성한 것이다. 비무장지대와 민통선 지역의 생태적 환경은 다채로우며 생물 종도 매우 다양하다. 지형은 비무장지대의 동부, 중부, 서부가라 다른 형태를 띤다. 동부 지역은 산악 지형이고 산불의 영향이 없어 원시림을 가지고 있다. 중부 지역은 산이 낮거나 평지여서 산불 및 농경지 등의 영향으로 인해 식물상은 다른 지역보다 낮은 편이다. 서부 지역은 강과 바다가 만나는 지형으로 임진강과 한강 하구의 저습지와 서해 도서의 염습지로 이루어져 있다. DMZ 일원의 식물상은 142과 629속 1,499종 4아종 294변종 57품종 10잡종, 총 1,864종이며, 이는 한반도 전체 식물종의 거의 50%에 해당한다. 또, DMZ 일대의 야생 포유동물은 모두 6목 17과 51종이며 여기에는 천연기념물 6종, 사향노루, 산양, 하늘다람쥐, 반달가슴곰, 수달, 점박이물범이 포함된다.[57] 한편 조류는 15목 52과 265종이 서식하고 있는데 이 가운데 노랑부리백로, 노랑부리저어새, 저어새, 두루미, 재두루미, 독수리 등 31종이나 되는 조류 천연기념물이 포함되어 있어 비무장지대 일대는 멸종위기종 조류를 보호하는 데에 큰 역할을 담당하고 있다. 특히, 전 세계에 약 1,400마리만 생존하고 있는 세계적 멸종위기종인 저어새는 한강 하구와 서해안 무인도에 주로 서식하며 강화도 인근 해역이 저어새의 최대 번식지이다. 두루미도 전 세계에 약 2,500마리밖에 남아 있지 않은데 그 가운데 약 1,000마리가 철원, 연천, 파주 등에서 겨울을 나고 있다.[58] 이 밖에 DMZ 일대에 천연기념물 어름치와 황쏘가리를 포함한 담수 어류 13목 41과 156종이 서식하고 있으며, 양서파충류의 경우 멸종 위기에 놓인 구렁이, 금개구리, 맹꽁이, 까치살모사 등 20여종이 서식하고 있다. 곤충의 경우도 매우 다양하여 육상 곤충 1912종, 수서 곤충 166종이 서식하는데, 이는 국내 곤충의 16%를 차지하는 정도이다.[59]

2) DMZ 생명세계는 스스로 외치고 있다

DMZ는 끝나지 않은 냉전과 전쟁이라는 신식민지적 상징이라고 할 수 있다. 그런데 오랜 휴전 기간 동안 비무장지대에 사람과 문명의 손길이 닿지 않자 생명세계가 회복되었고 DMZ 생태계는 놀라울 정도의 생명의 풍성함과 다양함을 보여주고 있다. 이 역설적 현상 속에서 생명세계가 스스로 자신에 대해 외치고 있다고 필자는 생각한다. 조금 더 과학적으로 이야기하면 DMZ 생태계는 생명세계의 생태학적 원리를 보여준다. 여기서는 간단하게 두 가지 원리에 대해 논하겠다.

첫 번째 원리는 생명과 생태계의 자기 조직화 능력과 자기 조절 능력이다. 이를 뒷받침하는 대표적인 생태학적 이론은 제임스 러브록의 가이아 이론이다. 가이아 이론의 핵심은 지구 전체 생태계가 무생물적 시스템과 생물적 시스템의 상호작용을 통해 스스로 균형과 조절을 해 나가는 능력을 갖추고 있다는 것이다. 가이아의 특징은 다음과 같다. 첫째, 가이아는 모든 생물에게 적합하도록 주위 환경을 끊임없이 변화시킨다. 둘째, 가이아에 속한 모든 하위 기관이 환경에 따라 다양한 역할을 수행할 수 있다. 셋째, 주변 환경이 바람직하지 않은 방향으로 변화되면 가이아의 반응은 사이버네

틱스의 원리를 따르며, 시간상수와 루프이득이 중요 인자로 작용한다. 넷째, 제임스 러브록은 고갈되고 파괴되는 지구환경과 인류가 필연적으로 상호작용하므로 이 점을 기억하며 적절한 생태적 행동을 취할 것을 당부하고 있다.[60]

두 번째 원리는 공생이다. 생명세계의 공생 원리를 과학적으로 연구하는 분야는 공생생물학이다.

이 분야는 한 생명 개체(군)가 진화하기 위해 다른 생명체들(타자)의 역할을 강조한다. 공생생물학은 다른 종류의 유기체들과 특정 환경에서 더불어 살아가는 삶의 방식들이 생존과 진화에 결정적인 역할을 한다는 것을 보여준다. 예를 들어, 공생생물학의 권위자인 린 마굴리스(Lynn Margulis)는 현대 생물학의 세포학 분야에서 '세포내공생설(theory of endosymbiotic)'을 통해 결정적인 기여를 하였다. '공생발생설'은 모든 진핵생물의 세포 안에 있는 미토콘드리아 기관이 사실 원시 박테리아가 공생하다 세포 내 기관으로 정착했다는 것을 말한다.

'공생발생설'의 핵심은 4단계의 공생으로 요약할 수 있다. 단백질 대사과정 수행이 가능한 세포질로 이루어진 고세균이 최초의 1단계를 이룬다. 이 고세균은 이동 능력이 있는 유영성 세균과 결합하는 2단계를 거친 뒤, 산소호흡을 통해 에너지를 생산하는 세균과 결합하는 3단계를 통해 당시 대기 중에 점점 쌓여 가던 산소를 유용하게 활용하는 능력을 얻었다. 마지막 4단계에서 이 공생융합체는 태양에너지를 생물 활동에 필요한 에너지로 전환할 수 있는 광합성 세균을 삼키고 공생하여 지금의 식물과 조류의 조상 격인 세포로 발전하였다.[61]

이러한 두 가지의 생태학적 원리는 생태계를 보존, 유지시킬 뿐만 아니라 다양하고 풍성하게 만든다. DMZ 생태계 역시 이러한 자기 조직화, 자기 조절 능력, 그리고 공생의 원리의 지배를 받는다. 그런데 DMZ 생태계 이외에 다른 지역의 생태계도 동일한 능력을 가지고 동일한 원리의 지배를 받을 텐데 왜 유독 DMZ 생태계가 반세기 만에 더욱 다양하고 풍성하게 생태계의 천국으로 바뀌었을까? 여기에 탈식민적 생태비평의 공간이 존재한다. 인간의 제국주의적 힘을 가장 과시했던 한국전쟁이라는 참화의 현장이자 이데올로기 대결의 상징인 DMZ는 역설적으로 오랜 휴전 기간 동안 인간의 제국주의적, 식민주의적 문화 활동의 침해를 받지 않았던 것이다. 인간의 입장에서 경제가 발달하고 한국 사회가 윤택해진 것처럼 보이지만—이 점도 앞의 우석영의 분석대로 많은 상처와 어두운 그림자를 가지고 있다—생명세계의 입장에서 보면 기술주의, 개발주의, 자본 제일주의 등의 제국주의적 욕망에 의해 DMZ를 제외한 다른 생태계는 종속당하고 식민화되어 온 것이다. 이러한 맥락에서 DMZ 생태계가 보여주는 자율적 힘, 회복의 힘은 생명세계의 하위주체가 자신의 목소리로 말할 수 있게 된 것이라고 해석할 수 있다.[62]

3) DMZ 생태계가 제시하는 평화의 길

DMZ는 분단과 전쟁의 상징이고 제국주의적 인간 욕망의 상징이다. 하지만, DMZ 지역 내 생태계의 놀라운 회복과 다양성은 그러한 파괴적 상징체계를 해체시킬 수 있는 상상력을 우리에게 제공한다. DMZ 생태계는 자신의 목소리를 내고 있는데, 이를 통해 우리는 분단을 극복할 수 있는 평화의 길을 생각해 볼 수 있다.

첫째, 공생, 즉 더불어 사는 삶이 평화의 기초이다. 앞에서 살펴본 대로 DMZ 생태환경은 매우 다양하다. 그 다양성도 시간이 지남에 따라 증대하는 경향을 보이고 있다. 이는 DMZ 일대 생태계가 안정적으로 유지되고 있다는 의미로 받아들일 수 있다. 또 "모든 것이 다 연결되어 있다"라는 생태계의 대원칙이 DMZ 생태환경에서 잘 지켜지고 있다고 볼 수 있다. 상호 연결된 생태적 네트워크 안에서 많은 동식물 종들이 생육하고 번성하고 있다. 그리고 그러한 상호 되먹임 구조를 통해 DMZ 지역 생태계가 지탱하고 발전하고 있다. 물론 그 생태계 안에서 생존경쟁이 없다는 의미는 아니다.

평화는 공동체를 안정적으로 유지하고 지키는 일에 가장 필수적인 가치라고 할 수 있다. 그런 면에서 지난 70년간 서로에 대한 적대 관계 속에 유지 되어 온 남북 관계는 분명히 반평화적이었으며, 그렇기에 근본적인 의미에서 남한 사회와 북한 사회 모두 안정적이었다고 할 수 없다. 그런데 남북의 반평화적 상태를 극명하게 보여주는 비무장지대의 생태계는 역설적으로 안정된 상태를 유지하고 있다. 필자는 이 역설적 상황에서 남북 평화에 대한 교훈을 얻을 수 있다고 생각한다. 이제 평화라는 미명 아래 군사적 혹은 경제적 힘을 이용하여 일방적으로 상대방을 제압하는 방식은 수용될 수 없다. 일방적인 정복으로 일시적인 안정을 가져올 수 있을지 몰라도 그것은 진정한 의미에서 평화일 수 없다. 생태계의 먹이사슬이 얼핏 보기에 힘이 세고 큰 개체와 같은 강자만이 승리하는 것으로 보일 수 있으나 그것은 오해이다. 생태계에서 강자라는 말에는 어폐가 있다. 생태환경에 잘 적응한 적자만이 있을 뿐이다. 그리고 어떤 개체(군)가 잘 적응하기 위해서는 종내 개체와 협력적 관계를 유지해야 할 뿐만 아니라 종외 집단(외부 환경)과도 상호 의존적 관계를 유지해야 한다. 그래서 종 다양성이 중요하다. 특정 종들이 외부적인 요인에 의해서 갑자기 사라져 버린다면 생태계의 균형은 깨어져 버린다. 인간 사회의 평화도 크게 다르지 않을 것이다. 평화가 인간 사회를 유지시키는 중요한 가치라면 생태계가 유지되는 원리에도 참고할 만한 것일 수 있다. 인간 사회가 자연과 동떨어져 있지 않으며 자연의 도움 없이 지탱될 수 없다는 것을 다시 상기해 본다면 이는 더욱 분명해진다. 그러므로 남북의 평화도 공생, 즉 남과 북이 다 같이 생존하고 번영할 수 있는 방향으로 나아가야 한다. 이러한 관점에서 무력에 의한 통일뿐 아니라 급작스러운 체제 몰락에 의한 합병은 생태학적 관점에서 보았을 때 건강한 사회를 만들 수 없는 방식이다.

둘째, 생명세계의 성장을 위한 비경계성은 평화를 위한 탈경계를 요구한다. 생명의 세계에도 경계는 존재한다. 하지만 인간 사회가 만들어 내듯 인위적이고 폐쇄적인 경계는 아니다. 오히려 열린 경계선 사이로 끊임없는 상호작용이 일어난다. 원자단위부터 세포, 유기체 그리고 생태계의 거대한 에너지 흐름까지 모든 수준에서 경계는 모호하고 흐릿하다. 위의 공생생물학에서 살펴본 바대로, 세포의 진화에서도 미생물과 같은 다른 유기체와의 결합이 진행되면서 공생이 진화의 역사를 만들어 왔다. 인간이 구성한 지도상에서 군사분계선은 DMZ 지역 안에 분명히 존재한다. 사람의 경우 군사분계선을 넘어가려면 특별히 허락을 받든지 아니면 목숨을 걸어야 한다. 2018년 4월 27일의 1차 남북정상회담에서 인상적이었던 장면 중 하나가 문재인 대통령이 김정은 위원장에게 "나는 언제쯤 넘어갈 수 있을까요?" 하고 인사말을 건넨 순간 김정은 위원장이 "그럼 지금 넘어가 볼까요?" 하며 잠시 두 정상이 판문점 북쪽 지역으로 넘어갔다 온 장면이다. 지켜보던 사람들은 탄성을 질렀고 70년 동안 남북을 가로막은 군사분계선이 이렇게 쉽게 넘어갈 수 있는 것이었구나 하는 깨달음을 많은 이들에게 주었다. 지금까지 거기에 설치해 놓은 철조망은 남북분단의 커다란 상징이 되어 왔다.

그러나 DMZ 지역의 생태 공동체에게는 그러한 인위적인 경계는 문제가 되지 않아 보인다. 이 지역의 동식물은 자유롭게 넘나들며 자신들의 생태적 공간을 채우고 있다. 심지어 철새들은 DMZ 지역과 먼 북방 나라 사이를 하늘길을 통해 오간다. 가장 자유롭다고 자처하는 인간이 스스로를 제한하여 새들도 다니는 광활한 하늘길을 다니지 못하는 형국이다. 물론 DMZ 생태계의 여타 생물들이 남북이 인위적으로 만들어 놓은 경계를 인식하고 의도적으로 경계를 넘어가는 것이라 볼 수는 없을 것이다. 그런 의미에서 이 지역에 있는 다양한 개체(군)들은 생명이 본래 갖고 있는 비경계성을 계속 자신들의 생태환경 속에서 성실하게 수행해 왔던 것이다. 여기서 생명의 비경계성이 DMZ 생태계를 안정적으로 유지하고 다양성을 증대시켰으며 번성시켜 온 중요한 요인이었다는 점에 주목할 필요가 있다. 남한과 북한은 각기 자신들의 공동체를 지키기 위해 경계를 치고 상대방과의 교류를 절대로 막아 왔지만, 그러한 인위적이고 극단적으로 폐쇄적인 경계 지음이 과연 한민족 전체는 고사하고 남북 각 공동체의 번영과 발전에 도움이 되었는지 비판적으로 물어봐야 한다. DMZ 생태계는 경계를 넘어 상호 소통을 해야 한다는 평화의 원칙에 상징이 된다. 생명세계의 비경계성은 남북이 평화를 위해 탈경계적인 소통과 교류로 나아가야 하는 방향을 우리에게 제시해 준다.

셋째, 진정한 평화는 치유를 동반한다. 주지하듯 DMZ 지역은 한국전쟁 당시 가장 치열한 전투 지역이었다. 3년간의 한국전쟁 중 첫 1년을 제외하고 나머지 2년간의 휴전 협상 기간 동안 38선 근처에서 휴전 후 조금이라도 영토를 더 확보하기 위해 고지전이 펼쳐졌다. 그리고 이때 확보된 지역을 중심으로 현재의 군사분계선이 정해졌다. 이 과정에서 군사분계선 주변 지역의 인간 사회뿐 아니라 자연 생태계도 황폐화되었다. 인간 이데올로기 싸움에 이데올로기가 필요 없는 수많은 인간 하위주체들과 비인간 하위주체들이 억울한 죽음과 피해를 입었다. 많은 생명의 희생을 담보로 한 이데올로기를 수호하는 것이 얼마나 허망한지 보여주는 지점이다. 개인 간의 사소한 갈등과 충돌도 상처가 오래 남는 법인데, 3년간의 전쟁으로 전쟁 당사자인 남북과 참전국들의 군인과 민간인 수백만 명이 죽거나 다쳤으니 그 상처가 얼마나 깊고 오래가겠는가? 치유가 결코 쉽지 않다.

어떻게 이 깊은 상처를 치유할 수 있을까? 필자는 DMZ 일대의 자연 생태계를 바라보자고 제안하고 싶다. 주지하듯, DMZ 생태계는 놀라울 정도로 회복되었을 뿐만 아니라 세계에서 생물 다양성과 보존성이 가장 높은 생태 지역으로 변모하였다. 우리는 최근에 아주 좋은 사례를 접했다. 필자가 1차 남북정상회담을 보면서 가장 인상 깊었던 장면은 남북의 두 정상이 도보다리 산책 중 벤치에 앉아 나눈 환담 장면이었다. 마이크가 꺼진 상황에서 아무 소리가 들리지 않는 가운데 남북 정상들이 30분간 대화를 나누는 장면이 방송되었다. 그런데 방송 중에 들리는 새소리와 뒤에 펼쳐진 푸르른 녹음 속에서 두 정상이 담소를 나누는 장면이 그렇게 평화롭게 느껴질 수가 없었다. 자연이 갈등하던 인간--우리 민족--을 품어 안아 치유해 주는 기분이라고 할까? 이처럼 끔찍한 전쟁으로 상처와 수많은 인명 피해를 낳은 피 묻은 지역이 녹음으로 짙어지고 각종 아름다운 식물과 동물이 활기찬 생명력을 채워 주는 곳으로 바뀐 모습은 우리에게 새로운 상상력과 영감을 불러일으키는 동시에 우리로 하여금 희망을 갖게 할 수 있다.

5. 신학적 반성
: 탈식민적 '하나님의 선교'를 통해 생명과 평화 연결하기

지금까지 살펴본 바대로, 한반도의 현대사는 (일본) 제국주의와 냉전 및 세계자본주의라는 신식민주의 체제 아래에 있었다고 해도 과언이 아니다. 이 험난한 세월 동안 한반도의 수많은 인간과 인간 아닌 하위주체들은 말로 다할 수 없는 육체적, 정신적, 경제적 고통을 겪었다. 사실, 권력의 폭력과 억압 그리고 이데올로기가 주는 중압감 때문에 그들은 말을 할 수도 없었다. 이 부분에서 탈식민주의자 스피박의 시각이 유용하다. 여기에 탈식민적 생태비평을 통해 인간뿐만 아니라 자연의 생명들과 생태계 또한 고통을 당하는 하위주체들로 간주될 수 있다.

그러나 역사 속에서 하위주체들은 끊임없이 자신들의 목소리로 외쳤다. 위에서 살펴본 것처럼 일제 식민지 시대와 오늘날의 분단과 세계자본주의로 요약되는 신식민주의 시대에도 한반도의 하위주체들은 탈식민적 평화의 소리를 내었다. 3.1운동에서 수많은 사람들은 비폭력 평화의 방식으로 제국주의와 투쟁했다. 민족의 독립은 아시아와 세계 평화, 정의로운 국제질서 및 모든 민족의 평화로운 공존이라는 이상과 연결되었다.

한편, DMZ 생태계는 우리들에게 신선한 영감을 제공한다. DMZ라는 군사보호구역이 지난 수십 년간 식민주의적 파워로 격리되어 온 덕분에 역설적으로 DMZ 내 생태계는 더욱 다양하고 풍성해졌다. 자연의 자기 조직적이며 공생적인 능력을 마음껏 드러내는 DMZ 생명들은 자신의 목소리를 내는 하위주체로 간주될 수 있다. 오히려 DMZ의 생명체들이 한반도에 평화의 길을 제시하고 있다.

이러한 현실 속에서 한반도 평화에 기여해야 하는 한반도의 구성원으로서의 한국 교회는 어떤 역할을 할 수 있을지 묻지 않을 수 없다. 교회의 본질은 이 땅을 하나님이 다스리는 곳으로 바꾸어 가는 선교에 있다고 할 수 있다. 그런데 본 논문의 주제인 평화는 선교신학의 중요한 주제들 가운데 하나이기도 하다. 특별히, 필자는 선교와 평화를 연결시킨 다수의 논문들을 통해 탈식민적 평화와 기독교 선교를 연결해 보겠다.[63] 이 논문들은 다음과 같은 것들을 공통적으로 논한다. 우선, 기독교 팽창주의에 근거한 서구 중심의 선교는 제3세계와 같은 선교지 및 그곳 사람들의 통전적 회복과 구원에 한계가 있다. 도리어, 때때로 의도하지 않게 (혹은 의도적으로) 서양 제국주의 확장에 기여를 하였다. 이러한 서구 중심적 선교 패러다임에 대한 비판과 반성으로 1952년에 등장한 개념이 '하나님의 선교(Missio Dei)'이다. 이때부터 선교의 주체는 인간이 아니라 하나님이라는 선교 패러다임의 전환이 이루어졌으며, 신학적으로는 그리스도 중심적 선교에서 신 중심적 또는 성령 중심적 선교가 요청되었다.[64] '하나님의 선교' 패러다임에서는 인간을 포함한 생명세계를 억압하고 파괴하는 전쟁, 가난, 정부, 세계화로 상징되는 세계경제시스템, 환경 파괴 등 인간 문명의 모든 행위들이 비판되고 극복되어야 할 선교적 대상이다.[65] 또 선교적 대안들에서도 공통부분이 많다. 기독교 선교는 가난하고 억압받으며 고통스럽게 살아가는 자들에게 관심을 기울여야 하며, 경제적 정의를 세우는 일에 헌신해야 한다. 예수가 로마 제국의 가짜 평화에 저항한 것과 같이, 정의가 있는 참된 평화를 추구해야 한다.[66] 생명을 창조하고 돌보는 하나님의 뜻을 따라 기독교 선교는 창조 세계의 회복과 보존의 사명을 실천해 가야 한다.[67]

필자는 이러한 '하나님의 선교' 패러다임에 따른 생명, 정의, 평화의 추구가 위에서 논한 탈식민적 관점에서 해석된 3.1운동의 정신을 계승하면서 동시에 DMZ 생태계의 목소리와 조화를 이룰 수 있다고 생각한다. 그러면서도 기존 선교신학에서 분명하게 논의되지 않은 선교신학적 담론을 여는데 기여할 수 있을 것으로 본다. 몇 가지를 언급해 보면 다음과 같다.

첫째, '하나님의 선교'는 최근에 발전된 탈식민주의와 대화하면서 선교적 주제들을 더욱 통전적으로 상호 연결시키고 새로운 해석들을 이끌어 낼 수 있다. 예를 들어, 위에서 언급한 선교신학의 논문들이 이미 인지하고 있듯이, 서구 중심적 선교는 제국주의와 식민주의의 역사적 배경 속에서 탄생하였다. '하나님의 선교'는 식민주의적 영향력에 벗어나려는 탈식민주의적 종교 이론이자 실천이다. 경제적 불평등을 양산하는 세계경제시스템은 식민주의 역사부터 오늘의 신식민주의(혹은 '제국'이라 부를 수 있는 시스템)를 분석하는 탈식민주의 담론을 통해 이해되고 분석될 수 있다. 남북의 평화 문제도 3.1운동이 추구한 평화 정신의 완결되지 않은 과제라는 역사의 흐름에서 바라볼 필요가 있다. 또한 냉전을 신식민주의로 읽어 내는 탈식민적 관점에서 논의할 수 있다. 특히, 탈식민적 생태학이라는 새로운 분야를 통해 생명 세계를 보존하는 환경선교의 문제가 탈식민지주의와 무관하지 않음을 알 수 있게 되었다. 위에서 밝힌 대로 DMZ의 공간이 생태와 평화가 얽힌 곳임을 극명하게 보여준다. 따라서 '하나님 선교'의 주제들은 개별적이고 독립된 주제가 아니라 탈식민주의 관점에서 횡단적으로 해석될 수 있는 주제들이다.

둘째, 이와 같은 탈식민주의 선교신학은 하위주체들의 이야기에 귀를 기울여야 한다. 이는 이집트 노예들의 울부짖음에 귀를 기울인 하나님(출 2:23), 나그네, 헐벗은 자, 병든 자, 옥에 갇힌 자를 돕는 것이 주님을 영접하는 것이라는 예수님의 말씀(마 25:35)과 같은 성서의 증언들과 맥락을 같이한다. 그런데 스피박의 조언대로 하위주체의 목소리를 들을 때, 해석자가 가진 편견이나 이데올로기를 통해 하위주체가 왜곡되어 재현(representation)되는 일에 주의를 기울여야 한다. 왜냐하면, 그 재현 속에서 힘이 없는 하위주체는 목소리조차 내지 못할 수 있기 때문이다. 스피박의 방법을 활용하여 해석자는 하위주체가 스스로 말할 수 있게 도와주어야 한다. 해석자와 하위주체 주위를 둘러싼 제국주의적 이데올로기, 자본주의의 허울, 허위의식을 걷어낼 수 있도록 노력해야 한다.

셋째, '하나님의 선교'는 위의 탈식민지적 생태학 관점을 통해 '약자를 위한 선교'에 머무르지 말고, '약자로부터 배우는 선교'로 나아가야 한다. 위에서 살펴본 대로, 3.1운동의 민초들은 식민지 국민으로 사는 압박과 설움 속에서도 전혀 굴하지 않고 민족 해방뿐 아니라 세계 평화와 대동세상의 비전을 품는 호연지기의 목소리를 내었다. DMZ의 생명체들도 그들의 역동적인 생명력을 통해 스스로 목소리를 낸다. 제국주의적 인간 문명의 방해가 없을 경우, 생태계는 더욱 다양해지고 풍성해진다. 이 점은 우리 인간 문명에 시사하는 바가 크다. 선교라는 것은 일방적 시혜를 베푸는 것이 아니다. 진정한 관계ㆍ진정한 평화는 상호 존중과 상호 소통을 전제로 한다. 가난한 자들에게서 배울 것이 있을 것이다. 위에서 보았듯이, 3.1운동은 반제국주의, 보편적 평화, 민족 공존, 비폭력 정신 등의 유산을 남겨 주었다. DMZ 생태계는 공생, 탈경계, 치유와 같은 평화의 길을 우리에게 제시한다. 이 모든 것들이 탈식민적 사회 건설과 남북의 평화를 회복하는 일에 꼭 필요한 가치들을 가르쳐 주고 있다.

나가는 글

: 3.1운동 100주년과 남북 평화를 향한 길목에서 진정한 평화를 소망하며

최근 북미정상회담에서 본 인상적인 장면 하나가 생각난다. 북미정상회담 후 미국의 트럼프 대통령은 기자회견에 앞서 자신이 준비한 영상을 틀어줬다. 그 영상은 북미정상회담 당시 김정은 위원장을 비롯한 북측 인사들에게 보여주었던 영상이라고 한다. 그 영상에서 이런 장면이 있었다. 한반도의 밤을 찍은 위성영상이 등장하는데 남한 쪽만 불빛으로 가득하고 북한은 암흑만 존재하는 영상에서 갑자기 북한 쪽도 환한 불빛으로 가득차게 되는 영상으로 바뀌었다. 북한이 미국과 정상적 관계를 맺게 되면 향후에 경제적

번영을 하게 될 것이라는 강력한 메시지를 담은 것이었다. 물론 북한이 개방되고 경제적으로 성장해야 한다. 하지만 어떤 방식으로 경제적 성장을 이룰 것인지, 누가 그 경제적 이득을 가져가게 할 것인지에 대한 세밀하고도 비판적인 논의가 필요하다.

남한 사회는 신자유주의적인 경제 시스템에 대해 반성을 하고 있고, 복지 사회 및 생태적 사회를 꿈꾸는 단계로 가고 있는데, 북한 사회는 아직 산업 발전도 안 되었으니 우리가 겪은 것처럼 자본가 위주의 천민자본주의, 개발 자본주의 사회로 가도록 놔두어야 하는가? 북한과의 평화 무드가 시작되니 당장 파주와 같은 북한 접경 지역 투자와 개발에 대한 기대감과 소문들이 여기저기서 들린다. 트럼프 대통령은 맥도널드 햄버거를 북한에서 주문할 수 있는 것이 꿈이라고 말한다. 이를 맥도널드 햄버거라는 미국 상품이 북한에서 자유롭게 팔릴 정도로 미국과 북한의 관계가 정상화되고 북한이 자유로운 사회가 될 것이라는 순수한 의미로 받아들여야 할까? 맥도널드는 미국 자본주의의 상징 중 하나이다. 북한은 성장에 목말라 있다. 자본이 필요하고 노동력은 세계에서 가장 저렴한 수준으로 공급할 수 있다. 세계 자본가들이 가장 좋아할 만한 투자처이다. 한편으로 보면 이는 북한이 경제적으로 빠른 속도로 성장할 수 있는 기회일 수 있지만, 다른 한편으로 세계열강 및 다국적기업의 자본 논리에 종속될 수 있는 위험성이 있다. 이러한 위험성을 심각하게 고려하여 처음부터 평화통일된 남북 사회의 청사진을 그려내지 않는다면 복지 지향 및 생태 친화적 사회로 가는 길은 요원해질 것이다. 그것은 북한뿐만 아니라 남한도 마찬가지이다. 남한과 북한 사이의 경제와 사회는 시간이 갈수록 연결될 것이고 그 부메랑은 우리에게도 돌아올 것이기 때문이다.

과연 이런 방식의 평화가 진정한 평화인지 비판적으로 살펴볼 필요가 있다. 3.1운동 100주년을 앞둔 시점에 우리의 선조들이 일제의 혹독한 시절에도 반제국주의적, 탈식민적 목소리를 가감 없이 쏟아 내고 용기 있게 평화를 외친 사실을 잊지 말아야 한다. 그들이 외친 평화는 강자의 논리가 아닌 약자의 편을 들어주고 공존, 공생하는 사회를 꿈꾸는 평화였다. 이러한 3.1운동이 배태한 탈식민적 평화의 정신이 남북분단의 현실에 적용되어 진정한 평화의 길로 나아가야 한다. 남북이 교류하고 평화 체제를 만드는 일이 당면한 과제이다. 하지만, 그것으로 3.1운동에서 우리 민족이 외쳤던 평화의 비전이 완성되는 것은 아닐 것이다. 한반도를 제국 열강이 탐냈던 100년 전 현실과 강대국들이 동의하지 않으면 남북 교류조차 실행하기 힘든 오늘의 현실이 그렇게 다르지 않아 보인다. 3.1운동의 비전처럼 현재 우리도 남북의 평화가 아시아와 세계 평화에 결정적인 기여를 할 것이라는 비전을 품고 강대국들과 국제사회를 설득해 가야겠다.

한편, 세계자본주의 시스템이라는 신식민주의 시대의 맥락 가운데 어쩌면 남북 평화 체제가 반생태적으로 흘러갈 수도 있는 위험성 앞에서, DMZ 생태환경은 굉장히 취약할 수밖에 없다는 사실을 우리는 인식해야 한다. 지난 70년간 안정적으로 유지되고 생물 종 다양성에서 세계적인 자연 유산이지만 훼손되고 파괴되는 것은 한순간일 수 있다. 위에서 언급한 대로 자본주의 논리에 휘둘리는 사회까지 갈 필요도 없을지 모른다. 당장 남북한 교류라는 좋은 뜻에서 시작하는 철도와 도로 개발이 시작되면 DMZ 생태환경의 훼손은 불가피하다. DMZ 생태환경을 보존하면서도 남북의 평화와 발전을 위한 개발을 할 수 있는지를 계획하고 실행하지 않는다면 언제나 그래왔듯이 개발 논리에 생태적 가치는 뒤로 밀려날 것이다. 그래서 필자는 DMZ 생태가 남과 북이 새롭게 만들어 갈 평화와 통일 사회의 방향에 시금석이 된다고 주장한다. 탈식민주의 관점에서 본다면, 지금이 진정한 탈식민 사회로 가는 시험대가 될 것이다. 3.1운동 100주년을 맞이하는 이때에 3.1운동의 평화 정신을 계승하고, DMZ 생태로부터 평화를 위한 지혜를 얻어내어 그 지혜를 준 DMZ 생태를 지켜 내는 일이 한민족 전체가 이루어 갈 자유, 평화, 평등 세상의 성공 여부를 보여줄 것이다. 기독교회가 생명과 평화를 추구한다면 이러한 일은 반드시 이루어 내야 할 선교적 사명이다. 한국 교회가 이 '하나님의 선교' 사역에 적극 동참하게 되기를 소망한다.

제4부

3.1정신과 3.1영성

항일과 통일의 노래
아리랑

— 나의 아리랑 일지

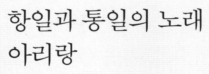

이 정 훈 / 성실교회 담임목사

들어가는 글

나는 꽤 긴 시간 동안 우리 전통문화와 전통음악을 공부하면서도 아리랑의 맛을 제대로 알지 못했다. 처음 우리 가락을 맛보기 시작한 지 5년이 넘도록, 내게 아리랑은 그냥 물처럼 공기처럼 있는 듯 없는 듯 그저 흔한 노래일 뿐이었다. 그러다 어느 순간 아리랑의 맛을 알게 되면서부터, 30년이 넘도록 점점 더 아리랑의 맛과 향내는 내 안에서 짙어간다. 묵을수록 더 매워지는 생강과 계피처럼!

전국 팔도의 아리랑에는 그 지역 사투리와 지리, 그리고 역사 이야기가 담겼다. 그리고 사람들 사는 이야기, 민초들의 눈물, 한숨, 웃음, 그리고 흥과 신명이 고스란히 담겼다. 문득 지리와 역사, 민초들의 일상사를 오랜 세월 담아내고 고아 낸 아리랑, 그 아리랑의 알짜가 무엇일지 궁금했다. 여러 해 동안 내가 발견하고 익힌 수많은 아리랑, 그 모든 아리랑의 생산자는 민초들이요 향유자 역시 민초들이었다. 즉 내가 만난 모든 아리랑은 사회적 약자들의 노래였기에,[1] 아리랑엔 당연히 공평과 정의를 향한 꿈이 서려 있었다. 약자의 신세한탄에 그치지 않고, 가정이나 사회에서 나를 억누르는 강자들의 폭력, 온갖 불평등의 모순, 그 모순과 폭력에 저항하는 다양한 은유와 풍자, 그리고 결의가 담겼다. 또한 아리랑에는 약자들의 끊어지고 헤어지는 현실을 한탄하고 다시 이어지기를 원하는 갈망이 있었다. 나라 안팎

강자들의 불의한 폭력 때문에 삶의 터전을 떠날 수밖에 없었던 수많은 디아스포라들의 소원 역시 고향으로, 내 피붙이들에게로 달려가는 것이 아니던가. 홍선대원군 때문에 경복궁 중건 부역으로 여러 해 가족과 헤어졌던 민초들의 아리랑, 일제 때문에 고향을 떠나 백두산고개를 넘을 수밖에 없었던 뿌리 뽑힌 민초들의 아리랑, 스탈린 때문에 또다시 낯선 동토로 이주당할 수밖에 없었던 고려인들의 아리랑, 이승만 때문에 4.3광풍을 피해 고향 떠나 일본으로 피난할 수밖에 없었던 제주 사람들의 아리랑…. 그렇게 하염없이 내 뿌리를 향하는 마음이 아리랑에는 담겨 있었다.

3.1운동 100주년을 맞으며 아리랑을 다시 부른다. 일제의 불의에 항거하는 공평과 정의의 노래 아리랑. 미완의 광복으로 74년을 갈라져 다투는 한반도의 화해와 통일의 노래 아리랑. 그렇게 아리랑이 진정한 광복의 노래가 되기를 기원하며 이 글을 쓴다. 이 글은 한국인이면 누구나 다 알면서도 제대로 모르는 노래 아리랑에 관한 약간의 상식이 담긴 글이다. 내가 만난 여러 아리랑의 일화를 하나하나 정리해 가면서 조금씩 아리랑의 얼개를 잡아 볼 것이다. 그리고 항일과 통일의 노래 아리랑 이야기를 몇 개나마 정리하여 광복의 노래 아리랑의 길을 닦으려 한다. 부디 이 짧은 글이 가깝고도 먼 아리랑과 악수하고 부둥켜안을 수 있는 우리 모두의 오작교가 될 수 있기를 바란다.

1. 처음 만난 아리랑들

1) 정선아리랑

어쩌다 판소리의 매력에 빠진 나는 1984년 어느 날부터 서울 선릉역 근처 문화재전수회관을 여러 해 동안 들락거렸다. 거기서 김수현, 조상현 두 분 선생님께 흥부가와 수궁가를 배웠는데, 김수현 선생님은 판소리 수업 때마다 남도민요를 하나씩 가르쳐 주셨다. 민요를 제대로 배우고 그 맛을 알기 시작한 건 그때가 처음이다. 판소리 맛과는 또 다른 민요의 맛에 빠지면서 1985년부터 서울 아현동 근처 민요연구회에도 드나들기 시작했다. 민요연구회는 신경림 시인을 중심으로 우리 땅 구석구석을 찾아다니며 숨은 민요들을 발굴하고 보급하는 사람들이 모인 곳이었다. '민요는 민족의 노래요 민중의 노래'라는 정의를 거기서 처음 배웠고, 수많은 전통 아리랑의 뿌리라 여기는 최고(最古) 아리랑, 정선아리랑의 맛을 처음 본 것도 거기였다.

지난 2018년 2월에 열린 평창겨울올림픽 개막식을 통해 세상에 널리 알려진 정선아리랑은, 강원도 정선의 험한 산 굽이굽이만큼이나 구성지고 아름다운 아리랑이다. 정선아라리라고도 하는 정선아리랑의 역사가 얼마나 오랜 지는 아무도 모른다. 다만, 이 노래 첫 절에 나오는 "만수산 검은 구름이 막 모여든다~"가 이성계 · 이방원 등을 피해 숨어든 고려 충신들의 일편단심을 담은 것으로 추측하니, 최소 600년은 넘었을 것이고 가락은 더 오래되었을 것으로 본다. 만수산은 고려의 주산(主山)이었으며, 이방원이 정몽주를 회유하려고 지은 하여가(何如歌)에도 나오는 산이다. 아리랑의 맏형인 정선아리랑은 인근의 평창을 비롯해서 횡성에 이르기까지 주변 고을의 이름을 딴 여러 아리랑이 되어 그곳 지리와 일상을 담는 넓고 큰 그릇이 되었다. 다만 정선아리랑은 여러 아우 아리랑과 앞소리 가락은 같으나, 앞소리뿐 아니라 반드시 뒷소리를 이어 부르며, 또한 랩 음악처럼 보이는 엮음아라리 같은 역동적인 변주를 곁들이기도 하는 참 구성지고도 다채롭고 예술성이 풍부한 아리랑이다.

2) 나운규 아리랑

내가 민요연구회를 드나들며 민요의 맛에 빠져들 무렵 아리랑에 푹 빠진 동지를 한 명 만났다. 그는 나보다 훨씬 먼저 그리고 훨씬 깊이 아리랑에 빠진 사람이었다. 그가 바로 뒤 영화 〈서편제〉의 주인공으로 유명해진 김명곤이다. 김명곤의 자취방이 서울 고려대 근처 어느 야트막한 상가 2층이었는데, 마침 그 아래층 가게 이름도 아리랑이었던 것으로 기억한다. 그 자취방에 한국 전통문화를 사랑하는 청년 예닐곱이 모여서 여러 차례 한국전통마을굿을 공부했다. 한국 전통문화의 원류를 찾아 연구하고 보급하는 단체를 하나 만들기 위한 준비 모임이었다. 그런데 안타깝게도 가장 나이 많은 선배였던 김명곤이 그 공부 모임을 떠나게 되었다. 사연인즉, 그의 아리랑을 향한 열정이 너무 컸기 때문이다. 그렇게 김명곤은 '극단 아리랑'을 차리게 되었고, 그를 제외한 나머지는 따로 공부를 계속하여 '민족굿회'라는 단체를 만들었다. 극단 아리랑의 첫 작품은 나운규의 영화 〈아리랑〉을 토대로 만든 2인극 〈아리랑〉이었다. 김명곤이 연극 아리랑의 주연배우가 되어 신촌 어느 극장에서 공연할 때, 극단의 첫 공연을 축하하기 위해, 마침 그 무대 미술을 담당했던 김봉준 선배와 함께 가서 연극 아리랑을 꽤 재미있게 보았다. 나운규의 영화 〈아리랑〉을 처음 알게 된 것이 그때였고, 지금 가장 많이 불리는 서울(경기)아리랑(본조 아리랑)이, 1926년에 그 영화의 주제가로 만들어진 새 노래였다는 사실을 알게 된 것은 그로부터 세월이 좀 더 지난 뒤였다.

나운규의 〈아리랑〉은 예술성이 높은 영화였을 뿐 아니라, 당시로서는 상상할 수 없을 만큼 항일정신이 가득한 영화였다. 주인공 영진이가 기미년 3.1만세운동으로 체포되어 고문을 받다가 정신이상자가 된 것부터 시작하

여, 그 영화의 주제가 '아리랑'이 영화의 중요 장면마다 불리다가 급기야 흥
분한 관객들까지 목놓아 '아리랑'을 합창하는 바람에 감시하던 일경들이 곤
욕을 치를 정도였다고 한다. 바로 이 대목에서 나는 '아리랑'의 항일정신을
보았다. 우리가 가장 많이 아는 바로 이 (나운규)아리랑이 태생적으로 강한
항일정신을 담았다는 사실을 발견한 것이다.

물론 영화 〈아리랑〉의 주제가 '아리랑'이 어느 날 갑자기 하늘에서 뚝 떨
어진 것은 아니다. 나운규가 어린 시절부터 들어 귀에 익은 어느 아리랑 가
락을 좀 더 쉽고 아름답게 다듬어 만든 것이 이 노래인 것이다. 그렇다면 나
운규가 어린 시절 들었던 아리랑은 무슨 아리랑이었을까? 바로 그 아리랑이
었으리라 추측하는 아리랑이 바로 조금 뒤에 소개할 '헐버트 아리랑'이다.

3) 남북 단일팀 아리랑

지난 1991년 지바 세계탁구선수권대회 때 남북 단일팀으로 출전해서 우
승하는 바람에 국가 대신 전 세계에 울려 퍼진 노래 역시 이 노래, (나운규)아
리랑이다. 이 노래가 국가 대신 선택되었던 것은, 가락이 쉽고 아름다울뿐
아니라 남과 북 모두가 사랑하는 아리랑이기 때문이었을 것이다.

(나운규)아리랑은 지난 2018년 여름 인도네시아에서 열린 18회 자카르타
팔렘방 아시안게임에서도 울려 퍼졌다. 남북 단일팀으로 출전해서 금메달
을 획득한 여자용선(드래건보트)팀 수상식 때 국가 대신 연주된 것이다. 이때
도 남북 선수들이 함께 울었다. 이 광경을 보면서 나는, 문득 27년 전 지바
세계탁구선수권대회의 역사적인 장면, 남북 여자 단일팀의 현정화 선수와
리분희 선수가 마지막 헤어지며 우는 사진이 떠올랐다. 추측컨대 27년 전이
나 지금이나 남북 단일팀 선수들이 헤어질 때마다 울 수밖에 없었던 것은 아

리랑의 노랫말, "나를 버리고 가시는 님은, 십 리도 못 가서 발병 난다", 아리랑의 이 첫 노랫말 때문은 아니었을까? 이 첫 노랫말만으로도, 과연 아리랑은 사람들을 이어주는 노래, '언제나 어디서나 사람들을 하나되게 하는'[2] 노래라 할 만하다.

4) 헐버트 아리랑

나라 안팎으로 가장 유명한 아리랑인 (나운규)아리랑의 모태가 된 아리랑으로 알려진 것이 바로 '헐버트 아리랑(문경새재아리랑)'이다. 그 아리랑에 '헐버트'라는 이름이 붙게 된 사연은 이렇다. 헐버트 선교사는 육영공원(育英公院)이라는 한국 최초의 근대식 학교 교사로 초청받아 1886년에 한국에 오자마자 이 노래 '문경새재 아리랑'이 귀에 들고 마음에 드는 바람에, 문경새재아리랑을 역사상 최초로 오선보로 채보하여 남긴 주인공이 되었던 것이다.[3] 그 바람에 '문경새재아리랑'이 '헐버트아리랑'이라고도 불리게 되었다. 그 당시 우리나라에 수많은 아리랑이 있었음에도 헐버트가 가장 처음이 아리랑을 듣게 된 것은, 이 노래가 당시 서울에서 가장 많이 불리던 아리랑이었기 때문일 것이다. 그 배경을 추측하자면 이렇다. 문경새재아리랑은 정선아리랑보다 훨씬 쉬웠고, 더구나 정선아리랑보다 쉬운 강원도아리랑의 엇모리장단보다도 편하고 쉬운 세마치장단(또는 중중모리장단)이었으며, 노랫말도 당시 가장 첨예한 사건이었던 흥선대원군의 경복궁 중건과 관련되었기 때문이리라. 경복궁 중건은 헐버트가 한국에 들어오기 20년 전에 벌어진 역사였는데, 그때 전국 팔도에서 얼마나 많은 일꾼과 목재가 공출되었는지는 이미 역사에 자세히 기록되었고 여러 전래민요 노랫말로도 전해진다. 그때 박달나무로 유명한 문경새재에서도 박달나무 공출로 크게 몸살을 옳았기에 문경새재아리랑(헐버트아리랑)이 생기고 널리 퍼진 것이리라. 재미있는 것은, 흥선대원군이 이 역사로 크게 욕을 먹었지만, 그 덕분에 여러 아리랑이 곳곳에서 서울로 모이고 다시 전국으로 퍼지고, 그리하여 삼천리 방방곡곡마다 그 지역 아리랑 재창작의 원동력이 되었다는 사실이다.[4]

　헐버트는, 자신이 쓴 책『대한제국멸망사』제목처럼, 일제 때문에 허물어져 가는 대한제국의 버팀목이 되려고 누구보다 애쓴 사람이다. 헐버트는 YMCA를 만들고, 독립신문도 만들고, 1907년 헤이그 특사인 이준, 이위종, 이상설 등과 함께할 만큼 고종 황제의 최측근으로 활동하다가 결국 일제에 의해 추방되고 만다. 그렇게 오랜 세월 그리운 한국을 떠나 살던 헐버트는, 1949년 아리랑의 고향 한국에 돌아와 숨져 서울 양화진에 묻힌다. 할아버지의 60주기 추모식에 왔던 헐버트의 손자 브루스 헐버트에 따르면, 그가 열 살 때까지 할아버지와 함께 사는 동안 할아버지는 내내 한국의 아리랑을 불러 주셨다고 한다.[5]

2. 아리랑 이모저모

　이 밖에도 지난 35년 세월 동안 내가 만난 여러 아리랑은 모두 자기 이야기, 자기 고유의 빛깔과 향을 품고 있었다. 그 이야기들을 마저 다 풀기 전에, 먼저 이리 다양한 아리랑, 셀 수 없이 많은 아리랑들의 큰 뼈대를 세워 아리랑의 면모를 한눈에 볼 수 있도록 몇 가지 아리랑 상식을 정리해 본다.

1) 아리랑 이름

　아리랑의 대강을 어림잡기 위해 먼저 '아리랑'이라는 이름부터 살펴보면,

'아리랑'에는 우리민족이 가장 선호하는 음소(音素)인 'ㅏ', 'ㅣ', 'ㄹ', 'ㅇ'이 모두 있다.[6] 이것이 한국인이 가장 좋아하는 음소라는 주장은, "얄리얄리 얄라셩 얄라리 얄라" 같은 여러 고시가(古詩歌) 자료 분석을 토대로 한 주장이다.

'아리랑' 이름의 유래에는 설이 많다. 한을 품고 죽은 '아랑'이라는 여인의 이름에서 유래한다고도 하며(밀양아리랑), '아리고 쓰린' 민초들의 애환을 담아 '아리아리랑 쓰리쓰리랑'이라 부른다고도 하고, 실존하는 전국의 아리랑 고개에서 유래한다는 말도 있다. 그 밖에도 여러 설이 있지만, 나는 그중에서 '메아리설'이 가장 그럴 듯하다고 본다. 메아리란 '산의 노래'라는 말이다.[7] '메(뫼)'는 산, '아리'는 노래다. '아리'란 길 장(長)자의 고대 순우리말이라고도 보는데, 한강을 가리키는 옛 이름인 '아리수'가 좋은 증거다. '메아리'역시 산에서 굽이굽이 길게 끌며 울려 퍼지는 긴 소리이니 적절한 증거이겠다.[8] 그리고 보니 아리랑은 그 이름부터가 한없이 이어지는 은근과 끈기의 노래다. 그 어떤 역경에도 꺾이지 않고 결코 끊어지지 않을 불굴(不屈)의 노래 아리랑! 여기서 우리는 또 하나의 아리랑 정신을 본다. 한없이 이어지는 '은근과 끈기'! 꺾이고 끊겨도 '기어이 다시 이어지는 이음새 정신'!

'메아리'는 '메나리'와 어깨동무다. '메나리토리'[9]가 백두대간을 중심으로 함경도~강원도~경상도를 모두 잇고 있다는 사실, 즉 아리랑의 전국 분포도를 보았을 때, 많은 아리랑이 주로 백두대간을 중심으로, 특히 산이 험한 강원도 지역에 밀집해 있다는 사실[10] 등이 '아리랑' 이름이 메아리, 즉 '산 노래'에서 나왔다는 설을 뒷받침한다. 그래서 이 학설을 주장하는 학자들은 아리랑이 산에 올라 하늘과 소통하며 불렀던 참으로 종교성이 강한 노래라고 본다.

2) 아리랑의 고향

아리랑은 산에서 태어나 강을 따라 점점 더 크게 자랐다. 그래서일까? 아리랑은 산을 닮고 강을 닮아, 끊임없이 이어지고 또 이어지는 강인한 노래다. 강(江)은 강원도 심심산골에서 태어난 아리랑을 이 마을 저 고을로 보내어 무럭무럭 자라게 했다. 1865년부터 7~8년 간 대원군이 지휘한 경복궁 중건 때 강원도에서 벌목한 아름드리나무들은 뗏목으로 묶여 뗏사공들에 의해 강원도 정선의 아우라지를 지나고 양평 두물머리(양수리)를 거쳐 마포나루까지 흘렀다. 이때 나루터에 숙식을 위해 머문 뗏사공들이 부른 아리랑이 나루마다 퍼졌으며, 종착지 서울에 모인 강원도의 여러 아리랑은, 경복궁 중건을 위해 전국 팔도에서 모인 일꾼들에 의해 팔도로 퍼져 나갔을 것이다. 당시 울릉도에서도 향나무를 싣고 경복궁까지 왔을 정도이니 그 전파경로의 폭이 얼마나 넓었을지는 불을 보듯 훤하다. 물론 뗏사공에 의한 아리랑 전파는 경복궁 중건 이전에도 있었을 것이며, 뗏사공들 외에도, 화전민들의 이동을 통해서,[11] 그리고 전국을 돌아다니던 봇짐장수나 기타 다른 경로로도 아리랑은 두루 퍼졌을 것이다. 상상을 초월하는 한국인의 노래 사랑과 아리랑의 기세를 일찌감치 파악한 일제의 아리랑 탄압이 오히려 아리랑이 더 깊고 넓게 전국으로 퍼지고, 각 지역 아리랑으로 재탄생하게 만들었다는 역설 또한 뜻 깊은 아리랑 탄생과 성장의 역사다.[12]

3) 아리랑의 토양

아름드리나무가 힘차게 가지를 뻗듯 아리랑이 전국에 퍼져 그리 다양하고 풍성하게 꽃피고 열매 맺을 수 있었던 것은, 비옥한 토양, 즉 우리 민족의 두드러진 노래 사랑 덕분이다. 유달리 노래를 좋아하는 민족인 우리는 고대 중국인들이 이해할 수 없어 고개를 절레절레 흔들 만큼, 상여가 나가는 인생의 가장 슬픈 장례식 상황에서조차 노래를 부르는 보기 드문 민족이다. 유불선 그 어떤 예식에서건 기도를 해도 가락에 얹어 노래 부르듯 기도했고, 경서를 읽을 때도 노래로 읊조리던 우리 민족이다. 심지어 선비들이 책을 통째로 외우기 위한 목적으로 책 내용을 모두 가락에 얹어 노래하듯 부르는 '송서(誦書)' 문화가 지금 21세기까지도 남아 있을 정도다. 민초들의 노래 사랑에 관한 헐버트 선교사의 기록을 보면, 사람들이 여럿이 모여 아리랑을 부를 때, 즉석에서 장단도 자유자재로 변화시키고, 한 사람씩 돌아가며 즉흥적으로 노랫말을 지어내는 것을 보며 감탄한 나머지, '조선인은 모두 워즈워드 같고, 바이런 같은 시인들'이라고 극찬했다.[13] 어여쁘신 신라 공주 선화공주와 혼인하려고 노래를 지어 퍼뜨렸다는 '서동요'에서 볼 수 있듯이, 고래로 우리는 무슨 노래가 하나 생기면 참으로 빠른 속도로 전파될 만큼 노래를 참 좋아하는 민족임이 틀림없다.[14]

이런 노래 사랑 토양 덕분에, 일제강점기 가혹한 탄압을 피해 나라밖으로 떠돌아야만 했던 우리는 발길 닿는 곳마다 아리랑을 지어 부를 수 있었던 것이다. 아리랑은 언제 어디서나 우리를 붙들어 주고 우리의 아픔을 어루만져 주었다. 가장 오랜 아리랑인 정선아리랑의 노랫말 첫 절부터, 고려가 무너진 뒤 그 아픔을 달래던 고려 충신들의 일편단심이 절절이 묻어나고, 종군위안부(성노예)로 끌려가 평생 타국을 떠돌며 모국어도 잊고 어린 시절 기억까지 다 잃었으나 아리랑만큼은 심장에 새겨 두었던 할머니들, 남양군도로 징용 가서 이름도 없이 한세상을 마쳤으나 그들의 이웃이던 원주민들에게 전해져 지금까지 그들 기억 속에 남아 있는 노래 아리랑. 아리랑은 그렇게 우리 민족의 여정에 마지막까지 동행한 길동무였다.[15]

4) 아리랑의 갈래

아리랑 종류와 노랫말이 얼마나 많은지는 그 수를 일일이 헤아릴 수 없다. 각 지역을 대표하는 전통 민요 아리랑만 해도 50종류가 넘으며, 오래전에 잊힌 여러 지역 아리랑들이 지금도 발굴되니, 비슷한 가락까지 합하면, 어림잡아 100종류가 넘을 것으로 본다. 게다가 지역을 대표하는 아리랑 외에도 역사적 사건을 담은 아리랑들이 계속 만들어지며, 교육적이고 신앙적인 내용을 담은 아리랑도 수도 없이 만들어지니 그 수를 헤아리기 어렵다.

지역을 대표하는 아리랑 가운데 가장 널리 알려진 몇 곡만 소개하자면, 정선아리랑, 평창아리랑, 강원도아리랑, 해주아리랑, 긴아리(서도), 긴아리랑(경기), 밀양아리랑, 진도아리랑 등이 있다. 역사적 사건, 특히 일제강점기의 역사를 담은 아리랑으로는, 광복군아리랑, 아산아리랑, 춘천아리랑, 상주아리랑이 대표적이고, 분단과 통일을 염원하고 상징하는 아리랑으로는 영천아리랑, 홀로아리랑, 동막골아리랑, 통일아리랑 등이 있다.[16] 이 밖에도 친일 잔재 문제와 위안부 할머니를 다룬 신광복군아리랑, 세월호 참사를 노래한 세월아리랑 등이 있다. 또한 사상을 담아 주는 아리랑, 그중에서 기독교의 성경 구절을 담은 아리랑으로, 성탄아리랑, 부활아리랑, 여리고아리랑, 변화산아리랑 등이 있다. 이 창작 아리랑들은, 끊임없이 아리랑을 짓는 수많은 사람들 가운데서도 극히 작은 자인 내가 지은 아리랑, 그 가운데서도 일부만 소개한 것이니, 오늘날 아리랑의 숫자를 어림잡는다는 것은 거의 불가능할 것이다.

3. 아리랑과 교회

영화 주제가로 만들어져서 그 영화 〈아리랑〉의 전국적인 대성황에 힘입어 영화보다 오히려 더 유명해지고 더 오래, 더 널리 퍼진 노래 (나운규)아리랑은, 급기야 지구 반대편 미국(북미) 연합장로교회 찬송가집에까지 오르게 되었다. 1992년 미국 프린스턴 대학교를 방문했을 때, 한국 전통문화 관련한 대화를 하던 중 그 학교 신학생들이 나에게 1990년경 출판된 북미 연합장로교회 찬송가집 346장을 자랑스레 펼쳐 보여주었다. 거기 'Christ, You are the Fullness'라는 제목의 찬송곡이 있었는데 그 멜로디가 바로 (나운규) 아리랑이었다. 이 노래는 20년 뒤에 찬송가 개편 때도, 229장에 다시 실릴 만큼 북미 장로교회의 사랑을 한몸에 받는 찬송곡이다.

한국 교회는 이보다 앞서 여러 아리랑을 찬송가로 부른 시도가 있었다. 나는 1987년 겨울 동성교회(당시 김덕순 목사 시무) 겨울 성경학교 때 중고등부 학생들에게 진도아리랑을 가르치고 성경 말씀을 바탕으로 아이들이 직접 작사한 아리랑을 중고등부 헌신예배 때 발표한 적이 있다. 물론 진도아리랑보다 훨씬 더 유명하고 함께 부르기 쉬운 (나운규)아리랑으로 찬송가를 만든 사례는 더 많다. 한국 전통음악가이며 예배학자인 문성모 목사와 가야금 연주자인 문재숙 교수 등이 그 시도를 했으며 그 밖에도 수많은 사람들이 아리랑을 찬송가로 부르려고 노력했다. 그럼에도 한국 교회가 모두 함께 부르는 찬송가집에는 오르지 못했다. 그러니 남의 나라 낯선 가락임에도 미국교회가 먼저 아리랑을 찬송가로 만들어 찬송가집에 연거푸 실은 사실은 큰 반성과 교훈이 아닐 수 없다.

〈찬양하세〉(진도아리랑 가락으로, 뒷소리는 세마치, 앞소리는 중중모리장단으로)

(뒷소리)

아리아리랑, 스리스리랑, 아라리가 났,네 헤에헤, 아리랑, 어화절씨구, 아라리가, 났네~

1. 먼저- 그, 나라와, 그 의를, 구하라 / 그리하면, 이 모든 것을, 더하여, 주시리

2. 할렐-, 루-야, 주찬양, 하세- / 권능의, 궁창에서, 주찬양, 하세-

3. 나팔-, 소리로, 하나님, 찬양- / 비파와, 수금으로, 주찬양, 하세-

4. 소고치며, 춤추어, 하나님, 찬양- / 현악과, 퉁소로, 주찬양, 하세-

5. 큰소리나는, 제금으로, 하나님, 찬양 / 높은소리나는, 제금으로, 주찬양, 하세-

6. 할렐-, 루-야, 하나님, 찬양 / 호흡이, 있는자마다, 주찬양, 하여라~

〈예수랑〉(나운규아리랑 가락으로, 세마치)

1. 예수랑, 예수랑, 예수함, 께― / 분단의, 고개를, 넘어간, 다―
   예수랑, 고개는, 통일고, 개― / 다함께, 손잡고, 넘어가, 세―

2. 예수랑, 예수랑, 예수함, 께― / 절망의, 고개를, 넘어간, 다―
   예수랑, 고개는, 소망고, 개― / 다함께, 손잡고, 넘어가, 세―

3. 예수랑, 예수랑, 예수함, 께― / 분열의, 고개를, 넘어간, 다―
   예수랑, 고개는, 사랑고, 개― / 다함께, 손잡고, 넘어가, 세――~[17]

아리랑은 미국 교회보다도 한국 교회가 더 소중히 생각해야 할 문화유산이요, 하나님께서 맡기신 달란트가 아닐 수 없다. 공평과 정의를 추구하는 정신, 막힌 담을 허물고 갈라진 사이를 이어 주는 화해와 통합의 정신 가득한 노래가 바로 아리랑이기 때문이다. 우리민족 역사의 가장 낮은 곳, 민초들 일상의 가장 깊은 곳을 흐르는 '바닥 소리'요, 가장 높은 산에 올라 하나님께[18] 부르던 '높은 소리'가 바로 아리랑이었기 때문이다. 어디 그뿐인가? 아

리랑은 그 태생과 이름부터 우리 생명, 씨앗, 씨울을 담는 '생명 소리'가 아니던가! '아리'란, 앞서 살핀 길 장(長)자, 기나긴 강과 산맥, 그리고 노래라는 뜻보다 먼저, 생명이라는 뜻을 담은 이름이었다. 생명의 기초를 가리키는 단어 '알', 그리고 그 씨알, 종자를 담아 보관하는 항아리 등이 그 흔적이다.

내가 만난 아리랑들 안에서 공평과 정의, 하나님의 공의(公義)를 발견하고, 갈라진 것을 하나로 다시 잇는 화해와 용서의 도(道)를 맛본 뒤로, 아리랑이 교회의 노래가 될 수밖에 없는 필연을 나는 깨쳤다. 고아와 과부, 나그네, 지극히 작은 소자 하나를 아끼시는 하나님의 마음을 빼닮은 노래 아리랑이요, 화해와 통합, 생명의 노래 아리랑이니, 아리랑이야말로 한국 교회에게 안성맞춤 큰 그릇이 아닐 수 없다. 그야말로 그리스도의 복음을 담아 보관하고 숙성하고 요리하여 만민을 먹일 수 있는 항아리요 뚝배기인 아리랑! 그래서 나는 하나님말씀인 성경구절을 최대한 외우고, 시도 때도 없이 생활 속에서 생생하게 기억나게 하려는 목적으로 말씀노래와 시편송서(詩篇誦書) 만드는 일을 10여 년 해오면서, 전통 아리랑가락을 사용하려 애쓰고 있으며, 새로 지은 가락이어도 아리랑이라는 이름을 붙이려 애쓰고 있다. 아리랑, 그 익숙한 가락과 아름다운 이름 안에 담긴 저 깊고 높은 생명력 때문이다.

4. 다시 만난 아리랑들

지금도 나는 마치 숨은그림찾기를 하듯, 보물찾기를 하듯, 땅에 묻힌 보화를 발굴하는 기쁨, 그리고 100년 묻어둔 달란트를 다시 캐내는 송구한 심정으로 잊힌 아리랑을 찾는 일과 새 아리랑을 짓는 일을 계속한다. 그 아리랑들 가운데서 아리랑 정신을 잘 담은 노래, 즉 공평과 정의, 생명 사랑, 하나 됨의 정신이 두드러진 항일과 통일의 노래를 몇 개 골라 소개한다.

〈상주아리랑〉(김소희의 상주아리랑과 김의철의 상주아리랑)

(중모리와 엇모리장단)

〈중모리〉(후렴) 아리랑 아리랑 아라리요 아리랑 고개를 넘어간다

1. 괴나리 봇짐을 짊어지고 아리랑 고개를 넘어간다

2. 아버지 어머니 어서와요 북간도 벌판이 좋답디다

3. 쓰라린 가슴을 움켜쥐고 백두산 고개를 넘어간다

〈엇모리〉(후렴) 아리아리 쓰리쓰리 아라리요 아리랑 고개를 넘어간다

4. 문전의 옥토는 어찌되고 쪽박의 신세가 웬말인고

5. 원수로다 원수로다 원수로다 총 가진 포수가 원수로다[19]

6. 말깨나 하는 놈 재판소가고 일깨나 하는 놈 공동산 간다[20]

　　상주아리랑은 1989년경 명창 김소희 선생이 작창한 노래로 알려져 있다. 그런데 1950년대에 만들어졌다는 주장 등 여러 설이 있어서 정확한 작곡 시기는 알기 어렵다. 다만 그 노랫말은 이미 1930년대에 유행한 '신아리랑'을 비롯해서 여러 아리랑과 기타 민요에서 발견된다.[21] 이런 옛 노랫말들을 바탕으로 김소희 선생이 가락을 정리해서 붙였을 것인데, 엇모리장단 부분은 강원도아리랑을 조금 닮았다. 정리하자면, 김소희 선생이 기존의 노랫말을 바탕으로 가락을 정리하여 다듬고 이름을 상주아리랑이라 붙여 부름으로, 이 노래가 김소희의 상주아리랑으로 다시 태어나게 되었다는 사실이다. 아무튼 이 노래는 일제강점기에 농토를 빼앗겨 만주 벌판으로 이주할 수밖에 없었던 우리 아픈 역사를 고스란히 담은 아리랑으로서, 시적으로도 매우 잘 다듬어진 노래다. 김소희의 상주아리랑은 가락이 애절하면서도 힘차다. 김소희 선생이 직접 부른 상주아리랑은 참으로 절창인데, 나는 처음 이 노래를 듣자마자 푹 빠져들었다. 그때 이후로 나는 기회 있을 때마다 상주아리

랑을 부르고 가르치려고 애쓴다. 왜냐하면 불평등의 극치였던 일제강점기의 우리 역사를 고스란히 그린 이 노랫말 속 항일정신이, 우리 안에 잠자는 공평과 정의를 두들겨 깨워 우리 안의 가라지 같은 친일 잔재를 뿌리 뽑을 수 있다고 믿기 때문이다. 그래서 이 노래에 연이어 광복군아리랑, 신광복군아리랑 등을 부르곤 한다.

그러던 어느 날 나는 김의철의 상주아리랑을 만났다. 김의철은 나와 일면식은 없어도 그가 지은 불후의 명곡 '군중의 함성', '이 땅의 축복 위하여' 등으로 익히 알던 이름이었다. 그런데 그가 지은 새 상주아리랑을 듣고 나서 그가 원래 한국 포크 음악과 클래식기타를 접목한 뛰어난 음악가라는 사실도 알게 되었다. 그와 긴 통화 끝에 알게 된 새 상주아리랑의 탄생 이야기는 이렇다. 카자크스탄 고려인 마을 공연을 앞둔 판소리꾼 박찬응에게서 상주아리랑 노랫말을 받아 읽고 큰 감동을 받는다. 일제 지주들에게 땅을 빼앗기고 백두산 고개를 넘던 상주 사람들, 춥고 낯선 땅에 정착해서까지도 끝없이 수탈하던 일제에 의해 하나둘 스러져간 상주 사람들의 영혼이 찾아와 이 노래를 짓게 한 듯이, 그는 가사를 받자마자 단숨에 이 노래를 지었다. 원래 노랫말을 그대로 살려, 클래식기타 반주로 부르기 좋은, 쉽고 편안하면서도 구성진 가락의 김의철의 상주아리랑으로 재탄생한 것이다. 아리랑은 이렇게 저렇게 세대를 이어서 새로운 노래로 이어지는 노래라는 것을 김의철의 상주아리랑은 잘 보여준다.

김의철에게 아리랑은 항일의 노래며 또한 통일의 노래다. 김의철은 함경도 원산이 고향인 실향민의 아들로 1953년 부산에서 태어났다. 피난 내려오며 함께 못 온 세 여동생 생각에 하염없이 우시다가 시력까지 잃으신 어머니께 빛이 되고 힘이 되어 드리려고, 그는 해마다 어머니날이면 노래를 지어 드리곤 했다. 그러던 어느 날, 여동생들이 모두 고향에 생존하고 있다는 소식을 50년 만에 들은 어머니께서 "이게 꿈이냐 생시냐"며 쓰신 편지를 바탕으로 '이게 꿈이냐 생시냐'라는 노래를 지었다. 가수 양희은과 윤선애가 각각 불러 잘 알려진 실향민 이산가족의 상징적인 노래다. 바라기는 항일을 넘어 이 민족의 어두운 눈 환히 열어 줄 빛의 노래, 광복(光復)의 노래, 김의철의 통일아리랑을 어서 듣고 싶다.

> **〈영천아리랑〉**(엇모리 또는 세마치장단)
>
> (뒷소리) 아라린가 스라린가 영천인가, 아리랑 고개로 날 넘겨주소
>
> 1. 아주까리 동백아 더많이 열려라, 산골집 큰애기 신바람난다
>
> 2. 머루야 다래야 더많이 열려라, 산골집 큰애기 신바람난다
>
> 3. 앵두나 오디는 단맛에 먹구요, 딸기나 살구는 신맛에 먹는다

영천아리랑은 상주아리랑과 어깨동무다. 지역도 그렇고 사연도 그렇다. 노랫말은 전혀 다르지만, 영천아리랑의 기나긴 여정을 돌아보면 과연 그러하다. 경북 영천 사람들도 상주 사람들처럼 일제에 농토를 빼앗기고 백두산을 넘고 압록강을 건너 이주하였다. 고향 영천을 떠난 사람들은 때마침 추운 겨울이라 함경도 두만강 근처 회령에서 동포들에게 의지해서 겨울을 날 수밖에 없었다. 그때 여러 달 동안 함경도 땅에 머물며 고향 노래인 영천아리랑을 자주 불렀는데 함경도 사람들이 그 노래가 재미있어서 따라 부르게 되었다. 그렇게 영천아리랑이 함경도에 뿌리내려 지금까지 100년 가까이 엇모리장단과 세마치장단 등 두 종류로나 성장하여 북측 인기 민요로 자라는 동안, 정작 그 고향인 남측 영천 지역에서는 잊힌 노래가 되어버렸다. 물론 한국의 아리랑 연구가들은 이미 영천아리랑의 존재를 알고 있었다. 그럼에도 북에서 불리는 인기 노래라는 이유로 언급조차 못하고, 우리 아리랑

의 숫자에도 포함시키지 못했던 것이다.[22] 그러던 차에, 지난 2000년 김대중 대통령이 방북하여 정상회담을 할 때, 북측 가수가 부른 영천아리랑을 듣고 깜짝 놀라 역수입하게 되었다. 이리하여 영천아리랑은 뒤늦게 지은 상주아리랑과 어깨동무요, 남과 북의 오작교가 되기에 충분한 역사적 가치를 지닌 기념비적인 아리랑이 된 것이다.

〈**광복군아리랑**〉(세마치장단)

(뒷소리) 아리아리랑 스리스리랑 아라리가 났네, 광복군 아리랑 불러나 보세~

1. 우리네 부모가 날 찾으시거던, 광복군 갔다고 말 전해주소~

2. 광풍이 불어요 광풍이 불어요, 삼천만 가슴에 광풍이 불어요~

3. 바다에 두둥실 떠오는 배는, 광복군 싣고서 오시는 배래요~

4. 동실령 고개서 북소리 둥둥 나더니, 한양성 복판에 태극기 펄펄 날리네~

이 노래는 한때 해마다 광복절만 되면 라디오에서 쉽게 들을 수 있었던 아리랑이다. 힘찬 밀양아리랑 가락을 빌린 노래로서, 1941년 중경 임시정부의 공식적인 4대 군가 중 하나로 불린 유명한 노래다. 밀양 출신 독립운동가인 약산 김원봉 선생의 주도로 밀양아리랑 가락에 붙였다는 설도 있다. 최근에는 이 노래가 밀양아리랑을 개사한 것이 아니라, 충청남도 아산에서 만들어진 '아산아리랑'이라는 주장도 있다. 아무튼 밀양아리랑은 경상도 특유의 씩씩하고 힘찬 기상이 잘 드러나는 노래다. 내가 처음 제대로 배운 밀양아리랑은 밀양 백중놀이에서 지게 작대기를 두드리며 부르는 힘찬 노래였다. 그 노래는 뒷소리를 "아리아리랑, 스리스리랑"이 아니라, "아리 덩더쿵, 스리 덩더쿵"이라고 부를 만큼 장쾌하고 거침없었다. 그래서 이리 기세등등한 밀양아리랑 가락이야말로 광복군아리랑으로 제격이 아니었을까 하는 생각이 절로 들었다.

<신광복군아리랑> (중중모리장단)

(뒷소리) 아리아리랑 스리스리랑 아라리요, 광복군 아리랑 불러나보세
1. 삼천리금수강산 무궁화나라, 꽃처럼 아름답고 무궁한 나라,
   꽃다운 이팔청춘 우리 누이들 정신대 광풍 속에 외로이 우네
2. 총칼에 군화발에 꺾이지 않고, 울던 소녀 눈물 닦고 어른이 되네,
   꽃다운 할머니들 일어나시니, 비로소 이 땅에 광복이 오네
3. 친일이 부끄러워 숨던 사람이, 느닷없이 떳떳하다 활개를치네,
   거울이 깨끗해야 부끄러움 알지, 역사가 바로서야 광복이 되지
4. 역사를 바로 세우는 교사와 기자, 역사를 바로 새기는 문화예술인,
   저들이 이 시대의 광복군이라, 어둔 세상 불을 켜는 광복군이라

나는 헐버트아리랑을 새로 다듬은 나운규아리랑을 만나고, 1930년대 신아리랑을 새로 다듬은 김소희의 상주아리랑을, 그리고 그것을 또 연이은 김의철의 상주아리랑을 만나면서, 누구나 새로운 아리랑을 지을 수 있을 뿐 아니라 너도나도 옛 아리랑을 새로 이을 수 있다는 자신감을 얻었다. 그렇게 해서 광복군아리랑을 이은 노래가 '신(新)광복군아리랑'이다. 친일 청산을 제대로 못하여 생긴 분단시대의 수많은 모순과 갈등이 시도 때도 없이 우리를 괴롭히던 차에, 일본 아베 정권의 독도 문제, 위안부 할머니 문제, 평화의 소녀상 문제 등에 관한 불합리한 요구에 끌려다니는 정부의 태도와, 심지어 역사 교과서조차 왜곡하는 국정교과서 문제, 그리고 이를 부추기고 조종하는 온갖 친일세력들 때문에 나는 한창 속이 상했었다. 그러던 차에 내가 매달 마지막 주일마다 여는 작은 음악회(둥글레음악회)를 준비하며 이

노래를 만들게 되었다. 그때 나는 음악회를 알리려고 이런 글을 남겼다.

'(상략) 역사의식과 역사교육이 점점 퇴보하는 시대입니다. 친일파 후손들이 드러내 놓고 활개치는 꼴불견 시대입니다. 정신대(일본군 위안부) 할머니들께서 아직도 저리 힘들게 싸우고 계십니다. 광복 70년이지만, 미완의 광복이었음을 깨닫습니다. 역사를 바로 세우는 일, 그리고 역사를 바로 새기는 일이 중요함을 새삼 깨닫습니다. 오늘의 발자취를 기록하여 역사를 만들어 가는 올바른 기자들, 이를 학생들에게 전하는 학교 선생님들, 그리고 이 역사를 다양하게 표현하여 전하는 방송인, 문화예술인들, 특히 지금도 일본 대사관 앞에서 외롭게 싸우고 계시는 꽃보다 아름다운 씩씩한 할머니들… 이분들이 바로 이 시대의 신광복군이시라는 것을 깨닫습니다. (하략)' (10회 둥글레음악회 홍보글)[23]

〈동막골아리랑〉 (엇모리장단 또는 평창아리랑 가락으로)

1. 나비야 나비야 청산 가자 호랑나비 너도가, 비행기재 고개고개로 넘실 넘실 넘어가
2. 두메산골 아무 골짜기 마을 하나 보인다, 아이들처럼 마구살아라 당실 당실 동막골
3. 착한 할머니 고운 어머니 든든하신 아버지, 함께 일하고 같이 밥 먹자 금실금실 동막골
4. 머리에 꽃꽂은 착한 아이는 어깨동무 내동무, 욕심쟁이들 착해지거라 방실방실 동막골
5. 나비야 나비야 청산 가자 호랑이 너구리 너도가, 아픈 동무들 새살 돋아라 덩실덩실 동막골

6. 아리랑고개는 열두 고개 동막골은 한 고개, 아이들처럼 마구 좋아라 둥 실둥실 동막골

이 노래는 영화 〈웰컴투 동막골〉을 본 감동으로 지은 아리랑이다. 이 영 화는 강원도 평창 심심산골에서 6.25전쟁이 났는지도 모르고 사는 평화로 운 마을에 미군, 북한군, 한국군 등의 낙오병들이 모여 다투다가 화합하는 내용이다. '아이처럼 막 살아라.'는 이름의 동막골은 눈앞에 있는 멧돼지 고 기도 먹지 않고 땅에 묻어 줄 만큼, 마치 에덴동산 같은 평화로운 이상향이 다. 이 영화 중간에, 다투던 남북 낙오병들이 군복을 벗고 평상복(농민복)으 로 갈아입은 뒤에 산비탈에서 함께 농사짓는 장면이 나오는데, 이때 쌍둥이 할아버지 두 분이 평창아리랑을 부르는 장면이 참으로 평화롭다. 그래서 나 는 처음에 동막골아리랑을 지을 때 그 가락, 평창아리랑 가락에 얹어 부르 도록 지었다가, 얼마 뒤에 김의철의 상주아리랑처럼 기타 반주로도 부를 수 있도록 좀 더 쉬운 가락으로 새로 지었다.

〈홀로 아리랑〉(중모리 또는 세마치)

(뒷소리) 아리랑 아리랑 홀로 아리랑, 아리랑 고개로 넘어가 보자,

　　가다가 힘들면 쉬어 가더라도, 손잡고 가 보자 같이 가 보자

1. 저 멀리 동해 바다 외로운 섬, 오늘도 거센 바람 불어오겠지,

　　조그만 얼굴로 바람 맞으니, 독도야 간밤에 잘 잤느냐

2. 금강산 맑은 물은 동해로 흐르고, 설악산 맑은 물도 동해 가는데,

　　우리네 마음들은 어디로 가는가, 언제쯤 우리는 하나가 될까

3. 백두산 두만강에서 배타고 떠나라, 한라산 제주에서 배타고 간다,

　　가다가 홀로섬에 닻을 내리고, 떠오르는 아침 해를 맞이해보자~

'홀로아리랑'은 나에게 여러모로 뜻 깊은 아리랑이다. 1990년 내내 미국 10개 주를 돌며 한인 동포 학생들에게 우리 민요와 춤, 그리고 풍물놀이를 강습하던 어느 날, 나는 코리아의 통일을 기원하는 노래가 급히 필요해서 내가 아는 몇몇 민요 가사를 다듬고 가락들을 섞어서 '통일아리랑'이라고 이름 붙였다.[24] 그리고 얼마 뒤 1991년 귀국했을 때, 내가 한국에 없었던 1990년에 홀로아리랑이 만들어진 사실을 알게 된 것이다. 너무나 반가운 마음에 나는 이 아리랑을 얼른 배우고 익혀 이듬해 1992년 두 번째 미국 순회 강습 때 학생들에게 부지런히 가르치고 신나게 합창했다.

홀로아리랑은 '아리랑 정신'을 매우 잘 구현한 보기 드문 수작이다. 노랫말 처음부터 끝까지, '언제 어디서든 사람들을 하나되게 하는' 아리랑 정신이 가득하다. 홀로 아리랑이 남북 팔도에 제대로 유명해진 것은 지난 2005년 조용필의 평양공연 때다. 원래 계획에 없던 곡이었는데 북측 요청으로 얼른 준비해서 앙코르곡으로 홀로아리랑을 불렀다고 한다. 그만큼 홀로아리랑은 (나운규)아리랑만큼이나 남과 북이 다 아는 노래요, 남과 북이 다 좋아하는 노래이며, 남과 북을 시시때때로 하나되게 만드는, 참으로 아리랑 정신 가득한 노래다.

홀로아리랑의 매력에 푹 빠진 나는 이 노래를 지은 한돌 선생께 직접 전화해서 긴 시간 통화했다. 그때 이 노래를 짓게 된 배경을 들었다. 그는 한국인이 독도에 거주하며 주민등록까지 한 사실을 안 뒤로 무려 독도를 열한 차례나 방문하며 이 노래를 구상했다고 한다. 까닭인즉, 한국인이 사는 곳이라면 당연히 그곳 아리랑이 있어야 한다는 또 하나의 아리랑 정신 때문이다. 그때 나는 새삼 깨달았다. 한국인이 사는 곳에는 반드시 그곳 아리랑이 있었다는 사실을! 그래서 지금은 다 잊혔지만, 우리나라에는 삼천리 방방곡곡 어디를 가나 그 땅 이야기를 담은 수많은 아리랑이 있었으며, 심지어 스탈린에 의해 강제 이주 당하던 소련의 고려인들도 정착하는 곳마다 블라디보스토크 아리랑, 치르치크 아리랑 등 그 땅 아리랑을 지어 불렀다.

거듭하는 말이지만, 내가 홀로아리랑을 맛보면서 또 하나 각성한 것은, 이처럼 아리랑은 계속 지어지고 이어져야 할 노래라는 너무나 당연한 사실이다. 나운규가 옛 아리랑을 바탕으로 가락을 다듬고 가사를 더한 것처럼, 독도에 한국인이 살기 시작한 사건을 보고 감동한 한돌이 아예 새로운 아리랑을 만든 것처럼, 너도나도 우리 살림살이 순간순간 닥치는 사건과 감동, 그리고 깨달음으로 내 아리랑, 네 아리랑, 우리 아리랑을 오늘도 내일도 지을 수 있다는 사실이다.

나가는 글 : 광복의 노래, 통일아리랑을 꿈꾸며

꺾이고 끊겨도 기어이 다시 시냇물처럼 이어지는 불굴의 노래 아리랑! 갈라진 것을 하나로 다시 이어 주는 화해와 용서의 오작교 아리랑! 공평과 정의의 꿈, 생명의 씨앗을 담아 줄 큰 항아리 아리랑!

한반도의 생명력을 떨어뜨리고 한민족의 얼을 빼 버리려고 일제는 정보를 차단하고 온갖 거짓말을 일삼았다. 그 더러운 구정물 세상에서 연꽃처럼 피어난 향기로운 노래 아리랑! 숨막히는 절망의 시대를 관통하며 한줄기 맑은 물처럼 유유히 흘러흘러 우리의 슬픔과 기쁨, 공평과 정의의 꿈을 끊임없이 실어 나르던 노래 아리랑! 일제강점기부터 지금까지 1백 년 내내 아리랑은 우리 민족에게 광복의 눈물이요, 광복의 핏방울이요, 광복의 선포였다. 안중근 의사가 품었던 큰 꿈부터 수많은 이름 모를 의병, 광복군 그리고 민초들의 소박한 꿈에 이르기까지, 그리고 모든 사람이 사람답게 살 수 있는 광복 세상을 이루려는 오늘 우리에게까지, 아리랑은 밥이고 생수며, 어제의 기억과 내일의 꿈을 삼천리 구석구석 실어나르는 실핏줄이다. 그렇다. 아리랑은 실핏줄과 같다. 과거 식민지, 미군정, 분단, 군사독재 시대를 넘어, '미투(me too)'의 시대, 저 모든 갑질과 거짓말, 온갖 적폐들의 민낯을 다 드러내는, 촛불의 시대, 참 광복(光復)의 시대로 넘어가는 오늘 우리에게, 아리랑은 실핏줄이다. 지난 백 년 적폐의 근원을 도려내고 치유하려는 민초들의 한숨과 지혜, 함성과 꿈을 담아 삼천리 방방곡곡 가슴 가슴마다 퍼뜨리는 실핏줄이다.

3.1만세운동 직후부터 일제는 대대적인 한국 문화 원류 조사사업을 벌였다. 그 결과를 토대로, 일제는 산의 정수리마다 쇠말뚝을 박아 기운을 꺾는 것은 물론, 공평과 정의의 정신이 담긴 여러 노랫말들을 바꾸고, 창씨개명은 물론이고, 마을 이름, 산 이름조차 조작하여 한민족의 기를 꺾는 악행을 저질렀다. 그럼에도 그들이 결코 손댈 수 없는, 마치 수백수천 미터 지하 수맥처럼 흐르는 민초들의 바닥 소리가 있었으니, 수천 년 이어온 민담이고 민요이며 아리랑이었다.

조선인에게 아리랑은 쌀과 같다고[25] 아리랑 없으면 못 사는 민족이라고, 아리랑으로 매일매일 하루 세 끼 힘을 얻는 민족이 바로 조선 사람이라고 보았던 헐버트 선교사가 한 그 말을 다시 기억한다. 그리고 헐버트의 이어지는 또 한 마디, 조선인은 모두가 워즈워드고 바이런이라고 했던 그 말을 되새긴다. 누군들 시인이 아니고, 누군들 아리랑꾼이 아니겠는가? 지금 우리는 거짓말 뉴스가 판을 치는 이 혼돈의 분단 세상을 향해 아리랑 정신을 발휘할 때다. 매일매일 밥을 지어먹듯이, 매일매일 너도나도 진실의 힘을 담은 새 아리랑을 지어 부르고, 따라 부르고, 이어 부르고 마침내 삼천리 방방곡곡 그 아리랑이 강물처럼 흐르게 할 일이다. 잔뿌리 같고 실핏줄 같은 아리랑은 어느새 삼척동자 같은 우리를 건강하고 진실한 아름드리나무로 자라게 할 것이다. 그렇게 아리랑은 3.1만세운동의 백 년 열매! 화해와 용서로 다시 하나되는 평화통일, 참 광복의 세상을 함께 이루어 가는 참 좋은 길동무가 될 것이다.

상주 아리랑

신 광복군 아리랑

중중모리

이정훈 지음

1. 삼천리 금수 강산 무 - 궁화 나 라 - 꽃 - 처럼 아름 답고 무궁 한 나 라 -
2. 총칼에 군화 발에 꺾 - 이지 않 - 고 - 울던소녀 눈물 닦고 어른 이 되 - 네 -
3. 친일이 부끄 러워 숨 - 던 - 사람 이 - 느닷 없이 떳떳 하다 활개 를 치 - 네 -
4. 역사를 바로 세우는 교 - 사와 기 - 자 - 역 - 사를 바로 세끼는 문화 예 술 - 인 -

꽃 다운 이팔청 - 춘 우 - 리 - 누이 들 - 정신대 광풍 속 에 외 - 로 이 우 - 네 -
꽃 다운 할머 니 - 들 일 - 어 - 나 시 니 - 비로소이 - 땅에 광 - 복 이 오 - 네 -
거 울 이 깨끗 해 야 부 - 끄 - 러움 알 - 지 - 역사가 바로 서 야 광 - 복 이 되 - 지 -
저 들 이 이 시 대 - 의 광 - 복 - 군이 라 - 어둔세상 불을 켜 는 광 - 복 - 군 이 라 -

(뒷소리)

아리 아리랑 스리스리랑 아 - 라 - 리 - 요 - 광 - - 복군아 - 리 - 랑 불 - 러나보 - 세 -

동 막골 아리랑

중모리

이정훈 지음

1. 나비 야나비 - 야 - 청산 가 - 자 - 호랑 나비 너 도 가 - - -
2. 두 메 산 - 골 - 아무 골 짜 기 - 마을 하나 보인 다 - - -
3. 착 한 할 머 니 - 고운 어머 니 - 든 든 하신 아버 지 - - -
4. 머 리에 꽃 - 꽃 은 - 착한 아이 는 - 어 깨 동무 내동 무 - - -
5. 나비 야나 비 - 야 - 청산 가 - 자 - 호랑이 너구리 너 도 가 - - -
6. 아리랑고 개 - 는 열 두 고 - 개 - 동 막 골은 한고 개 - - -

비 행 기 - 재 - 고 개 고 개 로 - 넘 실 넘 실 넘 어 가 - - -
아 이 들 처 럼 - 마 구 살 아 라 - 당 실 당 실 동 막 골 - - -
함 께 일 하 고 - 같 이 밥 먹 자 - 금 실 금 실 동 막 골 - - -
욕 심 쟁 이 들 - 착 해 지 거 라 - 방 실 방 실 동 막 골 - - -
아 픈 동 무 들 - 새 살 돋 아 라 - 덩 실 덩 실 동 막 골 - - -
아 이 들 처 럼 - 마 구 좋 아 라 - 둥 실 둥 실 동 막 골 - - -

예술은 삶과
양립할 수 있는가?
― 해방 전, 한국서양화가들의 미완의 초상화

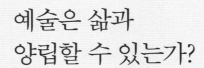

심은록 / 미술비평가, 전시기획가, PAF in Paris 미술감독

들어가는 글

한국에서 서양화가 시작된 시기를 일반적으로 1910년대로 본다. 일제강점기와 서양화가 시작된 시기가 비슷한 것은 우연이 아니다. 당시 정치계로 나가거나 공무원이 되고 싶으면 일본과 타협해야 했으니, 이를 할 수 없는 애국 청년들에게는 미래와 희망이 사라진 셈이다. 하늘이 무너진 막막한 상황에서 울분과 체념이 서양화로 인도했다. 이처럼 한국에서의 서양화는 그 시작이 남다르다. 이러한 비극적인 상황이 35년이나 지속되면서 "예술이 삶과 양립할 수 있는지"의 문제가 대두된다. 뛰어난 예술품이지만, 작가의 삶이 이와 이율배반적일 때, 그의 예술을 위대하다고 할 수 있는가? 작가의 인성과 재능(작품), 개인 조건과 환경(국가)의 압력, 등의 관계를 묻는 이 질문은 해방 전 '친일' 작가들뿐만 아니라, 해방 후 '월북' 작가들에게도 관련된다. 또한 21세기인 지금도 세계 각지에서 각각의 상황에 따라 첨예하게 질문되고 있다. 한국에서 서양화는 3.1운동을 계기로 중요한 변화가 발생한다. 일제는 3.1운동 이후, 문화통치 정책을 펼치며, 조선 미술을 통제하려는 방편으로 1922년 제1회 조선미술전람회(이하, '선전')를 개최한다. 많은 미술가가 기대를 안고 전시에 응모하고, 첫 회부터 유명 작가들이 대거 참여하는 등 [1] 403점의 작품이 출품된다. 선전은 미술가들의 유일한 등용문이자 전국적인 중요 행사로 자리잡는다. 이를 계기로 한국 서양화가 발전되기도

했지만, 일본은 선전을 통해 조선 미술계를 식민화하는 수단으로 삼았다.

이 글은 3.1운동에 참여하며 목숨을 바칠 정도로 조국의 독립을 원했던 예술가들이, 선전에도 적극적으로 참여하면서, 어떻게 일본과의 관계를 풀어가고, 자신의 그림을 발전시키며, 작가로서의 정체성('자화상')을 형성하는지 살펴본다.

1. 최초의 사람들

1) 최초의 서양화가 고희동

한국 최초의 서양화가는 춘곡 고희동(春谷 高羲東, 1886-1965)이다. 오광수는 고희동이 20세 때 신진 관료였으나, "국가 병합의 욕을 당하게"되어, 모든 것을 "다 청산하여 버리고 그림의 세계와 주국(酒國)으로 갈 길을 정하였다."라고 한다.[2] 나라 잃은 슬픔을 술과 그림으로 잊겠다는 발상으로 일본으로 미술 유학(1909-1915 동경 미술학교)을 떠났다. 하지만, "만나는 친구마다 나라가 이런 판국에 무엇하러 그림 같은 한가한 공부를 하느냐고 비양을 하여, 그림 그리는 것이 재미나지 않았다."[3]라고 말한다. 서양화에 대한 절실한 소명감 없이 시작했기에, 그만큼 쉽게 흥미를 잃었다.

고희동은 1914년『청춘』창간호의 표지 그림과 권두 그림을 그렸는데, 한국인이 그린 최초의 서양화인 셈이다. 잡지의 창간 목적을 보여주기 위한 상징성이 과하여 어색한 느낌마저 드는 표지 그림에는 도화 꽃을 든 청년이 호랑이 머리를 쓰다듬고 있다. 한반도를 상징하는 호랑이는 얼굴에 입만 보일 정도로 크게 포효하고 있으며, 청년은 고대 그리스 철학자처럼 연두색 튜닉을 입고 있다. 굳이 설명할 필요가 없을 정도로 명확한 메타포이다.

《청춘》은 육당 최남선이 발간한 잡지로, 호랑이는 우리 민족을 상징한다. 1903년, 일본인 지리학자 고토 분지로 (Bunjiro Koto 1856-1935)가 지질 구조도를 발표하면서, 한반도를 힘없는 토끼 모양으로 표현했다. 이에 반하여, 최남선은 "맹호가 발을 들고 허위적거리면서 동아 대륙을 향하야 나르난 듯 뛰난 듯 생기 있게 할퀴며 달려드는 모양"으로 한반도 형태를 설명했다.[4] 또 다른 고희동의 작품인 〈공원의 소견(小見)〉이 표지 뒤의 권두 화보로 게재 (국립중앙도서관에 소장, 1914.10.)되었다. 표지와 다른 분위기의 이 작품은, 두루마기를 입은 조선 청년이 공원 벤치에 앉아 책을 읽고 있다. 앞표지 그림에서는 주체할 수 없는 에너지와 강한 힘을 보여준다면, 내지 그림에서는 학문의 정진과 사색을 보여준다. 일제 무단통치기에 조선 청년들에게 고하는 강력한 시각적인 전언(傳言)이다.

하지만, '제1호 양화가'였던 고희동은 귀국 후에 동양화로 전향한다. 그가 캔버스에 유화 물감을 사용하여 그리는 것을 보고, 사람들이 "부대 조각에 고약 칠하며, 저런 우스운 짓을 하러 단길랴고 류학까지 가?"[5]라는 심한 조롱을 했으며, 그는 이에 굴복한 셈이다. 반면에 그는 동양화로 되돌아갔지만, 이전과는 달리 서양화의 기법을 가미한 모던한 동양화를 그렸다.[6] 이처럼, 당시 한국에서는 부유한 집안의 자제들이 유학까지 하며 서양화를 배웠어도, 사회의 몰이해와 홀대로 동양화로 되돌아가거나 아니면 그림을 포기했다. 동경미대 두 번째 졸업생인 김관호(1911~1916)도 서예로 바꾸었다. 동대 세 번째 졸업생인 김찬영(1912~1917)은 귀국 후 고향인 평양에 갔다가, 서울로 이사하며 이름을 '덕영'으로 바꾸고, 고미술품 수집에 몰두하여 '10대 명품 수장가' 중의 한 명이 되었다. 그의 아들이 '102세 현역 화가' 김병기이다. '문인화'에 익숙한 이들은 서양화도 '문인적인 교양'으로 아니면 '술'처럼 도피 수단으로 여겼다. 결국 일본 유학한 1세대 서양화가 중에 끝까지 버틴

사람은 이종우(1917~1923 동경미술학교)와 나혜석(1913~1915 동경여자미술학교)이 처음이다. 이 두 사람은 예술과 예술가가 존중받는 독일과 프랑스에서 활동했다는 공통점이 있다.

2) 배운성, 최초의 유럽 미술 유학생

배운성(裵雲成 1900-1978)은 '최초의 유럽 미술 유학생'이다. 즉, 최초로 서양화의 본고장에서 배우고 활동한 화가이다. 그는 1919년 3.1운동에 참가하고, 민족 봉기를 위한 여러 신문을 비밀리에 인쇄하다가 인쇄소가 발각되어 일본 동경으로 도피한다. 피난 기간에 와세다 대학에서 2년간 경제학 공부를 하는데, 이때 가난한 집안 출신으로 재정적으로 어려운 그를 백인기 집안이 후원한 것으로 알려졌다. 1922년 봄, 백인기의 아들 백명곤(1905-1942)이 독일 유학을 떠날 때, 그의 뒷바라지를 위해 배운성도 함께 떠난다. 배운성은 주인 아들의 몸종과 같은 신세로 유럽에 왔다가 화가가 된 특별한 경우이다. 이 두 사람은 1922년 3월 17일 베를린에 도착하나, 백명곤은 병에 걸려 바로 귀국한다. 불행인지 다행인지 배운성은 귀국할 여비를 받지 못해 독일에 남게 되고, 미술을 한다. 당시 서양화가들은 대부분 외국 유학에 어려움이 없을 정도의 부유한 집안 출신이었다면, 배운성은 귀국할 비용이 없어 외국에 혈혈단신 남아 있어야 할 정도로 어려웠다.

배운성의 유럽 체류는 크게 독일(체류 기간: 1922-1937)과 프랑스(체류 기간: 1937-1940)로 나눌 수 있다. 그가 쓴 글의 제목 『벙어리 화백과 부르노 고성』처럼, 독일 체류는 벙어리 화백과 세계적인 판화 교수들에게 배우는 기간이었다면, 프랑스 체류는 부르노 고성에 있었을 때처럼 가르치고 자신을 표현하고, 화가로서 역량을 보여주는 기간이라고 할 수 있다. 그는 당시 유럽의 국제미술전과 살롱전에 1등상, 특등상, 입선 등을 수상하여, 한국 작가로는 수상 경력이 가장 많았고, 유럽 언론에도 자주 소개 되었다. 한국 미술 유학 생이 처음으로 서양에서 서양화를 한 것인데도 바로 인정을 받았다. 〈미쓰이 남작과 그의 작품들〉도 1936년 폴란드 바르샤바에서 개최된 제2회 세계 목판화전에서 명예상을 받은 작품으로, 그의 목판화 작품 중에서도 수작이다. 제목에서 알 수 있듯이 일본인이 등장하는 것은 일본의 후원이 있었음을 암시한다. 미쓰이 남작은 당시 일본 최고 기업 중의 하나인 미쓰이 물산의 독일 지사에 근무했던 미쓰이 타카하루(1900-1983)이다. 작품 속의 그는 일곱 개의 훈장을 자랑스럽게 가슴에 달고 있다. 작품 배경에는 미쓰이 물산이 관여하는 광산, 운송업, 섬유, 등이 상징적으로 표현되었다. 배운성은 유럽에서 〈깃발 놀이〉, 〈팽이치기〉, 〈그네뛰기〉, 〈널뛰기〉, 〈한국의 무희〉, 〈박수 모자를 쓴 자화상〉 등 한국적인 정취가 흠씬 나는 그림도 많이 남겼다.

1938년, 그는 세계적인 프랑스 화랑 샤르팡티에의 초대 작가가 된다. 이 화랑의 개인전(6.11-6.23) 초대장에 배운성의 작품은 "이국적"(exotique)이며, "극동에서 외국 학교에 유학 온 학생들 가운데 크게 성공한 극히 소수 중의 한 명"이라고 적혀 있다. 이 말 그대로, 샤르팡티에 갤러리는 파리에서 에꼴 드 파리를 배양한 중요한 갤러리 중의 하나로 이곳에서 전시한다는 것은 국제적 위상을 인정 받은 것이다. 이 초대장의 앞면 상단에는, "프랑스-일본 위원회의 후원으로" (sous le patronage du COMITE FRANCO-JAPONAIS)라고 되어 있으며, 하단에는 오프닝에 "프랑스의 일본 대사 스기무라 씨가 참석한 다."(en présence de S.Exc.M.SUGIMURA, Ambassadeur du Japon en France)라고 쓰여 있다. 독일에서는 물론 프랑스에서도 일본 정부나 일본인들의 후원이 있었다는 의미이다.

1940년 나치의 파리 함락이 임박하자(혹은 일본 대사관의 권고가 있었다고도 한다), 그는 170여 점의 작품을 지인에게 맡기며, 꼭 다시 돌아올 것을 약속한다. 그렇게 그는 18년 동안 베를린과 파리를 무대로 활발한 작품 활동을 한 유럽 생활을 접고 급히 귀국한다. 그러나 20세기 초 한국은 내일을 예측할 수 없는 극심한 질풍노도의 시기였다. 유럽에서 일본의 후원을 받았기 때문인지, 그는 친일 성향의 조선 미술가협회 서양화부에 가담한다. 이로 인해 2008년 민족문제연구소의 『친일인명사전』에 그의 이름이 기재되는 수치를 겪는다. 해방 후, 그는 홍익대 미술학과 초대 학과장을 역임하고, 좌익 계열에서 활동한다. 배운성의 부인인 이정수는 여성 지식인 공산주의자로 남편의 정치적 성향에 영향을 미친 것으로 알려져 있다. 1949년 열린 초대 대한민국미술대전에 추천작가 및 심사위원으로 참여하고, 이때 종교적 소재의 〈성호〉를 출품한다. 한국전쟁 발발 후 조선인민군이 서울을 점령했을 때, 서울미술제작소 판화부를 담당하였고, 후퇴하는 인민군과 함께 월북했다. 그는 북한에서도 활발한 예술 활동을 계속하여, '조선민주주의인민공화국의 공훈 예술가'라는 칭호도 받는다. 1978년 별세한다. 월북 작가라는 이유로 남한 미술계에서 잊혔다가, 1988년 '월북작가 해금조치' 이후에 작품이 소개되고 재평가되었다.

한국의 근대미술은 일제강점기의 역사와 겹쳐 있으며, 서양화의 '공급원' 역시 일본이었으며, 화가들의 유일한 등용문 역시 조선총독부 식민 통치의 일환으로 운영된 선전이었다. 이처럼 일본에서 시작하여 일본으로 끝나는 우물 안 한계를 벗어나게끔 도움을 준 작가들 가운데서는 배운성, 이종우 등이 있으며, 이들은 유럽에서 직접 배우고 활동했다.

3) 나혜석, 최초의 여류 서양화가

나혜석(羅蕙錫, 1896-1948)은 한국 최초의 여류 서양화가이자 문학가, 독립 운동가, 여성 운동가였다. 그는 동경여자미술 전문학교에서 한국 여성 최초로 서양화를 배웠다. '최초'라는 것은 상당히 매력적인 낱말이지만, 결코 달콤한 것은 아니다. 그만큼 많은 편견, 반대, 억압 등에 부딪혀야 했다. 나혜석은 여러 분야와 활동에서 '최초'이었기에 고통도 몇 배가 되었다. 더욱이 여성에 대한 편견과 억압이 심했던 시기이기에 남성보다 몇 배 더 힘든 '최초'로, 그 무게가 남달랐다.

나혜석의 화업은 장소(유학)와 관련하여 크게 세 단계로 즉, 파리 전 시기, 파리 시기, 파리 후 시기로 나눌 수 있다. 좀 더 상세히는, 첫 단계는 동경 유학을 갈 때부터 세계 일주를 하기 이전(1918-1926)까지로, 일본식 인상주의와 아카데미즘 경향이 보인다. 두 번째 단계는 파리 체류를 포함한 세계 일주(1927-1929) 시기로 작품의 완성도가 높았으며, 파리에서 본 다양한 화풍이 거침없이 전개된다. 귀국과 함께 시작되는 세 번째 단계(1930-1935)에서도 역시 다양한 화풍이 보이나 삶의 어려움과 번뇌 때문인지 그림에 집중하지 못하는 안타까운 시기이다.

나혜석은 24세 때 3.1운동에 가담하여 5개월간 옥고를 치른다. 이때 친일파 총독부 관료였던 김우영이 그를 보살펴 주고, 이 두 사람은 대중의 커다란 관심 속에 1920년 4월 정동교회에서 결혼한다. 그는 남편의 후원하에 결혼 1년 후인 1921년 3월 18일과 19일, 매일신보와 경성일보 주최로, 경성일보의 '내청각'에서 70점의 작품을 전시한다. 그의 첫 개인전에는 5천 명의 인파가 다녀갔고, 20여 점의 작품이 판매되었으며, 〈신춘〉은 경쟁 속에 당시 350만 원이라는 놀라운 가격에 판매되었다. 1922년 6월, 조선총독부 주최의 제1회 조선미술전람회에 〈농가〉와 〈봄〉, 이 두 작품을 출품하여 입선하고, 이후 선전마다 꾸준히 출품하며 특선과 입선을 거듭한다. 김우영은 외교관 소임을 충실히 수행한 특전으로 나혜석과 함께 해외여행을 하게 된다. 파리에 도착하여 그는 법률을 공부하러 독일 베를린으로 다시 떠나고, 나혜석은 미술을 공부하기 위해 파리에 남는다. 나혜석은 남편의 부재 기간에 최린(崔麟 민족 대표 33인 중의 한 명)과 은애하게 된다. 파리 한국 교민들 사이에 모든 관심을 몰고 다니던 이들은 파리 한인 사회에 커다란 화젯거리가 된다.

최린은 선전에 입선했으니 '작가'라고 할 수 있겠다. 그는 평상시에 난치기를 즐겼다고 한다. 아래 시는 최린이 난초를 치며 흥취를 북돋은 화제(畵題)이다.

가시 풀을 수용 못하면 난이 못 되니
그릇된 길 나쁜 마음 냉정히 봐야 하네.
문밖에 향기 있고 악취 또한 있으니
불법이 드넓음을 비로소 알게 되네.

최린은 묵란화에 "가시 풀을 수용 못하면 난이 못 된다."고 쓸 정도로, 난처럼 고고하며 도도한 기백이 넘쳐흘렀고, 바로 이러한 기백이 있었기 때문에 기미년 3.1독립선언서의 기획을 주도할 수 있었다. 그는 독립 선언서 낭독 모임 이후 곧바로 체포되어 징역 3년을 선고받았으나, 1921년 12월 22일 일제의 '배려'로 가출옥되면서 변절의 길로 서서히 들어선다. 또한 일본은 3.1운동의 중요 인사들에게 지속적인 관심을 가지고 회유의 압박을 했다.

최린이 출옥하고 그다음 해 제1회 선전이 있었다. 사이토우 총독이 미리

관람하면서 오세창과 나혜석의 작품에 감탄했다고 신문에 대서특필로 보도된다. 민족 대표 33인 중에 두 명의 예술가 오세창과 최린 모두 수상한다. 총독부는 3년 가까이 옥고를 치루고 출옥한 뒤 5개월 만에 응모한 오세창의 서예 작품에 2등상을 주었고, 최린의 〈국화〉는 입선을 했다. 오세창은 『근역서화징』이라는 미술사 책을 집필한 미술사학자이자 저명한 서예가였다. 이미 앞에서 언급했듯이 제1회 선전에 나혜석은 두 작품을 출품하여 입선했다. 어쩌면 이 두 사람은 이때 분과(서양화와 동양화)가 달라서 직접 만나지는 못했을지라도, 서로의 명성은 알고 있었을 수도 있다.

이미 말한 바와 같이 자유로운 파리에서 나혜석과 최린은 사랑에 빠진다. 한국 최대의 스캔들인 이 불륜이 발단이 되어 1930년 나혜석은 결국 이혼한다. 이 일로 나혜석은 사회적 삶이 불가능하게 되고, 생활마저 궁핍해진다. 반면에, 최린은 스캔들에도 불구하고 1929년 천도교 교단 최고직인 도령(道領)에 오른다. 1938년 조선 지원병제도 제정 축하회 발기인이 되고, 이 덕분에 그는 같은 해 4월 조선총독부 기관지 '매일신보' 사장으로 취임하여 1941년까지 재임한다. 재임 기간에 그는 "황국신민으로서 봉공의 성의를 다하고, 동시에 내지 동포의 상애의 정의를 촉진"하자는 사설(매일신보 1940. 2. 11)을 쓴다. 이후 1945년까지 조선언론보국회 회장 등 각종 친일 단체에 주요 간부를 맡고, 일본 천황에게 충성하자는 교육정책에 앞장선다. 이처럼 수없는 친일 행적을 남기며 극렬 친일 인사가 된다.

그러나 나혜석은 1937년 신사참배령이 내려졌을 때도, 불교도라며 거부했고, 그 이후에도 조선총독부에서 일본에 협력하면 모든 것을 제공하겠다고 했지만, 그 어려운 상황에도 거절하였다. 나혜석은 파리에 되돌아 가고 싶었으나, 총독부 외무부의 허가를 받을 수 없었다. 심정적 괴로움, 우울증, 경제적 곤란 등 고통스러운 삶을 이어 가던 그는 1948년, "신원미상, 무연고

자"로, "영양실조, 실어증, 중풍"을 가진 행려병자로 생을 마감한다.

나혜석이 사망한 다음해 1월, 최린은 친일 행위로 체포되나, 1949년 4월 20일 병보석으로 풀려난다. 1950년 한국전쟁 기간에 납북되고, 1958년 81세로 사망한 것으로 알려졌다.

최린은 "가시 풀을 수용 못하면 난이 못 된다."며 난처럼 살기를 원했다. 그러나 그는 "문 밖에 향기 있고 악취"가 있는데, 악취를 남겼다. 반면에 곤궁한 삶에도 끝까지 일본의 유혹의 손길을 거부했음에도, 주변에서 손가락질을 받았던 나혜석은 시간이 갈수록 그 향기를 진하게 품어 내는 고고하고 도도한 기백이 넘치는 '난초'가 되었다.

2. 근대의 정체성 형성

1) 자아 정체성

한국 서양화에서 '근대'는 최초의 서양화가인 고희동이 일본에서 귀국(1915)하고, 여러 미술 협회와 전시가 생겨나며 미술계가 구성되는 1920년대를 그 기점으로 본다. 서양화가 한국에 유입될 때, 서양 고대미술과 중세미술을 건너뛰고 바로 근대로 접어든 셈이다. 한국 화가들은 서양화와 함께 서구 정신과 문화도 직접적이든 간접적이든 영향을 받으며, 근대 서양화의 가장 기본적인 '자아의 정체성'을 찾는다. 나라의 독립이 우선인데 개인의 정체성을 찾는다는 것은 역설적으로 보이나, 그만큼 서구 근대미술의 기초가 원근법적인 관점에서 연유된 자아 형성과 주체성이기 때문이다. 거기다가 인상주의적인 빛의 과학까지도 동시에 소화해야 했다. 서구 미술은 그 근원부터 '빛'에 근거했다면 동양은 '공'에 근거했기에 넘어야 할 간격이 컸다.

일제강점기하에 한국 서양화가들은 그들의 근대적인 정체성을 찾기 위해 노력했지만, 그들의 그림에는 어지러운 심정이 그대로 재현되었다. 고희동은 서양화가로서 대표작 세 점의 〈자화상〉을 그렸다. 현존하는 가장 오래된 유화 작품으로, 인상주의가 엿보이는 〈부채를 든 자화상〉(등록문화재)에서 당시 고희동의 정체성을 읽을 수 있다. 화면 속의 화가는 모시 적삼을 풀어헤치고 가슴을 드러내 놓아 형식과 격식에서 다소 벗어난 듯한 자유로움이 보인다. 이처럼 잠시나마 흐트러지는 것이 '더위' 때문이라는 듯이, 오른손에 부채를 들고 있다. 반면에 〈두루마기를 입은 자화상〉(1915년경)과 〈정자관을 쓴 자화상〉(1915년경)에는 조금도 흐트러지지 않은 진지한 모습이다. 그런데 그가 동양화로 되돌아가자, 자화상보다는 풍경화를 그린다. 서양화를 그릴 때는 자아를 찾으려는 다각적인 모습이 보인다면, 반면에 동양화를 그릴 때는 어느새 이 정체성이 풍경 뒤로 묻힌다. 동일 인물이 그려도 서양화를 그릴 때는 개인주의적인 것이 드러나고, 동양화를 그릴 때는 공동체적인 조화가 강조된다. 독일에서 한국의 가족 문화를 보여주기 위해, 배운성은 집단 초상화인 〈가족도〉(유화, 140x200cm, 1935/2013년 등록문화재 제534로 지정된 한국의 문화유산, 함부르크미술관 개인전 출품작)를 그렸다. 〈가족도〉는 백운성의 가족이 아니라 백인기 가족의 단체 초상화인데, 백운성은 자신을 하얀 두루마기를 입은 차림으로 그림 가장 왼쪽에 그려넣었다. 배운성 단독의 목판화 자화상도 있는데, 캐리커처처럼 작가의 특징이 잘 드러나고 자신감이 있는 당당한 모습이다.

나혜석의 자화상은 애틋하다. 그가 특히 의미를 두는 두 개의 자화상은 1929년과 1933년의 것으로 다음과 같이 설명한다.

1929년 자화상은 파리의 야수파에 눈을 뜬 시절의 분방한 색채와 필치가 선연하다. 사실을 주관적 시각으로 재구성하고 대상을 단순화한 이런 그림은 당시 조선이 보지 못하던 것이었다.

1929년, 당시 서른넷의 나혜석은 프랑스를 거쳐 미국에 있을 때였다. 그래선지, 그림 속의 나혜석의 모습은 서구 여인의 느낌이 물씬 난다. 이 그림을 그린 다음해인 1930년, 그는 남편 김우영과 이혼하고 모든 것을 잃었다. "1933년 내 얼굴과 내 그림을 가만히 들여다 보아라. 남자들의 세상에 환멸을 느끼고 있었다. 가난과 고립과 절망이 엄습했다."라고 나혜석은 썼다. 그는 가장 행복했던 1929년에도, 가장 불행하고 분노했던 1933년에도 자화상을 그렸다. 마치 경직된 중세를 벗어나서 개인적인 감성을 드러내는 조토의 〈애도〉처럼, 자아의 감성이 드러난다.

또 다른 작가 이인성의 〈초상화〉에는 눈이 감겼거나 아니면 마치 눈이 슬쩍 사라진 듯한 느낌을 준다. "일제강점기하에서 아무것도 볼 수 없는 한국인"의 상황을 대변한다. 여전히 자아 정체성이 단체나 국가의 정체성과 밀접하게 엮여 있다.

2) 조선의 정체성

조선의 정체성은 어떻게 찾을 수 있었을까? 일본 색도 벗어나야 하지만, 중국색은 더 지대하고 너무나 오랫동안 깊이 침투하여 익숙해졌기에 인식하기조차도 어려울 정도였다. 일본에서 벗어나는 것은 당면한 급한 불이었다면, 중국에서 벗어나는 것은 환골탈태해야 할 만큼 어려웠다. 이를 고희동은 아래와 같이 지적했다.

그림 자체로는 모두 중국 영향을 받아서 독특한 조선적인 것은 없어요. 당
(唐)만 해도 오래니까 말할 것 없고 송(宋) 이후는 전부가 영향을 받았지요[7]

1930년대, 서구적 근대화의 변화 속에서 조선의 정체성을 찾는 것은 한국
미술의 커다란 딜레마였다. 장우성의 〈귀목〉, 오지호의 〈남향집〉처럼 다
수의 작가들이 향토적 소재, 즉 조선 고유의 풍경이나 전통, 풍습을 재현하
며 정체성을 찾으려고 노력했다. 그러나 심영섭의《아세아주의 미술론》에
따르면, 일본은 1920년대 말부터 이미 조선 화가들에게 향토색의 그림을 그
리도록 했으며, 이는 선전의 일본 심사위원들의 심사 기준 중의 하나였다고
한다. 그 이유는 일본 미술가들의 근대적인 작업과 비교하여 조선 작가들의
작업을 낙후하고 뒤떨어진 것처럼 하려는 정책이었다. 조선의 정체성을 지
키려는 화가들과 이를 낙후한 것으로 만들려는 일본의 의도는 서로 상충하
지만, 역설적이게도 바로 이러한 것이 오히려 가치가 있는 것이 되었다. 해
방 후, 이중섭, 박수근, 최영림, 김기창 등 여러 작가들은 자체적이고 적극적
으로 이러한 향토성을 찾아 '미술의 근대화'와 '한국의 정체성'이라는 두 마
리의 토끼를 함께 잡았다.

3) 한국 기독교 미술의 형성

일본을 통해 서양화가 유입되었기에, 유대ㆍ기독교 문화적 배경을 가진
서양화와 함께 기독교미술도 자연스럽게 형성이 되리라는 예상은 어긋났
다. 동경미술학교는 일본 전통과 종교를 고수하였기에, 기독교적 전통은 걸
러내며 서양화를 받아들이고 또 전수했다. 반면에 일본이 아니라 미국이나
유럽에 유학을 다녀온 한국 화가들이 한국 기독교 미술사를 형성하기 시작

했다.

유화로 성화를 그린 최초의 화가는 장발[8]로 그는 동경미술학교에 다니다가 1925년 뉴욕 컬럼비아 미대로 유학한다. "한국 가톨릭 미술의 대부", "한국의 성화(聖畵) 개척자"로 알려질 정도로 장발은 기독교 화가이다. 그가 19세 때 그린 〈김대건 신부〉(유화, 서울대교구 소장)은 현존하는 국내 최고 성화이다.

한국 최초의 여류화가 나혜석과 두 번째 여류화가였던 백남순(白南舜, 요안나, 1904-1994/ 프랑스 체류 기간: 1928-1930)이 화가가 되고 유학까지 갈 수 있었던 것은, 당시 기독교가 전파되고 선교사들이 여성 교육을 시작했기 때문이다. 특히, 해농 백남순은 서울의 개화된 부유한 가톨릭 가정에서 태어났으며, 1928년 한국 천주교의 초석이 된 파리 외방전교회(外邦傳敎會, Missions étrangères de Paris)의 선교사와 함께 파리로 유학을 간다. 그의 세례명은 요안나로 한국에서는 첫 여성 교회미술가이다. 그는 선종할 때까지 신실한 기독교인이었으며, 작품에서 그의 신앙을 추상적으로 표현했다.

백남순은 남편 임용련과 함께 한국 최초의 서양화가 부부이다. 임파 임용련(1901-1951 /미국 체류 기간: 1922-1929, 프랑스 체류 기간:1930-1930)은 함석헌, 조만식에게 영향을 준 개화인사이자, 이중섭에게 많은 영향을 준 스승이다. 이중섭의 천재적인 재능과 노력 뒤에는, 서구 최고의 대학에서 최고의 실력을 인정받았던 스승 임용련의 지도가 있었다. 1919년 서울의 배재고등보통학교의 학생이었던 임용련은 3.1운동에 적극적으로 참여, 일경에 쫓겨 만주를 거쳐 상해로 피신한다. 이후 남경에서 금릉 대학에 들어가고, 1922년, '임파'라는 여권을 받아 미국으로 간다. 그는 시카고 미술학교(The Institute of Chicago)를 졸업하고, 이어 예일대학(Yale School of Fine Arts)에 3학년으로 편입하여 드로잉과 유화를 전공한다. 그는 미국의 명문인 예일대학교에서 모든 과목에서 만점을 받아 윈체스터 펠로십(유럽 연구여행 장학금)을 받아 여행한다. 이 쾌거를 이루게 한 그림이 바로 〈십자가상〉으로, 이원복 전주국립박물관장은 "현존하는 양화로서는 가장 오래된 예수상"이라고 한다. 서구 미술사에서 〈십자가상〉은 가장 오래되고 반복되는 주제 중의 하나다. 그런데 한국의 한 작가가 2000년 기독교 전통과 예술을 가진 수많은 서구 작가를 제치고 장학금을 획득했다는 것은 놀라운 일이다. 이외에도 혜촌 김학수, 김준근, 박수근, 운보 김기창 등이 한국 기독교 미술사의 새장을 열었다. 임용련처럼 일본인이 주최하는 선전에 단 한 번도 출품하지 않으며 어렵게 저항을 지속한 작가도 있으나, 반면에 운보처럼 친일 인사로 판명되어 그의 작업이 재평가되는 기독교 화가들도 많다.

앞에서 언급했던 배운성의 목판화 〈미쓰이 남작과 그의 작품들〉의 오른쪽 하단에는 정의의 여신 '디케'의 상징인 '저울'이 보인다. 저울의 왼쪽에는 불상이 놓였고, 오른쪽에는 십자가가 놓였다. 이는 어떤 종교가 더 무게가 있는지 비교하는 것이 아니라, 불상으로 상징되는 동양과 십자가로 상징되는 서양이 평형을 이루기를 원하는 작가의 바람이다. 3.1운동의 독립 선언서의 작성 시, 천도교 15명, 기독교 16명, 불교 2명, 등 33인 모두 종교계 인사들이었다. 이처럼 힘을 모아 조국의 독립을 얻고자 한 것이 해방 전 기독교 미술가들의 의지였고, 그러한 의지가 작품의 배경으로 은밀하게 드러나고 있다. 자아, 조선 혹은 기독교 미술의 근대적인 정체성을 찾는 것은 조국을 뺏긴 상태에서는 쉽지 않은 일이었으며, 해방된 후에는 다시 한국전쟁과 그 폐해로 보류되었다. 그래서 일부 예민한 사상가들은 한국에는 '근대'가 스쳐지나갔다고 한다.

나가는 글: 미완성의 자화상

1983년《계간미술》(봄호)에서 43명의 친일 미술인 명단이 공개되자, 한국 미술계는 엄청난 진통을 겪었다.[9] 올해 3.1만세운동 100주년을 맞이했음에도 친일의 개념과 범주는 여전히 모호하다. 일반적으로 친일 미술의 범주는 시기적으로 제1차 친일 미술기(1910-1920년대)와 2차 친일 미술기(1930년대부터1945년까지)로 구분된다. 특히 제2차에서는 강점기 말의 전시체재를 중심으로 전쟁선양도를 그리는 데 헌신한 '적극적 친일'(김인승 〈간호병〉, 심형구 〈기관총을 쏘는 병사〉, 등)과 이를 물질이나 재능으로 후원하는 '소극적 친일'(김은호 〈금채봉납도〉 등)로 나누기도 한다. 다음 세 가지 사항도 여전히 논란 중에 있다. (1) 미술 재능이나 업적이 뛰어나 사회에 얼마나 기여했는지를 보는 재능론과 기여론, (2) 외부 압력에 어쩔 수 없이 친일 작업을 한 것인지를 묻는 상황론이나 처한 환경에 영향을 받는 환경 지배론, (3) 일본에서 '서양화'가 들어오고 선전을 통해서 등용할 수밖에 없었기에 모든 서양화가들은 어느 정도 친일과 관련 있다는 전(全) 작가 친일론이 있다. 특히 마지막 기준과 관련해서 '왜색풍'을 이야기하기도 하는데, 서양화의 경우에는 일본을 통해 유입되었기에 일본 영향을 받지 않을 수가 없었으니 무의미한 논쟁이다. '선전'을 거치거나 일본의 후원을 받아 자신의 예술적 재능을 살린 작가들이 있는 반면에 이를 거부하고 생업에 매달려야 했기에 좋은 작품을 그리지 못해 묻혀 버린 작가들도 있다.

또 다른 중요한 기준은 '그림의 해석과 감동'이다. 예를 들어, 1943년 8월 7일 자 매일신보에 실린 운보 김기창의 학도병 관련 삽화를 조선 청년 징병제를 선전하는 친일적인 것으로 보는데, 운보 본인은 "그림에 나온 노인은 내 이웃 사람인데 아들이 전쟁에 나가 죽고 또 손자마저 입영하게 되자 슬픈 얼굴로 환송하는 것을 그린 사실의 기록"이라고 해명한다. 이러한 작가의 해석도 중요한 참조가 되지만, 오랜 시간을 두고 지속되는 미술애호가들의 감동이나 해석이 더 중요시된다. 즉, 1세기나 2세기가 지나도 지속적 관심을 받으며, 감동을 주는 살아남은 작품을 말한다. 아직 충분한 시간이 흐른 것은 아니지만, 예를 들어, 배운성은 '친일 작가'이자 '월북작가'라는 이유로 남한 미술계에서 잊혀졌었다. 그러나 1988년 '월북작가 해금 조치'와 함께 재평가되어 서울의 국립미술관과 파리 시립미술관에서도 그의 작품이 전시되었다.

자국에서 도외시 되는 작품이 외국에서 인정받는 경우도 있다. 일본 화가 후지다 쓰구하루(Foujita Tsugouharu 혹은 Foujita Léonard, 1886-1968)는 전쟁화를 많이 그렸는데, 이를 위해서 현장인 전쟁터에도 가곤 했다. 일본이 패전하자, 그의 작품은 전쟁을 합리화시켰다며 많은 비판을 받아, 결국 견디지 못하고 프랑스로 귀화했다. 그런데 그의 그림은 일본이나 전쟁을 찬미하고 합리화한 것이 아니라, 반대로 적군도 아군도 없이 광기의 살육현장을 고발한 처참한 지옥도라고 재평가 된다. 끔찍하면서도 깊은 감동을 일으키는 그림이라는 재해석이 있다.[10] 이처럼 오랜 시간을 요구하는 해석의 문제는 쉽지 않다. 더욱이 현대미술의 많은 작품은 고의로 양면성, 우주적인 다면성을 드러낸다. 작가들은 비록 오해의 여지가 있더라도 좀 더 멀리, 좀 더 깊이, 좀 더 많은 생각을 불러일으킬 수 있는 작품을 선호하기 때문이다.

이 글의 제목인 "예술은 삶과 양립할 수 있는가?"는 9.11테러 10주년이 되는 해에, 프랑스 최고 지성의 전당인 콜레쥬 드 프랑스의 세미나(2011.1.24) 주제였다. 세계적으로 중요한 두 작가인 안셀름 키퍼와 다니엘 뷔렌이 초청되고 미술비평가 폴 아르덴느(Paul Ardenne)의 사회로 세미나는 진행되었다. 진행자 폴 아르덴느는 "우사마 벤라덴을 예술가로 여길 수 있는가?"라는 극단적인 질문을 던졌다. 이에 대한 안셀름 키퍼의 대답을 요약하면 다음과 같다.

"그가 예술가였는지 아니었는지를 나는 대답할 수 없다. … 흥미로운 점은, 예전에는 테러 행위가 이미지를 창출하지 않았는데, 그는 서구로부터 이미지가 어떻게 기능하고, 어떻게 이미지를 만들어 내는지를 배웠다. 그리고 무언가를 보여주기 위해 상징적인 이미지를 창출했고, 내용이 있는 이미지였다. … 나는 테러리즘에 반대한다고 말하지는 않는다. 왜냐하면 내 의무는 그것을 말하는 것이 아니기 때문이다. 나는 이곳에 무엇이 삶이고 무엇이 예술인지, 예술과 삶을 구분하기 위해 있지, 어떤 종류의 도덕을 제시하려고 있는 것은 아니기에, 그것은 나의 의무가 아니다."

이처럼 대담한 독일 작가 안셀름 키퍼는 유대인 혈통으로 그는 초기에는 오른팔을 앞으로 쭉 뻗어 올리는 나치식 인사를 하는 키퍼 자신의 〈자화상〉을 그렸다. 이처럼 독일이 터부시하고 영원한 망각 속에 묻고 싶은 치욕인 나치와 관련된 주제를 끄집어 내었고, 엄청난 비판과 스캔들을 일으켰다. 이와 같이 직접적이지는 않지만, 그는 여전히 비슷한 주제를 보여주면서도 현실적이면서도 영원성을 느끼게 하는, 정치적이나 무언가 초월하고 있는 그러면서도 동시에 종교적인 느낌의 작품을 보여준다. 이처럼 표현할 수 있기를 모든 작가가 바라지만, 현재성과 영원성, 지역성과 보편성, 경험과 초월, 예술과 종교 중에 하나만 선택해야 하는 경우가 많다. 특히 자신의 조국이 위험에 직면했을 때, 조국의 존망이 위태할 때, 애국자는 세계주의자가 되면 안 될 것 같은 딜레마에 빠지게 된다. 바로 이러한 딜레마에 빠지지 않기 위해서는, 안셀름 키퍼가 확고한 자화상과 관점을 지니고 있듯이, 우리도 미완성으로 남아 있는 자화상(자아의 정체성, 국가의 정체성, 기독인의 정체성)을 마무리해야 할 것이다.

식민지적 내면성을 넘어
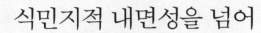
- 통일을 향한 영성 현대화를 향하여

최 대 광 / 공덕교회 담임목사

들어가는 글

오늘날 남북의 움직임은 급박하게 돌아가고 있다. 과거 김대중 대통령에게 패한 이회창이 노무현과의 선거 유세에서 햇빛정책을 폄훼한 담론은 "대북 퍼주기"였다. 퍼주기인지 아닌지 몰라도, 메이저 신문들과 정치 선동가들은 북한의 핵개발이 김대중 정권의 대북 지원 때문이라는 가짜 뉴스를 퍼뜨렸다. 북한 핵무기 앞에서의 불안을 김대중 정권을 향한 증오로 치환하려고 했던 전략이었다. 다행히 이회창은 선거에서 졌지만, 대북 퍼주기는 노무현 정권 이후, 이명박과 박근혜 정권에 이르기까지, 북한의 핵개발과 결합되어 끈질기게 통일 운동을 방해하던 담론이었다. 그런데 이 실체 없는 퍼주기 담론은 어느새 우리 주변에서 바람과 함께 사라졌다. 여러 이유가 있지만, 그중 하나는 북미 정상 간 최초로 성사된 싱가포르 회담과 여기서 미국이 관계 개선에 적극적이었기 때문이다. 만일 이 회담이 없었다면, 북한이 단계적으로 핵을 포기하겠다는 선언이 있었다 하더라도, 퍼주기 여론을 만들었던 세력이라면 얼마든지 거짓말이라 선동할 수 있었다. 그런데 다른 점은 바로 "미국이 인정해 주었기" 때문이었다. 미국이 인정해 주었기 때문에 우리나라의 대통령이 북한에 올라가 능라도 경기장에서 감동적인 연설을 할 수 있었고, 미국이 인정해 주었기 때문에, 남북연락사무소도 개설되었고, 미국이 인정해 주었기 때문에, 이산가족 상봉이 이루어졌고, 남북한 철도가 연결될 것이다. 실제 힘 없는 국가의 외교적 현실이 오늘 우리의 모습이지만, "미국의 인정"이 곧 우리의 운명이라는 보편적 여론과 담론이 우리를 둘러 싸고 있다. 그리고 이 가운데 "우리는 왜 우리 스스로가 양심에 따라 생각하고, 상식에 따라 잘잘못을 가려내지 못하고, 항상 '미국'이라는 대전제 앞에 결단해야 하는가?"라는 비판적 성찰에 이르게 된다. 그런데 바로 이 지점에서, 우리의 사고를 지배하는 일제의 식민지 이데올로기 때문이라는 결론이 나올 수 밖에 없다. 지금 우리는 남북의 군인들이 비무장지대에서 만나 악수를 나누며, 양측의 협력으로 전술도로를 건설하는 시대에 와 있다. 양측은 합의서를 정치적으로 이용하는 것이 아니라, 이행하며, 지금보다 더더욱 진일보된 합의를 이루어 나갈 것이다. 우리 국력은 미국이 무시하지 못할 만큼 신장해 왔다. 과거같이 미국에 허락을 받는 것이 아니라 협의를 하고, 미국의 허락이 아니라 남북의 기밀한 협상이 미국의 동의를 이끌어 내기도 한다. 그러나 우리 주변을 구성하는 담론은 여전히 미국의 허락이다. 우리 주변의 담론과 우리의 상식적인 사고도 주체적이지 않고 피동적이며 실질적 식민 모국의 허락이 우리의 운명을 좌지우지한다고 생각한다.

현실적으로 휴전협정의 당사자이며, 중국의 확장을 염려하는 미국과의 협력을 이끌어 내야 하기도 하다. 그렇지만 이것은 어디까지나, 남북 간의 화해와 평화 나아가 통일을 향한 우리의 사고와 결단 속에서 이루어지는 것이지, 미국의 인정을 얻어야 행동을 할 수 있는 성격의 것이 아니다. 미국이 무슨 하해와 같은 은혜를 베풀어 남북 간의 관계가 급진전 된 것인가? 그렇지 않다. 이들의 내면에는 중국의 확산을 막기 위한 전략이 내부적으로 수정됐을 것이며, 북한이 투자가치가 있는 시장이라는 것을 파악하기 시작했을 것이다. 식량 자립 정도가 되어 있는 북한도 경제강국이 되고 싶어하고, 그 가능성이 여전히 있다고 본 것이며, 남북대화가 현실적으로 본인들의 입장을 강화시킨다고 생각했을 것이다. 우리도, 민족 간의 공존공영이라는 대전제 외에도, 가시적 경제적 성장과 시장의 확대 역시 매력적인 것이기도 하다. 이들의 이해관계가 소통되면서, 회담이 급진전되고, 여기에 남북 간 민중들의 내러티브가 가미되면서 감동을 더했다. 그렇다면 남북 간 화해와 평화는 민족적으로도, 경제적으로도, 정치적으로도 대단히 긍정적이며, 이것이 우리가 살아내야 할 미래의 모습이라고 해야 한다. 그런데 이렇게 '날으는 것이' 두렵다는 것, 끊임없이 '과연 우리가 이래도 되는 것인가? 너무 빠른 것 아닌가?' 혹은 교회에서 상투적으로 나오는 기도 멘트, '너무 혼란스러운 것'이 아닌가? 이 걱정을 만들어 낸 뿌리가 과연 무엇일까? 우리 스스로 주체적으로 할 수 없다는 식민지적 사고 아닌가? 이 식민주의적 이데올로기인 오리엔탈리즘은, 우리 삶의 한복판에 박혀 흔들리지 않고 있다.

이 글은 3.1운동 100주년을 맞이하여 진정한 독립인 평화통일을 위해, 치워 버려야 할 식민주의적 내면성인 오리엔탈리즘의 실체를 보며 그 근원을 따져 볼 것이고, 이의 대안인 영성적 근대화의 과정을 살펴볼 것이다. 곧 식민주의적 내면성을 극복하는 대안을 우리가 새로 마련해야 하는 것이 아니며, 이미 우리 안에 있었고, 선포되었고, 실천되었던 그 내면적 영성을 오늘날에 재주체화하는 것을 통해 통일을 향한 일치와 합일의 내면성을 탐구해 볼 것이다. 먼저 우리 주변의 대기에서 여전히 위용을 과시하는 오리엔탈리즘을 교통방송의 시사비평 〈김어준의 뉴스공장〉 중, 김어준 생각 두 장면으로 열어 보기로 하자.

1. 김어준의 두 생각 이야기

2018년 11월 1일 김어준의 뉴스공장 서두에 '김어준 생각'에서 김어준은

다음과 같이 비평을 한다 :

안녕하세요. 김어준입니다. 강제징용 배상 판결에 보수 매체가 내세우는 핵심 논리가 바로 한·미·일 연합 전선에 악영향을 줄 수 있다는 거죠. 오바마 대통령 시절 중국을 견제하는 새로운 동북아 전략으로 한·미·일 군사동맹을 추진하고자 했던 미국은 그 과정에 걸림돌이 되는 위안부 문제 합의를 우리 측에 종용합니다. 이 미국으로부터의 압력 뒤에는 자신들 혼자서는 해결할 수 없었던 역사의 과오를 지역 안보라는 명분하에 미국의 힘으로 불가역적으로 해결해 버리려는 일본 극우의 의도가 숨어 있었죠. 바로 이 시기부터 한·일의 불편한 관계가 한·미·일 연합 전선에 방해가 된다는 논리가 우리 보수매체에 등장한 겁니다. 이건 철저히 자신들에게 불리한 과거사를 털어 버리고 싶은 일본 우익의 논리죠. 일본이 그런 주장을 해도 우리 보수를 대표하는 신문이라면 오히려 일본이 위안부 문제와 전범 기업 배상 문제를 제대로 해결하는 게 바로 한·미·일 동맹을 돈독히 하는 길이라고 주장을 해야 그래야 정상인데 어떻게 그게 우리에게 불리한 일이 된다고 일본 우익의 논리를 우리 보수 매체가 앞장서서 설파를 하는가. 그래서 저는 주장을 합니다. 조선일보의 사고방식은 일본 우익과 정확히 맥을 같이 한다. 거의 언제나 김어준 생각이었습니다.

이런 '생각'이 나온 이유는 10월 31일 《조선일보》의 이선목 기자가 "강제징용 배상 판결, '한·미·일 연합 전선'에 악영향 우려"라는 제하의 보도에서 다음과 같이 썼기 때문이다:

30일 한국 대법원이 일제 강제징용 피해자의 손해배상 소송에서 일본 기업에 패소 판결을 내린 데 대해 당사국인 한국과 일본뿐 아니라 미국의 외교 전략에도 영향을 미칠 수 있다는 분석이 나왔다. 이번 판결로 미국의 동맹국인 한·일 관계가 악화되면 북한과 중국에 대응한 3국의 연합 전선에 금이 갈 수 있다는 우려다. AP는 대법원이 일본 전범 기업인 신일철주금(옛 신일본제철)의 패소 판정을 확정하고 피해자들에게 각각 1억원을 배상하라고 판결 내린 소식을 전하며 "(이번 판결로 한·일 관계가 악화되면) 북한의 핵 위협과 중국의 역내 세력 확장에 대응하기 위해 (한·미·일 간) 3자 협력을 강화하려는 미국의 외교적 노력에 영향을 미칠 수 있다."고 보도했다.

《조선일보》의 이선목은 강제징용 피해자에게 일본이 보상해야 한다는 판결이 한·미·일 체제에 악영향을 줄 수 있다는 논리를 일본이 아닌, 미국 AP의 '누군가'의 글을 인용했다. 그가 기자인지, 논평자인지, 다양한 의견 중 하나를 제시한 것인지, 이선목의 기사를 보면 종잡을 수 없다. 조선일보에 친일이라는 딱지를 붙이기 이전에, 김어준이 위에서 밝혔듯, 보수 신문이라면 자국과 자국민을 보호해야 하는 것이 우선인데, 왜 거꾸로 일본 우익의 편을 들고, 이번 이선목의 경우를 포함해 왜 거의 대부분, 일본 우익과 맥을 거의 같이하는 보도를 쏟아 내 놓느냐고 말한다. 조선일보뿐만이 아니다. 10월 17일 김어준의 뉴스공장 서두는 머니투데이의 '아프리카 반중 여론 커져'에 관해 다음과 같이 비평한다:

안녕하십니까? 김어준입니다. '아프리카 반중 여론 커져' 어제 자 한 기사의 제목입니다. 내륙과 해상을 아프리카까지 연결해 과거 동서양의 통로였던 실크로드를 재현한다는 중국의 일대일로 사업에 대해 아프리카에 진출한 중국인들이 인종차별적이며 투자가 아니라 착취다. 신식민주의다. 그런 내용입니다. 최근 이렇게 중국의 일대일로 사업에 대해 외신 발 비판 기사가 언론에 자주 등장합니다. 문제는 이런 기사의 소스가 주로 미국 언론이라는 겁니다. 최근 미국은 자신들의 위상을 위협하는 잠재 경쟁 자로서 중국을 견제하는 데 열을 올리고 있죠. 미중 무역 전쟁도 결국 그 일환인데요. 그렇게 미국이 자국 이익을 위해서 그러는 건 이해가 가는데, 우리가 그들 관점에 편승해 얻는 게 뭐죠? 중국의 일대일로가 우리에게 불리하거나 부당한 지점이 있다면 당연히 비판할 수 있고 또 그래야 하는데 그거 우리 시각으로 해야 할 일 아닙니까? 그런데 이런 기사들에는 미국 관점만 존재하지 우리만의 관점이 없습니다. 미국 이익이 저절로 우리 이익이 되는 건 아니잖아요. 김어준 생각이었습니다.

김어준의 '생각'이 나온 이유는,《머니투데이》의 구유나 기자가 쓴 다음과 같은 기사 때문이었다:

15일(현지시간) 미국 뉴욕타임스(NYT)는 케냐 나이로비 루이루의 중국 산 업 단지에서 일하는 리처드 오치엥(26)의 인터뷰를 실었다. 그는 지난달 케냐를 떠들썩하게 했던 인종차별 동영상을 게재했다. 루이루에 위치한 중국 오토바이 회사에서 영업사원으로 일하던 그는 지난달 동갑내기 중 국인 상사인 류자치의 인종차별 발언을 담은 영상을 SNS(소셜네트워크)에 올렸다. 류씨는 영상에서 "모든 케냐인은 원숭이 같다. 우후루 케냐타(케 냐 대통령)도 마찬가지"라며 "나는 이곳(케냐)이 싫다. 여기 사람들은 냄새 도 지독하고 가난하고 멍청하다. 똑똑한 미국인과는 다르다"고 말해 국제 사회의 공분을 샀다. 결국 케냐 이민 당국은 류씨를 사상 최초로 강제 추방했다.

위 기사에서, 구유나 기자는 중국인에 관해 악의적으로 보도한 뉴욕타임즈 기사를 그대로 실었다. 그것도 대단히 개인적인 인터뷰 내용으로 미국인이 캡처해서 올린 내용을 추측성으로 띄운 기사인데도. 결국 한국인 자신의 관점은 없고, 어디서 어디까지가 진짜인 줄 모르는 뉴욕타임즈 기사를 또다시 재구성하였고, 결과적으로는 미국을 옹호하고 중국을 비하하는 미국의 기사를 '번역'하여 실은 것이다. 진짜 아프리카에 반중 여론이 커지는 것인가? 아니면 뉴욕타임즈를 통한 어떤 개인이나 집단의 선동이 기사화된 것일까? 잘 모른다. 미국의 한 신문사 기사였다는 것이 인연이 되어 한국 신문에 현실을 반영하는 글쓰기가 된 것이다. 김어준이 비평한 것은, 한국이라는 주체적 시각이 빠져 있고, 일본과 미국의 시각이 한국인의 시각인 양 재구성하다는 것. 강한 타자를 주체화하여 이에 편승하며 자신을 벗어나려는 모습을 보이는 것이다. 자신의 주체를 숨기고 더 강한 주체를 자신이라고 여기는 것을 약자 콤플렉스라고 한다면, 한 국가나 영토가 이미지화한 자괴감을 더 강한 국가에 투사하여 주체화하는 것, 일제강점기부터 미국의 지배하에 있는 지금까지 우리의 생각과 삶을 지배하는 식민지적 내면성이라고 할 수 있다. 특별히 서세동점(西勢東漸)의 시대에 서구인들이 정체화하거나 대상화한 이미지에 따라 비하하고, 스스로 서구인이 되는 것을 개화 혹은 해방이라고 칭해 왔던 식민지 이데올로기에 대한 비평이 오리엔탈리즘이라면, 우리나라는 일본 식민지 이데올로기와, 이후 남한을 정치적으로 사실상 지배해 왔던 미국의 이미지를 해방과 6.25전쟁 이후 "미국적 혹은 서양적 혹은 합리적"이 곧 선진화라고 이해하며 치달았다. 이런 여태의 역사는 식민지 이데올로기의 역사였던 것이다. 그렇다면 식민지적 내면성에 관해 성찰해 보도록 하자.

2. 식민지적 내면성의 확립: 탈아입구의 탈(脫)의 문제

자신의 '약'한 이미지를 강자에 투사해서 스스로를 강자로 정체화하는 허상적 이미지화는 근대 이후 오리엔탈리즘으로 나타났지만, 이와 같은 경향은 대단히 오래된 습성이었다. 스스로 중국의 제후국으로 여기던 조선의 사대주의 역시 비슷한 내면적 문법으로 스스로를 정체화하던 방식이었지만, 특별히 근대적 오리엔탈리즘의 발생은 일본의 식민지 이데올로기에서 출발한다. 후에 논의하겠지만, 일본도 조선에 비해 서구적 근대화의 길에 나선 지는 그리 오래되지 않았다. 탈아입구를 외치며, 일본의 과거를 지우고, 서구화를 부르짖은 후쿠자와 유키치의 탈아론은 1885년 3월 16일자 『시사신보(時事新報)』에 기고된 글이었다. 이 글에서 그는 도쿠가와 막부의 봉건주의를 탈피하고 자유사상을 통해 서구의 과학을 받아들여야 한다고 주장한다. 그의 주저인 『문명론』에서는 대단히 거시적인 시각, 곧 "한나라 국민의 지덕을 논한다"고 하면서, "나라 전체의 양상"을 운운하고 있다. 국가 전체를 혹은 동서양 전체를 가르는 지덕과 기풍과 양상이 있다는 것이다. 예를 들어 이를 다음과 같이 말하고 있다:

공맹은 일세의 대학자이며 고래로 드문 사상가였다. 만일 그들이 탁견을 품고 당시의 정치 풍토에서 벗어나서 독자적인 세계를 열어 인류의 본분을 밝히고 만대에 걸친 보편타당한 가르침을 베풀었다면, 그 공덕은 반드시 넓고도 큰 바가 있었으리라. 그러나 그들은 평생을 두고 현실 정치의 테두리에 갇혀 한 발자국도 빠져나오지 못했다. 그 때문에 그 주장도 체계를 갖추지 못하고, 순수한 이론을 제시한 것이 아니라 과반은 정치적인 이야기를 섞어 넣었으니 이른바 필로소피로서의 품위를 떨어뜨린 것이다. 그들의 뒤를 이은 위인들은 비록 1만 권의 책을 읽었다 해도 정부에 등용되어 일하지 않으면 소용이 없는 것으로 생각하고, 뒷전에서는 저 혼자 불평을 일삼았을 따름이다. 이것을 어찌 비열하다고 하지 않을 수 있겠는가?[2]

그는 공맹과 아시아적 봉건성에 억눌려 자유 학문이 발달하지 못한 동양과는 달리, 시종일관 서양의 역사를 긍정적으로 평가했다. 학문을 해도 벼슬에 나가지 않았던 사람들도 무수하고, 조선의 경우 사림의 선비들도 있었는데, 도대체 무슨 해괴한 말인가? 결국 그의 말을 인용하면 필로소피가 따로 독립하여 순수 학문의 영역이 발전해야 한다는 말인데, 결국 모든 학문은 서로 간섭하지 말고 독립적이어야 한다는 지극히 서양적 이데올기를 설득하려고 하는 것이다. 나아가 그렇게 되어야 모든 권위를 뚫고 과학이 발달할 수 있다는 말을 하고픈 것이다. 근세 프랑스혁명까지 서양 문화를 개괄한 그는 다음과 같은 결론을 내리고 있다:

그 시대의 문명의 양상을 보면, 이러한 정치적 쇠퇴에도 불구하고 문물의 융성은 일찍이 볼 수 없었던 것이었다고 할 만하다. 17세기에도 식자 간에 자유사상이 없었던 것은 아니지만, 그 소견은 편협한 성격을 면치 못했다. 그러나 18세기에 이르면 면목이 달라졌다. 종교, 정치, 철학, 과학에 걸쳐 그 연구에 한계가 없었으며, 그런 여러 분야를 탐구하고, 의심하고 따지고 실험했다. 정신이 활짝 열려 그 앞길에는 아무런 장애물도 있을 수 없었다.[3]

이 글에서 그는 서양 문명의 자유사상을 인류 진보의 캐논이라고 받아들였다. 또한, 일본 문명을 "력편중[4]으로 막부 시대의 권력투쟁을 발전 없는 전쟁과 아귀다툼의 과정이라고 보고, 이에 대비하여 시민 권력이 생겨난 서구 사회를 찬양하고 있다. 후쿠자와 유키치는 기독교 이전부터 기독교를 통과하여 과학 세대에 이른 나라 전체의 양상 혹은 그 절대정신적 힘을 '자유'라고 이해했지만, 실상 그가 주장하려고 하던 궁극성은 과학이었다. 한마디로 자유가 과학을 태동한 힘이었다는 말이다. 이와 반대로, 일본에게 과학 기술이 태동하지 못한 이유는 자유를 억압한 아시아적 봉건성이었고, 이것을 벗어나야 일본에도 과학이 태동한다는 말이다. 《시사신보》에 쓴 칼럼인 탈아론에서는 아예 조선과 중국을 대상화하면서 이렇게 말한다: "사람들도 일본인같이 한자문화권에서 같은 고전을 공유하고 있지만, 원래 인종적으로 차이가 나는지, 그렇지 않으면 교육에 차이가 있는지, 중국·조선, 두 국가와 일본과의 정신적 격차는 너무 크다. 정보가 이 정도 빨리 왕래하는 시대에 있고, 근대 문명이나 국제법을 알면서 그런데도 과거에 계속 구애받는 중국·조선의 정신은 천 년 전과 다르지 않다."[5] 생물학적 차이까지 상상하게 하면서, 그는 중국과 조선의 봉건성과 낙후성을 지적하고, 중국과 조선을 대상화시키고 있다. 이 '틈새'를 통해 일본은 한자문명권 내지는 유교문명권과 같은 프레임에서 벗어나 "대륙이나 반도와의 관계를 끊어, 선진국과 함께 진행되지 않으면 안 된다"[6]라고 하면서, 심상적으로 일본을 아시아에 위치시키지 않고 서구에 위치시킨 것이었다. 침략의 전조를 울린 것이다. 탈아(脫亞)하여 형성된 조선과 중국과의 '틈'은 입구(入歐)를 통해 극복되는 것이다. 이 담론을 간단하게 표현하자면 다음과 같다: "우리가 막부 시대를 벗어나 서구에서 형성된 근대적 자본주의 체계 안으로 들어간다면, 우리는 더이상 아시아인이 아니고 선진적 유럽인이 되는 것이다." 강상중에 따르면, 바로 이 담론이 자신과 아시아적 국가들을 '분리'하면서 통치하려는 식민지적 오리엔탈리즘이라는 것이다.

> 일본의 오리엔탈리즘은 서구의 그것처럼 부동의 중심성에서 발산되는 것이 아니다. 그러나 동시에 그것은 치유되지 않은 정신적 외상인 서구의 지리적 폭력으로부터 벗어나 다른 아시아국가에 대해 오리엔탈리즘의 주도적 힘을 행사하기 위해서는 어떻게 하면 좋을까라는 동기에 의해 지탱되어 왔다. 그리고 아시아와의 권력관계, 지배관계 그리고 다양한 헤게모니 관계는 19세기 이후의 구미 제국주의에서는 볼 수 없었던 전방위에 걸친 집약적인 방사형(放射形) 식민지 제국의 구조로 변해갔던 것이다.[7]

강상중이 말하는 부동의 중심성이란, 아시아와 다른 유럽의 위치이지만, 실상, 유라시아는 하나의 대륙이다. 위치적 권력뿐만이 아닌 인종 권력까지 오리엔탈리즘적 담론은 숨기고 있다는 것을 알아야 할 것이다. 여하간, 동아시아에 위치한 일본의 모호성의 뿌리는 서구 열강에서 받은 '상처'가 그 원인이라는 것이다. 이 상처를 벗어나는 방식이 탈아(脫亞)였으며, 궁극적으로는 조선과 중국의 식민지화였고, 나아가 태평양 연안 전체를 차지하던 군국주의였다. 그리고 이를 정당화하기 위한 '박물학'은 당시 가장 인기 있는 거대한 학문 체계였다. 일본 박물학의 비조였던 후쿠다 도쿠조나 니토베 이나조는 강상중에 따르면, "도식적으로 '보는쪽' = '대표하는 쪽'과 '보이는 쪽' = 대표되는 쪽' = '보호받는 쪽'의 이항대립 관계"[8]로 표기했다. 이들은 심상적(心象的)으로 탈아(脫亞)하여, 입구(入歐)했고, 심상적 서양인의 '위치'에서 일본은 '보는 쪽'에 서서 조선을 평가했고, 이런 오리엔탈리즘적 담론들이 지속되다 보니 조선 스스로 '보호받는 쪽'에 위치시켰던 것이다. 특히 강

상중은 욕망을 문명발전의 중심이라고 보는 후쿠다의 글을 다음과 같이 정리하고 있다:

> 욕망의 발전정도가 낮은 것은 욕망이 적음을 의미하는 것이 아니다. 오히려 '욕망이 적음'은 '오늘날의 문명인(구미인/일본인)'이 '무한한 욕망'을 지니고 있으면서도 "극기와 제약의 시련을 거쳐서 비로소 인류의 진정한 향상 발전에 기여하는"것이 가능한 상태를 가리킨다. 이런 의미에서 '문명인'이란 실제로는 '욕망이 많은 인민(民)'인 것이다. 이혜 반해 '한국인'(韓人)은 '만족하지 않는다기 보다 오히려 만족하는 돼지'로 비유되었다. 왜냐하면 '한국인'에게는 '순응'의 기초로 활발한 행동을 불러일으키는 '욕망의 강도'가 거의 완벽할 만큼 결여되어 있기 때문이다.[9]

후쿠자와 유키치가 '자유'를 향한 구미인들의 발전이 봉건제를 극복하고 과학의 자유로운 발전을 가져왔다 평가했다면, 후쿠다는 그 에너지가 '욕망'이며, 욕망을 제어하거나 내려놓은 '영적인 사람들'을 '만족하는 돼지'로 평가한 것이다. 후쿠다가 가진 순진한 욕망론은 양차 세계대전과 오늘날과 같은 자본주의적 양극화와 생태 파괴까지 그 책임이 있다는 것은 차치하더라도, 노장의 무위(無爲)와 성리학의 도학적 마음 수련까지 무시하면서 일본인들에게 전해 내려온 아시아의 문화까지 완전히 백지화하려는 의도가 숨어 있는 것이다.

이런 일본의 탈아적 기술과 입구의 폭력성은 결국 식민지 이데올로기의 보편적 담론이 됐으며, 오늘날까지도 그 잔재는 그대로 이어진다. 이데올로기의 내면화를 연구하는 이종영은 권위주의적 성격을 '파시스트적 내면성'이라고 보면서, 이를 "강한 자에게 굴복, 약한 자에 대한 지배, 동등한 자들에게 질투"[10]하는 내면적 구조라고 명명하였다. 탈아입구를 통한 일본의 오리엔탈리즘은 파시즘적 군국주의와 결을 같이하였다. 일본의 오리엔탈리즘의 기원이 서구에서 받은 '상처' 때문이라면, 그 치유의 방식이 동등한 자들인 조선과 중국을 타자화하고 지배하는 것이었다. 이종용은 특히 이 '상처'를 바라보면서: "파시스트적 내면성은 부르주아적 질서가 부과한 상처와 절망에서 비롯된다."[11]고 했고, 이들은 "부르주아적 질서에서 상처를 받고 절망한 자들로, 개별적 내면성의 지적인 주체성에 입각한 자립적 개인성이 저 발전되고 또 자립적 생활 조건도 충분히 갖추지 못한 자들"[12]이라고 규정하고 있다. 그리고 이를 다음과 같은 도식으로 이해하고 있다.[13]

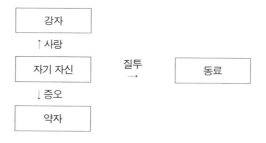

일본의 경우, 오리엔탈리즘이 파시즘화되면서 자본주의화나 서구화되지 못한 자신의 내적 상처를 약자인 조선에 투사하여 심상적으로 탈아(脫亞)와 입구(入歐)를 하면서, 서구에서 받은 상처를 숨기려 했었다. 변은진도 밝혔듯이, 일본의 상황은 "일본 제국주의는 서구의 제국주의 국가들과는 달리, 경제적으로 독점자본주의 수준은 고사하고 산업자본주의도 채 성숙되기 이전 단계에서 구미 국가들의 적극적인 지원에 힘입어, 사회경제적, 문화적 수준이 그리 차이가 나지 않는 인접 국가들을 정치적·군사적 필요성을 앞세우며 강점"[14]한 것이라 규정하였다. 문제는 일본의 '상처'가 약자인 우리에게도 그대로 투사됐지만, 우리에게 증오는 대상적 '약자'가 아닌 바로 자

기 자신이었고, 강자인 일본을 사랑하는 친일파와 동료 상호 간을 질투하거나 증오하는 문화가 형성됐던 것이다. 이로써, 자신을 증오하고 동료를 질투하는 것이 식민 시대 우리의 내면성이 되어 버린 것이다. 이 전염된 파시즘의 내면화는 '잘 뭉치지 못하는 한국인'을 자신의 정체성인 양 이해하게 했다. 그런데 이 역시도 일본의 상처에서 비롯된 식민지 이데올로기가 내면화된 것에 기인한다 하겠다.

이와 같은 사고는 앞서 김어준이 비판했듯이, 서구 특별히 미국의 관점을 '사랑'하여 자기 자신의 생각으로 정체화하려고 착각하여, '사랑하는' 미국에 반하는 것은 있을 수 없는 일이라고까지 생각하게 된 것이다. 통일을 커다란 비전으로 삼고, 남북이 화해하는 이 중차대한 때, "미국과 공조해야 한다."며 딴죽을 거는 보수 일간지와 매일 예배를 드리듯이 그 일간지의 시각을 의식 속에 업데이트하는 보수주의자들의 내면성에는 일본의 식민지 오리엔탈리즘과 파시즘이 내면화되어 있는 것이다.

이런 사유가 메이저 언론을 타고 재생산되면서 특별히 일제시대에 군사훈련을 받았던 세력이 지배하던 시절을 거쳐, 시민들을 '교육'시켰고 (실제로 국민교육헌장도 있었다), 또한 언론은 그 과거의 상처를 끊임없이 기억하게 하고 있다. 김어준이 우리 안의 오리엔탈리즘이거나 식민지적 내면성이 매체를 통해 반복적으로 표상화된 것을 비판했지만, 이뿐만이 아니라, 이는 학교와 교회에서도 재생산돼 왔다. 특히 개신교의 경우, 해방 이후 북에서 내려온 서북교회가 사회민주당을 만들고 공산당에 저항하다, 공산당의 정반대를 미국으로 이해하였다. 공산당의 탄압으로 월남한 교회는 영락교회와 그 담임목사인 한경직을 중심으로 미국의 전폭적 지원을 받았으니, 서북기독교인들 중심으로 공산주의는 악으로 미국은 선으로 보는 구도가 자연스럽게 만들어져 버렸다. 해방 이후, 강자인 일본을 '사랑'했던 친일이 친미로 그 열차를 갈아타고, 약자 (공산주의 포함)를 증오하면서 동료와 경쟁하는 파시즘적 내면성을 지속해오는 것을 볼 때, 식민지적 내면성을 극복하고 통일을 향한 길은 영국의 문화비평가인 레이몬드 윌리암스가 말한 긴 혁명 (Long Revolution)의 지난한 작업이라 할 수 있을 것이다. 식민지적 내면성, 업장(業障)을 깨고, 곧, 탈식민지적 내면성과 주체적 영성, 의연한 주체가 되었을 때, 우리 역사와 우리의 삶은 식민지적 오리엔탈리즘과 파시즘의 상처를 넘어, 우리 자신이 통일의 주체가 될 것이다. 그런데 이런 탈식민주의적 내면성 나아가 영성은 우리가 새로 만들어 가야 할 미래가 아니고, 이미 논의됐으며, 발현됐었고, 글로도 남아 있다. 곧, 에드워드 사이드 계열의 탈오리엔탈리즘과 탈식민주의 연구들이 나오기 훨씬 이전, 일제 식민지 이전에도, 이미 이 땅에서 시작되었던 것이다. 그 실마리를 독립 선언문의 서문을 읽으면서 찾아보자.

3. 독립 선언문과 천인합일의 세계관

거의 100년 전, 33인 중 최남선이 기록했다고 보는 기미독립 선언문은 약 2만 부가 인쇄되어 배포됐다고 한다. 어떤 이들은, 독립 선언서의 비폭력은 환상이며, 그 안에 민족주의와 환상적 평화주의가 들어 있다고 하며, 독립 선언서를 쓴 최남선과 그 글에 손을 봤던 이광수가 후에 친일로 돌아섰다고 하면서 평가절하 하기도 한다. 그래서 이 독립 선언서는 대단히 온건하며 비현실적이고, "이런 선언문을 가지고 일본의 조직적인 문화 식민 정책이나 파쇼적 군국주의를 넘어설 수 있겠는가?" 하면서 평가절하하기도 한다. 일정 부분 동의한다. 정치적 관점에서 볼 때, 파쇼적 군국주의를 평화주의적 선언으로 대항하는 것 자체가 환상일 수 있다. 그러나 그럼에도 불구하고, 3.1운동 이후, 독립운동가들은 상해에 임시정부를 수립했고, 이들은 무장투쟁을 포함한 다각도의 독립운동을 지속시킨 것도 사실이다. 임정과는 별도로 만주로 건너가 중국군이나 소련군에 합류하여 항일 투쟁을 했던 세력들도 있다. 3.1독립선언문과 무장투쟁과는 거의 연관이 없을 것이지만, 주지해야 할 사실은, 독립 선언문 안에 등장하는 '영성 근대화'이다. 곧 이성적 근대화에 따라 서구에서는 신 중심으로 움직이던 역사를 넘어 이성과 과학이 그중심을 차지하며 전혀 새로운 인간을 만들어 냈듯이, 독립 선언문의 '영성 근대화'로 다시 태어나 새로운 인간 역시 오리엔탈리즘과 파시즘적 내면을 벗어난 새로운 주체로 서게 됐던 것이다. 우선 그 서문을 보자:

> 吾等은 玆에 我 朝鮮의 獨立國임과 朝鮮人의 自主民임을 宣言하노라. 此로써 世界萬邦에 告하야 人類平等의 大義를 克明하며, 此로써 子孫萬代에 誥하야 民族自存의 政權을 永有케 하노라. 半萬年 歷史의 權威를 仗하야 此를 宣言함이며, 二千萬 民衆의 誠忠을 合하야 此를 佈明함이며, 民族의 恒久如一한 自由發展을 爲하야 此를 主張함이며, 人類的 良心의 發露에 基因한 世界改造의 大機運에 順應幷進하기 爲하야 此를 提起함이니, 是 天의 明命이며, 時代의 大勢며, 全人類 共存同生權의 正當한 發動이라, 天下何物이던지 此를 沮止抑制치 못할지니라. 舊時代의 遺物인 侵略主義, 强權主義의 犧牲을 作하야 有史以來 累千年에 처음으로 異民族 箝制의 痛苦를 嘗한 지 今에 十年을 過한지라.

위 선언에서는 커다랗게 네 가지를 주장하고 있다: "1. 조선이 독립국임과 조선인은 자주민임을 세계만방에 선포하고, 이는 2. 반만년 역사에서 나온 공력이며, 이천만 민중들의 염원이고, 3. 민족들의 지속적 자유발전을 위한 양심의 발로이며 바로 이것이 세계를 개조하는 힘이고, 이것이 대세다. 4. 침략주의와 강권주의는 구세대의 것이다." 독립 선언은 침략주의와 강권주의, 곧 일본 군국주의에 항거하는 것이며, 역사의 대세는 폭력을 넘어 자유와 양심에 따라 만들어 가는 방향으로 흐르고 있고, 바로 이것을 세계 만방에 선언한다고 했다. 측정이성적 근대주의 이후 등장한 산업혁명과 이에 따른 서구인들의 우월주의와 식민지주의가 대세이며 근세의 역사라면, 독립선언문은 역으로 이런 우월주의가 낳은 폭력이 낡은 것이며, 이제는 자유와 양심의 새 시대라고 말하고 있는 것이다. 특히 자유와 양심 그리고 이 양심의 시대가 미래의 대세라는 것에 주목하자. 자유'라는 말은 프랑스혁명이나 후에 볼셰비키 혁명에서도 단골 메뉴로 등장하면서, 폭력적 강권주의인 군국주의의 반대편에 기록하였지만, '양심'을 표현할 때 선언문은 다른 세계관을 배경으로 한다는 것을 알 수 있는 것이다. "천(天)의 명명(明命)이며, 시대의 대세"다. 곧 하늘의 명령에 응답하여 다가오는 세계를 주체적으로 만들어, 우월주의적 폭력으로 내재화된 내면성과 주체를 넘어선다는 것이다.

천명을 양심으로 해석한 것은 중용의 천명지위성(天命之謂性)을 연상시킨다. 중용은 천명(天命)을 성(性)으로 보았지만, 이를 양심으로 보았고, 성(性)을 실천하는 솔성(率性)의 도와 수도를 하는 교(敎)를 양심의 실천이라 한다면, "선언문의 세계관은 중용적이다." 이렇게 이해할 수 있을 것이다. 이것이 빈말이 아닌 것은, 독립 선언문의 배경에는 천도교가 있었기 때문이다. 앞으로도 보겠지만, 최제우의 종교체험은 대단히 샤머니즘 적이며, 동경대전 서두에서 언급한 세계관은 성리학을 거의 그대로 옮겨 놓은 것이다. 동학의 21자 주문 곧 지기금지 원위대강 시천주 조화정 영세불망 만사지의 골자인 시천주 조화정(侍天主造化定)은 중용의 천명이 솔성이 되어 수도까지 연결되는 것을 간략하게 바꾸어 놓은 것임을 금방 알아챌 수 있다. 그렇다면 독립 선언문은 성리학에서 천명을 교육과 연결시켜 천인합일의 영적 상태에 이르러, 이것이 다시 양심의 실천으로 나아가는 것을 표현하고 있는 것이다. 여기서 엿볼 수 있는 새로운 주체는 서양식으로 개개인의 '실체'성을 절대화하는 개인주의가 아니다. 미셸 푸코는 데카르트가 『방법서설』의 결론인 "나는 생각한다 고로 나는 존재한다."라는 '이성 선언'이 있기 전까지, 서양에서 인간은 존재하지 않았다고 말한 바 있다.

왜냐하면, 그 이전까지 주체는 인간이 아니라 신이었기 때문이다. 인간이란 신에 의해 반영된 수동적 존재물이었다. 그러나 이성적 사고를 하는 순간의 '나'는 부인할 수 없다는 데카르트의 명석하고 타당한 결론에 도달했을 때, 근대적 인간이 탄생하였다는 것이다. 그러나 데카르트의 이성은 중세까지 연결된 철학적 추론 이성이 아니라, 수리적으로 판별 가능한 과학적 이성 곧 '측정 이성'이라는 데 주의를 환기할 필요가 있다. 신을 전제로 추론하여 나를 파악한 중세의 세계관이 사라지고, 수리적으로 측정하여 누구나 다 받아들이는 보편타당성이 사유와 학문의 중심을 차지하게 됐다는 것이다. 이로써, 이성적 근대화라는 것은 신을 추론하는 신학을 중심으로 형성된 중세를 벗어나, 수학이 중심이 된 과학이 중심인 세계를 뜻하는 말이었다. 그러나 독립 선언문에 등장하는 개인은 이런 과학 이성적 주체와는 거리가 있는 또 다른 주체, 곧 천인합일적 양심적 주체를 선언하고 있는 것이다. 서양은 이성적 근대화를 통한 산업혁명으로 동양에 대해 비교우위에 서 있으려 하였고, 이것이 오리엔탈리즘의 '보는 쪽'의 위치 권력을 획득할 수 있었다. 일본은 이를 모방하여 동양적 낙후성을 한국에 투사하면서 탈아(脫亞)하여 입구(入歐)하려 했다면, 독립 선언문은 영성적 근대화를 통해 서양과 일본의 오리엔탈리즘과 수리적 이성주의의 오만한 폭력성을 극복하려 했던 것이다. '영성적 근대화'란 천인합일적 내면성을 지닌 영적 주체, 일본의 오리엔탈리즘적 프레임에서 벗어난, 서구의 과학적 개인주의의 실체론적 폭력을 벗어난, 전혀 새로운 주체를 뜻한다. 이는 지금 만든 이상적 존재가 아니라, 이미 선언되었고, 경험된 영적 주체다. 이를 좀 더 구체적으로 밝혀 보도록 하겠다.

4. 식민지 내면성의 극복
: 실심실학과 개벽파의 영성을 통한 영성 현대화를 향하여

일본 오리엔탈리즘의 알맹이는 서양에 비해 뒤쳐져 있다는 열등적 상처를 타자인 조선과 중국에 투사하고, 스스로 심상적(心象的) 서양인의 위치에서 대상을 보려는 것이라면, 서양적인 것은 언제나 이성적 곧 중세를 벗어난 과학적 이성이 서양적의 대표격이었다. 그리고 그 맥락에서, 우리는 은연중에 조선 말기의 실학을 성리학적 탁상공론을 넘어선 실용적 학문이나 과학적 학문이라는 담론적 상상으로 이해해 왔다. 그런데 성리학이 탁상공론이라 절하시키는 것도 실상 실학가 자체의 평가도 아니고, 일제강점기 이후 일본학자가 제기한 것이었다. 성리학자들이 끊임없이 인간의 마음을 탐색하여 논의를 풍부하게 한 사단칠정론은 중국과 일본에서도 발견되지 않는 수준의 것이다. 조성환은 실학과 성리학을 대립시켜 이해하는 실학 담론은 일제강점기에 창조된 구조라고 밝히고 있다. 우선 그의 글을 읽어 보도록 하자:

> 한국의 근대를 서구의 이성 중심적 근대의 틀로 서술하기 시작한 것은 1930년대의 조선학운동에서부터이다. 정인보나 안재홍과 같은 당대 최고의 학자들이 정약용을 비롯한 조선 후기 유학자들을 실증적이고 실용적

인 실학자로 규정하기 시작한 것이다. 이어서 1950년대의 천관우의 삼실론(三實論)을 거쳐 1970년대에 이르면 이우성이 이른바 삼대실학파(경세치용, 이용후생, 실사구시)를 정립하기에 이르고, 이 학설이 이후에 교과서적인 정설로 굳어진다.[15]

'이성'하면, 서구에서 '중세를 해체시킨 강력한 힘'으로 이해하는 것 역시 우리 교과서적 상식이다. 이런 이해는 1930년대부터 일어난 우리나라의 '조선학 운동'이었는데, 이 운동에 결정적인 영향을 끼친 사람이 위에서 언급된 후쿠자와 유키치다:

> 이와 같이 서구의 계몽주의 또는 합리주의 역사에 짜 맞추어 조선 후기 사상사를 서술하는 계기를 간접적으로 제공한 것은 아마도 후쿠자와 유키치(1835-1901)의 '실학' 개념일 것이다. 가타오 류에 의하면, 후쿠자와는 종래의 동아시아적 세계관과 결별하고 서양의 기계론적 세계관에 기초하여 새로운 학문은 주창하였는데, 그것이 그가 생각하는 '실학'이었다. 그래서 후쿠자와에게 '실학'이란 곧 'science'를 의미하고, 그것의 모델은 물리학이었으며, 이러한 학문이야 말로 "문명의 학문"으로 인식되었다.[16]

물리학을 실학으로 이해하고, 전통적 동양의 학을 서양의 과학으로 대체하려고 했던 후쿠자와 유키치의 영향 아래, 동양의 전통적 학이나 영성 전통을 낡은 것으로 대상화하고, 열등한 동양과 우월한 서양이라는 문법을 구성했으며 여기서 탄생한 담론이 '실학'이다.

이런 일본식 실학 담론과는 별개로, 조성환의 연구에 따르면, 조선 시대에 사용된 '실학'의 개념은 과학이나 탈아적 이성 개념이 아닌, 오히려 성리학을 뜻한다고 말하고 있다.[17] 조성환은 "조선왕조실록에는 '실학'이라는 말이 총 85회 걸쳐 나오는데, 조선 중기에 해당하는 중종 시대가 제일 많고(23회), 이어서 조선 말기의 고종(11회), 그리고 조선 전기의 세종(10회)과 성종(8회)이 그다음을 잇고 있다. 반면에 실학 시대에 해당하는 조선 후기에는 영조 시대가 1회, 정조 시대가 6회에 머물고 있다."[18] 이 중 세종 시대 중신 허조의 상소를 보면: "국학의 유생들이 오로지 사장(詞章)만 익히고, 경서(經書)는 읽지 않으니 폐단이 실로 적지 않습니다. … 만약에 강경법(=경전시험)을 다시 시행하게 되면 자연히 실학에 힘쓰지 않을 수 없을 것입니다."[19] 또한 중종 시대에는 중종이 "인재는 반드시 학교에서 나오는 것이니 선생이 유능하면 깨우칠 수 있다. 다만 실학을 숭상하지 않고 한갓 부문만을 일삼는다면 학교라고 할 수 없다."[20] 이와 같은 사례를 보면, 우리가 보편적으로 알고 있던 영정조 시대 학자들의 실용주의적 학문이 성리학에서 파생된 실학이 아니고, 성리학 그 자체를 실학이라고 본 것임을 알 수 있다. 성리학이란 마음을 닦는 도학이다. 그중심 사칠논쟁에서도 볼 수 있듯, 선하지 못한 방향으로 움직이는 마음이 하나인가 둘인가 하는 치열한 논쟁이 담론과 학의 중심이었다. 그렇다고 해서 조선 말 유학자인 정약용과 최한기 등이 조선을 지배했던 주류 성리학적 담론 안에만 머물러 있었다는 말은 아니다. 예를 들면 정약용은 여유당전서에서 다음과 같이 말하고 있다:

> 공자의 도는 수기치인일 뿐이다. 그런데 지금의 학자들이 조석으로 강구하려고 애쓰는 것은 다만 이기(理氣) 사칠(四七)변이나 하도낙서(河圖洛書)의 수리(數理)와 태극원회설(太極元會設)뿐이니 알 수 없는 일이다. 이것이 수기에 해당되는가? 치인에 해당되는가? 공자가 자로, 염구 등과 말할 때에는 늘 나라를 다스리는 정사를 논평했고 안회가 도를 물으면 나라를 다

스리는 것으로 대답했고 각자의 뜻을 말하게 할 때도 역시 정사에 대한 답을 구했다.[21]

위 글을 읽어 보면, 노장과 불교가 결합된 성리학적 세계관에서 본래 공자가 전했던 수기치인(修己治人)으로 회귀하여, 관념적 사칠론과 태극론 등을 극복하자는 뜻의 내용이지 성리학의 전면적 부정이 아님을 알 수 있다. 조성환은, 조선왕조실록에 '실학'이라는 용어보다 오히려 더 자주 등장하는 것이 실심(實心)이라고 한다: "실심은 실학의 3배가 넘는 294회의 용례가 보이고 있는데, 그것도 실학의 황금기라고 하는 영·정조 시대에만 99회가 보이고 있다."[22] 정약용을 예로 들면서 이렇게 말하고 있다:

> 실학의 집대성자라고 알려져 있는 정약용의 "실심사천(實心事天), 즉 "참마음으로 하늘을 섬긴다"는 용례에 주목하면, 실심이 '영성'과 유사한 의미로도 쓰이고 있음을 알 수 있다. 즉 초월적인 하늘을 공경하고 두려워하는 마음이 실심인 것이다.(정약용에게 있어 '하늘'은 유교적 '천'보다는 천주교의 '신'에 가깝다). 그렇다면 적어도 정약용에게서 만큼은 실심실학은 '영성실학'이라고 불러도 무리는 아닐 것이다.[23]

영성실학, 곧 영적 성리학이라고 할 수 있는데, 정약용이 현학적 성리학을 넘어서 본래적 유학을 강조하면서 실용성을 강조하기는 했지만, 이것이 전부가 아니라, 주자학적 난해함을 버리고 하늘, 곧 신을 공경하는 마음으로 수기(修己)하면, 바른 마음이 치인(治人)으로 연결되는 영적 삶을 뜻한다는 것이다. 이에 관해, 백민정은 정약용이 중용의 군자 신기독야(君子 愼己獨也), "군자는 그 홀로 있음을 두려워한다"를 해석하는 방식에 관해서 다음과

같이 설명하고 있다:

> 중용의 상태를 이루려는 신독공부는 남은 알아채지 못하지만, 스스로는
> 훤히 간파하고 있는 자신의 마음을 다스리기 위한 공부이다. 정약용은 이
> 신독의 공부를 남들과 떨어져 홀로 있을 때의 공부로만 한정 하지 않는다.
> 비록 다른 사람과 같이 있더라도 남이 눈치채지 못하는 자신과 마음상태
> 에 대해서도 공부가 필요하다 판단했기 때문이다. 따라서 남들과 함께 있
> 든 혼자 있든 자신의 내면을 속속들이 들여다보는 상제의 감시가 어느 때
> 이든 요청될 수밖에 없다고 보았다….[24]

혼자 있음을 두려워하면서 자신의 마음을 살피는 것이 아니라, 상제 앞에
있다는 '믿음' 안에서 두려워하라는 기도의 자세다. 곧 유학을 기독교적으
로 풀어낸 것이며, 유학의 철학적 세계관을 초월적 신이 신령이 되어 내재
하는 영적 세계관으로 바꾸어 이해하는 것이다.

실심실학이 성리학의 도학 전통을 잇는 양반들의 영성학이라면, 당시의
신종교들은 이를 민초들의 영역에서 재구성한 천인합일의 개벽사상이라고
평가하고 있다. 당시 나타났던 신종교인 원불교의 모토도, "물질이 개벽되
니, 정신을 개벽하자" 라고 했다. 곧 천인합일의 영적 경지와 더불어, 물질
과 정신을 통합하여, 정신이 이끄는 물질세계를 설파했던 것이다. 특히 동
학은 천명, 혹은 무극에서 태극으로 이어지는 성리학적 우주관이 한국의 샤
머니즘으로 재편된 것이었다. 최제우는 『동경대전』에서 자신의 몸이 "떨리
며" 신이 들린 체험으로 샤머니즘의 영향을 드러내고 있다:

> 바로 이 무렵에 몸이 마구 떨리면서 밖으로는 신령과 서로 맞닿는 기운이

몸을 감싸고, 안으로는 신기한 말씀에 의한 가르침이 있었다. 그러나 애써 보려고 해도 보이지 않고, 들으려고 해도 들리지 않으므로 마음은 더욱 이상스럽기만 하였다. 이윽고 마음을 가다듬고 기운을 바로 잡은 뒤에 "어찌하여 이처럼 저에게 나타나십니까?"라고 물었다. "내 뜻이 곧 네 뜻이기 때문이다. 대체 사람들이 무엇을 알랴! 하늘과 땅은 알아도 이것을 다스리는 신을 알지 못한다. 그 신이 곧 나다. 지금 너에게 무궁한 도를 내려줄 터이니 이것을 익혀 잘 체득하여라.[25]

몸이 떨리며 신령과 만났으나, 듣지 못했고, 자신의 기운을 신령과 일치시켰을 때, 마침내 그 소리를 들을 수 있게 됐다는 자기 포기를 통해, 성리학적 리(理)를 대체할 신령을 거론한다. 곧, 하늘과 땅을 아는 과거의 성리학은 이를 운행하는 신령을 알지 못한다 하면서, 우리가 살아가는 세계는 철학적 이치의 세계가 아닌 물활적(物活的) 신령의 세계라고 말한다. 성리학이 이미 불교와 도가를 흡수한 유학이라면, 동학이란 샤머니즘적 신유학이나 신유학적 샤머니즘이라고 해야 할 것이다. 교리적으로 무엇이 되든, 중요한 것은 신과 인간, 혹은 천과 인, 그리고 만물의 합일을 통한 관계적 내면성을 지닌 새로운 주체로 표현하고 있다.

이렇게 샤머니즘화하여 대중에게 각인된 유학적 우주론은 당시 개벽파, 곧 새 세상에 대한 전혀 새로운 담론을 모색하게 된다. 조성환은 이를 공공철학적으로 보면서 다음과 같이 말하고 있다:

모든 존재가 우주적 생명력인 하늘님에 의해 생성, 변화한다는 것을 최제우는 "하늘님을 모시고 있다(侍天主)"라고 하였고, 최시형은 "하늘님의 영기를 모시고 탄생하고 생활한다(侍天靈氣而化生生活)"고 하였다. 그런 의미에서 동학은, 공공철학적으로 말하면, '공공지리(公共之理)나 공공지기(公共之氣)가 아닌 공공지천(公共之天)을 지향한다고 할 수 있다. 즉 하늘을 공공하는 공공철학인 것이다. 그리고 그것의 구체적 의미는 우주적 생멸력으로의 하늘을 모두가 공유한다는 것이고, 그것의 당위적인 의미는 그 우주적 차원의 하늘을 개체적 차원의 하늘, 즉 인간이 수심정기의 수양을 통해서 잘 보존하고(侍) 길러야(養)한다는 것이다.[26]

모든 인간들이 개체적 이성을 지니고 있으니, 신 중심적 세계관을 구습적 세계관으로 대상화하려 했던 서양의 계몽주의와는 달리, 동학은 신분과 상관없이 모든 인간이 시천주하고 양천주하니, 신 혹은 천을 보존하고 기르는 것을 수심정기의 수양 곧 영성이라고 본 것이다. 바로 이것이 영성 근대화라는 것이며, 서양의 오리엔탈리즘적 시각에서 밀려났던 우리의 영성적 근대화론이고, 바로 이것이 독립 선언문의 천명을 받드는 양심의 삶이다. 이 창의적인 영성적 근대는 일본의 식민지 이데올로기와 더불어 사라졌다. 실제로 동학 신도들은 대량 학살을 당했고, 천인합일적 영성을 중심한 근대적 주체는 식민지 이데올로기로 왜곡되었던 것이다.

앞서 언급했듯이, 식민지적 비주체화나 주체의 소외를 극복하기 위해 새로운 프로젝트를 만들어 낼 필요가 없다. 이미 우리는 가지고 있었고, 이를 어떤 식으로 창의적으로 재구성해야 하는지가 연구 과제이며, 영성가에게는 실천 과제이다. 마지막으로, 서양적 방식으로 동양적 만물합일 혹은 그네들의 언어로 바꾸자면 "관계망"으로 이동하는 서구의 영성을 소개하면서 글을 마치고자 한다.

5. 탈식민지적 주체를 넘어 영성적 현대화로

후쿠자와 유키치가 원조인 식민지 이데올로기로써의 오리엔탈리즘의 바닥에는 서양 과학에 대한 열등감 곧 상처가 진원지일 것이다. 그런데 서양에서, 이 과학적 세계관의 환원론을 비판하는 꽤 긴 역사가 있었지만, 켄윌버 만큼 영성에 대한 열린 마음으로 과학을 넘어서 품어 내는 연구자는 흔치 않았다. 그는 과학적 환원주의를 다음과 같이 비판하고 있다: "과학적 세계관은, 의식도 없고 내면도 없고 가치도 없고 의미도 없고 깊이도 없고 신성도 없이 나-언어나, 우리-언어가 아닌 단지 그것-언어로 모두 기술되는, 전적으로 객관적 과정으로 구성된 우주에 관한 것이다"[27] 그는 측정 중심의 서구적 과학은 "미(美), 시(詩), 가치, 서원, 사랑, 명예, 자비, 자선, 성신이나 성모, 에로스나 아가페, 도덕적 지혜, 혹은 예술적 표현 같은 것을 찾을 수 없"[29]는 "단조로운 평원"[29]이라고 말한다. 사람이 성장하면 먹고 배설하는 것을 넘어 문화를 만들고, 예술을 만들며, 물리적 세계 안에 있다가 '자아'(ego)를 넘어 더 큰 자기(the Self) 안에 있는 영적 체험을 하지만, 이런 '성장'을 "먹고 배설"하는 1차원적 영역 안에서 설명하려고 하는 것이야말로 "단조로운 평원"이라는 것이다. 그는 더 큰 자아 (the Self)라고 했지만, 이것이 신이 되건 천(天)이 되건 만물이나 전체가 되건, 관계적 '합일'을 추구하는데는 변함이 없다는 것이다. 켄 윌버는 먹고 배설하는 것이 틀렸다는 것이 아니고, 이에 고착되어 이를 넘어선 심미적, 영적인 가치를 일차원적 삶의 형식으로 환원시키는 것이 문제이며, 더욱 상위적인 '합일'의 단계로 나아가는 것은 포함하여 넘어서는 규칙으로 의식이 발달된다 하였다. 그래서 과학적 이성을 버리고 영성적 논리로 구성하겠다는 것이 아니라, 포함하여 넘어서 모든 언어를 통합하겠다는 것이다. 켄 윌버는 이를 다음과 같은 대홀아키의

도표로 그려내고 있다.[30]

옆의 그림은 소라와 같은 고동의 방
식으로 A에서 솟구쳐 A+B, A+B+C…
으로 성장해 올라가는 것을 위에서 바
라보는 형태라고 보면 좋을 것이다.
물질에서 생명으로 생명에서 인간의
심리와 혼 곧 정신과 영으로 진화하
는 형태이다. 물론 이 안에는 샤르뎅

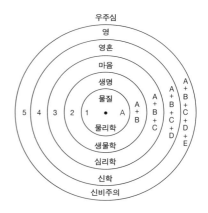

과 오르빈도의 영적 진화론이 숨어 있는데, 오르빈도는 이렇게 말한다: "이
세상에서 증대되는 진화의 본질적인 목적은 무의식적인 우주에서의 의식
의 출현, 의식의 성장, 그리고 그와 함께하는 존재의 빛과 힘의 성장이다…
의식의 더욱더 큰 각성과 더 높은 수준으로의 의식의 상승, 더 넓은 의식의
통찰력과 행동이 우리의 존재 목표인 궁극성이고 완전한 완성을 향해 나아
가는 우리의 발전조건이다."[31] 사람은 물질에서 영혼으로의 진화 과정 안에
있으며, 수행은 육체의 건강을 포함해야 한다는 것이 그의 주장이다. 물질
을 A라고 하면, 생명을 다루는 생물학은 B인데 B로 따라 떨어진 것이 아니
라 생물은 물질을 포함하므로 A+B가 되는 것이다. 위에서 밝혔듯, 여태껏
A인 물질적 논리로 영혼과 영을 해석할 수 없다. 기껏해야 물리학적 환원론
이 나올 뿐이다. 인간의 마음은 물질과 생명을 포함하므로 A+B+C이다. 영
은 물질, 생명, 마음, 혼을 감싸 안고 포함하는 것이다. 전체인 우주심 혹은
하느님 안에 전체가 포함된다. 결국 영의 언어가 독립적으로 존재하는 것이
아니라, 물리학과 생물학과 심리학을 포함한 언어가 되어야 한다는 말이다:

　　근대의 연구를 통해 (가령 마음과 같은)의식이 한낱 초월적인 본체와는 거

리가 멀고 실제로는 여러 면에서 유기체적, 물질적 두뇌에 그 기반을 두고 있음이 명백히 밝혀졌다. 이것은 너무나 명백하여, 근대의 수많은 과학자들은 의식을 단지 뉴런체계의 유희로 간단히 환원시켜버렸다. 그러나 의식이 대부분의 전승종교에서 생각하는 육신에서 분리된 정수와는 거리가 멀다는 것을 깨닫기 위해 과학적 유물론을 따를 필요는 없다. 적어도 의식은 생체 물질적 두뇌 그리고 경험적 유기체와 가깝게 연관되어 있고, 따라서 과학과 종교는 그 관계가 무엇이든 그저 '겹치지 않는 교도권'은 아닌 것이다.[32]

　물질과 영혼은 떨어져 있는 것이 아니라, 밀접하게 '연결'되어 있으며, 이제 영혼의 이야기를 할 때에도 이성과 영적 언어와 사고가 통합되어야 한다는 것이다. 이미 우리 안에 있었던 영성 근대화 천인합일이 오늘 다시 논의되는 것이다. 과거와 마찬가지로 지구 생태의 회복을 향한 절박한 마음으로 새로운 정체성을 논의하는 것이다. 분리가 아닌 합일과 일치와 통합 안에서 자신을 찾아내야, 식민지적 오리엔탈리즘으로 고착된 우리의 내면성을 넘어서야 통일을 향한 내면성을 갖추어 낼 수 있다. 켄윌버는 불교와 힌두교의 수행적 방식을 받아들여 서양의 발달심리학과 과학 그리고 기독교 신비주의에 연계하여 창의적이며 실용적인 "통합영성(Integral Spirituality)"을 주창하고 있다. 곧, 천인합일과 만물일어의 관계적 정체성을 표현한 우리의 근대적 정체성을 다른 말로 "생태적 전체론과 생명망(eco-holism and Web-of-Life)"[33]이라고 표현했다.
　켄 윌버의 논의와 유사한 형태로, 미국의 영성신학자 매튜 폭스(Matthew Fox)는 물리학자 브라이언 스윔(Brian Swimme)과 공동으로 저술한 선언문 형태의 작은 책 『지구문명을 위한 선언(Manifesto for Global Civilization)』에서

다음과 같이 선언하고 있다:

> 우리는 이 우주를 자력으로 움직일 수 없는 입자들이 서로 부딪혀 만들어
> 진 것으로 이해해왔다. 과학이 이 각각의 입자들을 계산해낼 수 있다는 추
> 측으로 성립되었기에, 또한 과학의 힘이 엄청나기에, 서구사회는 이런 근
> 원적 추측 위에 서게 되었다. 경제, 종교, 사회과학, 의학, 정치학, 정부와
> 같은 모든 문화적 단면들이 기존에 존재하는 과학의 기계적 이해 위에 기
> 초했었다. … 대학들의 전공은 오늘날에도 끊임없이 쪼개지고 있다. 이런
> 분열이고 부분적 성향을 가진 세계관으로, 사람들은 부분적 문화를 만들
> 어 내었고, 문화 전체를 파편화하는 중심을 잃은 시도를 하게 된 것이다.
> 그러나 알버트 아인쉬타인, 막스 프랭크, 베르너 하이젠베르크, 에윈 슈레
> 딩어, 닐스 보어, 폴 드랙 등을 통해 이 세계는 근원적으로 분열되지 않은
> 전체라고 알게 됐다. 우리는 부분적 우주가 맞지 않다고 알게 됐으며 우리
> 는 이 한정시키고 한정적인 관점으로부터 모든 실체를 근원 지우는 전체
> 를 깨닫게 됐다.[34]

기계론적 우주관이란 켄 윌버가 언급한 '단조로운 평원'으로 대체할 수 있
으며, 이 '부분적' 시각이 전체 학문을 끊임없이 분열시키고, 부분적 세계관
만을 형성했다는 것이다. 즉, 홀아키, 혹은 계층적 의식 진화의 연결점들이
기계론적 우주관의 단조로운 평원적 해설로 말미암아 끊임없이 '분열'되었
다는 말이다. 물론, 폭스가 위에서 언급한 상대성이론가와 양자역학자들은
물론 기존의 과학을 완전히 뒤엎지는 못했고, 여전히 이들의 새로운 발견
이, 전체 학문적 영역과 세계관에 영향을 주고 있으니, 이성적 과학 중심의
세계관은 지속되고 있다고 해야 할 것이다. 그렇지만, 신화와 망상이라고

만 여겨졌던, 혹은 머리에 있는 뇌의 물질적 장난 정도로 취급 받았던 영성은 이제 새로운 전기를 맞이한 것이다. 특별히 이 우주는 쪼개진 입자들이 우연히 형성한 것이 아니고, '전체'이며 '하나'라는 가설까지 나오게 됐다. 이것은 이미 불교와 노장 그리고 성리학적 세계관이며, 기독교 중 특별히 신비주의적 전통과 일치하는 부분이다. 곧, 서방 교회의 비주류에 놓인 마이스터 엑카르트나 십자가의 성 요한이 말하는 신성에로의 돌파(breakthrough into Godhead)나 살아 있는 사랑의 불꽃(Living Flame of Love) 모두 신인합일에서의 생성된 전혀 새로운 주체를 말하고 있는 것이다. 특히 엑카르트는 신성으로 돌파하여 신이 되는 것이란 과격한 언어를 사용하며, 근저 혹은 근원인 신을 더더욱 적극적으로 일상의 삶에 끌어들이고 있다. 십자가의 성 요한 역시, 비움을 밤(night)이라고 표현하며, 감각과 생각을 비우고 그 주체인 영혼의 근저로 침잠했을 때 이로부터 솟구쳐 오르는 사랑의 불꽃과 하나 되는 것을 "살아 있는 사랑의 불꽃"이라고 하였다. 이 수행적 신비주의는 서구의 공적 신학으로 나타나지 못했지만, 오늘날 서구에서 일어나는 영성에 관한 폭발적 관심과 더불어 변방에서 중심으로 이동하고 있는 것이다.

구한말 영성적 근대의 중심인 '합일'은 근대적 이성 중심의 세계관에 대한 대안이었으며, 평등은 전근대적 세계와의 결별이었다. 우리나라에 솟아올랐던 영성 근대화는 영성 현대화로 서구에서 일어나고 있는 것이다. 식민 시대와 이후의 오리엔탈리즘적 왜곡을 거쳐 우리 안에 내재화 되었다가, 이제 다시 제 가동 되어야 하는 것이다. 바로 이런 합일과 일치를 중심한 영성적 내면성이 다름과 분리의 화해를 만들어 낼 수 있는 것이다. 곧 통일을 향한 영적 내면성이 주체화되어야 하는 것이다.

나가는 글
: 이성적 근대화에서 영성적 현대화로, 통일과 하나됨을 향하여

우리는 지금 합일을 향한 중요한 발걸음을 옮기고 있다. 이 합일이 민족사적이라면 통일일 것이요, 지구적이라면 생태적 관심과 이에 따른 욕망의 내려놓음을 것이다. 그러나 진보의 그림자에는 언제나 반동이 있는 법. 이 반동이란, 습관적 삶에 안주하려는 우리의 마음에서 시작된다. 곧 이 마음과 마음이 만나 성숙됨을 거부할 때, 극우적 반동주의와 그 결을 같이하게 되는 것이다. 칸트가 말하는 감히 미래를 보는(dare to see the future) 힘은 근대화의 힘이 아니라, 변혁의 힘이다. 일제강점기에 형성된 남한의 전통적 기득권 세력이 북한에서 내려온 반공주의자들과 힘을 합하여 권력을 독점해왔고, 적어도 지금은 그들이 이 땅의 기득권 세력으로 아직도 언론과 기업을 잡고 주류 행세를 하고 있다. 이런 패턴의 삶에 익숙해 안주하려 한다면, 감히 미래를 보는 변혁에 동참하지 못할 뿐 아니라, 이미 우리의 역사와 담론 속에 숨어 있는 합일적 내면성, 이로써 서구의 이성적 근대화와 식민지 이데올로기를 극복하고 의연한 주체로 미래를 개척하는 영적 삶도 실패하게 될 것이다. 이 땅의 보수주의자들과 과거에 안주하려는 마음은, 통일의 기운을 훼방하며, 분단과 대결에 오히려 익숙해져 있다. 태극기 집회는 통일과 평화에 대한 혐오이면서, 또한 노인들의 오락이기도 하다. 증오와 혐오가 삶 속에 익숙해져 있으며, 이것이 식민지적 사유로 구성된 뇌의 회로와 연결되어서, 대화를 완전히 불가능하게 한다. 그러나 증오와 혐오에 대해 역시 증오를 멈춰야 한다. 천인합일과 만물일여의 관계망 속에 자신을 찾아내는 현대적 영성 정체성을 가지고 있다면, 여전히 참고 여전히 기도하고, 여전히 대화해야 한다. 왜냐하면 통일은 미국의 일이나 일본의 일이 아닌 바로 우리 자신의 일이며, 나와 다름을 극대화시켜 타자를 적대화하는 이분법이 아닌, 천인합일을 통한 평등주의와 또한 그 관계적 시각으로, 일치성을 찾아내는 전혀 새로운 영적 일이 되기 때문이다. 그래서 우리가 식민주의적 오리엔탈리즘에 함몰되어 있다면, 절대로 통일은 우리의 이야기가 되지 않는다. "천인합일적 관계의 주체가 양심적으로 살아 나가는" 것이 군국주의적 폭력성인 식민지주의와 위치적(positional) 폭력성인 오리엔탈리즘을 넘어선 영적 내면성을 지닌 근대적 주체가 통일로 나아가는 새로운 인간의 모습이며, 통일은 그 구체적 열매가 될 것이다.

그렇다면 어떻게 이런 내면적 주체에 도달할 수 있을 것인가? 3.1운동의 독립 선언문은 아름다운 언어의 미학적 문장력뿐만 아니라, 성리학적 도학을 천인합일적 수행으로 변환시켜 이 영적 체험을 천명을 따르는 양심으로 승화한 것이다. 바로 이런 영성적 주체가 독립의 주체가 되어야 함을 선언한 것이다. 이와 마찬가지로, 식민주의적 오리엔탈리즘은 내적 관찰을 통한 비움의 대상이 되어야 한다. 과거로부터 지금까지 지속된 이 담론이 우리를 어떻게 지배하고 있는지 보아야 하고, 이 땅에 수많은 차이와 혐오와 증오 또한 이들에 의한 상처와 아픔까지도 꿰뚫어 볼 수 있는 영적 관조의 눈이 열려야 하는 것이다. 이것은 그냥 말이 아닌 수행으로 가야한다. 말과 논리가 전부라 이해하고 글쓰기를 한다면, 수행 역시 말장난이 되기 때문이다. 내 안에, 식민지 이데올로기와 오리엔탈리즘적 열등감이 매체와 역사와 담론이 인연되어 종자나 현실적 존재로 뭉쳐져 있어 삶과 생각과 대화라는 또 다른 현실적 존재들과 연(緣)하여 왜곡의 길로 이끄는 내적 현상과 외적 실천을 꿰뚫어 보아 내려놓는 관상적 작업이 우선이 되어야 할 것이다. 바로 이것이 통일과 평화를 위한 실천이 될 것이다.

3.1운동 정신에서의 유교(대종교)와 기독교 / 이은선

1) 김숨, 『숭고함은 나를 들여다보는 거야-일본군 위안부 김복동 증언집』, 현대문학, 2018, 8-15쪽.

2) 박은식, 『韓國獨立運動之血史』, in 동아일보사, 『日政하의 禁書』33卷, 신동아 1977년 1월호 별책부록, 150쪽.

3) 한홍구, 〈OhmyNews 독립만세 토크쇼-정재환의 3.1운동 이야기〉, 제10편 3.1운동 완성이 역사적 사명, 2017.12.14.

4) 정영훈, "홍암 나철의 종교민족주의", 『정신문화연구』 2002 가을호 제25권 제3호(통권 88호), 229-256쪽.

5) 이규성, 『한국현대철학사론-세계상실과 자유의 이념』, 이화여대출판부, 2015, 23쪽에서 재인용.

6) 김선희, 『서학, 조선 유학이 만나 낯선 거울-서학의 유입과 조선 후기의 지적 변동』, 도서출판 모시는사람들, 2018, 101쪽.

7) 같은 책, 135쪽.

8) 안정복 지음·이상하 옮김, 『순암집』, 한국고전번역원, 2017, 163쪽; 이선경, "조선시대 『천주실의』 수용 양상을 통해 본 유교와 기독교의 만남", 현장(顯藏)아카데미 편, 『21세기 보편 영성으로서의 誠과 孝』, 동연, 2016, 127-130쪽.

9) 안정복, 「천학문답」, 『순암선생문집』, 김선희, 같은 책, 145쪽 재인용.

10) 이지조(李之藻, 1563-1630), "『천주실의』 재판의 서문", 마테오 리치 지음, 『천주실의』, 송영배 외 옮김, 서울대학교출판부, 2000, 26쪽.

11) 같은 책, 26쪽.

12) 김선희, 같은 책, 206쪽.

13) 같은 책, 264-269쪽.

14) 『華西先生文集』권16, 43면 「溪上隨錄」3, "心與性有何分別, 心是性之形體, 性是心之 節目, 其實一理也.", 강필선, "화서 이항로 심성설의 주리적 특성", 한국철학사 연구회 편, 『한국 철학 사상가 연구-한국 철학과 현실인식』, 철학과현실사, 2002, 362쪽.

15) 허선도, "최익현", 동아일보사, 『韓國近代人物百人選』, 新東亞 1970년 1월호 부록, 26쪽; 한일공통역사교재 제작팀, 『한국과 일본 그 사이의 역사』, Humanist, 2012, 55쪽, 98쪽.

16) 윤성범, 『孝』, 서울문화사, 1973; 현장(顯藏)아카데미 편, 『21세기 보편 영성으로서의 誠과 孝』, 동연, 201쪽; 이은선, "21세기 인류 문명의 보편적 토대로서의 誠과 孝", 2018년 8월 15일, 북경 세계철학자대회 발표문, 미간행.

17) 이종상, "의암 유인석의 춘추의리학과 의병 정신", 한국철학사연구회 편, 같은 책, 373쪽.

18) 박은식, 『한국독립운동지혈사』(상), 남만성 옮김, 서문당, 1999, 51-52쪽.

19) 같은 책, 66, 149쪽.

20) 『毅庵集』 권33, 雜著, 下册, 58쪽, "公則一, 私則萬殊, 率天下以義理之公, 不求一, 而自一, 天下以利害之私, 不期萬, 而自萬, 一天下非以義理, 則不可. 苟以義理而一, 出於公, 則雖欲不一, 天下不得也.", 이종상, 같은 글, 387쪽에서 재인용.

21) 이종상, 같은 글, 376-384쪽.

22) 이은선, "포스트모던 시대에서의 인간의 조건-유교적 페미니즘과 다른 기독론", 『다른 유교, 다른 기독교』, 도서출판 모시는사람들, 2016, 287쪽 이하.

23) 이상룡, 「공교미지(孔敎微旨)」, 안동독립운동기념관 편, 『국역 石洲遺稿』하, 경인문화사, 2008, 542-543쪽.

24) 이번에 본인이 본 연구를 진행하면서 앞으로 한국 유교사나 사상사의 영역에서 이 부분의 연구를 더 진척시키고 싶다는 생각을 했다. 석주 이상룡의 유교 이해는 그의 집안 내력(고성 이씨) 속에서 특히 한국사상의 자주성과 고유성을 드러내는 일(대종교)과 연결되지 않을 수 없으므로 매우 고유한 독자성을 가질 것으로 보이는데, 지금까지 석주 이상룡의 유교 이해에 대한 사상적 연구가 거의 없는 것 같다.

25) 宋基植 저, 『儒敎維新論』, 安秉均 註譯, 宋時亮 발행, 대구: 신흥인쇄사, 1998, 김순석, 『근대 유교개혁론과 유교의 정체성』, 도서출판 모시는사람들, 2016, 72-75쪽.

26) 박은식, 『한국독립운동지혈사(상)』, 68쪽.

27) 함석헌, 『인간혁명의 철학』, 함석헌전집2, 83쪽; 함석헌, 『뜻으로 본 한국역사』, 354쪽; 이은선, 『다른유교, 다른기독교』, 273쪽.

28) 함석헌, "새 시대의 종교", 함석헌 저작집 14, 24; 함석헌, 『뜻으로 본 한국역사』, 279쪽; 이은선, 같은 책, 234쪽.

29) 함석헌, "기독교 교리에서 본 세계관", 노명식 지음, 『함석헌 다시 읽기』, 노명식전집 04, 책과함께, 2011, 455쪽.

30) 같은 글, 465쪽.

31) 같은 글, 467쪽.

32) 같은 글, 474-476쪽.

33) 같은 글, 477쪽.

34) 이은선, 『한국생물生物여성영성의 신학-종교聖, 여성性, 정치誠의 한몸짜기』, 도서출판 모시는사람들, 2011, 29쪽 이하.

35) 金素眞, 『韓國獨立宣言書硏究』, 국학자료원, 2015, 103쪽.

36) 박은식, 『한국독립운동지혈사(상)』, 138쪽.

37) 최동희, "全琫準", 『人物로 본 韓國史』, 월간중앙 1월호 별책부록, 1973.1, 241쪽; 수운 선생의 동학사상이 형성되는데 중요한 하나의 계기로 여겨지는 1855년 을묘년에 만났다고 하는 '을모천서(乙卯天書)'는 서학의 『天主實義』로 추측되기도 하는데, 그 책의 이치를 깊이 살펴보니 기도(祈禱)의 가르침을 담고 있었다고 고백되었다(『도원기서』, 18). 이 추측의 타당성 여부에 대한 논란은 많을 수 있겠지만

당시 동학이 서학(서구 기독교 문명)과의 대면과 나름의 응전 속에서 전개되었다는 것은 부인할 수 없을 것이다.

38) 『도원기서』, 윤석산 역주, 도서출판 모시는사람들, 2012, 49-50쪽.

39) 이규성, 같은 책, 114쪽.

40) 같은 책, 114쪽.

41) 『도원기서』, 167쪽.

42) 안중근, 「안응칠역사」, 《明治文化全集》2, 동경, 1968, 대련시근대사연구소/여순일러감옥구지박물관 학술연구총서, 『안중근연구』, 화문귀 주필 유병호 역, 료녕민족출판사, 2009, 70쪽.

43) 이덕주, 『초기한국 기독교사연구』, 한국 기독교연구소, 1995, 11-15쪽.

44) J.S. 게일, 『전환기의 조선』, 신복룡 역주, 집문당, 1999, 40; 이은선, "21세기 한국 여성 리더십에 있어서의 유교와 기독교", 『한국 생물生物여성영성의 신학』, 도서출판 모시는사람들, 2011, 235쪽.

45) J.S. 게일, 같은 책, 70쪽; 이은선, 같은 글, 236쪽.

46) 김세지, 「나의 과거생활」, 『승리의 생활』, 40쪽, in, 이덕주, 『남산재 사람들-독립운동의 요람』, 그물, 2015, 70쪽.

47) 박은식, 같은 책, 128-136쪽.

48) 같은 책, 219-220쪽.

49) 같은 책, 172쪽.

50) 같은 책, 177쪽.

51) 박은식, 『한국독립운동지혈사』(하), 남만성 옮김, 서문당, 1999, 57쪽.

52) 윤경로, "1910년대 민족 해방운동과 3.1운동", 강만길 외, 『통일지향 우리 민족 해방운동사』, 역사비평사, 2000, 69쪽.

53) 박재순, 『삼일 운동의 정신과 철학』, 홍성사, 2015, 25쪽.

54) 같은 책, 47쪽.

55) 박은식, 『한국독립운동지혈사(하)』, 56쪽.

56) 박은식, 『한국독립운동지혈사(상)』, 171쪽.

57) 윤경로, 같은 글, 70-71쪽.

58) 최경주, "홍암 나철과 하느님 신앙", 『국학연구』, 제20집, 2016, 260쪽.

59) 이규성, 같은 책, 209쪽.

60) 같은 책, 186쪽.

61) 같은 책, 191쪽.

62) 박광수, "홍암(弘巖) 나철(羅喆)의 단군신앙 운동 연구", 한국종교학회, 『종교연구』53, 2008.12, 99쪽에서 재인용.

63) 나철, 『신리대전』, 『대종교경전』, 457-458쪽, 박광수, 같은 논문, 102-103쪽에서 재인용.

64) 한국민족종교협의회, 「대종교」, 『한국민족종교』, 윤일문화, 2005, 47-49쪽, 박광수, 같은 논문, 102쪽 재인용.

65) 尹世復, 『역해종경사부합편(譯解倧經四部合編)』, 대종교 총본사, 개천 4406(1942),

79-83쪽.

66) 정영훈, "홍암 나철의 종교민족주의", 『정신문화연구』 2002 가을호, 제25권 제3호, 251쪽.

67) 박광수, 같은 글, 105쪽.

68) 尹世復, 『역해종경사부합편(譯解倧經四部合編)』; 이규성, 같은 책, 256-263쪽 참조.

69) 崔英成, "牧隱 李穡의 歷史意識과 民族意識", 〈牧隱學術大會-牧隱 思想의 再照明〉, 2018.10.5, 목은연구회/한국철학인문문화연구소, 성균관대학교, 24. 최근에 발표된 이 논문에서 최영성 교수는 고려말 유학자 목은 이색의 시에 〈천부경〉이 언급된 것을 밝히면서 목은의 사상이 『단군세기』의 저자로 알려지는 행촌 이암(杏村 李岩, 1297-1364)의 영향을 많이 받은 것으로 추측하고 있다.

70) 이규성, 같은 책, 246쪽.

71) 이찬구, 『천부경과 동학』, 도서출판 모시는사람들, 2007, 594쪽.

72) 이규성, 같은 책, 255쪽.

73) 김순석, 같은 책, 147쪽; 김삼웅 지음, 『심산 김창숙 평전』, 시대의창, 2006, 20쪽.

74) 『김창숙문존』, 김삼웅, 같은 책, 274쪽에서 재인용.

75) 1922년 7월 22일 동아일보 기사, 金基錫, 『南崗 李昇薰』, 한국학술정보(주), 2005, 236쪽 참조, 박재순, 같은 책, 54쪽 재인용.

76) 「참전계경(參佺戒經)」, 『大倧敎經典』, 210-211쪽, 이규성, 같은 책, 223쪽에서 재인용.

77) 이규성, 같은 책, 236쪽.

78) 같은 책, 237쪽.

79) 이기, 「留還堂記」 『李海鶴遺書』 권8, 이규성, 같은 책, 235쪽에서 재인용.

80) 이규성, 같은 책, 275-281쪽.

81) 박은식, 『한국독립운동지혈사』(상), 182-196쪽.

종교들의 운동으로서 3.1운동의 종교사적 의미 / 최태관

1) 이덕주, 『한국토착교회 형성사 연구』, (서울: 한국 기독교역사연구소, 2001), 208.

2) 같은 글, 224.

3) 같은 글, 259.

4) 같은 글, 264.

5) 이윤상, 『3·1운동의 배경과 독립 선언』, (천안: 한국독립운동사편찬위원회, 2009), 74.

6) 같은 책, 80.

7) 같은 책, 81.

8) 같은 책, 82.

9) 같은 책, 83.

10) 이덕주, 『신석구』, (서울: 신앙과 지성사, 2012), 128.

11) 민족 대표는 천도교 15인, 기독교 15인, 불교 3인으로 구성되었다.

12) 안상훈,『독립운동총서』2권 3 · 1운동 편, (서울: 민문고, 1995), 28.

13) 앞의 책, 86.

14) 앞의 책, 87.

15) 앞의 책, 88-89.

16) 안상훈,『독립운동총서』2권, 76.

17) 윤진현,『한국독립운동사』, (파주: 이담, 2010), 533.

18) 안상훈.『독립운동총서』, 184.

19) 같은 책, 188.

20) 이주익,『3.1운동, 그날의 기억』, (서울: 도서출판: 탁사, 2001), 28.

21) 윤진현,『한국독립운동사』, 530.

22) 한국종교연구회,『한국종교문화사 강의』, (서울: 도서출판 청년사, 1998), 381.

23) 윤진현,『한국독립운동사』, 531.

24) 함석헌,『뜻으로 본 한국역사』, (서울: 한길, 1999), 374.

25) 이윤상,『3 · 1운동의 배경과 독립 선언』, 88.

26) 윤진현,『한국독립운동사』, 531.

27) 이윤상,『3 · 1운동의 배경과 독립 선언』, 181.

28) 윤진현,『한국독립운동사』, 531.

29) 이윤상,『3 · 1운동의 배경과 독립 선언』, 183.

30) 김영범 외 8인,『한국사』, 임시정부의 수립과 독립전쟁, (서울: 국사편찬위원회, 2001), 106.

31) 같은 책, 110.

32) 한국 기독교역사연구소,『한국 기독교의 역사 II』, (서울: 기독교문사, 1990), 33.

33) 변선환, "민중해방을 지향하는 민중불교와 민중신학",『종교 간 대화와 아시아 신학』, (서울: 한국신학연구소, 1996), 333.

34) 함석헌,『뜻으로 본 한국역사』, 131.

35) 같은 책, 130.

36) 최태관, "3 · 1운동의 종교사적 의미",『3 · 1정신과 한반도 평화』, (서울: 동연, 2018), 27.

37) 같은 책.

38) 위르겐 몰트만,『세계 속에 있는 하나님』, (서울: 동연, 2009), 262.

39) 같은 책.

3.1정신과 3.1영성 그리고 한반도 평화 / 최성수

1) 함석헌, "3.1운동의 현재적 전개",『함석헌 선집 3』(한길사, 1996), 101-110쪽, 102쪽.
2) 삼일영성으로 이해하는 데에는 필자의 영성 이해에 근거하는데, 필자는 영성을 성령의 역사에 따라 인간 안에 형성된 능력으로 이해하며, 그것은 구체적으로 다섯 가지

능력으로 나타난다고 본다. 하나님의 행위를 인식할 수 있는 능력, 각종 사건과 역사 속에서 하나님을 분별할 수 있는 능력, 하나님의 행위를 수용할 수 있는 능력, 하나님 경험을 표현할 수 있는 능력, 그리고 기도의 능력이다. 기독교 영성에 대한 필자의 자세한 이해는 다음을 참고: 『대중문화 영성과 기독교 영성』(글누리, 2010).

3) 주재용, "3.1운동 사관에 대한 역사적 고찰", 『기독교사상』 28(3), 1984, 83-92쪽, 84쪽.

4) 허호익, 『길선주 목사의 목회와 신학사상』(대한기독교서회, 2009), 265쪽: "이러한 독립청원 노선은 비록 소극적이긴 하지만 국권회복을 위해 당시의 민족주의적 기독교들이 취할 수밖에 없었던 하나의 입장이었다."

5) 함석헌, "3.1정신", 『함석헌 선집 3』, 앞의 같은 책, 91-100쪽, 91쪽.

6) 강위조, 『한국 기독교사와 정치』(대한기독교서회, 1977), 75-7쪽. 선교사 아더 브라운은 편지에서 이렇게 말했다: "선교사들의 일본에 대한 태도는 어떠했을까? 첫째가 저항, 둘째는 무관심한 반응, 셋째는 협력, 그리고 마지막은 충성심이다. … 내가 생각할 때, 네 번째인 충성심이야말로 가장 적절할 것이다. 이것은 예수의 발자취를 따르는 것이다. 예수는 일본보다도 훨씬 고약한 정부에 복종했고, 제자들에게도 충성스럽게 복종하라고 가르쳤다. 그리고 이는 로마서 8장의 바울의 가르침과도 일치한다."(76)

7) 다음의 글은 이만열, "기독교와 3.1운동(1)", 『현상과 인식』 3(1), 1979, 51-84쪽, 57쪽에서 인용: "우리가 저같이 형제를 불쌍히 여길 때에 먼저 죽은 것을 슬퍼할지며 죽은 것을 슬퍼할 때에 먼저 자기이 죄를 각각 뉘우쳐 고침이 가하도다. 우리 민족이 게으른 것으로 부지런하고 미워하던 마음을 변하여 사랑하며 투기하지 말고 화목하며 사욕의 마음을 버리고 공변된 일에 충성하며 사사로운 원수를 잊어버려 서로 용서하며 하나님이 주신 성품을 회복하여 주예수를 힘입어 성신의 감동함을 받아 하나님의 뜻을 순종하며 자기의 직책을 다하여 하나님 보시기에 아름답고 도와주심을 받을 만한 사람 얼마라도 우리 민족 중에 있을 것 같으면 우리의 위함을 어찌 취하지 못하리요. 만약 하나님이 도우시면 우리를 이길 자 뉘요. 그러므로 우리는 날마다 하나님께 가까이 가 회개하고 새사람이 되며 우리의 본분을 다하여 나아가 회개하고 새사람이 되며 우리의 본분을 다하여 옳은 일을 하고 보면 하나님의 권능이 우리를 도우실 줄 아노라."

8) ① 매일 3시에 기도하고, ② 주일은 금식하고, ③ 매일 성경을 읽는데, 월요일 - 사10(이스라엘을 멸망시킨 앗시리아에 대한 하나님의 징벌), 화요일 - 렘12(유다가 멸망한 원인에 대한 설명, '하나님께서 당신의 백성을 버리셨기 때문'), 수요일 - 신28(이스라엘 백성이 다른 민족에게 침략 받아 고통 받게 되리라는 예언), 목요일 - 약5(고난당하는 기독교인들에게 기도와 인내할 것을 권면), 금요일 - 사59(죄지은 백성이 회개할 때 하나님께서 구원해주신다는 예언), 그리고 토요일 - 롬8(성령이 주시는 생명, '장차 나타날 영광에 비하면 지금 우리가 겪고 있는 고통은 아무것도 아니다').

9) 함석헌, "3.1정신", 『함석헌 선집 3』, 앞의 같은 책, 91-100쪽, 93쪽: "3.1운동은 어디까지나 민중의 산 정신이 드러난 것이다." "3.1운동의 주인은 민중이다."

10) 나무위키에서 인용.

11) 함석헌, "3.1정신", 앞의 같은 글, 99쪽.

12) 함석헌, "3.1운동의 현재적 전개", 107쪽.

13) 함석헌, "3.1운동과 기독교", 『한국 기독교는 무엇을 하려는가』(한길사, 2009), 285-290쪽, 288쪽.

14) 함석헌, "3.1운동의 현재적 전개", 107쪽.

15) 함석헌, "3.1운동", 92쪽.

16) 함석헌, "통곡! 삼일절", 『생각하는 백성이라야 산다』(한길사, 1996), 83-90쪽, 89쪽.

17) 함석헌, "3.1운동과 기독교", 앞의 같은 글.

18) 이덕주, "3.1운동에 대한 신앙 운동사적 이해", 『기독교사상』 34(3), 1990, 133-156쪽, 156쪽.

19) 전택부, "3.1운동의 정신과 그 배경", 앞의 글, 122쪽.

20) 3.1정신에 대한 고전적인 이해에 따르면 자주와 독립이다. 이에 비해 전택부는 "3.1운동 정신과 오늘의 현실", 『기독교사상』 42(3), 1998, 128-132쪽에서 3.1정신을 "무저항 비폭력 정신"과 "민족의 대화합 정신"으로 보았다.(127) 이만열은 "기독교와 3.1운동(1)"에서 "반봉건사회개혁과 반외세민족자주"라는 큰 틀에서 기독교가 참여하고 또 기여했다고 말했으며(앞의 글, 52), 이상은은 "충군애국에서의 민족국가"(「월간 중앙」, 1969. 3)에서 자유와 정의와 인도라고 보았다. 김양선은 "3.1운동과 기독교계"(동아일보사 편, 『3.1운동 50주년기념논문집』, 1969)란 글에서 3.1운동의 정신을 신념과 협동정신과 전진하는 자세로 보았다.

21) 강만길, 『고쳐쓴 한국현대사』, 창작과 비평사, 1994, 40쪽.

22) 함석헌, "3.1정신", 위의 같은 글, 99-100쪽.

23) 함석헌, "3.1정신", 99: "지금 우리가 부닥친 것은 남북통일 문제다. 이것을 해결하는 데는 오직 한 길이 있을 뿐이다. 3.1운동에서 우리 민중의 양심을 동원하여 일본의 양심, 인류의 양심을 때렸고, 그러므로 그 힘을 막을 수 없었듯이, 오늘도 공산당을 이기는 것은 그 양심을 때리는 데 있다."

몽양 여운형의 좌우합작론 속의 토착적 기독교성 / 이정배

1) 김삼웅, 『몽양 여운형 평전-진보적 민족주의자』, 채륜, 2016, 7. 이는 저자가 몽양을 '민족만을 사랑한 민족주의자'로 본 송건호의 생각을 근거로 한 말이다. 필자는 이에 더해 사회주의를 품은 민족주의자였기에 '진보'라는 말이 어울린다고 생각한다.

2) 안중근의 '동양 평화론'에 대해서는 필자의 글 "『뜻으로 본 한국역사』 속에 나타난 민족개념의 신학적 성찰-신채호와 안중근의 역사이해와의 연관 속에서", 『토착화와 세계화-한국적 신학의 두 과제』, 한들출판사 2007, 37-66쪽, 특히 45-51쪽을 보라.

3) 박병엽 구술, 유병구 외 엮음, 『김일성과 박헌영 그리고 여운형』, 선인, 107-242쪽.

4) 이에 대한 갈증을 풀어 준 논문이 있다. 윤경로, 「몽양 여운형과 기독교」, 『통일 이후

신학연구』No.4, 신앙과지성사, 27-63쪽.

5) 이규성, 『한국 현대 철학사론』, 이대출판부, 2015, 188쪽. 이 책에서 저자는 여운형이 『天符經讚』을 썼다는 사실을 밝혔다 하지만 내용에 대해서는 전혀 언급이 없어 아쉽기 그지없다.

6) 함석헌, 「3.1운동은 끝나지 않았다1.2」, 『씨 올 의 소리』통권 244 · 245, 2018 참조.

7) 고 한경직 목사의 남겨진 글에 의하면 3.1운동 당시 막강한 교도를 지닌 천도교의 물적 지원이 없었다면 개신교계의 독립운동은 실현되기 어려울 것이라 했다.

8) 각주 4번 참조. 이외에도 신학자가 쓴 글로서 연규홍, 「몽양 여운형의 통일 독립론」이 있으나 저작 기독교와의 관련성이 적시되지 않았다.

9) 현재 이부영 전의원이 회장으로 있는바, 박근혜 정권 하에서 일체 지원을 금지 당했다고 한다.

10) 강덕상, 『여운형 평전 1- 일본에서의 독립운동』, 김광열 역, 역사비평사, 2007, 39- 40쪽.

11) 가나안 농군학교 엮음, 『가나안 강의록』, 규장문화사, 1989. 이정배, 「복민사상의 생명 신학적 의미와 가치-생명문화의 토착화」, 『간문화해석학과 신학적 상상력』, 감신대 출판부 2005, 275-302쪽.

12) 강덕상, 위의 책, 209-222쪽, 임대식, 「통일조국의 이름 짖기. 일제시기. 해방 후 나라이름에 반영된 좌우갈등- '右' 대한, '左' 조선과 '南' 대한. '北' 조선의 대립과 통일」, 『역사비평』1993. 5, 역사비평사, 35-60쪽. 참조

13) 강덕상, 『여운형과 상해임시정부』, 김광열 역, 도서출판 선인, 2017, 17-86쪽.

14) 여운구, 『나의 아버지 여운형』, 신준영 편집, 21-23쪽.

15) 강덕상, 『여운형 평전』, 172-177쪽.

16) 이덕주, 「3.1운동의 이념과 운동 노선에 관한 연구」, 『기독교 사상』, 1988, 3 참조.

17) 김두헌, 619쪽.

18) 한용운, 이길진 역, 「조선독립이유서」, 451-460쪽 참조.
홍일식, 「3.1독립선언서연구」, 『한국독립운동사연구』제3집, 196쪽, 219쪽.

19) 최성수, 「3.1정신과 3.1영성 그리고 한반도 평화-자주적인 평화선언의 실천을 위한 소고」, 미간행 논문, 2018 참조.

20) 정영훈, 「3.1운동과 단군민족주의」, 『한국 동양정치사상 연구』, 한국 동양정치사상사 학회, 11(2), 2012.9, 63-90쪽.

21) 宮島博史, 「민족주의와 문명주의- 3.1운동에 대한 새로운 이해」, 207쪽.

22) 앞의 글, 210-211쪽.

23) 배경한, 「여운형과 국민혁명」, 『중국 근현대사 연구』64, 중국근현대사학회, 2014. 12, 149-178쪽.

24) 강덕상, 위의 책, 245쪽.

25) 앞의 책, 247쪽.

26) 임대식, 「통일조국의 이름 짖기, 일제시기. 해방 후 나라 이름에 반영된 좌우갈등-우 大韓, 좌 朝鮮」, 『역사비평』, 역사비평사, 1993.5, 35-50쪽.

27) 배경한, 앞의 글, 152-153쪽.

28) 김영남, 「독립선언서에 표상된 한(韓)과 조선 그리고 동양」, 『사이間SAL 8호』, 98쪽 이하 내용.

29) 이 점에서 몽양은 당대 임정의 지도자들과 달리 '한중'관계에 무게를 실은 유일한 정치가였다. 강덕상, 『여운형과 상해임시정부』, 359 이하 내용.

30) 배경한, 위의 글, 155쪽.

31) 앞의 글, 161쪽.

32) 여운구, 위의 책, 85쪽 이하 내용.

33) 김삼웅, 위의 책, 149쪽.

34) 앞의 책, 147쪽.

35) 김삼웅, 위의 책, 246-272쪽.

36) 이 점은 몽양에 대한 편전을 쓴 저자들의 공통된 생각이다.

37) 강문구, 김영주, '몽양 여운형의 현실주의 정치노선과 변혁 사상 간의 갈등구조에 대한 연구', 경남대학교, 235쪽.

38) 건국준비위원회가 조선인민당으로 개칭하여 정치활동을 재개한 것으로 보면 좋겠다.

39) 양동안, 「여운형의 민족 통일노선」, 『정신문화 연구』27(4), 한국학중앙연구원, 155-157쪽, 170쪽.

40) 정병준, 해방이후 여운형의 통일 독립운동과 사상적 지향, 105쪽.

41) 앞의 글, 100-101쪽.

42) 양동안, 위의 글, 144쪽.

43) 정병준, 위의 글, 116쪽.

44) 양동안, 위의 글, 144쪽.

45) 박병엽 구술, 『김일성과 박헌영 그리고 여운형』, 박병엽 증언록 2, 유영구, 정창현 엮음, 도서출판 선인, 2017. 187쪽. 당시 《독립신보》(1946.10.7)에 실린 좌우합작 7원칙은 다음처럼 요약할 수 있다. 좌우합작으로 민주주의 임시정부 설립, 미소공동위원회 속개 요청, 토지개혁 실시, 친일파 민족 반역자 처리, 남/북, 좌/우 테러행위 종식, 언론/집회/결사 자우 보장, 입법기구에 영향력 행사 등이다. 여기서 토지개혁 문제가 우익 민족주의(김규식)를 염려하는 몽양의 입장에선 걸림돌이었다. 결국 이것이 빌미되어 합당이 지속되지 못했다.

46) 김삼웅, 312쪽. 여기서 중요한 것은 여운형이 북쪽의 단독정부 수립을 원하는 김일성도 거듭 제지했다는 사실이다.

47) 앞의 책, 145쪽.

48) 정병준, 앞의 글, 120-121쪽.

49) 위의 글, 121쪽.

50) 박병엽 구술, 107-242쪽.

51) 정병준, 위의 글, 125-126쪽.

52) 앞의 글, 128-9쪽.

53) 특히 조소앙은 단군 민족주의에 근거하여 삼균(三均)사상을 주장한 정치가로 알려져

있다. 정영훈, 「삼균주의 정치이론과 단군민족주의」, 《플러스코리아타임즈》, 2017.11.28, 3-7.
54) 이은선, 「3.1운동 정신에서의 유교(대종교)와 기독교」, 미간행논문, 2018, 4부 내용 참조.
55) 이정배, 「천부경을 통해서 본 동학과 多夕의 기독교 이해」, 『없이 계신 하느님, 덜 없는 인간』, 도서출판 모시는사람들, 2009, 129-169쪽. 동 출판사에서 나온 『천부경과 동학』(이찬구)도 참고하라.
56) 多夕은 『천부경』을 순수 우리말로 번역했다. '하늘 일 쪽월(하늘 어음 찍 실줄)'이란 것이 『천부경』의 우리 말 식 표현이다. 하늘에 꼭 맞닿은 글, 하느님이 보증하는 글이란 뜻을 담았다. 이정배, 앞의 책, 136-137쪽.
57) 황종렬, 『신앙과 민족의식이 만날 때-안중근 토마스의 이토 히로부미 저격에 대한 신학적 응답』, 분도출판사 2000. 이정배, 『토착화와 세계화-한국 신학의 두 과제』, 한들출판사, 2006, 45-51쪽.
58) 이기형, 「여운형, 새로운 민족지도자를 기다리며」, 〈월간 길〉, 1993, 2월호, 97쪽.
59) 박명림, 「전쟁과 적대를 넘어: 용서와 정의, 평화와 화해의 보편 평화학-보편 인간학을 향해」, 미간행 초고 논문, 2018 전문 참조. 저자가 인용을 금했으나 제목만이라도 소개한다. 남북 평화 체제는 남남갈등 극복을 통해 가능할 것이고 이 일을 기독교(종교)의 책무라는 것이 본 글의 요지이다. 이 말은 몽양의 좌우 합작론의 중요성을 상기시킨다.
60) 안톤 네그리, 마이클 하트, 정남영 외 역, 『공통체』, 사월의책, 2014, 여기서 '공통체'란 '공통으로 세계 되기'란 뜻이다. 분단체제를 넘어 남북이 온전히 세계와 소통하는 나라 되길 바라서 인용하였다.

해석 손정도 목사의 생애와 민족 독립 무장투쟁 / 노종해

1) 李萬烈은 "한국초대교인들의 입신 동기가 현실적인 문제와 결부되어 있는 것을 보아도 영적인면만 강조해 온 학자들의 견해는 지나치다고 할 수 있을 것이다"고 지적했다. 李萬烈: 韓國基督教와 歷史意識, 知識産業社, 1981. 참조, 이만열: 한국 기독교 수용사 연구, 두레시대, 1988, 479쪽. 또한 옥성득도 "초기 한국 교회가 급성장한 이유"를 기독교 민족주의 즉, 정치적인 요인으로 지적하며 분석하고 있다. 참조, 옥성득, 다시 쓰는 초대 한국 교회사, 새물결플러스, 2016, 369쪽.
2) 민경배는 "한국 기독교의 부흥운동이, 한국 교회를 비정치화시켜 탈 역사적인 교회로 전락시키고, 내세지형적인 교회를 이루게 되었다"고 평가한다. 참조, 閔庚培:한국 기독교회사, 대한기독교서회, 1972, 213쪽, 閔庚培, 韓國民族教會形成史論, 延大出版部, 1980, 36쪽.
3) 에버렛 헌트(Dr, Everett N. Hunt)는 한국 기독교의 성공에 대한 일반적인 세 가지를 지적하고 있다. 첫째 복음의 순수성, 둘째 네비우스 정책, 셋째 한국인들의 반응으로

분석하며, 성공요인으로 세 번째 "한국인들의 반응" 임을 지적하며 분석하고 있다. 즉, "한국 민중의 요구에 분명히 공헌하는 활동을 주시해야 한다"며 논하고 있다. Everett N. Hunt: Protestant Pioneers in Korea, NY, Obris Books, 1980. pp3ff. 참조, 盧宗海: 韓國監理教史의 새時角, 도서출판 풍만, 1988. 145쪽.

4) 盧宗海: "海石 孫貞道牧師의 民族獨立鬪爭運動", 감신대학보, 1982.3.10, 監神大學報社. 참조, "해석 손정도 목사의 민족 독립투쟁운동", 韓國監理教會의 性格과 民族, 성광문화사, 1983, 29-43쪽.

5) 孫貞道의 약력 소개하며, "六歲에 私塾에 入하여 十七歲 까지 受業하다가 十九歲에 主를 信하고"라 하였다. 本校第五回卒業生歷略, 『神學世界』三卷三號(1918). 京城監理教協成神學校 發刊, 184쪽.

6) 이하, 손정도 목사의 생애는 강서군지와 그의 장남 손원일 제독의 글을 참조하였음. "孫貞道 小傳", 江西郡誌, 江西郡誌編纂委員會, 1967. 孫元一: '나의 履歷書',《한국일보》, 1976.9.29.-12.21.

7) "孫貞道 小傳", 江西郡誌, 1967, 301쪽. "牧師 孫貞道는 1880년(高宗17年) 庚申에 나셨다"고 했다.

8) 숭실100년사, 1권, 숭실중고등학교, 1988, 94쪽. 제5회로 졸업. 동기로는 조만식, 선우혁, 김득수, 이성휘, 박상순 등.

9) 원산에서 1903년 시작된 하디 선교사의 부흥각성운동은 1904년 서울에서 평양으로 확산되었다. 참고, Korea Methodist,Vol.10Nov, 1904. pp78f.

10) 申洪植: 仁川內里教會略史. 1922.

11) 裵亨植: 故海石 孫貞道牧師小傳,(基督教建國傳團事務所, 1949) 배형식은 "孫牧師式 復興牧師란 말까지 教會마다 流布될 정도"라고 기록하였다.

12) 남북 감리교회가 협력 연합하여 목회자 양성을 위해 협성신학당(協成神學堂, 1907)을 세우기 직전까지 지방별로 사경회 때마다 이동하며, 1년에 2차례씩 신학회, 신학반을 운영하였고, 한국선교연회(韓國宣教年會)가 형성되며, 1906년부터 일반신학당(一般神學堂) 과정을 두었다. 참고, 李成森: 監理教와 神學大學史, 韓國教育圖書出版社, 1977. pp108ff.

13) 監理會 朝鮮年會錄, 1909년 6월, 23쪽. 참조, 神學世界, .三卷三號(1918), 184쪽.

14) "교중휘문": "전도사 손정도, 오기선, 고종철, 김찬흥, 안창호, 김광식, 박봉래, 김병현, 송희봉, 리승도, 밀러, 노톤 12씨는 목사로 성품하고", 그리스도회보, 1911.7.15, 2쪽.

15) 1912년 3월 5일, 제5회 조선 예수교 감리회 연회일기. 16쪽.

16) 鮮于燻, 民族의 受難-百五人事件 眞相, 獨立精神普及會, 檀紀4288(1955). PP36ff. 선우훈 선생은 1911년 선천(宣川)에서 백오인사건으로 연류되어 체포되어, 모진 고문을 당하며 민족지도자 105인의 옥중 재판과정 등을 목격하였다. 출옥 후 1915년 중국 망명하여 임시정부 연락원으로 활동하였고, 1933년 귀국 후 진상을 알리기 위해 기록해 보관해 오다가, 해방 이후 탈고(1946.9.), 출판하였다.

17) "孫貞道 小傳", 앞의 책, 302쪽. "致命的인 傷處를 받았었고, 心臟疾患을 얻었다. 그는 평생 두고 이 疾痛때문에 괴로움을 면치 못하였다."

18) 앞의 책, 302쪽. 裵亨植, 상게서, 6쪽. 27쪽.

19) 1913년 북감리회 제6호 연회일기, 5쪽.

20) 앞의 책, 14쪽.

21) 그리스도회보, 1913.12.1.

22) 1913년 북감리회 제6호 연회일기, 14쪽.

23) 조선미감리회년회일기, 1914, 20쪽.

24) 조선미감리회년회일기, 1915, 21쪽. 장락도 목사도 함께 정동교회로 파송받음.

25) 송길섭, 정동제일교회구십년사, 148쪽.

26) 美監理會 朝鮮年會錄, 1918, 33-34쪽. 南監理會와 協力하여 1인을 더 파송키로 가결함.

27) 美監理會朝鮮年會錄, 1918, 30쪽. 1년 휴직키로 한 회원은 손정도 외에 권신일, 박현일, 이경식 목사 등이었다. 基督申報, 1918.7.24.

28) 참조, 1919년 제12회 연회록, 13쪽, 손정도 휴직2년, 56쪽.

29) 아아 三月, 여성동아, 1971.3월호 부록

30) 金榮秀: 大韓民國 臨時政府憲法論, 三英社, 1980, 83-85쪽 이하 참조

31) 覆面儒生: 朝鮮獨立運動騷擾史論, 1921. 1919년 6월, 평양에서는 남산현 감리교회를 중심으로 비밀결사 대한애국부인회(秘密結社 大韓愛國婦人會)가 결성되었다. 부록에는 검거 및 재판기록으로 비밀결사 대한애국부인회 검거(秘密結社 大韓愛國婦人會 檢擧)를 보면 상해 의정원 의장 손정도 목사와 연관되어 독립군 무기 군자금을 모금하다가 검거 법정재판 사실들이 기록되어 있다. 참조, 盧宗海, 韓國監理敎會의 性格과 民族, 성광문화사, 1982, 46-55쪽. "平壤의 大韓愛國婦人會 控訴判決",《동아일보》, 1921.2.27.

32) "孫貞道 小傳", 앞의 책, 302-305쪽. 농민호조사는 1921년 4월 1일에 길림에서 창립함.

33) 손정도 목사는 1924년 9월 연회에서, 길림 신첩교회(新帖敎會)로 파송 받았고, 1926년부터는 길림교회와 액목현교회를 맡았으며, 길리민근 교회들까지 순회하며 돌보는 애국구국 목회를 하였다. 참조, 美監理會朝鮮年會錄, 1924-1926.

34) 기독교조선감리회 중부·동부·서부 연합연회록, 1931, 184쪽.

35) 이하, 國史編纂委員會:日帝侵略下韓國三十年史 六券, 探究堂, 1971, 882쪽 참조.

36) "孫貞道 小傳", 앞의 책, 304쪽.

37) 필자와 손인실(전국YWCA연합회 회장) 회장과의 대담은 1982년 3월 17일, 서울 명동의 Y연합회장 사무실에서 있었다. 당시 대담 내용을 정리하였다. 손인실 회장은 장로(정동교회)이기도 했다.

한국 초기 사회주의운동이 독립운동에 끼친 영향 / 김종길

1) 레닌(Vladimir Lenin)에 따르면, 사회구성체는 자본주의적 형태가 남아 있는 사회주의에서 보다 높은 단계인 공산주의로 발전한다. 그는 과도기적 단계에서

자본주의의 모순을 극복하기 위한 방안으로 프롤레타리아 독재를 정당화했다. 그런데 마르크스(Karl Marx)는 공산주의적 사회구성체의 두 단계를 '낮은 단계'와 '높은 단계'로 구분했지만, 사회주의와 공산주의라는 용어를 상이한 개념으로 구분하지 않았다. 따라서 이 글에서는 사회주의와 공산주의라는 용어를 동일한 의미로 사용할 것이다.

2) 러시아어 볼셰비키(Bolsheviki)는 다수파라는 뜻이다. 무산계급 혁명과 체제전복을 주장하는 볼셰비키는 1903년 '러시아사회민주노동당'이 분열할 때 레닌이 이끌던 당파로서, 부르주아의 온건한 개혁을 당면과제로 삼고 민주적 투쟁방식을 강조한 멘셰비키(Mensheviki)와 대립했다. 1918년에 당명을 '러시아공산당'으로 개칭하게 되자, 볼셰비키는 러시아공산당의 별명이 되었다.

3) 러시아어로 평의회를 뜻하는 '소비에트(Soviet)'는 노동자 대표가 참여하는 직접민주주의 체제를 가리킨다. 러시아혁명 이후 소비에트는 프롤레타리아 독재정권의 권력기관을 가리키는 것으로 전용되었다. 1917년에 일어난 2월혁명으로 러시아 제국이 몰락하고, '제정 러시아'는 '소비에트 러시아'로 바뀌었다. 1922년에 러시아를 비롯하여 우크라이나, 자카프카스 연방, 벨로루시 공화국 등이 연합하여 '소비에트 사회주의 공화국 연방(소련)'이 탄생했다. 역사적으로 러시아는 제정 러시아(1721-1917), 소비에트 러시아(1917-1922), 소비에트 연방(USSR, 1922-1991), 러시아 연방(1991-현재)으로 구분된다. 이 글에서 소비에트 러시아와 소비에트 연방을 '소비에트'로 통칭하겠다.

4) 1919년 모스크바에서 러시아공산당에 의해 조직된 'Comintern'은 Communist International(국제공산당)의 약칭으로, '제3인터내셔널'이라고도 칭한다. 소비에트 러시아는 국제공산당을 통하여 공산주의 권역을 확장하였다. 한국의 공산당 운동도 코민테른과 밀접한 관계를 맺으며 전개되었다.

5) 1920년 제2차 국제공산당대회에서 코민테른은 아시아에서 공산주의세력과 민족주의세력이 합작하여 통일전선전술을 전개하기로 결의했다. 1928년 제6차 국제공산당대회 결정서에 기초한 12월테제는 통일전선 개념을 협의로 수정했다. 통일전선 원칙에 따라서 1927년 조선에서 민족주의세력과 사회주의세력이 연합하여 항일독립운동단체인 '신간회'를 결성하였다. 1946년에 여운형과 김규식 등은 단독정부 수립에 반대하여, 좌우합작위원회를 발족하고 좌우합작운동을 펼치기도 했다. 필자는 민족주의 및 공산세력을 아우르는 통전적인 태도를 지향하는 차원에서 '좌우합작적 관점'이라는 용어를 사용하겠다.

6) 분류사적 방법으로 한국의 근현대사를 서술한 강만길은 『고쳐쓴 한국현대사』에서 독립운동 대신에 민족 해방운동을 사용하고, 일제시기의 사회주의운동을 민족 해방운동에 포함시켰다. 강만길, 『고쳐쓴 한국현대사』(경기: 창비, 2016), 49쪽 이하. 이 글에서 독립운동이라는 용어는 민족 해방운동과 같은 뜻으로 쓰인다.

7) 1908년 러시아에 이주한 한인수는 383,083명으로 보고되었다. 반병률, "노령 연해주 한인 사회와 한인민족운동," 『한국근현대사연구 7』, 1997, 71쪽 재인용.

8) 구한말 군인 출신인 이동휘는 국내에서 대중교육사업과 전도활동에 힘쓰다가,

1913년에 북간도로 탈출했고, 1915년경에 러시아로 망명했다. 1917년 봄에 러시아혁명 소식을 접한 그는 블라디보스토크의 신한촌으로 가서 코민테른에 가담하였다. 7월 초에 독일밀정 혐의로 러시아헌병대에 체포되었다가, 10월혁명 후에 석방되었다. 이 사건을 계기로 사회주의운동에 헌신하게 되었다. 김방, 『대한민국임시정부의 초대 국무총리 이동휘』, 서울: 역사공간, 2013 참조.

9) 김준엽 · 김창순 공편, 『한국공산주의운동사』 제2집, 고려대학교 아세아문제연구소 1979, 518쪽.

10) 임경석, 『한국 사회주의의 기원』, 서울: 역사비평사, 2014, 71쪽.

11) 안창호는 한성정부안을 토대로 임시의정원과 대한국민의회의 통합을 추진했다. 그런데 이승만은 국무총리(임시의정원안)나 집정관총재(한성정부안) 대신 대통령이라는 직명을 고집했다. 그래서 안창호는 의정원안을 개조하여 "총리제를 대통령제로 고친다"는 안을 제출했다. 이러한 과정에서 한성정부안은 수용하되, 임시의정원을 해산하지 않았다. 박찬승, 『한국독립운동사: 해방과 건국을 향한 투쟁』, 경기: 역사비평사, 2016, 122쪽.

12) 1920년 9월에 코민테른은 한인사회당에 러시아 금화 200만 루블을 지원하기로 결정하고, 우선 60만 루블을 제공했다. 한인사회당은 그것을 독자적으로 운용했다. 그 사건으로 인하여 한인사회당은 임정에서 이탈했고, 이르쿠츠크파와 대립했다. 로버트 스칼라피노, 이정식. 『한국 공산주의운동사』(경기: 돌베개, 2015), 93-94쪽; 최백순, 『조선공산당 평전』(서해문집, 2017), 105쪽 이하.

13) 삼일운동으로 알려진 기미혁명은 개념적 정의에 기준하면 혁명의 요건을 갖추지 못했지만, 국가의 독립과 민족의 해방을 위해 거국적으로 봉기하고, 국체를 왕정에서 공화정으로 바꾸도록 계기를 마련한 혁명적 현상이다. 그러므로 삼일운동을 '삼일혁명' 또는 '기미혁명'으로 부를 수 있다고 생각한다.

14) 고정휴, "중경시기 대한민국 임시정부의 승인외교 실패원인에 대한 검토", 『한국독립운동사연구 33』, 2009, 24쪽.

15) 로버트 스칼라피노, 이정식, 『한국 공산주의운동사』, 경기: 돌베개, 2015, 72쪽.

16) 강만길, 『20세기 우리역사: 강만길의 현대사강의』, 경기: 창비, 2017, 60-63쪽; 임경석, 『한국 사회주의의 기원』, 서울: 역사비평사, 2014, 85쪽 이하.

17) 1919년에서 1921년에 이르러, 국내 및 연해주와 만주지역에서 다수의 공산주의 단체들이 출현했다. 해외에는 한인사회당(1918), 전로한족회 중앙총회(1917)가 발전한 대한국민의회(1919), 일세당(1919), 모스크바 한인공산당(1919), 옴스크 한인공산당(1919), 한인공산당(1920), 러시아공산당 이르쿠츠크위원회고려부(1920), 치타 한족공산당(1920), 아무르주 한인공산당(1920), 한족공산당 연해주연합총회(1920), 고려공산당(1921) 등이 있다. 국내에도 사회주의운동이 확산되었다. 국내에는 서울공산주의단체(1919), 사회혁명당(1920) 등이 있었다. 국내에서 초기 사회주의운동을 상해파가 주도했다. 서울에서 사회혁명당이 조직되었고(1920.6), 사회혁명당 간부들이 조선노동공제회 및 조선청년연합회 등에서 지도적 역할을 수행했다. 나중에 화요파(1924), 북풍파(1924), 서울파 등 신흥 사회주의 세력이

등장했다.

18) 한인 공산단체의 분파투쟁이 심화된 데에는 국제공산당의 책임도 있다. 코민테른 동양비서부장 슈미야츠키 같은 강경 볼셰비키들은 한인 공산세력의 파벌 싸움을 조장했다. 그들은 이르쿠츠크파 공산당 한명세, 코민테른 한인분과 대표인 남만춘 등을 편파적으로 신뢰하고, 반면에 이동휘 등 상해파 인사들을 소원하게 대했다. 반병률, "한국의 독립운동과 소련", 『한국독립운동의 세계사적 성격』 경기: 단국대학교 출판부, 2017, 387쪽.

19) 이르쿠츠크파는 강령에서 "일본권력과 외국 및 토착자본으로부터 한국을 해방하고 서구 여러 나라 플로레타리아트와의 협력 속에서 공산주의에 입각한 사회를 건설하는 것"을 혁명의 목표로 제시했다. 상해파의 강령에 따르면, "민족적 해방이 사회혁명의 전제"이며, "민족적 해방운동은 사회혁명의 일 계단"이다. 임경석, 『한국 사회주의의 기원』, 434, 442쪽에서 재인용.

20) 1920년 4월 일제가 시베리아로 출병하자 소비에트는 러시아 원동에 극동공화국을 완충국으로 만들었다가, 1922년 11월에 일본군이 철수하자 소비에트 러시아에 합병하였다.

21) 각 단체가 보도한 전황에 대한 기록은 입장에 따라서 상이하다. 진압군 측의 피해는 적은데, 대한의용군의 피해는 막대했다. 《독립신문》의 보도에 따르면, 대한의용군 1,400여 명 중 대략 40여 명이 사살되고, 900여 명이 포로가 되었으며, 450여 명이 행방불명되거나 전선에서 이탈했다. 대한의용군 측은 상대방을 공격하지 않았지만, 러시아 적군이 일방적으로 한인부대원들을 공격한 것으로 짐작된다.

22) 로버트 스칼라피노 , 이정식, 『한국 공산주의운동사』 69쪽.

23) 최백순, 『조선공산당 평전』, 서해문집, 2017, 144쪽. 경북 안동에 소재한 김재봉의 생가 앞에 세워진 석비에는 "朝鮮獨立을 目的하고"라는 구절만 새겨지고 "共産主義 를 希望함"이라는 구절은 빠져 있다.

24) 이창주 편역, 『조선공산당사(비록)』, 서울: 우리시대, 2010, 18, 24쪽.

25) 소비에트 러시아의 대한(對韓) 정책은 한국의 민족 해방운동을 지지하고 지원한 긍정적인 면이 있었지만, 한인 공산주의운동과 독립운동에 폐해를 끼치기도 했다. 소비에트의 대한 정책을 시기별로 일별하여 보자. ① 1917년 이후 1922년 말까지 시베리아 내전이 진행된 시기에, 레닌은 볼셰비키세력과 한인 독립세력의 연대투쟁이 강조되었다. 그래서 소비에트는 한국의 독립운동을 지지하고 재정을 지원하기도 했다. ② 시베리아 내전이 종결한 이후에는 볼셰비키와 한인 파르티잔이 연대할 필요가 감소하였다. 소비에트가 원동러시아에서 활동하던 한인부대들의 무장을 해제한 것도 그러한 정책의 일환이었다. 게다가 1925년 소비에트와 일본이 외교관계를 수립하면서, 소비에트 정부는 일본과 군사적으로 충돌할 것을 우려하여 자국의 영토 안에서 한인들이 항일독립운동을 벌이는 것을 허용하지 않게 되었다. ③ 1930년대 스탈린 정권은 한인 사회를 경계하고 탄압했다. 러시아에 거주하는 한인들은 항일 투쟁 경제 개발 등 소비에트 건설에 적극적으로 참여했지만, 소비에트 체제에서 한인들은 소수민족으로서 부당한 처우를 받았다. 소련은 농업집단화 및

당청결운동을 내세워 한인 토호들을 숙청했고, 한인 사회 지도자들과 지식인들을 숙청했다. 그리고 모든 독립운동 단체를 해체했다. 1937년에 스탈린 정권이 강제이주 정책을 시행함으로써, 모든 한인들이 갑작스럽게 연해주에서 추방되어 중앙아시아 각처로 분산되었다. 그리하여 연해주에서의 민족 해방운동은 막을 내렸다. 반병률, "한국의 독립운동과 소련", 『한국독립운동의 세계사적 성격』, 경기: 단국대학교출판부, 2017, 378-384쪽.

초기 내한 선교사와 3.1정신 / 홍승표

1) 전택부, 『한국 기독교청년회 운동사』, 정음사, 1978, 243-244.
2) 김경재, 민경배, 박명수, 이장식, 이민애, "3.1운동 100주년 기념 혜암신학연구소, 특집 좌담-3.1운동과 한국 교회 : 민족의 운동, 세계의 운동, 시의 운동", 「교회와신학」, No.9, 2018, 22.
3) The Commission on Relations with the Orient, *The Korean Situation* 1권 : Authentic Accounts of Recent Events by Eye Witnesses, New York : Federal Council of the Churches of Christ in America, 1919, 한국기독교역사연구소, 1999 재간, 29쪽에서 재인용.
4) 서정민, 『한국교회의 역사』, 살림, 2003, 14-15.
5) John A. Mackay, 민경배 역, 『에큐메닉스』, 대한기독교서회, 1966, 20.
6) 한국에서 일정기간 선교활동을 전개해 나가던 선교사들은 한국에서의 첨예한 교파의 구별이 아무런 의미도 없음을 깨달았다. 피선교지 여러 곳에서 체험되던 '선교 에큐메니즘'의 자각이 한국 선교지에서도 대두된 것이다. 서정민, 『한국교회의 역사』, 살림, 2003, 15.
7) 민경배, 『한국기독교 사회운동사』, 대한기독교서회, 1987, 19.
8) G. H. Jones, *The Growth of the Church in the Mission Field, The International Review of Missions*, Edinburgh, Vol. I , No.3, 1912, 417-426.
9) 민경배, 『한국기독교 사회운동사』, 19-20.
10) James S. Dennis, *Christian Mission and Social Progress*, New York: Fleming H. Revell, 1897, Vol. I , 24. ; 민경배, 『한국교회의 사회사(1885-1945)』, 연세대학교출판부, 2008, 19쪽에서 재인용.
11) 민경배, 『한국기독교 사회운동사』, 14-15.
12) 양명수는 『사회정의론』에서 종교의 핵심은 초월이며, 초월과 참여는 동전의 양면을 이루는 짝개념이라고 말한다. 즉 초월 없이 참여라는 말을 쓸 수 없고, 참여 없이 초월을 말할 수 없다는 것이다. 따라서 기독교 신앙이 사회적 참여와 책임을 감당해야 한다는 것은 교회가 사회에 대한 책임과 책임적 참여를 선교적 과제로 삼아야 한다는 저자는 주장한다. 양명수, 『사회정의론』, 한국신학연구소, 1997, 145.
13) 민경배, 『한국기독교 사회운동사』, 14.

14) James S. Dennis, *Christian Mission and Social Progress*, Vol. I , 46.

15) 김한규, 「아펜젤러의 에큐메니즘 연구」, 연세대 연합신학대학원 석사논문, 2005, 73.

16) 김세한, 『배재 80년사』, 배재학당, 1965, 108-109.

17) 표준새번역 개정판, 마태복음 20:26-28.

18) William E. Griffis, *A Modern Pioneer in Korea, The Life Story of Henry G. Appenzeller*, 178-179 ; 이만열 편 『아펜젤러 : 한국에 온 첫 선교사』, 488.

19) Appenzeller's Sermon. 1896. 7. 12. ; H. G 아펜젤러, 조성환 역, 『헨리 G. 아펜젤러의 문서』, 246.

20) Appenzeller's sermon. "갈릴리" 1884. 9. 9 ; "헨리 게르하르트 아펜젤러 문서Henry Gerhard Appenzeller Paper"에 소장된 "질그릇 속의 보물"(The Treasure in Earthen Vessels)외 15편의 설교문", 「社會科學硏究」, 제9호, 13

21) 1901년 9월 장로회공의회에서 "교회와 정부 사이의 교제할 몇가지 조건"이라는 이른바 5개 항의 정교분리원칙을 천명했다. 그 내용은 다음과 같다.
　① 우리 목사들은 대한나라 일과 정부 일과 관원 일에 대하여 도무지 그 일에 간섭하지 아니하기를 작정한 것이요. ② 대한국과 우리나라들은 서로 약조가 있는데 그 약조대로 정사를 받으되 교회일과 나라일은 같은 일이 아니라 또 우리가 교우를 가르치기를 교회가 나 라일 보는 회가 아니요, 또 나라일은 간섭할 것도 아니요. ③ 대한백성들이 예수교회에 들어와서 교인이 될지라도 그전과 같이 백성인 데, 우리 가르치기를 하나님 말씀 거스름 없이 황제를 충성으로 섬기며 관원을 복종하며 나라 법을 다 순종할 것이요. ④ 교회가 교인이 사사로이 나라일 편당에 참예하는 것을 시킬 것 아니요. 금할 것도 아니요. 만일 교인이 나라 일에 실수하거나 범죄 하거나 그 가운데 당한 일은 교회가 담당할 것 아니요. 가리울 것도 아니요. ⑤ 교회는 성신에 붙인 교회요, 나라일 보는 교회 아닌데, 예배당이나 교회 학당이나 교회 일을 위하여 쓸 집이요 나라일 의논하는 집은 아니오. 또한 누구든지 교인이 되어서 다른데 공론하지 못할 나라 일을 목사의 사랑에서 더욱 못 할 것이요. 「그리스도신문」, 5권 40호, 1901년 10월 3일자.

22) 헐버트의 주장은 종교와 정치의 관계를 불가분의 관계로 인식함으로써 북장로교 선교본부의 주장과 대조를 보였다. 헐버트의 일제비판은 여타 선교사들로부터 비난을 받았지만 정치문제에 깊이 개입한 한국 그리스도인들에게는 유력한 이론적 근거를 제공해주었다. 전재홍, "을사늑약 전후 시기의 재한산교사들의 대응과 역할", 「동서인문학」 41호, 2008, 235.

23) 민경배, 『한국교회의 사회사(1885-1945)』.

24) H. B. Hulbert, *Missionary Work in Korea*, The Korea Review, October 1906, 364.

25) H. B. Hulbert, *Missionary Work in Korea*, 364-365.

26) 류대영, 『초기 미국 선교사 연구』, 한국기독교역사연구소, 2001, 154.

27) Lillias H. Underwood, *Underwood of Korea*. Seoul: Yonsei University Press, 1983, : 이만열, 『언더우드－한국에 온 첫 선교사』, 기독교문사, 1990, 38.

28) H. G. Underwood, "一문데, 예수교회의 스긔와 더회 위ᄒ야 하ᄂ님께서 일ᄒ시랴고

ㅎ심(History of the Church", 『원두우강도취집』, 조선예수교서회, 1920, 五.

29) Frank William Schofield, "The Korean Revolution-The Attitude of the Missionaries Towards the National Movement," *Korea Review Vol.* Ⅱ., No.8, October, 1920, 13-14. ; 김승태, "3.1독립운동과 선교사들의 대응에 관한 연구", 「한국기독교와역사」, 45호, 2013, 106쪽에서 재인용.

30) 전재홍, "을사늑약 전후 시기의 재한선교사들의 대응과 역할 : 1895년에서 1919년의 역사적 사건을 중심으로", 「동서인문학」, 41호, 2008, 241.

31) Mattie Wilcox Noble, *The Journals of Mattie Wilcox Noble*, 1892~1934, 한국기독교역사연구소, 1993, 275.

32) 김승태, "3.1독립운동과 선교사들의 대응에 관한 연구", 「한국기독교와역사」, 45호, 2013, 140.

33) 한국국회도서관, 『한국 민족운동사료 : 삼일운동편 2』. 국회도서관, 1978, 533. ; "'웰치' 감독의 훈시, 북감리교 연회석상에서 회원에게 간독히 훈시해", 「매일신보」, 1919년 12월 4일자.

34) Herbert Welch, *As I Recall My Century*, (Nashville : Abingdon Press, 1962), 84.

35) 김승태, "3.1독립운동과 선교사들의 대응에 관한 연구", 「한국기독교와역사」, 45호, 2013, 118.

36) "How About Korea?", *The Christi an Advocate*, 1919년 7월 10일.

37) 송훈회, 「웰치 감독의 생애와 한국선교에 관한 연구」, 감리교신학대학교 대학원 석사학위논문, 2013, 48.

38) 김승태, "3.1독립운동과 선교사들의 대응에 관한 연구", 「한국기독교와역사」, 45호, 2013, 115-116.

39) 김승태, "3.1독립운동과 선교사들의 대응에 관한 연구", 「한국기독교와역사」, 45호, 2013, 119-121.

40) "The Movement for Korean Independence" 미국무성문서 895.00/639;   https://search.i815.or.kr/ImageViewer/ImageViewer.jsp?tid=ms&id=007630-05-0034. 김승태, "3.1독립운동과 선교사들의 대응에 관한 연구", 「한국기독교와역사」, 45호, 2013, 122쪽에서 재인용.

41) 김승태, "3.1독립운동과 선교사들의 대응에 관한 연구", 「한국기독교와역사」, 45호, 2013, 122-123.

42) 김도형, "한국독립운동을 도운 유럽인 연구", 「한국학논총」, 37호, 2012, 542.

43) A. E. Armstrong to O. R. Avison, June 14th, 1919.; 김승태, "3.1독립운동과 선교사들의 대응에 관한 연구", 「한국기독교와역사」, 45호, 2013, 135쪽에서 재인용.

44) *Korea Review*, Vol. I, No. 5, July, 1919, 1.

45) *A Synopsis of Minutes of the Twenty-First Annual Meeting of the Council of the Korea Mission of the Presbyterian Church in Canada*, Convened at Wonsan Beach, Korea, June 25th, 1919, 54-55.; 김승태, "3.1독립운동과 선교사들의 대응에 관한 연구", 「한국기독교와역사」, 45호, 2013, 137쪽에서 재인용.

46) 안종철, "3.1운동, 선교사 그리고 미일간의 교섭과 타결", 「한국민족운동사연구」, 53, 2007, 73-75.; 박태영, "1919년 〈건백서〉를 통해서 본 미국 선교사들의 정교분리 원칙에 관한 이해", 「신학과실천」, 31호, 2012, 497-500.

47) 김도형, "한국독립운동을 도운 유럽인 연구", 「한국학논총」, 37호, 2012, 543.

48) 사이토(齋藤) 총독이 우치다(內田) 외무대신에게 보낸 1919년 9월 16일자 공함에 첨부된 最近於 朝鮮狀況, http://jacar.go.jp/DAS/meta/image_B03041595600.; 김승태, "3.1독립운동과 선교사들의 대응에 관한 연구", 「한국기독교와역사」, 45호, 2013, 146-147쪽에서 재인용.

49) 백암박은식선생전집편찬위원회, 『白巖 朴殷植 全集』, 동방미디어, 2002, 536.

50) 배민수, 『배민수 자서전』, 연세대학교출판부, 1999, 132.

51) "家宅搜索乎", 「每日申報」, 1919년 3월 19일.

52) 그리어슨(Robert Grierson) 선교사는 이동휘의 애국강연과 국외망명을 도왔고, 다른 캐나다 선교사들도 교인들에게 애국강연을 한다든지 혹은 납세거부운동에 동참하기도 했다. 김승태, "한말 캐나다장로회 선교사들의 선교활동과 일제와의 갈등, 1989~1910", 「한국기독교와역사」 제12호, 2000, 2-3.; 류대영, 『초기 미국 선교사 연구』, 한국 기독교역사연구소, 2001, 146-147.

53) 朝鮮各地の獨立運動に關する件(124), 金正明, 『朝鮮民族運動 I』, 原書房, 1967. 411.

54) "미국 선교사 가택 수색을 당함, 소요 범인과 및 유력한 증거를 발견하여 체포 압수하다", 「每日申報」, 1919년 3월 19일.; 황민호, "'매일신보'에 나타난 평양지역의 3.1운동과 기독교계의 동향", 「숭실사학」, 31집, 2005, 103.

55) 騷擾事件に關する民情彙報(第1報)(1919. 4. 16.), 朝鮮騷擾事件關係書類(아시아역사자료센터 C06031186200); 신효승, "일제의 '제암리 학살사건'과 미국 선교사 기록의 형성과정", 「學林」, 41집, 2018, 194쪽에서 재인용.

56) 김승태 등 엮음, 『스코필드 박사 자료집 : 강한 자에는 호랑이처럼 약한 자에는 비둘기처럼』, 서울대학교출판문화원, 2012, 61.

57) 박환, "수원지역의 3.1운동", 『수원사람들의 독립운동』, 수원박물관, 2015, 235.

58) 김승태 · 박명수, "제암리교회 사건과 서구인들의 반응", 「한국기독교와역사」, 7호, 1997.; 김승태 등 엮음, 『스코필드 박사 자료집 : 강한 자에는 호랑이처럼 약한 자에는 비둘기처럼』, 서울대학교출판문화원, 2012 참고.

59) 신효승, "일제의 '제암리 학살사건'과 미국 선교사 기록의 형성과정", 「學林」, 41집, 2018, 199.

60) 조선혜, "노블 부인의 선교활동과 사회관계망", 「한국기독교와역사」, 39호, 2013. 참조; 정병욱, "1919년 삼일운동과 일기 자료", 「한국사학보」, 73호, 2018, 215.

61) 매티 윌콕스 노블, 강선미, 이양준 역, 『노블일지 1892-1934 : 미 여선교사가 목격한 한국근대사 42년간의 기록』, 이마고, 2010.

62) 朝鮮總督府法務, 1920, 「妄動事件處分表」 44, 49.; 정병욱, "1919년 삼일운동과 일기 자료", 「한국사학보」, 73호, 2018, 219.

63) 메리 린리 테일러, 『호박목걸이 : 딜쿠샤 안주인 메리 테일러의 서울살이 1917-1948』,

책과함께, 2014, 225-228.

3.1운동의 그리스도인과 3.1운동 이후의 그리스도인 / 김광현

l1) 류대영, 『한 권으로 읽는 한국 기독교의 역사』, 한국 기독교역사연구소, 2018, 128-134.
2) 한국 기독교역사학회, 『한국 기독교의 역사1』, 기독교문사, 2018, 253-283. 류대영, 『한 권으로 읽는 한국 기독교의 역사』, 135-171.
3) 황기수, "초기 한국 기독교의 동학에 대한 인식과 대응", 기독교사상, 2014년 3월, 42.
4) 이덕주, 『신석구 연구』, 기독교대한감리회홍보출판국, 2002, 107-108.
5) 양현혜, 『근대 한ᆞ일 관계사 속의 기독교』, 이화여자대학교출판부, 2009, 106-112.
6) 한국 기독교역사학회, 『한국 기독교의 역사2』, 기독교문사, 2017, 37-38.
7) Ibid., 49.
8) 김지방, 『적과 함께 사는 법』, 이야기나무, 2013, 51.
9) 3.1운동 이후의 상황에 대해서는 다음을 참고할 것. 김권정, 『한국 기독교 민족운동론과 민족운동』, 국학자료원, 2015, 41-80. 류대영, 『한 권으로 읽는 한국 기독교의 역사』, 173-188. 한국 기독교역사학회, 『한국 기독교의 역사2』, 기독교문사, 2017, 52-97. 김권정의 논의는 20년대 민족운동을 3.1운동을 잇는 긍정적인 측면을 강조하나, 3.1운동에 미치지 못하는 한계를 인정한다.
10) 알랭 바디우, 『윤리학』, 동문선, 2001, 12-51.
11) Ibid.
12) Ibid., 15-39.
13) 바디우에 따르면 진리는 유적(類的, generic)이다. 진리의 유적 절차는 정치, 예술, 과학, 사랑의 영역에서 나타나며, 기독교적 주체는 정치의 영역에서 나타는 진리의 주체이다. 이와 관련된 논의는 바디우의 『사도 바울』, 새물결, 2008. 을 참고할 것.
14) 알랭 바디우, 『윤리학』, 17-25.
15) '존재로서의 존재'는 존재에서 성질을 제거한 것, 즉 실체에서 성질의 측면을 모두 빼어내어 순수하게 존재의 차원에서만 사유할 때 지칭되는 존재를 의미한다.
16) 알랭 바디우의 존재, 사건, 진리, 주체의 문제는 피터 홀워드의 『알랭 바디우-진리를 향한 주체』 4-6장을 참고할 것.
17) 사사키 아타루, 『잘라라, 기도하는 그 손을』, 자음과 모음, 2012, 132.
18) 3.1운동은 두 가지 성격을 동시에 지니고 있다. 보편적 평화의 성격과 한반도 민중의 국지적 성격이다. 이 두 성격 중에서 보편적 평화의 성격만 사건이라 부를 수 있다. 보편성을 담지하지 않는 사건은 사건이 아니다. 3.1운동이 보편적 사건이게 하는 것은 주체이다.
19) 알랭 바디우가 말하는 진리의 궤적은 결정불가능한 사건과 명명불가능(innommable)한 진리 사이에서 주체의 결정(선언)에 의존한다. 주체는 선언은 식별불가능한

유적 집합으로 들어가는 문이다. 바디우의 존재, 사건, 진리, 주체에 대해서는 피터 홀워드의『알랭 바디우: 진리를 향한 주체』, 길, 2016, 4-6장을 참고할 것.

20) 전도서 3장 19절.

21) 알랭 바디우,『윤리학』, 73-75.

22) Ibid., 62.

23) Ibid., 83.

24) Ibid., 88-106.

25) "吾等(오등)은 玆(자)에 我朝鮮(아조선)의 獨立國(독립국)임과 朝鮮人(조선인)의 自主民(자주민)임을 宣言(선언)하노라."(우리는 여기에 우리 조선이 독립된 나라인 것과 조선 사람이 자주하는 국민인 것을 선언하노라.), 3·1독립 선언서.

26) "此(차)로써 世界萬邦(세계만방)에 告(고)하야 人類平等(인류평등)의 大義(대의)를 克明(극명)하며 此(차)로써 子孫萬代(자손만대)에 告(고)하야 民族自存(민족자존)의 正權(정권)을 永有(영유)케 하노라"(이것으로써 세계 모든 나라에 알려 인류가 평등하다는 큰 뜻을 밝히며, 이것으로써 자손 만대에 알려 겨레가 스스로 존재하는 마땅한 권리를 영원히 누리도록 하노라.), 3·1독립 선언서.

3.1혁명과 남북 화해의 신학 / 홍정호

1) 한국 기독교역사연구소,『한국 기독교의 역사 II』(서울: 기독교문사, 1990), 23쪽.

2) 이만열, "3·1운동과 종교계의 역할,"「한국기독교와역사」47 (2017), 23-24쪽.

3) 알라이다 아스만/변학수·채연숙 옮김,『기억의 공간-문화적 기억의 형식과 변천』(서울: 그린비, 2011), 110쪽.

4) 대표적으로, 이준식, "'운동'인가 '혁명'인가-'3·1혁명'의 재인식",『역사와 책임』7 (2014); idem, "3·1혁명과 친일파의 대응 양태",「인문과학연구」26 (2018), 111-114쪽.

5) 삼일운동의 시발과 종교 간 연대의 관련성에 대해서는, 조규태, "3·1운동과 천도교-계획과 전개에 나타난 천도교의 역할을 중심으로",「유관순연구」1 (2002), 183-205쪽; 한규무, "기독교와 천도교의 3·1운동 협력에 대한 평가와 오늘의 의미",「기독교사상」663 (2014), 56-63쪽; 장동민, "3·1운동 시 기독교와 천도교 연합과 그 사상적 배경",「교회사학」7 (2008), 183-215쪽 등 참고.

6) 이만열, "3·1운동과 종교계의 역할", 12쪽.

7) 앞의 논문, 20쪽.

8) 앞의 논문, 21쪽. 이미 여러 책과 논문을 통해 공개된 숫자를 여기에 다시 기록하는 것은 의미 있다. 그것은 숫자로 환원될 수 없는 고통당하는 삶의 개별성에 대한 긍정이며, 역사를 구성해 왔으나 기록되지 않은 이름들에 표하는 경의(敬意)이기 때문이다.

9) 이준식, "3·1혁명과 친일파의 대응 양태", 111쪽.

10) 윤경로, "〈독립선언서〉에 담긴 3·1정신," NCCK 신학위원회 편,『3·1정신과 한반도

평화-3·1운동 100주년의 신학적 다짐』(서울: 동연, 2018), 15-20쪽.

11) 홍정호, "탈민족주의", NCCK 신학위원회 편, 『3·1정신과 한반도 평화-3·1운동 100주년의 신학적 다짐』(서울: 동연, 2018), 236쪽.

12) 남북한 역사교과서에 나타난 삼일운동에 대한 인식의 차이는 정진아, "3·1운동에 대한 남북의 분단된 집합기억을 통일을 위한 집합기억으로", 「통일인문학」 76 (2018), 33-62쪽. 참고.

13) 이진구, 『한국 개신교의 타자인식』(서울: 모시는사람들, 2018), 189쪽.

14) 앞의 책, 189-190쪽.

15) 앞의 책, 191쪽.

16) 다음을 참고하라. 아도르노·호르크하이머/김유동 옮김, 『계몽의 변증법』(서울: 문학과지성사, 2002); 디페시 차크라바르티/김택현·안준범 옮김, 『유럽을 지방화하기-포스트식민 사상과 역사적 차이』(서울: 그린비, 2014); 엔리케 두셀/박병규 옮김, 『1492년, 타자의 은폐-'근대성 신화'의 기원을 찾아서』(서울: 그린비, 2011).

17) 이진구, 『한국 개신교의 타자인식』(서울: 모시는사람들, 2018), 23쪽.

18) 이만열, "분단 70년, 한국 기독교의 성찰과 반성", 「한국기독교와역사」 44 (2016), 15-17쪽.

19) '북과 해외동포 기독자간 통일대화'에 관한 기록은 홍동근, 『비엔나에서 프랑크푸르트까지-북과 해외동포 기독자 간의 통일대화 10년의 회고』(서울: 형상사, 1994).

20) 이준식, "3·1혁명과 친일파의 대응 양태", 114쪽.

21) 이하의 내용은 지난 2018년 7월 19일 기독교사회문제연구원과 남북평화재단 주최로 열린 정전협정 65주년 기념간담회에서 발표한 원고 "평화체제 이후 선교의 패러다임 전환"의 내용을 요약 및 수정한 것이다.

22) 아민 말루프/박창호 옮김, 『사람 잡는 정체성』(서울: 이론과실천, 2006), 34쪽.

23) 홍정호, "탈근대/탈식민 시대의 선교신학-타자를 위한 신학에서 타자의 신학으로," 변선환 아키브 편, 『종교개혁 500년, '以後' 신학』(서울: 모시는사람들, 2017), 458-477쪽.

한반도 평화와 통일신학 / 신혜진

1) 〈남북한 관계론〉, 경남대학교 북한대학원 엮음, 한울아카데미, 2005, 112-113쪽.

2) 김학재, 〈경제와 사회〉, 2018.9, 130-164쪽. 한반도 분단은 세계 열강의 이해관계와 냉전체제에 의해서 결정되었다. 이를 '판문점 체제'라고 칭하는 김학재는, 한국이 식민지를 벗어나 북한과 전쟁 후에 정전 협정을 맺고 전쟁 행위를 멈추게 되는데, 그것을 부정적 평화라고 부른다. '평화 협정'이라고 부르지만 실제적으로 평화가 아닌 분단의 시대가 왔음을 의미하고 있는 것이다.

3) 〈분단시대의 통일학〉, 33-51쪽.

4) 박순경, 〈하나님 나라와 민족의 미래〉, 대한기독교출판사, 1984, 32-37쪽.

5) 박순경, 〈통일신학의 여정〉, 한울, 1992, 249-257쪽.

6) 역사적 실존이란 현재 사실에서 경험하는 시공간적 상황을 말하고 있으며, 이 역사적 상황은 지금 한국 사회에 사는 동시대인이 '민족'을 통해 새로운 역사를 만들어 갈 것에 대한 기대도 포함된다. 참조. 박순경, 위의 책, 368-372쪽.

7) 대화 '상대'를 인정함으로써 '자신의 온전성'을 회복한다는 주제로 본다면, 이를 두 부분으로 구분해서 생각해볼 수 있다. 한 가지는, 대화 '상대'를 동족이 아닌 제1세계로 여겨서, 민족이 겪는 '제3세계의 고난의 현실'을 파악하지 못하고 서양 기독교 선교가 그 지배 세력을 세계화하는데 정신적 도구가 되어 왔다는 사실을 몰각한 채 오히려 협력했다는 사실이다. 나머지 한 가지는, 대화 '상대'를 북한으로 보는 것인데, 이제껏 남한은 북한을 때로 적대적으로 여기고 때로 무시하면서 실제적으로 대화하지 않았다는 점을 들 수 있다. 이 대화란 진정성 있는 대화로서, 지난 대화 내용들을 포함하면서 그 논의 과정이 정부와 민간 차원에서 동일하게 진행될 수 있는 것을 말하는데, 그 점에서 남한 정부의 태도와 기독교의 자세는 진지한 대화를 해왔다고 보기 어렵기 때문이다. 참조. 박순경, 〈통일신학의 여정〉, 한울, 1992, 266-267쪽, 284-286쪽.

8) 통일신학을 '대화의 신학' 또는 '대화를 위한 신학'으로 본 필자의 해석은 최근 NCCK에서 3.1독립운동 100주년을 기념하며 발간하는 책, 〈한민족의 독립과 통일(가제)〉에서도 드러낸 바 있다.

9) 하버마스의 의사소통이론은 이런 대화의 국면과 그 기능을 잘 설명해준다. 그는 인간이 정치적 동물로서 가지는 상호의사소통적 특성과 그 소통이 지니는 성찰적이고 반성적인 면을 강조하면서, 대화에서 '발화 행위'가 가지는 의의를 통해 상호관계에 진입할 수 있고, 다시 그것을 통해 자기 주체성을 가진 주체들의 자기 진술, 자유로운 소통의 공간의 확대, 즉 '정치'의 복원이 이루질 수 있다고 보았다. 참조. 〈소통의 정치학〉, 정병화, 한누리미디어, 2012, 20-31쪽.

10) 김경재, 〈김재준 평전-성육신 사상과 대승 기독교-〉, 삼인, 2001, 307-308쪽.

11) Immanuel Kant, 〈이성의 한계 안에서의 종교〉, 신옥희 역, 이화여자대학교 출판부, 2008.

12) 〈민족통일과 기독교〉, 28쪽.

13) 한국 기독교가 100년이 넘도록 신학적인 면에서 또 정치적인 면에서 수동적이고 타율적인 태도로서 일관하게 되었던 것은 그 원인이 기독교 전파 과정에서 제1세계 기독교와 그 선교사들에 의한 영향 때문이라고 평가된다. 서구 선교사들에 의한 신학 교육과 이에 대한 일제의 정치적 후원은 당시 한국 기독교 신앙교육이 민족교육을 할 수 없는 상황으로 이끌었다. 이는 해방 후까지 계속되었다. 참조. 이만열, 〈한국 기독교와 민족의식-한국 기독교사 연구논고〉, 지식산업사, 1991, 401-403쪽.

14) 이만열, 위의 책, 474-475쪽.

15) 〈민족통일과 기독교〉, 43쪽.

16) 〈민족통일과 기독교〉, 141쪽.

17) 〈민족통일과 기독교〉, 43쪽.

18) 〈통일신학을 향하여〉, 노정선, 도서출판 한울, 1988, 35쪽.

19) 미국 근본주의적 입장의 선교사가 전체 한국에 들어온 선교사의 87.6%에 해당된다. 이러한 보수적 신앙이 1920년 이후 피안주의적 신앙 노선을 형성하는데 공헌하였다. 참조, 이만열, 위의 책, 498-501쪽.

20) 노정선, 위의 책 참조. 키신저는 '한반도에서 남한을 미국의 전초기지로 삼고' 있다고 언급하였다.

21) 〈민족통일과 기독교〉, 50쪽.

22) 〈통일신학의 여정〉, 박순경, 한울, 1992, 98쪽.

23) 〈통일신학의 고통과 승리〉, 226-229쪽.

24) 〈통일신학의 고통과 승리〉, 186쪽, 213-218쪽. 주체사상에서 수령론을 언급했다는 이유만으로 '북한의 대남적화선전, 선동활동에 동조하는' 행위라고 간주하여 국가보안법 위반으로 구속하였다. 이에 박순경은 수령론 언급의 목적과 배경을 설명하고, 이에 대한 신학적 해석으로 반박하였다. 〈회년통일과 여성신학〉, 한국여신학자협의회 평화통일반 편, 여성신학사, 2006, 189-192쪽.

25) 〈통일신학의 여정〉, 135쪽.

26) 〈풀뿌리 정치와 사회적 정당성〉, 이신행, 집문사, 2006.

탈식민적 평화의 목소리 / 이성호

1) 사실, DMZ의 역사를 이루고 있는 존재에는 자연의 생명체들만 있는 것은 아니다. 한국 전쟁에서 희생되었던 군인들과 현재 DMZ를 지키고 있는 군인들도 있을 것이고, DMZ 및 민간인통제구역 주변에 삶의 터전을 일구어 온 주민들도 있을 것이다. DMZ가 평화의 지역으로 바뀌려면 생태계 문제만이 아니라 최근 남북교류의 주제들인 DMZ의 실제적 비무장화, 유해발굴사업, 평화마을 조성 등의 문제들이 함께 다루어져 한다. 다만, 본 논문은 초점과 지면의 한계로 이러한 주제들은 향후에 연구되고 다루어지기를 기대해본다.

2) 박종성, 『탈식민주의에 대한 성찰』, 파주: 살림출판사, 2006, 7쪽.

3) 스티븐 모튼/이운경 옮김, 『스피박 넘기』, 서울: 앨피, 2005, 11쪽.

4) 박종성, 『탈식민주의에 대한 성찰』, 7-8쪽.

5) 앞의 책, 29-30쪽.

6) 앞의 책, 21, 29쪽.

7) 앞의 책, 31쪽.

8) 앞의 책, 57쪽.

9) 앞의 책, 58-59쪽.

10) 모튼, 『스피박 넘기』, 23쪽.

11) 앞의 책, 24-25쪽.

12) 앞의 책, 91쪽.

13) 앞의 책, 25쪽, 101쪽.

14) Gayatri C. Spivak, "Can the Subaltern Speak?", Marxism and the Interpretation of Culture, eds. Cary Nelson and Lawrence Grossberg (London: Macmillan Education Ltd.: 1988), 295.

15) 모튼, 『스피박 넘기』, 121-122쪽.

16) Gayatri C. Spivak, "Can the Subaltern Speak?", p.297.

17) 앞의 책, 300쪽, 모튼, 『스피박 넘기』, 121쪽에서 재인용.

18) Gayatri C. Spivak, "Can the Subaltern Speak?", p.306.

19) J. W. Bews, Human Ecology (New York: Russell & Russell, 1973), p.2.

20) 모튼, 『스피박 넘기』, 117쪽.

21) 앞의 책, 18-19쪽.

22) 니시카와 나가오/박미정 옮김, 『신식민지주의론』, 서울: 일조가, 2009, 17쪽.

23) 앞의 책, 17쪽.

24) 앞의 책, 59쪽. 다가오는 여기서 커뮤니케이션은 현재의 IT산업으로 바뀔 수 있다고 첨언한다.

25) 앞의 책, 63-64쪽.

26) 안토니오 네그리, 마이클하트/윤수종 옮김, 『제국』, 서울: 이학사, 2001, 17쪽.

27) 앞의책, 20쪽.

28) 이성호, "The Challenge of Mechanistic Biology and Reactions of Theology: Sociobiology, Evolutionary Psychology, and Critical Responses of Theistic Evolution," 「한국 기독교학회」 109(2018), 108쪽.

29) 캐롤린 머천트/전규찬, 전우경, 이윤숙 공역, 『자연의 죽음』, 서울, 미토, 2005. 특별히 머천트는 이 책에서 자연의 억압과 여성의 억압이 대응되는 점을 과학사가로서 다양한 역사적 사례들을 통해 분명히 보여주고 있다.

30) 이유혁, "탈식민주의와 생태학의 접점에서-이론적 검토와 킨케이드의 글들에 대한 생태비평적 읽기", 공윤경 외, 『생태와 대안의 로컬리티』, 서울: 소명출판, 2017, 239쪽. "탈식민지적 생태학이란 용어는 탈식민주의 연구와 생태주의를 연결시킨 논의에서 생성된 것으로서… 주로 기존의 탈식민주의 문학과 문화 연구에 몰두하던 학자들에 의해서 주도되고 있는 상황이다."

31) 앞의책, 241쪽.

32) Graham Huggan and Helen Tiffin, Postcolonial Ecocriticism: Literature, Animals, Environment (London; New York: Routledge, 2010), 7. 신기하게도 반대현상, 즉, 대량의 식민지의 생명체들이 지배국가로 이동되는 경우는 거의 없었다. 신정환, "탈식민주의 생태비평과 라틴아메리카 문학", 「외국문학연구」 47(2012), 81쪽. '생태학적 제국주의' 용어는 영국의 생태비평가 알프레드 크로스비에 의해 제시되었다.

33) 이유혁, "탈식민주의와 생태학의 접점에서," 241쪽.

34) 신정환, "탈식민주의 생태비평과 라틴아메리카 문학", 84쪽.

35) John Light, "The 10 things you need to know from the new IPCC climate report,"

accessed October, 31, 2018, http://grist.org/climate-energy/the-10-things-you-need-to-know-from-the-new-ipcc-climate-report.

36) 우석영, "전후체제 한국의 발전과 생태회복", 「생명연구」 40(2016), 92쪽.

37) 한국 사회에서 하위주체는 민초, 민중이라고부를수있다. 그러나 본 논문은 스피박의 탈식민지주의 방법을 차용하고 있기에 일관성을 위해서 하위주체라는 용어를 사용하고 있음을 밝힌다.

38) 앞의책, 105쪽.

39) 심옥주, "세계 평화의 관점에서 본 3.1운동의 재인식", 「한국과 국제사회」 2/1(2018), 50쪽.

40) 이윤상, 『3.1운동의 배경과 독립 선언』, 천안시: 독립기념관 한국독립운동사연구소, 2009, 77쪽.

41) 앞의 책, "2.8 독립 선언서", 176쪽.

42) 앞의 책, 84쪽.

43) 앞의 책, 87쪽.

44) 앞의 책, "3.1독립선언서", 180쪽.

45) 앞의 책, 88쪽.

46) 앞의 책, 77쪽. "동양평화(東洋平和)를 요란(擾亂)케 하는 화원(禍源)" 앞의 책, "2.8 독립 선언서", 177쪽.

47) 앞의 책, 88쪽.

48) 앞의 책, 89쪽, "3.1독립선언서", 182쪽.

49) 앞의 책, 87쪽.

50) 심옥주, "세계 평화의 관점에서 본 3.1운동의 재인식", 47쪽.

51) 이윤상, 『3.1운동의 배경과 독립 선언』, 100쪽. 김좌진, 이승만, 안창호 등의 저명한 독립운동가 39인의 이름으미로 길림에서 발표된 대한독립 선언서의 발표주체는 대한독립의군부이다.

52) 앞의 책, 102-103쪽.

53) 심옥주, "세계 평화의 관점에서 본 3.1운동의 재인식", 52쪽.

54) 앞의 책, 60쪽.

55) 최용환, "한반도 DMZ의 생성, 38선에서 DMZ로," 박은진 외, 『DMZ가 말을 걸다』 (고양시: 위즈덤하우스, 2013), 59쪽.

56) 앞의 책, 66쪽.

57) 조도순, "DMZ 일원의 생태계", 박은진 외, 『DMZ가 말을 걸다』, 고양시: 위즈덤 하우스, 2013, 115쪽, 119쪽.

58) 앞의 책, 121쪽.

59) 앞의 책, 122-124쪽.

60) 제임스 러브록/홍욱희 옮김, 『가이아: 살아있는 생명체로서의 지구』, 서울: 갈라파고 스, 2004.

61) 린 마굴리스/이한음 옮김, 『공생자 행성』, 서울: 사이언스 북스, 2014.

62) 사실, 스피박이 하위주체가 말할 수 없다고 논한 것은 하위주체에 대한 비관주의적 수동성을 주장한 것이라 말할 수 없다. 오히려 목소리를 낼 수 없을 정도의 억압상태를 폭로하려는 시도였고, 스피박은 자신의 해체적 방법을 통해 하위주체가 스스로 목소리를 낼 수 있도록 도우려고 한다. 따라서 DMZ 생태가 스스로 목소리를 낸다는 필자의 탈식민지적 해석은 스피박의 본래적 의도와 멀지 않을 것이다.

63) 박명철, "통일과정에서 "평화"의 복음과 정치적 "통일"", 「대학과 선교」3(2001), 208-223쪽; 박정진, "최근의 선교학 동향", 「대학과 선교」3(2001), 114-143쪽; 임희모, "현대 선교신학의 중심주제와 대학선교", 「대학과 선교」3(2001), 9-40쪽; 장윤재, "세계화 시대, 생명과 평화의 선교", 「대학과 선교」8(2005), 43-113쪽.

64) 박정진, "최근의 선교학 동향", 116-118쪽; 임희모, "현대 선교신학의 중심주제와 대학선교", 16-17쪽.

65) 박정진, "최근의 선교학 동향", 122쪽; 임희모, "현대 선교신학의 중심주제와 대학선교", 18쪽; 장윤재, "세계화 시대, 생명과 평화의 선교", 49-80쪽.

66) 박명철은 정의 있는 평화를 남북관계에 적용한다. 남과 북의 경제적 격차가 커질수록 남과 북 사이의 진정한 화해의 길은 멀어질 것이다. 박명철, "통일 과정에서 "평화"의 복음과 정치적 "통일"", 221쪽. 한편, 장윤재는 정의있는 평화를 빈부격차를 양산하는 세계화 시대에 적용하면서 경제적 정의가 평화의 필요조건임을 역설한다. 장윤재, "세계화 시대, 생명과 평화의 선교", 107-109쪽.

67) 임희모, "현대 선교신학의 중심 주제와 대학 선교", 20쪽.

항일과 통일의 노래 아리랑 / 이정훈

1) 가물에 콩 나듯이 권력자들이 제 욕심 채우려고 지어 부르거나 퍼뜨리는 경우도 있었다. 일례로, 일제가 벌이는 전쟁 미화와 징병을 목적으로 총독부가 만들어 퍼뜨린 '비상시아리랑'이 있다. 그러나 그건 아리랑의 큰 물줄기를 거스르지는 못했다. '십구의 삼오와 삼육년은(1935-1936), 평화냐 그 반대냐 갈림일세, 세계에 비춰라 태양마음, 평화의 깃발을 휘날리자'(비상시아리랑, 김연갑, 「아리랑 그 맛, 멋, 그리고…」, 1988, 집문당, 78쪽, 249쪽.

2) 이정훈, 「한국의 그리스도인을 위한 절기예배이야기」, 대한기독교서회, 2000, 300쪽.

3) 한국에 처음 온지 얼마 안 된 1886년 11월12일 토요일 여동생에게 보낸 편지에 처음으로 이 아리랑의 후렴구를 채보하여 보냈다. 이웃집 아이들이 계속 반복해서 부르는 이 아리랑에 감동한 것이다. 그로부터 10년 뒤인 1896년에 자신이 만드는 「The Korean Repository」에 완전한 악보를 인쇄하여 세계에 퍼뜨렸다. 이렇게 아리랑 악보를 최초로 세계에 알린 사람이 헐버트라는 사실은 최근 북측에서도 인정했다. 지난 2018년 8월 17일~18일까지 중국 선양에서 열린 '화해 평화 번영을 위한 코리아학 국제 워크숍'에서 북측 참석자인 리영호가 '악보를 통해 본 아리랑의 음악형상적 발전 과정'이라는 발표문에서 이 같은 사실을 인정했는데, 이는 북측에서 최초로 공식

인정한 것이다. 《매일경제신문》 2018.8.29.

4) 김연갑, 위의 책, 121쪽, 246쪽.

5) 민병선, 《동아일보》, 2009.8.3.

6) 정동화, '아리랑 어원에 대한 연구', 국어국문학 81호, 국어국문학회, 62쪽. 김연갑, 위의 책, 40쪽, 104쪽 등에서 재인용.

7) 김연갑. 위의 책, 105-106쪽, 182쪽.

8) '노래'와 '길 장(長)'은 관계가 깊다. 우리는 오래전부터 말을 길게 이어 부르는 것을 노래로 이해했다. 일례로, '아리'와 더불어 역시 노래를 가리키는 옛 이름인 영언(永言)이 적절한 예다. 말[言]을 길게[永] 늘이면 노래가 된다는 뜻이다. 우리나라 최초의 노래책 이름이 바로 「청구영언(靑丘永言)」이다. 물론 이 책에 실린 노래는 모두 시를 길고 길게 이어 부르는 노래, 바로 시조(時調)다.

9) '토리'란 '사투리'에서 나온 말로서, 지방마다 사투리가 다르듯이 노래에도 드러나는 독특한 선율 진행, 독특한 음계들을 가리키는 용어다. 함경도강원도경상도를 잇는 메나리토리 외에도, 평안도, 황해도를 잇는 수심가토리, 경기도의 경토리, 충청일부, 전라도를 잇는 육자배기토리 등이 있다.

10) 강원대학교 박민일 교수는 강원도에 분포한 아리랑만도 19종 272편이라고 정리한 바 있다. 김연갑, 위의 책, 26쪽에서 재인용.

11) 김연갑, 위의 책, 34쪽.

12) 김연갑, 위의 책, 77쪽.

13) 헐버트 저, 김동진 역, 「헐버트 조선의 혼을 깨우다」(참좋은친구, 2016), 399-401쪽.

14) "대개 대한 노래풍속을 본즉, 무슨 동요가 새로 생기면 일동에 가득하고, 일동에 가득한즉, 일면에 가득하여, 이렇게 차차 퍼져 전국에 편만하여지는지라.… 권사 리경직", 「신학월보」, 1901년 8월호 '문원'.

15) 「"나는 왜놈들 틈에서 눈을 감고 아리랑을 불렀지… 아리랑이 이 목숨을 쇠심줄 같이 만들었어… 지금도 아리랑이 있어야 살어…"」, 김연갑, 위의 책, 81쪽. 이 증언의 주인공 노수복 할머니는 일본군 위안부 피해자로 평생 귀국도 못하고 태국에서 어렵게 살면서도, 2011년 11월 4일 숨지는 순간까지 아리랑을 놓지 않았다. 유해는 귀국하여 경북 예천 선산에 안장되었다.

16) 이밖에도 원주아리랑, 공주아리랑, 진천아리랑, 울릉도아리랑, 독산도아리랑, 경상도아리랑, 하동아리랑, 영일아리랑, 창녕아리랑, 구례아리랑, 남원아리랑, 순창아리랑, 정읍아리랑, 제주아리랑 등이 있다.

17) '찬양하세'와 '예수랑' 두 노랫말은 이정훈, 「그리스도인을 위한 전통문화이야기」, 한들출판사, 1999, 180쪽에서 옮김.

18) 하늘의 주인, 즉 하늘님이 변해서 하느님이 된다. 그런데 '하늘'은 예전에 '하날(하늘<한올=큰 알)'이라 불렀던 것에 비추어 하느님보다 하날님, 즉 '하나님'이 더 오랜 표현이라고 본다.[이정훈, '성서일과에 따른 2018년 성탄절 예배준비노트', 「성실문화」 97호, 도서출판 성실문화, 2018, 113쪽]

19) '총 가진 포수'란 총칼로 억압하던 일제를 상징한다.

20) '공동산'이란 공동묘지를 뜻하는 방언이다.(다음사전) 말 잘하는 사람은 사상범으로 붙들려가고, 힘쓰는 일 잘하는 사람은 징용 가서 고생고생하다 숨을 거둔다는 뜻이다.

21) 김연갑, 위의 책, 33쪽, 255쪽.

22) 김연갑, 위의 책, 28쪽.

23) 「성실문화」 84호(2015.8), 210쪽.

24) 통일아리랑[엇모리장단, 강원도아리랑 가락으로] (후렴)아리아리 쓰리쓰리 아라리요 남북통일 아리랑 불러나보세. 1.한많은 이세상 허리잘린 내나라, 어이하면 이나라가 통일이 될꼬. 2.니잘났다 내잘났다 다투지마라, 허리가 잘렸으니 둘이다병신. 3.보고지고 보고지고 보고나지고, 그리운 백두금강 보고나지고. 4.만나보세 만나보세 만나보세, 동포동포 내동포 북녘땅 내동포. 5.사발이 깨지면 열두쪽나지만, 삼팔선이 깨지면 한덩어리라. 6.아리랑 고개는 열두나 고개, 통일로 넘는 고갠 한 고개라

25) 헐버트가 1896년 「코리안레퍼지토리」 2월호에 세계 최초로 아리랑 악보를 실었을 때 남긴 말이다. "조선인들에게 아리랑은 음식에서 쌀과 같은 존재이다. 다른 노래들은 곁가지에 불과하다. 이 노래는 언제 어딜 가도 들을 수 있다." 헐버트 저, 김동진 역, 위의 책, 399쪽.

예술은 삶과 양립할 수 있는가? / 심은록

1) 제1회 조선미술전람회의 참여작가는 "김용진(金容鎭), 현채(玄采), 이한복(李漢福), 오세창(吳世昌), 최린(崔麟), 안종원(安鍾元), 고희동(高羲東), 심인섭(沈寅燮), 지운영(池雲英), 노수현(盧壽鉉), 변관식(卞寬植), 이상범(李象範), 허백련(許百鍊), 김은호(金殷鎬), 이용우(李用雨), 나혜석(羅蕙錫) 등", 당시 한국에 잘 알려진 작가들이었다. 또한 심사위원으로는 일본작가 3명과 8명의 한국인으로 구성되었는데, 그중에 이완용(李完用)도 있다.

2) 오광수, 『이야기 한국현대미술·한국현대미술이야기』에서 재인용.
홍선표, 『고희동의 신미술운동과 창작세계』, (『미술사논단』) 38, 한국미술연구소, 2014)에 의하면, 고희동은 관직을 스스로 그만 둔 것이 아니라 타의적으로 종료된 것이며, 또한 일본 유학도 관비유학생으로 가게 되었다고 한다. "고희동의 관직은 1905년 을사조약 이후 정국을 비관하여 스스로 관둔 것처럼 본인이 진술하곤 했으나, 사실은 그가 도쿄미술학교 유학생이던 1910년까지 지속된다. […] 정3품까지 오른 고희동의 관직 생활은 대한제국이 일제에 강제 병합되면서 종료되고 만다. 개화관료로서의 출세와 포부를 타의적으로 끝내게 된 것이다."(op.cit. p.158) "고희동은 앞서 언급했듯이 장례원의 예식관 직위를 유지한 상태로 궁내부의 출장명령도 즉 관비유학생으로 도쿄미술학교 서양화과에 유학가게 된 것이다."(op.cit., p.160) 최열 역시 『문헌고증 방법론과 고희동 문헌비판:

문헌비판(文獻批判)과 고증방법(考證方法)의 성찰』에서 고희동이 유학 초기까지 관직에 머물러 있었으며, 상황에 따라 표현을 바꾼다(*op.cit.* p.206-7 등)고 지적한다.

3) 최열, 『문헌고증 방법론과 고희동 문헌비판: 문헌비판과 고증방법(考證方法)의 성찰』, 202쪽.

4) 18세 소년 최남선(1890~1957)이 1908년 잡지《소년》을 창간하면서 한반도 지도의 형상 안에 호랑이를 그려넣었다. 그 이전에도 한반도를 호랑이로 표현해 왔다고 하나, 이를 명백히 드러낸 사람이 최남선이다. 반면에, 조선시대 초기에는 사대(事大)사상으로 인해, 한반도를 '중국을 향해 읍(揖)하는 노인'으로 표현하기도 했었다.

5)《조선일보》1938월 1월 3일자.

6) "한 가지 부언해 둘 것은 서양화의 그 발달된 연구방법입니다. 동양화의 발전을 위해서도 서양화를 알아 둘 필요는 절실한 것이라 단언합니다."-고희동 담, 〈피곤한 조선예술계-각계 권위에게 진단을 청함-화단편 비관뿐인 서양화의 운명〉상~하,《조선중앙일보》, 1935.5.6~6.7.

7) 고희동, 구본웅 대담, 〈화단쌍곡선〉1~3,《조선일보》, 1937.7.20~22.

8) 서울대 초대미대학장인 "장발 학장은 독실한 가톨릭 집안 출신의 신자였다. 국무총리를 지낸 장면이 친형이고, 그 셋째 아들인 장익 주교는 조카가 된다. 장발은 〈김대건 신부상〉(1920), 〈성녀 김골롬바와 아네스 자매〉(1925) 같은 작품을 남겼지만, 명동성당의 제단 벽화처럼 주로 대형 벽화나 제단화 제작에 열중했다. 한마디로 장발은 한국 가톨릭미술의 대부라 할 수 있다." - (길을 찾아서 33) 서울대 미술대와 장발 학장, 한겨레, 2017.9.14.

9) [친일미술가] 민족문제연구소가 출간한 『친일인명사전』에 수록된 미술분야 명단이다 (총 24명). 구본웅(具本雄), 김경승(金景承), 김기창(金基昶), 김만형(金晩炯), 김용진(金容鎭), 김은호(金殷鎬), 김인승(金仁承), 김종찬(金宗燦), 노수현(盧壽鉉), 박영선(朴泳善), 박원수(朴元壽), 배운성(裵雲成), 손응성(孫應星), 심형구(沈亨求), 윤효중(尹孝重), 이건영(李建英), 이국전(李國銓), 이봉상(李鳳商), 이상범(李象範), 임응구(林應九), 장우성(張遇聖), 정종여(鄭鍾汝), 지성렬(池成烈), 현재덕(玄在悳).
[항일미술가] 한국 최초의 조각가 김복진(1901~1940.8.18)은 또한 미술계 인사 중에서 항일독립운동가로 공인받은 유일한 미술가이다. 그는 39세에 요절한다. 그의 작품으로는,〈러들로 흉상〉(1938, 73×64cm의 청동 부조, 신촌 세브란스 병원 소장), 김제 금산사 미륵전 본존불상(1936) 등을 포함한 4점이 남아 있다. 또한 한국적 인상주의를 펼친 오지호 화가도 항일 미술가이다.

10) 심은록, 『양의의 예술, 이우환과의 대화 그리고 산책』, 현대문학, 2014.

식민지적 내면성을 넘어 / 최대광

1) 후쿠자와 유키치, 정명환 옮김, 『후쿠자와 유키치의 문명론』, 서울: 기파랑, 2018, 79쪽.

2) 위의 책, 93쪽.

3) 위의 책, 214쪽.

4) 위의 책, 219쪽.

5) 후쿠자와 유키치, 「탈아론」, 『時事新報』 1886년 3월 16일.

6) 위의 글.

7) 강상중, 『오리엔탈리즘을 넘어서』 이경덕, 임상모 옮김, 서울: 이산, 2012, 85쪽.

8) 위의 책, 94쪽.

9) 위의 책, 102쪽.

10) 이종용, 『내면성의 형식들』, 서울: 새물결, 2002, 233쪽.

11) 위의 책, 271쪽.

12) 위의 책.

13) 위의 책, 233쪽.

14) 변은진, 『파시즘적 근대체험과 조선민중의 현실인식』 서울: 선인, 2013, 39쪽.

15) 조성환, "영성과 근대: 일본화된 한국사상사를 넘어서", 『문학, 사학, 철학』, 서울: 한국불교사연구소, 2018, 120쪽.

16) Ibid. 121-122쪽.

17) Ibid. 124쪽.

18) Ibid. 123쪽.

19) Ibid. 124쪽.

20) Ibid.

21) 기세춘, 『성리학개론』, 서울: 바이북스, 2007, 451-452쪽. 정약용, 『여유당전서 1집 권17, 爲盤山丁修七證言』 번역, 재인용.

22) "영성과 근대: 일본화된 한국사상사를 넘어서", 125쪽.

23) Ibid. 126쪽.

24) 백민정, 『정약용의 철학』, 서울: 이학사, 2007, 92쪽.

25) 최제우, 『동경대전』, 일연 외, 『한국의 민속·종교사상』 서울: 삼성출판사, 1992, 496쪽.

26) 조성환, "동학이 그린 공공세계", 원광대학교 원불교사상연구회, 『근대 한국 개벽종교를 공공하다』, 서울: 모시는사람들, 2018, 153쪽.

27) 윌버, 켄, 조효남 옮김, 『감각과 영혼의 만남』, 서울: 범양사, 2007, 117쪽.

28) Ibid. 118쪽.

29) Ibid. 116쪽.

30) 『감각과 영혼의 만남』, 35쪽.

31) 스리오르빈도, 강석근, 정혜정 옮김, 『진리의식의 마음』, 경기, 고양공동체, 2012, 46쪽.

32) 『모든 것의 이론』, 114-115쪽.

33) Ken Wilber, Integral Spirituality, (Boston&London: Integral Books, 2007), p.144

34) Fox, Matthew, Swimme Briane, Manifesto for Global Civilization, (Santa Fe, New Mexico: Bear & Co., 1982), p.10-11.

3.1운동 정신에서의 유교(대종교)와 기독교 / 이은선

강만길 외, 『통일지향 우리 민족 해방운동사』, 역사비평사, 2000.

J.S. 게일, 『전환기의 조선』, 신복룡 역주, 집문당, 1999.

김삼웅 지음, 『심산 김창숙 평전』, 시대의창, 2006.

김선희, 『서학, 조선 유학이 만나 낯선 거울-서학의 유입과 조선 후기의 지적 변동』, 도서
　　　출판 모시는사람들, 2018.

김소진, 『한국독립 선언서연구』, 국학자료원, 1998.

김순석, 『근대 유교개혁론과 유교의 정체성』, 도서출판 모시는사람들, 2016.

노명식 지음, 『함석헌 다시 읽기』, 노명식전집 04, 책과함께, 2011.

김숨, 『숭고함은 나를 들여다보는 거야-일본군 위안부 김복동증언집』, 현대문학, 2018.

『도원기서』, 윤석산 역주, 도서출판 모시는사람들, 2012.

마테오 리치 지음, 『천주실의』, 송영배 외 옮김, 서울대학교출판부, 2000.

미야지마 히로시, 『동아시아는 몇 시인가?』, 배항섭 엮음, 너머북스, 2015.

박은식, 『한국독립운동지혈사』(상), 남만성 옮김, 서문당, 1999.

박재순, 『삼일 운동의 정신과 철학』, 홍성사, 2015.

안정복 지음 · 이상하 옮김, 『순암집』, 한국고전번역원, 2017

안중근, 「안응칠역사」, 《明治文化全集》2, 동경, 1968, 대련시근대사연구소 · 여순일러감
　　　옥구지박물관 학술연구총서, 『안중근연구』, 화문귀 주필 유병호 역, 료녕민족출판사,
　　　2009.

尹世復, 『역해종경사부합편(譯解倧經四部合編)』, 대종교 총본사, 개천 4406(1942).

이규성, 『한국현대철학사론-세계상실과 자유의 이념』, 이화여대출판부, 2015.

이덕주, 『초기한국 기독교사연구』, 한국 기독교연구소, 1995.

이덕주, 『남산재 사람들-독립운동의 요람』, 그물, 2015.

이상룡, 「공교미지(孔敎微旨)」, 안동독립운동기념관 편, 『국역 石洲遺稿』하, 경인문화사,
　　　2008.

이은선, 『다른 유교, 다른 기독교』, 도서출판 모시는사람들, 2016.

이은선, 『한국 생물(生物)여성영성의 신학』, 도서출판 모시는사람들, 2011.

이찬구, 『천부경과 동학』, 도서출판 모시는사람들, 2007.

한국철학사 연구회 편, 『한국 철학 사상가 연구-한국 철학과 현실인식』, 철학과현실사,
　　　2002.

현장(顯藏)아카데미 편, 『21세기 보편 영성으로서의 誠과 孝』, 동연, 2016.

종교들의 운동으로서 3.1운동의 종교사적 의미 / 최태관

김영범 외 8인,『한국사』, 임시정부의 수립과 독립전쟁, 서울: 국사편찬위원회, 2001.
변선환,「민중해방을 지향하는 민중불교와 민중신학」,『종교 간 대화와 아시아 신학』,
　　　서울: 한국신학연구소, 1996.
안상훈,『독립운동총서』 2권 3.1운동 편. 서울: 민문고, 1995.
윤진현,『한국독립운동사』. 파주: 이담, 2010.
이덕주,『한국토착교회 형성사 연구』, 서울: 한국 기독교역사연구소, 2001.
＿＿＿,『신석구』.서울: 신앙과 지성사, 2012.
이윤상,『3.1운동의 배경과 독립 선언』, 천안: 한국독립운동사편찬위원회, 2009.
이주익,『3.1운동, 그날의 기억』, 서울: 도서출판: 탁사, 2001.
최태관,「3.1운동의 종교사적 의미」,『3・1정신과 한반도 평화』, 서울: 동연, 2018.
한국 기독교역사연구소,『한국 기독교의 역사 II』, 서울: 기독교문사, 1990.
한국종교연구회,『한국종교문화사 강의』, 서울: 도서출판 청년사, 1998.
함석헌,『뜻으로 본 한국역사』, 서울: 한길, 1999.
몰트만, 위르겐・곽미숙 옮김,『세계 속에 있는 하나님』, 서울: 동연, 2009.

3.1정신과 3.1영성 그리고 한반도 평화 / 최성수

강만길,『고쳐쓴 한국현대사』, 창작과 비평사, 1994.
강위조,『일본 통치하의 한국의 종교와 정치』, 대한기독교서회, 1977.
김양선, “3.1운동과 기독교계”, 동아일보사 편,『3.1운동 50주년 기념논문집』, 동아일보
　　　사, 1969.
이덕주, “3.1운동에 대한 신앙 운동사적 이해”,『기독교사상』 34(3), 1990.
이만열, “기독교와 3.1운동(1)”,「현상과 인식」 3(1), 1979.
＿＿＿, “한국 기독교 통일 운동의 전개과정”,『신학정론』 14(1), 1996.
이상은, “충군애국에서의 민족국가”,『월간중앙』, 1969. 3.
전택부, “3.1운동의 정신과 그 배경”,『기독교사상』 22(3), 1978.
＿＿＿, “3.1운동 정신과 오늘의 현실”,『기독교사상』 42(3), 1998
주재용, “3.1운동 사관에 대한 역사적 고찰”,『기독교사상』 28(3), 1984.
최성수,『대중문화 영성과 기독교 영성』, 글누리, 2010.
함석헌, “3.1정신”,『함석헌 선집 3』, 한길사, 1996.
＿＿＿, “3.1운동의 현재적 전개”,『함석헌 선집 3』, 앞의 같은 책.
＿＿＿, “3.1운동과 기독교”,『한국 기독교는 무엇을 하려는가』, 한길사, 2009.
＿＿＿, “통곡! 삼일절”,『생각하는 백성이라야 산다』, 한길사, 1996.
허호익,『길선주 목사의 목회와 신학사상』, 대한기독교서회, 2009.

강덕상, 『여운형 평전 1- 중국, 일본에서의 독립운동』, 김광열 역, 역사비평사, 2007.
_____, 『여운형과 상해 임시정부』, 김광열 역, 도서출판 선인, 2017.
김삼웅, 『몽양 여운형 평전-진보적 민족주의자』, 채륜, 2016.
박병엽 구술, 유병구 외, 『김일성과 박헌영 그리고 여운형』, 선인, 2014.
여연구, 『나의 아버지 여운형』, 신준형 편집, 김영사, 2001.
이규성, 『한국 현대철학사론』, 이대출판부, 2015.
이기형, 『여운형 평전』, 실천문학사, 2006.
이정배, 『간문화 해석학과 신학적 상상력』, 감신대 출판부, 2005.
_____, 『토착화와 세계화-한국 신학의 두 과제』, 도서출판 한들, 2007.
_____, 『없이 계신 하느님, 덜 없는 인간』, 모시는사람들, 2009.
황종렬, 『신앙과 민족의식이 만날 때』, 분도출판사, 2000.
강문구 외, '몽양 여운형의 현실주의 정치 노선과 변혁사상 간의 갈등구조 연구', 〈동북아
    연구〉, 52.
김두헌, '독립선언서의 사상사적 검토', 출처 미확인.
김영남, '독립선언서에 표상된 한(韓)과 조선 그리고 동양', 〈사이間SAI〉, 2010, 4.
배경한, '여운형과 국민혁명'-國民黨二全大晦 참석과 反帝連帶활동, 〈중국 근현대사
    연구〉 64. 2014, 12.
변은진, '3.1 운동 전후 여운형의 활동과 신한청년당', 〈3.1운동의 숨은 주역 신한청년당〉,
    신한 청년당 결성 100주년 기념식, 학술심포지엄, 2018. 11.28.
안병직, '만해 한용운의 독립사상', 출처 미확인.
양동안, '여운형의 민족 통일 노선', 〈정신문화연구〉 27(4), 2004, 12.
연규홍, '몽양 여운형의 토일 독립론', 〈신학연구〉 62, 2013. 6.
윤경로, '몽양 여운형과 기독교', 〈통일이후 신학연구 4〉, 감신대 평화통일연구소, 신앙과
    지성사, 2012.
이덕주, '3.1운동의 이념과 운동 노선에 관한 연구', 〈기독교 사상〉, 1988, 3.
임대식, '통일조국의 이름짓기 일제시기, 해방후 나라 이르에 반영된 좌우갈등',
    〈역사비평〉 1993.5.
정영훈, '3.1 운동과 단군 민족주의', 〈한국 동양 정치사상연구〉 11(2), 2012, 9.
_____, 조소앙의 3균주의 정치 이론과 단군 민족주의', 〈플러스 코리아 타임즈〉, 2017,
    11.28.
정병준, '진보적 민족주의자 여운형', 〈인물 바로보기 4〉, 내일을 여는 역사, 2000, 4.
_____, 해방 이후 여운형의 통일, 독립운동과 사상적 지향', 〈한국 민족운동사 연구〉 39,
    2018, 5.
한용운 외, 이길진 역, '조선 독립이유서', 〈창작과 비평〉 5(3), 1970, 9.
홍일식, '3.1獨立宣言書 硏究, 〈한국 독립운동사 연구〉 3집, 1989, 11.
宮鴻博史, '민족주의와 문명주의-3.1운동에 대한 새로운 이해를 위하여', 〈대동 문화연구〉 66.

해석 손정도 목사의 생애와 민족 독립 무장투쟁 / 노종해

Korea Methodist, Vol.10Nov. 10Dec, 1904.

그리스도회보, 1911-1913.

朝鮮 예수교監理會年會日記(1910-1931)

神學世界 第三第三號, 京城監理教協成神學校 發刊, 1918.

覆面儒生, 朝鮮獨立運動騷擾史論, 1921.

申洪植, 仁川內里教會略史. 1922.

裵亨植, 故海石 孫貞道牧師小傳, 基督教建國傳團事務所, 1949.

鮮于燻, 民族의 受難-百五人事件 眞相, 獨立精神普及會, 檀紀4288(1955).

韓國獨立運動史, 社團法人 愛國同志 後援會 發行. 1956.

"孫貞道 小傳", 江西郡誌, 江西郡誌編纂委員會, 1967.

國史編纂委員會編, 日帝侵略下36年史, 제6권. 서울, 探究堂 1971.

金厚卿, 申載洪: 大韓民國獨立運動功勳史, 한국민족운동연구소편. 1971.

孫元一, 나의 履歷書. 한국일보, 1976.9.29.-12.21.

宋吉燮, 정동제일교회 구십년사. 정동제일교회역사편찬위원회, 1977.

金榮秀, 大韓民國 臨時政府憲法論, 三英社, 1980.

노종해, "海石孫貞道牧師의 民族獨立闘爭運動", 감신대학보(1982.3.10.), 監神大學報社.

盧宗海, 韓國監理教會의 性格과 民族, 성광문화사, 1983.

姜萬吉, 韓國現代史, 創作과 批評社, 1984.

이덕주, "기독교 신앙과 민족운동-손정도 목사를 중심으로", 세계의 신학, 2000.3.

_____, "손정도 목사의 민족운동과 신학 사상", KCH7.HWP(한국 교회사학회), 2002.
(http://cafe.daum.net/kchistory)

한국 초기 사회주의운동이 독립운동에 끼친 영향 / 김종길

강만길,『20세기 우리역사: 강만길의 현대사강의』, 경기: 창비, 2017.

강만길,『고쳐 쓴 한국현대사』, 경기: 창비, 2016.

기광서.『북한 국가의 형성과 소련』, 서울: 선인, 2018.

김방,『대한민국임시정부의 초대 국무총리 이동휘』, 서울: 역사공간, 2013.

김준엽 · 김창순 공편,『한국공산주의운동사』 제2집, 고려대학교 아세아문제연구소,
        1979.

단국대학교 동양학연구원 편,『한국독립운동의 세계사적 성격』, 경기: 단국대학교 출판부,
        2017.

독립운동사편찬위원회 편,『독립운동사자료집』 제8집, 1970-74.

로버트 스칼라피노, 이정식, 한동구 역,『한국공산주의운동사』, 경기: 돌베개, 2015.

박찬승,『한국독립운동사: 해방과 건국을 향한 투쟁』, 경기: 역사비평사, 2016.

이창주 편역,『조선공산당사(비록)』, 서울: 우리시대, 2010.
임경석,『한국 사회주의의 기원』, 서울: 역사비평사, 2014.
최백순,『조선공산당 평전』, 경기: 서해문집, 2017.
한국근대사학회,『한국독립운동사 강의』, 경기: 한울아카데미, 2017.

초기 내한 선교사와 3.1정신 / 홍승표

「그리스도신문」
「매일신보」,
「The Korea Review」
김경재, 민경배, 박명수, 이장식, 이민애, "특집 좌담 - 3.1운동과 한국교회: 민족의 운동,
        세계의 운동, 시의 운동",「교회와신학」, No.9, 2018.
김도형, "한국독립운동을 도운 유럽인 연구",「한국학논총」, 37호, 2012.
김세한,『배재 80년사』, 배재학당, 1965.
김승태, "3.1독립운동과 선교사들의 대응에 관한 연구",「한국기독교와역사」, 45호, 2013.
김승태, "한말 캐나다장로회 선교사들의 선교활동과 일제와의 갈등, 1989~1910",
        「한국기독교와역사」제12호, 2000.
김승태, 유진, 이항 엮음,『스코필드 박사 자료집 : 강한 자에는 호랑이처럼 약한 자에는
        비둘기처럼』, 서울대학교출판문화원, 2012.
김승태 · 박명수, "제암리교회 사건과 서구인들의 반응",「한국기독교와역사」, 7호, 1997.
김정명,『朝鮮民族運動Ⅰ』, 原書房, 1967.
김한규,「아펜젤러의 에큐메니즘 연구」, 연세대 연합신학대학원 석사논문, 2005.
류대영,『초기 미국 선교사 연구』, 한국기독교역사연구소, 2001.
매티 윌콕스 노블, 강선미, 이양준 역,『노블일지 1892-1934: 미 여선교사가 목격한
        한국근대사 42년간의 기록』, 이마고, 2010.
메리 린리 테일러,『호박목걸이 : 딜쿠샤 안주인 메리 테일러의 서울살이 1917-1948』,
        책과함께, 2014.
민경배,『한국교회의 사회사(1885-1945)』, 연세대학교출판부, 2008.
민경배,『한국기독교 사회운동사』, 대한기독교서회, 1987.
박태영, "1919년 〈건백서〉를 통해서 본 미국 선교사들의 정교분리 원칙에 관한 이해",
        「신학과실천」, 31호, 2012.
박 환, "수원지역의 3.1운동",『수원사람들의 독립운동』, 수원박물관, 2015.
배민수,『배민수 자서전』, 연세대학교출판부, 1999.
백암박은식선생전집편찬위원회,『白巖 朴殷植 全集』, 동방미디어, 2002.
서정민,『한국교회의 역사』, 도서출판 살림, 2003.
송훈회,「웰치 감독의 생애와 한국선교에 관한 연구」, 감리교신학대학교 대학원 석사학
        위논문, 2013.

신효승, "일제의 '제암리 학살사건'과 미국 선교사 기록의 형성과정", 「學林」, 41집, 2018

안종철, "3.1운동, 선교사 그리고 미일간의 교섭과 타결", 「한국민족운동사연구」, 53, 2007.

양명수, 『사회정의론』, 한국신학연구소, 1997.

이만열 편, 『아펜젤러 : 한국에 온 첫 선교사』, 연세대학교출판부, 1985.

_____, 『언더우드 – 한국에 온 첫 선교사』, 기독교문사, 1990.

전재홍, "을사늑약 전후 시기의 재한선교사들의 대응과 역할", 「동서인문학」, 41호, 2008

전택부, 『한국 기독교청년회 운동사』, 정음사, 1978.

정병욱, "1919년 삼일운동과 일기 자료", 「한국사학보」, 73호, 2018.

조선혜, "노블 부인의 선교활동과 사회관계망", 「한국기독교와역사」, 39호, 2013.

조성환, "헨리 게르하르트 아펜젤러 문서Henry Gerhard Appenzeller Paper"에 소장된 "질그릇 속의 보물"(The Treasure in Earthen Vessels)의 15편의 설교문", 「社會科學硏究」, 제9호.

한국국회도서관, 『한국 민족운동사료 : 삼일운동편 2』. 국회도서관, 1978.

황민호, "「매일신보」에 나타난 평양지역의 3.1운동과 기독교계의 동향", 「숭실사학」, 31집, 2005.

Dennis, James S., *Christian Mission and Social Progress*, New York: Fleming H. Revell, 1897, Vol. I

Griffis, William E., *A Modern Pioneer in Korea, The Life Story of Henry G. Appenzeller,* New York : Fleming H. Revell Company, 1912.

Mackay, John A, 민경배 역, 『에큐메닉스』, 대한기독교서회, 1966.

Noble, Mattie Wilcox, *The Journals of Mattie Wilcox Noble, 1892~1934,* 한국기독교역사연구소, 1993.

The Commission on Relations with the Orient, *The Korean Situation no. 1* : Authentic Accounts of Recent Events by Eye Witnesses, New York : Federal Council of the Churches of Christ in America, 1919.

Underwood, Lillias H., *Underwood of Korea*. Seoul: Yonsei University Press, 1983.

Underwood, Horace G., 『원두우강도취집』, 조선예수교서회, 1920.

Welch, Herbert., *As I Recall My Century*, Nashville : Abingdon Press, 1962.

3.1운동의 그리스도인과 3.1운동 이후의 그리스도인 / 김광현

김권정, 『한국 기독교 민족운동론과 민족운동』, 국학자료원, 2015.

김지방, 『적과 함께 사는 법』, 이야기나무, 2013.

류대영, 『한 권으로 읽는 한국 기독교의 역사』, 한국 기독교역사연구소, 2018.

사사키 아타루, 『잘라라, 기도하는 그 손을』, 자음과 모음, 2012.

알랭 바디우, 『사도 바울』, 새물결, 2008.

알랭 바디우, 『윤리학』, 동문선, 2001.

양현혜, 『근대 한·일 관계사 속의 기독교』, 이화여자대학교출판부, 2009.

이덕주, 『신석구 연구』, 기독교대한감리회홍보출판국, 2002.

피터 홀워드, 『알랭 바디우: 진리를 향한 주체』, 길, 2016.

한국 기독교역사학회, 『한국 기독교의 역사1』, 기독교문사, 2018.

한국 기독교역사학회, 『한국 기독교의 역사2』, 기독교문사, 2017.

황기수, "초기 한국 기독교의 동학에 대한 인식과 대응". 기독교사상, 2014년 3월.

3.1혁명과 남북 화해의 신학 / 홍정호

NCCK 신학위원회 편, 『3.1정신과 한반도 평화』, 서울: 동연, 2018.

디페시 차크라바르티/김택현·안준범 옮김, 『유럽을 지방화하기』, 서울: 그린비, 2014.

변선환 아카이브 편, 『종교개혁 500년, '以後' 신학』, 서울: 모시는사람들, 2017.

아도르노·호르크하이머/김유동 옮김, 『계몽의 변증법』, 서울: 문학과지성사, 2002.

아민 말루프/박창호 옮김, 『사람 잡는 정체성』, 서울: 이론과실천, 2006.

알라이다 아스만/변학수·채연숙 옮김, 『기억의 공간』, 서울: 그린비, 2011.

엔리케 두셀/박병규 옮김, 『1492년, 타자의 은폐』, 서울: 그린비, 2011.

이만열, "3·1운동과 종교계의 역할", 「한국 기독교와 역사」47, 2017.

_____, "분단 70년, 한국 기독교의 성찰과 반성", 「한국 기독교와 역사」 44, 2016.

이준식, "'운동'인가 '혁명'인가-'3·1혁명'의 재인식", 『역사와 책임』7, 2014.

_____, "3·1혁명과 친일파의 대응 양태", 「인문과학연구」26, 2018.

이진구, 『한국 개신교의 타자인식』, 서울: 모시는사람들, 2018.

장동민, "3·1운동 시 기독교와 천도교 연합과 그 사상적 배경", "교회사학」7, 2008.

정진아, "3·1운동에 대한 남북의 분단된 집합기억을 통일을 위한 집합기억으로", 「통일인문학」76, 2018.

조규태, "3·1운동과 천도교-계획과 전개에 나타난 천도교의 역할을 중심으로", 「유관순 연구」1, 2002.

한국 기독교역사연구소, 『한국 기독교의 역사II』, 서울: 기독교문사, 1990.

한규무, "기독교와 천도교의 3·1운동 협력에 대한 평가와 오늘의 의미", 「기독교 사상」 663, 2014.

홍동근, 『비엔나에서 프랑크푸르트까지』, 서울: 형상사, 1994.

한반도 평화와 통일신학 / 신혜진

고범서, 『대화의 신학』, 고범서, 대화출판사, 1990.

김경재, 『김재준 평전 -성육신 신앙과 대승 기독교-』, 삼인, 2014.

김학재, 『경제와 사회』, 9월호, 2018.

노정선, 『통일신학을 향하여』, 한울, 1988.

박순경, 『민족통일과 기독교』, 한길사, 1990.

박순경, 『통일신학의 미래』, 사계절, 1997.

박순경, 『통일신학의 여정』, 한울, 1992.

박순경, 『하나님 나라와 민족의 미래』, 대한기독교출판사, 1984.

아시아신학총서, 『민중신학, 고통의 시대를 읽다』, 분도출판사, 2018.

이만열, 『한국 기독교와 민족의식』, 지식산업사, 1991.

이만열, 『한국 기독교와 역사의식』, 지식산업사, 1993.

이신행, 『풀뿌리 정치와 사회적 정당성』, 집문사, 2006.

이종석, 『분단시대의 통일학』, 한울아카데미, 1998.

이효재, 『분단시대의 사회학』, 한길사, 1985.

정병화, 『소통의 정치학』, 한누리 미디어, 2012.

정현백, 『민족과 페미니즘』, 당대, 2003.

채수일 편, 『희년신학과 통일희년운동』, 한국신학연구소, 1995.

크리스챤 아카데미편, 『열린 종교와 평화 공동체』, 대화출판사, 2000.

한국칸트학회 편, 『칸트와 정치철학』, 철학과 현실사, 2002.

한국여신학자협의회, 『한국여성신학과 민족통일-제 4,5,6차 여성신학정립협의회 보고서-』, 1989.

한국 기독교장로회 서울노회 서울남노회 엮음, 『기독교에서 본 주체사상』, 민중사, 1993.

한국여신학자협의회 평화통일반 편, 『희년 통일과 여성신학』, 여성신학자, 2006.

Immanuel Kant, 신옥희 역, 『이성의 한계 안에서의 종교』, 이화여자대학교 출판부, 2008

NCCK 신학위원회 엮음, 『3.1정신과 한반도 평화』, 동연, 2018.

탈식민적 평화의 목소리 / 이성호

나가오, 니시카와 · 박미정 옮김, 『신식민지주의론』, 서울: 일조가, 2009.

네그리, 안토니오, 마이클 하트 · 윤수종 옮김, 『제국』, 서울: 이학사, 2001.

러브룩, 제임스 · 홍욱희 옮김, 『가이아: 살아있는 생명체로서의 지구』, 서울: 갈라파고스, 2004.

마굴리스, 린 · 이한음 옮김, 『공생자행성』, 서울: 사이언스북스, 2014.

머천트, 캐롤린 · 전규찬, 전우경, 이윤숙 공역, 『자연의 죽음』, 서울, 미토, 2005.

모튼, 스티븐 · 이운경 옮김, 『스피박 넘기』, 서울: 앨피, 2005.

박명철, "통일과정에서 "평화"의 복음과 정치적 "통일"", 『대학과 선교』3, 2001.

박정진, "최근의 선교학 동향", 『대학과 선교』3, 2001.

박종성, 『탈식민주의에 대한 성찰』, 파주: 살림출판사, 2006.

신정환, "탈식민주의 생태 비평과 라틴아메리카 문학", 『외국문학연구』47, 2012.

심옥주, "세계 평화의 관점에서 본 3.1운동의 재인식", 『한국과 국제사회』2/1, 2018.

우석영, "전후체제 한국의 발전과 생태회복", 『생명연구』 40, 2016.

이성호, "The Challenge of Mechanistic Biology and Reactions of Theology: Sociobiology, Evolutionary Psychology, and Critical Responses of Theistic Evolution." 『한국기독교학회』 109, 2018.

이유혁, "탈식민주의와 생태학의 접점에서-이론적 검토와 킨케이드의 글들에 대한 생태비평적 읽기", 공윤경 외, 『생태와 대안의 로컬리티』, 서울: 소명출판, 2017.

이윤상, 『3.1운동의 배경과 독립 선언』, 천안시: 독립기념관 한국독립운동사연구소, 2009.

임희모, "현대 선교신학의 중심 주제와 대학 선교", 『대학과 선교』 3, 2001.

장윤재, "세계화 시대, 생명과 평화의 선교", 『대학과 선교』 8, 2005.

조도순, "DMZ 일원의생태계", 박은진 외, 『DMZ가 말을 걸다』, 고양시:위즈덤하우스, 2013.

최용환, "한반도 DMZ의생성, 38선에서 DMZ로", 박은진 외, 『DMZ가 말을 걸다』, 고양시:위즈덤하우스, 2013.

Bews, J. W. Human Ecology. New York: Russell & Russell, 1973.

Huggan, Graham and Helen Tiffin. Postocolonial Ecocriticism: Literature, Animals, Environment. London; New York: Routledge, 2010.

Light, John. "The 10 things you need to know from the new IPCC climate report." accessed October, 31, 2018, http://grist.org/climate-energy/the-10-things-you-need-to-know-from-the-new-ipcc-climate-report.

Spivak, Gayatri C. "Can the Subaltern Speak?." Marxism and the Interpretation of Culture, eds. Cary Nelson and Lawrence Grossberg. London: Macmillan Education Ltd.: 1988.

항일과 통일의 노래 아리랑 / 이정훈

김연갑, 「아리랑 그 맛, 멋, 그리고…」 (집문당, 1988)

헐버트, 김동진 역. 「헐버트 조선의 혼을 깨우다」 (참좋은친구, 2016)

이정훈, 「그리스도인을 위한 전통문화이야기」 (한들출판사, 1999)

이정훈, 「한국의 그리스도인을 위한 절기예배이야기」 (대한기독교서회, 2000)

이정훈, '둥글레음악회 이야기4', 「성실문화」 84호(도서출판 성실문화, 2015년 8월)

이정훈, '성서일과에 따른 2018년 성탄절 예배준비노트', 「성실문화」 97호(도서출판 성실문화, 2018년 11월)

예술은 삶과 양립할 수 있는가? / 심은록

고희동, 구본웅 대담, "화단쌍곡선1~3", 《조선일보》 1937.7.20~22.

고희동, "피곤한 조선예술계 · 각계 권위에게 진단을 청함-화단편 비관뿐인 서양화의
    운명",《조선중앙일보》(1935.5.6~6.7).
심은록,『양의의 예술, 이우환과의 대화 그리고 산책』, 현대문학, 2014.
朝鮮寫眞通信社,『朝鮮美術展覽會圖錄 1-19』, 서울 : 景仁文化社, 1982.
오광수,『이야기 한국현대미술 · 한국현대미술이야기』, 서울 : 正宇社, 1998.
윤범모(김병기와 인터뷰, 녹취 · 집필), "서울대 미술대와 장발 학장" (33. 길을 찾아서),
    《한겨레신문》(2017.9.14).
최열, "문헌고증 방법론과 고희동 문헌비판: 문헌비판(文獻批判)과 고증방법(考證方法)
    의 성찰",『미술사논단』, 서울: 한국미술연구소, 2014 (Vol.- No.38).
『친일인명사전』, 민족문제연구소, 2009.
홍선표, "고희동의 신미술운동과 창작세계",『미술사논단』, 서울: 한국미술연구소, 2014
    (Vol.- No.38).

식민지적 내면성을 넘어 / 최대광

기세춘,『성리학개론』, 서울: 바이북스, 2007.
강상중,『오리엔탈리즘을 넘어서』, 이경덕, 임상모 옮김, 서울: 이산, 2012.
백민정,『정약용의 철학』, 서울: 이학사, 2007.
변은진,『파시즘적 근대체험과 조선민중의 현실인식』, 서울: 선인, 2013.
스리오르빈도, 강석근, 정혜정 옮김,『진리의식의 마음』, 경기, 고양, 공동체, 2012.
윌버, 켄, 조효남 옮김,『감각과 영혼의 만남』, 서울: 범양사, 2007.
이종용,『내면성의 형식들』, 서울: 새물결, 2002.
조성환, "영성과 근대: 일본화된 한국사상사를 넘어서",『문학, 사학, 철학』서울: 한국불
    교사연구소, 2018.
_____, "동학이 그린 공공세계", 원광대학교 원불교사상연구회,『근대한국개벽종교를
    공공하다』, 서울: 모시는사람들, 2018.
최제우, 일연 외,『한국의 민속 · 종교사상』, 서울: 삼성출판사, 1992.
후쿠자와 유키치, 정명환 옮김,『후쿠자와 유키치의 문명론』, 서울: 기파랑, 2018.
후쿠자와 유키치,「탈아론」,『時事新報』, 1886년 3월 16일.
Fox, Matthew, Swimme Briane, Manifesto for Global Civilization, (Santa Fe, New Mexico:
    Bear & Co. , 1982)
Ken Wilber, Integral Spirituality, (Boston&London: Integral Books, 2007)

찾아보기

3.1정신과 '以後' 기독교

등록 1994.7.1 제1-1071
1쇄 발행 2019년 3월 1일

엮은이 변선환아키브
지은이 이은선 최태관 최성수 이정배 노종해 김종길 홍승표 김광현
      홍정호 신혜진 이성호 이정훈 심은록 최대광
펴낸이 박길수
편집인 소경희
편 집 조영준
관 리 위현정
디자인 이주향
펴낸곳 도서출판 모시는사람들
      03147 서울시 종로구 삼일대로 457(경운동 수운회관) 1207호
전 화 02-735-7173, 02-737-7173 / 팩스 02-730-7173
홈페이지 http://www.mosinsaram.com/

인 쇄 천일문화사(031-955-8100)
배 본 문화유통북스(031-937-6100)

값은 뒤표지에 있습니다.
ISBN 979-11-88765-35-5   93230

이 도서의 국립중앙도서관 출판예정도서목록(CIP)은 서지정보유통지원시스
템 홈페이지(http://seoji.nl.go.kr)와 국가자료공동목록시스템(http://www.
nl.go.kr/kolisnet)에서 이용하실 수 있습니다.(CIP제어번호: 2019004833)